Ein Held war ich nie

Wolfgang Walther

Ein Held war ich nie

Erinnerungen aus meinem Leben

Bibliografische Information der Deutschen Bibliothek

Die Deutsche Bibliothek verzeichnet diese Publikation
in der Deutschen Nationalbibliografie;
detaillierte bibliografische Daten sind im Internet über
http://dnb.ddb.de abrufbar.

© 2025 Wolfgang Walther
Alle Rechte vorbehalten
Umschlagfoto: Ryian Hidayard/pixabay
Fotos und Abbildungen: Wolfgang Walther
www.wolfgangwalther.de

Verlag:
BoD · Books on Demand GmbH,
Überseering 33, 22297 Hamburg, bod@bod.de
Druck:
Libri Plureos GmbH,
Friedensallee 273, 22763 Hamburg

ISBN: 978-3-7693-7659-3

Bereits 2010 unter dem Titel „Die Bande vom Eiskellerberg" erschienen, hat dieses Buch im Laufe der Zeit zahlreiche Leser in und außerhalb Zwickaus erreicht und begeistert. Aus Anlass der Fortschreibung meiner Biografie habe ich die „Eiskellerbergbande" noch einmal überarbeitet. Dargestellt werden hier die 50er und 60er Jahre, die Jahre meiner Kindheit und Jugend. Vergnüglich und unterhaltsam zu lesen, beschreibe ich zugleich das Leben allgemein in der sächsischen Stadt und die Umstände und Zustände, die während dieser Zeit herrschten.

Weil sich die Lebenssituationen der Kinder und Jugendlichen unabhängig vom Wohnort, differenziert natürlich zwischen Stadt und Land, meistens gleichen, werden sich viele Leser wiedererkennen, auch wenn sie nicht in Zwickau groß geworden sind. Schule, Hort und Lehre, Pioniere und FDJ, Sandkasten und Altstoffsammlung, Ferienspiele, erste Liebe, erstes Moped, erster Tanz – wer kennt das nicht. Der Leser begegnet seiner Kindheit und Jugend, taucht ein in das Meer der Erinnerungen. Hier lasse ich nicht allein Bilder einer unbeschwerten Kindheit entstehen, sondern hole auch gleichzeitig den Alltag der fünfziger und sechziger Jahre in der damaligen DDR ans Tageslicht, schmunzelnd und nachdenklich zugleich.

Danach beschreibe ich die Zeit zwischen 1969, nach Beendigung der Lehre, und November 1989, als Günter Schabowski jenen schicksalsschweren Satz von sich gab.

Viel geschah in diesen zwanzig Jahren.

Die Unbeschwertheit der Kindheit ließ ich hinter mir, um sie einzutauschen gegen die Probleme eines Jugendlichen, der nicht ahnen konnte, dass die wirklichen Probleme des Lebens erst noch kommen würden. Der Einstieg ins Berufsleben, das Finden einer immer wieder großen Liebe, die Ortsveränderung, die Hochzeit, ein Kind, eine Wohnung - das Leben nahm seinen Lauf so wie es bei fast allen anderen DDR-Bürgern geschah. Man ging zur Arbeit, fuhr in den Urlaub, lavierte durch den Dschungel des Handels und der unter der Hand verkauften Produkte, ging nach Feierabend arbeiten, um sich etwas leisten zu können, ging manch-

mal tanzen, kegeln, feierte mit Freunden – lebte ein ganz normales Leben.

An dieses „normale" Leben erinnere ich in diesem Abschnitt.
Ich bin froh, noch so vieles aufgeschrieben zu haben und bin
gleichzeitig entsetzt, wie schnell die Zeit vergeht.

Es war eine schöne Zeit. Wir empfanden uns nicht als eingesperrt oder drangsaliert. Sicher war nicht alles optimal, und vieles
war ganz schön nervig wie zum Beispiel die Parteiversammlungen, aber wir kamen zurecht. Im Nachhinein möchte ich auch
nicht tauschen mit einem Leben in der alten BRD. Wir waren
weder reich noch privilegiert, reihten uns ein in die sozialistischen Wartegemeinschaften und übten uns in Geduld bei Anträ-
gen auf Wohnraumzuweisung und einen FDGB-Urlaubsplatz.

Ich bin sicher, vieles deckt sich mit den Erinnerungen der meisten ehemaligen DDR-Bürger.

Natürlich muss es noch einen Teil geben, der von der Wende
erzählt und vom neuen Anfang, vom Anfang im Kapitalismus, in
den wir unversehens hinein geworfen wurden.

Keiner von denen, die 1989 in Leipzig, Dresden und Berlin auf
die Straße gingen und „Wir sind das Volk!" gerufen haben, konnte sich ausmalen, was kommen sollte, wenn die DDR auf Nim-
merwiedersehen verschwunden sein würde. Wahrscheinlich haben sich die meisten gar nichts gedacht. Sie wollten einfach nur
diesen Staat weghaben und reisen können. Dass man aber die
Freiheit nicht zum Nulltarif bekommen würde, war keinem klar.
Die Grenze sollte verschwinden, die D-Mark sollte kommen. Der
Rest, Mieten, subventionierte Preise für Grundnahrungsmittel,
sichere Arbeitsplätze usw., sollte bleiben. Ich sehe noch den kleinen Hallenser vor mir, der mit einer Deutschlandfahne über der
Schulter 1990 auf einer Demo gefilmt wurde. Der rief damals
lautstark immer und immer wieder: „Nur mit Kohl geht's uns
wohl!" Ob der Brüller von damals heute wohl noch genauso
denkt?

Wie sich die Situation der DDR-Bürger nach dem Beitritt zur BRD 1990 entwickelte, ist bekannt. Die blühenden Landschaften sind spärlich gesät, und für viele Ossis gab es ein böses Erwachen. Aber mindestens ebenso viele haben die sich ihnen bietende Chance erkannt, die Ärmel hochgekrempelt und die Gelegenheit beim Schopfe ergriffen, um etwas Neues zu beginnen. Ich war einer von denen.

Der letzte Teil des Buches erzählt vom schweren Neubeginn in einem neuen Metier, in das ich mich hinein gewagt hatte, vom anfänglichen Hoch, dem sich anschließenden Tief und dem sanften Wiederaufstieg.

Geboren und aufgewachsen in der DDR, noch nicht angekommen in der BRD, war mein Leben mit der Wende vom vorgezeichneten Weg abgewichen und führte, gekennzeichnet von unvorhergesehenen, plötzlichen Wendungen, die sich im Nachhinein allesamt als glückliche Fügungen herausstellten, über Höhen und Tiefen hin zu meinem jetzigen Rentnerdasein.

Vom Arbeiterkind zum Unternehmer, vom Angestellten zur Selbstständigkeit, vom Sozialisten zum Kapitalisten.
Das Land, in dem wir behütet und geborgen aufwuchsen, löste sich in nichts auf. Stattdessen präsentierte sich uns ein Land, das noch keines war, und das noch lange Zeit nicht das sein wird, was es vorgibt zu sein: Deutschland, einig Vaterland.

Doch kann ich im Nachhinein sagen: „Ich würde alles wieder so machen, mit kleinen Änderungen vielleicht die Richtung aber würde ich wieder einschlagen."

Mensch UHU, du lebst ja auch noch!"

Eines Tages fand ich eine Mail in meinem elektronischen Briefkasten. Absender war ein ehemaliger Schulfreund, der mit diesen aufmunternden Worten sein Erstaunen und seine Freude über den Fund, den er auf einer Internetplattform für „Schulfreunde suchen und finden" gemacht hatte, zum Ausdruck brachte. Der Fund war UHUs Name und Adresse, und die Freude war beidseitig, denn der UHU war ich.

Aus dem ehemaligen war inzwischen ein „alter" Schulfreund geworden. Gemeinsam schwelgten wir in Erinnerungen.

Jeder zweite Satz unserer Unterhaltung begann mit:

„Weißt du noch …?"
„Kennst du noch …?"
„Wie hieß noch mal …?"
„Lebt eigentlich … noch?"
„Wer war das noch gleich …?"
„Was ist eigentlich aus … geworden?"

Während solcher Unterhaltungen stellte ich erstens mit Erschrecken fest, wie wenig von Kindheit und Schulzeit an Bildern sich noch in meinem Gedächtnis befand und war zweitens glücklich darüber, dass ich mit Hilfe des „Pastor", denn der war der Absender, einige Erinnerungslücken schließen konnte. Kurz entschlossen begann ich aufzuschreiben, woran ich mich erinnerte, damit nicht noch mehr im Ozean der Zeit unwiederbringlich verloren geht. Mit fast jedem Ereignis aus meiner Kinder- und Jugendzeit, das ich zu Papier brachte, fielen mir weitere Erlebnisse ein, tauchten mehr und mehr Puzzleteile aus den Tiefen meiner grauen Zellen auf und trieben auf der Oberfläche des Meeres der Gegenwart.

Nachdem ich nun alles, was die Erinnerung an das Ufer des Jetzt gespült hatte, aufgesammelt, geordnet, geschönt, frisiert und neu interpretiert hatte, brachte ich dieses Sammelsurium in eine einigermaßen nachvollziehbare Reihenfolge und entschloss mich, das so Entstandene der Öffentlichkeit nicht länger vorzuenthalten, denn das literaturinteressierte und sonstige Publikum hat unbestritten das Recht, die Lebensumstände des Wolfgang Herbert Walther zu erfahren.

Teil 1

1950 - 1989

„Dreck macht fett", sagte meine Oma gern, wenn die Bemme runtergefallen oder der Apfel nicht gewaschen war und hatte damit so unrecht nicht.

Wir waren „Draußen - Kinder". Unsere angeborene Abneigung gegen Wasser und Seife verhalf uns zu einer robusten, widerstandsfähigen Konstitution. Wir waren gesund, hatten immer Hunger und bettelten trotzdem nicht. Im Gegensatz zu einer klinisch reinen, antibakteriellen Umgebung, die manche junge Mutter heute nicht müde wird, täglich neu zu erzeugen, wuchs ich innerhalb einer natürlichen Umwelt auf und verhalf mir so, in Zusammenarbeit mit etlichen Kinderkrankheiten, zu einem intakten Immunsystem, das mir noch immer die Treue hält. Wenn Ziegenpeter und Co. nicht von alleine kommen wollten, wurde nachgeholfen. Als ich die Windpocken hatte, wurde meine Schwester zu mir ins Bett gesteckt, um alles „in einem Abwasch" zu erledigen.

Es gab weder Gameboy noch Computer oder Playstation. Wir hatten kein Handy und keinen Mp3player, und die Haushalte mit Fernsehgerät konnten namentlich benannt werden. Fantasie war gefragt, wenn wir unsere Nachmittage mit abwechslungsreichem Spiel verbringen wollten. Es gelang uns immer wieder aufs Neue, mehr als Gummihopse oder Fußballspiel auf die Beine zu stellen. Da wurden Roller- und Fahrradrennen veranstaltet (Dreiräder waren auch zugelassen), Theaterspiele durchgeführt und Ballspiele in allen möglichen Variationen zelebriert. Sehr beliebt war „Ball gegen die Wand", zehnmal links, zehnmal rechts, zehnmal hinter dem Rücken, zehnmal mit Bein hoch und so weiter. Beim Hauswirt hielt sich die Beliebtheit dieses Spieles in Grenzen, weil wir natürlich seine teure Wand mit unserem Ball beschädigten. Mindestens ebenso beliebt wie Ball spielen, war titschern und pimpern. Mit „pimpern" wurde nicht etwa ein vorpubertärer, sexueller Zeitvertreib bezeichnet, sondern einfach das Werfen von

Pfennigen gegen eine Wand mit dem Ziel, dem zuvor geworfenen Geldstück möglichst nahe zu kommen - dann konnte man beide einheimsen. Titschern war die gebräuchliche Bezeichnung für Murmelspiel. Begehrt waren Titscherkugeln aus Glas, farbig gemustert, von zwei Zentimeter Durchmesser oder Eisenkugeln. Peitsche und Kreisel, schöne bunte Holzkreisel, konnten uns gleichermaßen stundenlang begeistern, wie diverse Rollenspiele - Post, Büro, Bahnhof, Kaufmann und so weiter. Wir machten Wettbewerbe im Federballspiel und Seilspringen. Als meine Schwester einen Hula-Hoop-Reifen bekam, versuchten wir uns auch damit. Wir waren ständig auf der Jagd nach Streichhölzern und kokelten, was das Zeug hielt. Aus alten Decken, Planen, Kisten und Brettern bauten wir Buden und fanden es toll, da drinnen mit zusammen gefalteten Gliedmaßen zu hocken. Wir spielten Fanger und Verstecker, kletterten auf Bäume und machten uns dreckig bis zum geht nicht mehr.

Am liebsten jedoch gingen wir auf Entdeckertour. Keine Mauer war uns zu hoch, kein Zaun zu dicht, kein Durchschlupf zu eng. Wir ergründeten Tunnel und Kellergänge und stöberten auf Schrottplätzen und in Hausruinen, von denen noch genügend existierten. Wir trieben uns an den Stadtbächen und in den Schwanenteichanlagen herum. Wir waren am Bahnhof, an der Lutherkirche und überall dort, wo wir nix zu suchen hatten. Wir ärgerten die Leute, die wir nicht leiden konnten, und hatten Angst vorm Schutzmann. Wir machten „Klingelrutschen", trieben Schabernack und

waren dabei weder hinterhältig noch gemein. Wir schlugen uns mit den Kindern anderer Wohnviertel, waren dabei fair, soweit es ging, kamen selten ohne Kratzer oder Beulen nach Hause und unser liebster Aufenthaltsort war der Eiskellerberg, der unserer Bande den Namen gab.

Der Eiskellerberg war kein richtiger Berg und die Eiskellerbergbande nicht wirklich eine Bande.

Der Berg bestand aus einem langgestreckten Hang mit einem Weg oben, der von der Reichenbacher Straße zur Kohlenstraße führte und einer Straße unten, der Bachstraße. Der Hang selbst war steil und grasbewachsen. Er trug am oberen Rand Büsche und Sträucher. Zwischendrin wuchsen etliche Bäume mittlerer Größe, die ich sämtlich erstiegen habe und von denen ich zuweilen gefallen bin. Des Berges Namensgeber waren tiefe, mit schweren Holztüren verschlossene Keller, in denen zu früheren Zeiten große Blöcke von Eis gelagert wurden. Niemals hatten wir einen der Keller erkunden können. Die Tore waren mittels eiserner Beschläge und Riegel gesichert. Ich weiß bis heute nicht, was sich wirklich dahinter befand. Ähnliche Keller gab es am Brückenberg auf der anderen Seite der Mulde. Dort in großer Zahl, und die waren, wie ich heute weiß, zum Einlagern von Bierfässern gedacht und wurden auch so verwendet.

Als ich 2011 meiner Heimatstadt nach langer Zeit einen Besuch abstattete, fand ich zwar den Eiskellerberg noch an Ort und Stelle, die Keller jedoch waren verschwunden.

Die „Eiskellerbergbande" war weiter nichts als ein Haufen frecher, meist schmutziger, rotznasiger Kinder verschiedenen Alters, so zwischen fünf und zwölf Jahren (wenn jemand sein Geschwisterkind beaufsichtigen musste, konnte auch schon mal ein Dreijähriger darunter sein), die zusammen spielten, sich zankten und wieder vertrugen,  und die mit freudigem Geheule über andere Kinder herfielen, falls die sich erdreisteten, dort spielen zu wollen, wo wir gerade waren.

Zu unserer Bande gehörten der Hanisch Fritz aus der Dreiunddreißig, der picklige Thomas, der aussah, als wäre eine große Hungersnot ins Land gekommen, und der dicke Jochen, der aussah, als wäre er schuld daran, die Schlohtbuben aus der Brunnenstraße, Wolfgang Günnel, dessen Schwester Johanna mit meiner Schwester befreundet war, der dünne Hähnel mit seinen drei Brüdern, die bei der alten Toska im Hause wohnten, Hagen und Gunter aus der Brunnenstraße, der Augustin, von dem ich nur noch den Namen weiß, sowie Herbert Schwarz aus der Kohlenstraße, dessen Mutter, wenn es an der Zeit war, den Kopf aus dem Fenster steckte und mit durchdringender Stimme rief:

„Häbäht, komm nach obähn!"

Das war der „Harte Kern", wie man heute sagen würde. Die weiteren Mitglieder wechselten häufig.

Den dünnen Hähnel mochten wir eigentlich nicht so recht leiden, konnten ihn aber wegen seiner familiären Übermacht nicht übergehen. Indes waren die Hähnelbrüder ob ihres einfachen Wesens leicht zu lenken und einzusetzen. Der Günnel Wolfgang erinnerte ein wenig an den jungen Adolf, nur dass er strohblond war und keinen Schnauzer trug. Er besaß die Fähigkeit, immer wieder eine Schachtel Streichhölzer organisieren zu können. Streichhölzer waren für uns dringend notwendig, weil die Holzwolle, die die Parfümfirma „Martha Elisabeth" zusammen mit ihren Verpackungen auf unserem Hinterhof zwischenlagerte, von uns regelmäßig abgefackelt werden musste.

Wir beherrschten das Viertel zwischen Bahnhofstraße, Robert-Blum-Straße, Brunnenstraße und Robert-Müller-Straße einschließlich Bachstraße und Eiskellerberg. Wenn man bedenkt, dass sämtliche Höfe, Zwischenhöfe und Hinterhöfe dazugehörten, sowie alle Dächer, Schuppen, Keller und sonstige Verstecke, war das eine riesige Fläche, deren ständige Kontrolle uns einiges abverlangte. Den Eiskellerberg selbst mussten wir uns mit einer Gruppe teilen, deren Mitglieder von „irgendwo dort hinten" kamen und mit denen wir uns teilweise heftig auseinanderzusetzen hatten. Oft genug holten wir uns dabei blutige Nasen, doch ebenso oft konnten wir den Berg verteidigen. Selten jedoch ging die Angelegenheit über eine zünftige Rauferei hinaus. Einmal bekam ich ein rostiges Messer in die Hand (wohl mehr aus Versehen), einmal einen Ziegelstein auf den Kopf. Einmal ging ich mit einer Eisenstange auf meine Gegner los und würde sie ihnen wohl auch über den Nischel gezogen haben, wenn sie nicht ihr Heil in der Flucht gesucht hätten.

Wir trafen uns, sobald die Schule aus war und der Ranzen in der Ecke lag. Wir bestimmten, wer auf unserem Territorium spielen durfte und was gespielt wurde, nicht immer und überall, aber doch häufig genug, um unserem Herrschaftsanspruch Genüge zu tun.

Manchmal drangen wir in fremde Reviere vor, wie zum Marienthaler Bach, wo wir Schiffchen schwimmen ließen und unbehelligt blieben, oder zur Lutherkirche, deren Terrain sich ziemlich fest in der Hand der gleichnamigen Bande befand, und die uns unser Eindringen in ihr Gebiet handgreiflich vergalt. Dennoch kamen wir immer wieder, denn dort ließ es sich wunderbar spielen, zwischen Vorsprüngen und geheimnisvollen Türen, hinter Ecken und Kanten, auf Balustraden, Mauern, Treppen und was ein altes Kirchengelände sonst noch alles zu bieten hat.

Die Lutherkirche war und ist eine gewaltige, alte Kirche mit einem mächtigen Schiff, einem hohen Turm und zahlreichen Nebengebäuden. Die Glocken läuteten nicht nur am Sonntag zum Gottesdienst, sondern auch täglich fünf Minuten vor sieben Uhr und fünf Minuten vor achtzehn Uhr. Ihr voller Ton dröhnte durch die Bahnhofsvorstadt und war lediglich in der Nähe des Bahnhofes nicht zu vernehmen, wenn eine Dampflok ihre Abfahrt mittels eines durchdringenden Signaltones kundtat. Es war also praktisch unmöglich, das abendliche Glockengeläut zu überhören. Wenn wir trotzdem zu spät zu Hause erschienen, mussten wir schon eine gute Ausrede haben, um keine Backpfeifen zu kassieren.

Natürlich trieben wir uns nicht nur am Eiskellerberg und an der Lutherkirche herum. Schwanenteichanlagen und Mulde waren ebenso beliebt, wie die Abraumhalden in Schedewitz, der Weißenborner Wald mit seinen Teichen und der nahe Hauptbahnhof mit seiner unmittelbaren Umgebung.

Irgendwo im Wald waren Schießstände, auf denen die jugendlichen GST-Mitglieder ihre Treffsicherheit beweisen konnten. Die Schießanlagen wurden von der Wehrmacht und später von den Russen genutzt, denn es fanden sich jede Menge Patronenhülsen. Die eine oder andere scharfe Patrone war auch darunter.

In die Patronenhülsen, besonders gut funktionierte das mit Kleinkaliberpatronen (5,6 mm), stopften wir Streichholzkuppen, knipsten die Öffnung mit einer Zange zusammen so fest es ging und legten sie dann auf die Straßenbahnschienen. Das gab immer einen schönen Bums, wenn die Bahn darüber fuhr. Wenn wir mehrere Patronen nebeneinander auf der Schiene deponierten, war der Knall so laut, dass die Bahn anhielt und der Fahrer ausstieg, um nachzuschauen, was los war.

Begonnen hatte alles in einer stürmischen Novembernacht, in der Nacht vom siebenten zum achten November 1950, genau um dreiundzwanzig Uhr und siebenundfünfzig Minuten, im Schlafzimmer der Wohnung im zweiten Stock der Bahnhofstraße Nummer siebenunddreißig in Zwickau.

Die Wohnung hatte kein Bad, vier Zimmer, von denen zwei nicht beheizt werden konnten und ein Plumpsklo eine halbe Treppe tiefer, wo es im Winter schweinekalt war, weswegen sich die Aufenthalte dort nicht länger als unbedingt nötig hinzogen.

Davon wusste ich in jener Nacht auf den achten November 1950 noch nichts, denn ich hatte alle Hände voll zu tun, um endlich auf die Welt zu kommen. Diese Eile hatte ihren Grund in der um meinen Hals geschlungenen Nabelschnur, die mir die Luft abdrückte und mein Gesicht bereits blau hatte anlaufen lassen. In Verbindung mit meinen damals roten Haaren erweckte ich auf die

Anwesenden den Eindruck eines bösen Zwerges. Das hat sich im Laufe der Jahre etwas verwachsen.

Anwesend waren neben der Hebamme drinnen und meinem Vater draußen noch meine Tante und deren Zukünftiger, dem der Vorgang sichtbar peinlich zu sein schien. Jedenfalls schaffte ich es, drei Minuten vor Mitternacht die Welt meinen ersten Schrei hören zu lassen, welcher aufgrund der geschilderten Umstände ziemlich kläglich ausfiel. Doch auch das änderte sich. Im Schreien bekam ich schnell Übung, wie ich dem Pfarrer der Lutherkirche und allen Gästen meiner Taufe stimmgewaltig beweisen konnte.

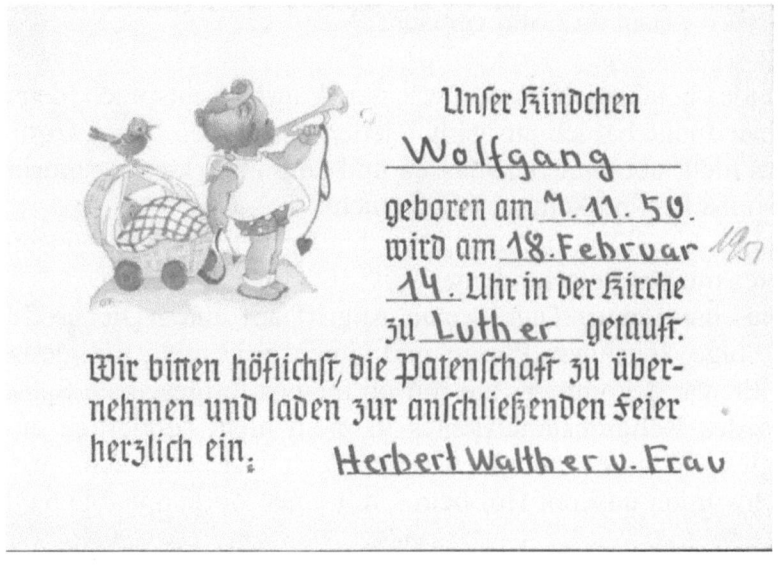

Meine Taufe war eine feuchte und laute Veranstaltung, laut durch mein Gebrüll, wie man mir später berichtete und feucht durch das Wasser, das mir der Pfarrer auf mein zartes Haupt schüttete. Die Taufe hatte den Vorteil zweier Paten, die sich zwar nicht besonders um mich kümmerten, aber pflichtschuldig zu Geburtstagen und zur Jugendweihe Geschenke ablieferten. Da hatten wir es allerdings nicht mehr so sehr mit der Kirche. Daran vermochte auch das „Neue Testament" mit Goldschnitt und Lesebändchen vom Patenonkel Siegfried aus Hauptmannsgrün nichts zu ändern.

Solange Oma noch lebte, gingen wir auch mal zum Gottesdienst und wir Kinder in den Religionsunterricht. Der wurde während der ersten Schuljahre in den Räumen der Schule abgehalten und später ins Lutherheim in der Bahnhofstraße verlegt.

Bevor es vom Vater ein „Gute Nacht" gab, kamen stets die Fragen:

„Hast du gebetet?"
„Hast du Lollo gemacht?"

Beides bejahte ich immer, was der Wahrheit entsprach, denn als kleiner Junge bat ich tatsächlich jeden Abend den lieben Gott, das Haus nicht abbrennen zu lassen und „dass uns keiner umbringt". Auch ins Bett pinkeln wollte ich nicht.

Später überließen meine Eltern den Besuch des Religionsunterrichtes meiner Entscheidung.

Dies hatte eines Tages einen Angriff auf einen Diener Gottes zur Folge. Jener war Pfarrer und gleichzeitig mein Religionslehrer. Er war gekommen, um mir ob meines fortgesetzten Schwänzens des Religionsunterrichtes in mein nicht sonderlich ausgeprägtes Gewissen zu reden. Sein Pech war, dass ich, just als Hochwürden unseren Hof betrat, mit einer Korkenpistole hantierte.

Dieses Gerät war mit einer Spiralfeder bestückt. Die zog man mittels eines seitlich angebrachten Hebels nach hinten, bis sie in einen Haken einrastete. Der wurde durch Betätigung des Abzuges wieder freigegeben, die Feder schnellte nach vorn und schleuderte den Korken mit einem lauten „Plob" aus dem Lauf. Das war eine Zeit lang recht unterhaltsam, dann suchte der findige Geist nach neuen Verwendungsmöglichkeiten.

Siehe da, man konnte auch diverse Gegenstände mit dieser Pistole auf kurze Distanz verschießen - Bleistiftstummel zum Beispiel oder rohe Erbsen und Linsen. Als Hochwürden mir schwarzgekleidet in die Schusslinie geriet, hatte ich Puddingpulver geladen.

Von meiner ganz frühen Kindheit treiben nur kleine Inseln im Meer der Erinnerung und werden bei Familientreffen zur allgemeinen Belustigung gern und immer wieder beschrieben, wie zum Beispiel die boshafte Behauptung meiner drei Jahre älteren Schwester, sie wäre gar nicht meine Schwester, sondern eine Prinzessin, was bei mir einen heftigen Schreikrampf auslöste, denn ich liebte meine Schwester und wollte sie behalten. Oder die hinterlistige Verabreichung eines mit weißer Kreide angemalten Holzbausteines mit der Behauptung, dieser sei ein hart gekochtes Ei. Natürlich schlug ich heißhungrig meine eben erst entwickelten Milchzähne in den Baustein, denn ich mochte Eier über alles. Das Gebrüll, als ich den Betrug entdeckte, kann sich der Leser sicher ebenso gut vorstellen, wie er den Verursacher der Szenerie erahnen wird - meine Schwester. Sie war es auch, die mir am Silvesterabend vorführte, wie schön es ist, mit sprühenden Wunderkerzen Figuren in die Nachtluft zu zeichnen. Damals war ich zehn oder elf und lag schon im Bett, was die Folge meiner Kokelei im Schlafzimmer der Eltern war, was wiederum den Totalverlust der Schlafzimmergardinen nach sich gezogen hatte, wovon noch zu reden sein wird. So lernte ich frühzeitig das Zusammenspiel von Ursache und Wirkung kennen.

Der Hang zur Selbstdarstellung zeigte sich bei meiner Schwester im Verlauf unserer Kindheit einige Male. So zum Beispiel beim Nachspielen der damals beliebten Unterhaltungssendung „Da lacht der Bär" vorm Schlafzimmerspiegel, natürlich unter meiner bescheidenen Mitwirkung, wobei ich nicht mehr weiß, war meine Schwester nun der Heinz Quermann oder ich.

Die Sendung war der absolute Straßenfeger. Sie wurde gleichzeitig im Radio und im Fernsehen übertragen und zwar direkt und original.

Später kam die Freundin meiner Schwester, die Buchenhain Christiane, zu unseren Interpretationsversuchen hinzu.

Zusammen bildeten wir das WA-BU-Trio. Allein des Namens wegen wären wir gnadenlos zu Erfolg verdammt gewesen, hätten wir uns nur getraut.

Nicht vergessen werden dürfen in diesem Zusammenhang die zahlreichen Theaterinszenierungen vor versammelter Hinterhof-Clique und mit Hilfe derselben. Gespielt wurde im Hof der Brunnenstraße (die Nummer weiß ich nicht mehr), wo zwei der Akteure, die Geschwister Günnel, wohnten. Bühne, Kulisse und Vorhang in einem war eine über eine Wäscheleine gehängte alte Decke. Das Publikum, alle nicht mitwirkenden Kinder der angrenzenden Häuser und Höfe, saß auf den Stufen der ausgetretenen Holztreppe zum Hühnerstall. Zur Aufführung kamen ausschließlich Märchen, in freier Choreografie und Inszenierung, wobei jedes Stück hohe Anforderungen an unsere Improvisationsfähigkeit stellte. So mussten zum Beispiel die sieben Zwerge infolge Personalmangels durch Wolfgang Günnel und mich dargestellt werden, was prima lief. Das Publikum jedenfalls war begeistert. Noch gut in Erinnerung ist mir die Aufführung des Märchens „Sechse kommen durch die ganze Welt". Auch diese Darbietung war von Besetzungsproblemen gekennzeichnet, was dazu führte, dass die sechs Gesellen nie gemeinsam zu sehen waren (so zahlreich war das gesamte Ensemble nicht) und im Wesentlichen aus einem einzigen Akteur bestanden, der vor dem Vorhang von einer Seite zur anderen lief und dort verschwand, um am Anfang wieder aufzutauchen, mit einem anderen Hut, einem Tuch oder einem Requisit, das seinen Identitätswechsel deutlich machte.

Die hohe Akzeptanz unserer kleinen Truppe beim Publikum ließ uns manches Mal regelrecht zur Höchstform auflaufen, ganz besonders den Günnel Wolfgang und mich, die wir der frenetisch applaudierenden Masse spontan eine weitere, bis dato völlig unbekannte Szene an das „Schneewittchen" anhingen. Jener Bonustrack hieß „Meister Hämmerlein" und hatte keinen direkten Handlungsbezug zum vorher gespielten Stück. Wir versuchten einfach nur, die Zuschauer mitzureißen, indem wir mit unseren Holzhämmern wie die Bekloppten auf die Tischplatte einschlugen.

Hier nun zeigte sich, dass wir unserer Zeit weit voraus waren, die Masse kein Verständnis für moderne Kunst aufzubringen in der Lage war und wir somit Perlen vor die Säue geworfen hatten.

Aber nicht allein die darstellende Kunst hatte es uns angetan. In grenzenloser Kreativität bemächtigten wir uns der Texte bekannter Schlagersänger und –innen und dichteten diese um. So zum Beispiel Catarina Valentes „Traumboot der Liebe". Aus den schmalzigen Zeilen des Originals machten wir:

„Steig' in das Schaumboot von FEWA,
wasche die Füße mit SIL,
putze die Zähne mit ATA,
dann bist du rein wie noch nie!"

Respektlos zeigten wir uns bei der freien Interpretation eines weiteren Valente-Titels, dem „Tippetippetippso".

„Tippetippetipp, „Tippetippetipp,
 der Nachttop kippt,   der Nachttop kippt,
 die Oma schreit,   die Würschtl rolln,
 es tut mir leid…"   ich muss mal lolln…"

Applaus, Applaus!

In der Rückschau möchte ich nicht behaupten, dass wir arm waren, da gab es ganz andere Schicksale, sehr viel fehlte aber dazu nicht.

Es waren die Kleinigkeiten, an denen ich hätte merken können, dass im Portemonnaie der Familie Walther meist Ebbe herrschte. Die Brotsuppe am Monatsende zum Beispiel, die wie auch die Holundersuppe im Sommer ganz ausgezeichnet schmeckte, der luftbereifte Roller, den ich nie bekam, das gebrauchte Fahrrad aus dem Fundbüro, das ich mir geduldig zusammensparen musste, oder der Fernseher, den wir uns erst leisteten, nachdem die ersten Erfahrungen meiner Freunde mit Pitti Platsch und Professor Flimmerich bereits Jahre zurücklagen.

Jedoch habe ich als Kind nie etwas entbehren müssen und kann sagen, eine schöne Kindheit er- und verlebt zu haben.

Meine Eltern sparten an allen Ecken und Kanten. So wurde natürlich kein Butterbrotpapier gekauft, sondern das Pausenbrot in einer leeren Mehl- oder Zuckertüte mitgegeben, mit der Ermahnung, diese wieder mit nach Hause zu bringen. Sämtliche Tüten, in denen man Ware aus Konsum und HO nach Hause trug, wurden aufgehoben und einer Wiederverwendung zugeführt. Sie kamen zum Beispiel zum Einsatz, wenn mich der kleine Hunger nach oben brüllen ließ:

„Muddiääh, schmeiß mor mol ne Bemme rundorr!"

Hatte sie es gehört, kam wenig später eine Papiertüte mit einer Klappstulle darin aus dem Küchenfenster geflogen. Dünn geschmierte Margarine drauf und mit Zucker bestreut.

Brot, Brötchen und Kartoffeln holten wir im Netz, im Stoffnetz mit Ledertragegriffen.

Die „Brodsupp" war etwas ganz Feines. Altes, hart gewordenes Brot wurde in einen Topf geworfen, heißes Wasser darüber gegossen, ein Esslöffel Butter kam dazu, eine Knoblauchzehe, Pfeffer und Salz – fertig.

Ein beliebtes Gericht am Wochen- bzw. Monatsende war marinierter Hering mit Pellkartoffeln. Da ich jeglichen Fisch verabscheute, machte meine Mutter mir damit keine Freude. Ich stocherte im Essen herum und saß ewig am Tisch, denn er hieß immer: „Du bleibst solange sitzen, bis du aufgegessen hast!". Schließlich spießte ich die Pellkartoffeln auf die Gabel, ließ sie fünf Minuten lang abtropfen, schob sie in den Mund und schluckte sie runter so schnell es ging. Den Hering habe ich nie angerührt, selbst wenn ich bis zum Sankt Nimmerleinstag hätte sitzen müssen. Gern wurde bei solchen Gelegenheiten das Elend in der Dritten Welt thematisiert: „In Affrigga hungorn di schwarzn Kinnor, un du meggorst dahier am Essn rum!"

Als kleines Kind besaß ich ein blaues, eisernes Dreirad mit schwarzen Gummigriffen und roten Rädern, später einen Holzroller mit Doppelrädern hinten und einem Winker vorn. Mit diesen Gefährten durfte ich an den Rad- und Rollerrennen der Großen teilnehmen, natürlich außer Konkurrenz. Sie gaben mir Vorsprung bis zur Ecke - an der nächsten Kreuzung hatten sie mich eingeholt. Tief in meinem Innern wünschte ich mir einen luftbereiften Roller mit Klingel und Hinterradbremse, wusste aber, dass ein solch teures Gefährt nie auf dem Geburtstags- oder Weihnachtstisch stehen würde, also habe ich diesen Wunsch auch niemals laut geäußert.

Wie viel Taschengeld ich als Kind bekommen habe, weiß ich nicht mehr, aber ich weiß, dass es Ein-Mark-Scheine und Zwei-Mark-Scheine gab, auch Fünfzig-Pfennig-Scheine fanden sich in den fünfziger Jahren im Portemonnaie.

Als meine Schwester in der neunten oder zehnten Klasse war (oder in beiden Jahren) bekamen meine Eltern „Erziehungsbeihilfe", dreißig der vierzig Mark pro Monat. So was gab es 1963.

Teuer war es sicher nicht, das Fahrrad aus dem Fundbüro, wenn ich auch den Preis nicht mehr weiß. Das schickste und modernste Rad war es auch nicht. Aber es fuhr. Mein Aktionsradius erweiterte sich beträchtlich. Es lockte die Ferne. Schedewitz, Pölbitz, Weißenborn und Marienthal wurden interessant. Mit meinen Kumpels radelte ich zum Flugplatz, nach Planitz, Cainsdorf und Wilkau-Hasslau. Sogar den Lichtentanner Berg bin ich runter gefahren, als das noch nicht für Fahrräder verboten war, allerdings mit Rücktritt und Vorderradbremse zugleich.

Wenig in Erinnerung geblieben ist mir meine Großmutter, die mir doch immerhin den Kindergarten erspart hat. Mutter konnte unmöglich zu Hause bleiben, um die Kinder zu hüten. Es reichte schon mit zwei Lohntüten kaum zum Leben. Die Oma hat von ihrer mageren Rente, neunzig oder hundert oder hundertzehn Mark, mehr war es nicht, kaum etwas zum Wirtschaften dazugegeben, obwohl sie zwei Zimmer in unserer Wohnung bewohnte und manches Mal ihre Freundinnen zum Kaffee einlud, was meist aufs Haus ging.

Die Oma sehe ich noch in ihrem Sessel sitzen, das schwarze Haar streng nach hinten in einen Knoten gezwängt. An ein Spiel mit ihr habe ich keine Erinnerung. Etwas mehr an die Zeit ihrer Krankheit, als sie das Bett nicht mehr verlassen konnte und die Klingel an der Wand neben ihr betätigte, wenn sie etwas brauchte. Wenn es dann klingelte, ihre und die Wohnungsklingel waren zusammen geschaltet, hoffte ich immer, es wäre nicht die Oma.

Als ich acht Jahre alt war, starb die Oma, und wir kauften einen Wellensittich. Nicht als Ersatz für die Großmutter, sondern weil erstens eine neue Raumverteilung vorgenommen wurde und zweitens ein Vogel schon lange gewünscht und willkommen war. Der Wellensittich wurde recht zutraulich und fast zehn Jahre alt. Er lernte Knöpfe aufzumachen, rannte beim Schreiben der Schrift aus dem Füller hinterher, schlief auf meiner Schulter und knabberte mir Ohren und Brille an.

Sein Nachfolger, ein Goldhamster namens Oswald, schaffte nicht einmal seinen dritten Geburtstag. Oswald liebte auch den Körperkontakt. Er hielt sich gern unter meinem Hemd auf. Außerhalb dieser Zufluchtsstätte benahm er sich wie ein normaler Goldhamster. Er knabberte alles an, was sich anknabbern ließ, versteckte sich an den unmöglichsten Orten und stahl alles Essbare, dessen er habhaft werden konnte, um es in seine Backentaschen zu stopfen. Diese Angewohnheit wäre ihm einmal fast zum Verhängnis geworden, denn die Butter, derer er sich bemächtigt hatte, schmolz nach kurzer Zeit und lief ihm aus dem Maul, worauf sein schöner Pelz schon bald ranzig roch. Also wurde

Oswald gewaschen und in eine Schüssel zum Trocknen in die Backröhre gesetzt, wo es ihm schnell zu heiß wurde.

Gestorben ist Oswald an Rauchvergiftung.

Mein Vater hatte die Angewohnheit, im Winter vor dem Schlafengehen noch einmal mit dem Feuerhaken die Glut im Küchenherd durchzustochern. Dabei muss eines Abends ein Stückchen glühende Kohle in den Kohlenkasten gefallen sein und die darin befindliche Rohbraunkohle zum Glühen gebracht haben. Die Folge war eine vernebelte Küche, in der das Hamsterglas stand. Drei Tage später segnete Haushamster Oswald das Zeitliche.

Die Aufteilung der Großmutterzimmer war einfach und erfolgte im gegenseitigen Einvernehmen. Beide Räume waren in etwa gleich groß (ca. 14 qm). Meine Schwester bekam das Zimmer zwischen Küche und Wohnstube, ich den Raum hinter dem Elternschlafzimmer. Obwohl er nicht zu beheizen war, fand ich diesen Raum besser als den meiner Schwester, denn es war kein Durchgangszimmer. Eine Tür mit Fenster führte nach draußen auf ein geteertes Dach, unter welchem sich die Küche des Hauseigentümers befand, der jedes Betreten dieses Daches streng verboten hatte aus Angst, wir könnten Löcher hinein trampeln. Dass ich dennoch hinausstieg, muss wohl nicht extra erwähnt werden.

Obwohl ich vorsichtig lief, wurden meine Ausflüge meist bemerkt. Infolgedessen kassierte ich Missbilligung und Ermahnung. Ohrfeigen gab es selten. Dass ich aber dort hinaus musste, wird jeder verstehen, wenn ich verrate, dass man im Anschluss auf ein weiteres Dach gelangte, unter dem die Druckerei „Martin Conrad" arbeitete. Von da wiederum konnte man erstens tief hinunter auf den Hinterhof und weit hinein in die Höfe der Häuser Nummer 35 und 33 schauen und zweitens mittels einer vorhandenen Leiter auf den Hof eines Grundstückes der Robert-Blum-Straße gelangen. Dort lagerten in Kisten und Kartons hochinteressante Dinge. Notiz- und Schreibblöcke, Quittungsblöcke, Auftragsformulare, Rechnungsbücher, Blaupapier und allerlei sonstige Materialien, die man für die Büroarbeit benötigt. Alles Sachen, die ich dringend brauchte. Das Dach der Druckerei „Conrad" bot weiterhin eine schöne Aussicht auf die Rückseiten der Häuser Nummer 39 bis 43 und auf die Dachterrasse einer Wohnung in der Neunundddreißig, in der eine Liliputanerin mit ihrer Freundin wohnte. Die beiden haben mich an den Hausmeister vom Hof der Büromaterialienfundgrube verpfiffen, als ich nicht schnell genug von dort fortkam und er mich entdeckte. Diesmal setzte es Backpfeifen.

Besagte Tür aus meinem Zimmer war eine Doppeltür, deren äußerem Teil das Fenster fehlte und mir somit Gelegenheit bot, auf dem unteren Teil des glaslosen Rahmens zu sitzen und dabei die Hand mit der Zigarette draußen zu haben, als ich heimlich zu rauchen anfing, damit es erstens im Zimmer nicht nach Rauch roch und ich zweitens bei drohender Entdeckungsgefahr unauffällig die Zigarette fallen lassen konnte. Dieser Freiluftsitz wurde schnell mein Lieblingsplatz, auf dem ich spätabends oft meine Zeit verbrachte, träumend in den Sternenhimmel sah und den Geräuschen lauschte, die mit dem Wind vom Bahnhof herüber wehten.

Der Eiskellerberg barg neben den Kellern ein zweites Geheimnis. Tief in seinem Innern floss der Mittelgrundbach. Das Wasser kam aus Richtung Flugplatz, der sich nach Reichenbach hin befand, wo zahlreiche Bombentrichter von der Angriffswut englischer Bomber zeugten. In den Trichtern hatte sich Regenwasser gesammelt und allerlei Getier angesiedelt. Wir konnten dort mit dem aus Mutters Küche geborgten Sieb Kaulquappen fischen, die dann zu Hause in einer Emailleschüssel zu Fröschen heranwuchsen. Ein Aquarium aus Glas besaß ich nicht. Ich musste alle paar Tage die Schüssel in die Küche tragen und das Wasser austauschen. Eines Tages fiel mir die Schüssel mitten auf dem Flur aus den Händen. Der Inhalt ergoss sich auf Steinholzboden und Kokosläufer. Die Kaulquappen versuchten hopsend in alle Richtungen zu entkommen, denn sie hatten schon Hinterbeine. Zwei Schleierschwänze schnappten hilflos nach Luft. Der Teichmolch machte sich still und heimlich davon. Ich habe ihn nicht wiedergefunden. Alle anderen Insassen konnte ich einsammeln.

Der Bach kam, wie gesagt, aus Richtung Flugplatz. Er floss parallel zur Reichenbacher Straße hinter den Häusern und angrenzenden Gärten in die Stadt, wo er sich mit dem Marienthaler Bach vereinte, um sich dann bei Pölbitz als Moritzbach in die Mulde zu ergießen.

Den Mittelgrundbach und den Marienthaler Bach begleiteten Spazierwege. Auf dem einen fuhren wir mit unseren Rädern oft bis zum Flugplatz, manchmal auch weiter. Den anderen Weg benutzten wir später gern, wenn im Saal des „Lindenhofes" Sonntag ab 15:00 Uhr Tanztee angesagt war.

Man konnte dem Mittelgrundbach in seinem Lauf zu Fuß folgen bis zur Kohlenstraße, wo er im Eiskellerberg verschwand. Zuvor wurde er durch die orangeroten Abwässer der Lackkunstharzfabrik angereichert, die ununterbrochen in einem dicken Strahl aus einem Rohr flossen. Der Fußweg führte unterhalb des Bahndammes neben dem Bach entlang und kurz bevor er die Kohlenstraße erreichte unter der Eisenbahnbrücke durch, zu deren Balken wir mit Unbehagen hinaufsahen, denn dort sollte schon einmal ein Mann gehangen haben.

In Höhe der auslaufenden Brunnenstraße kam der Bach wieder aus dem Berg und floss in einem gemauerten Bett weiter stadteinwärts. Das Bachbett lag ein paar Meter unterhalb der Straße. Es war durch ein Geländer gesichert, was uns natürlich nicht aufzuhalten vermochte. An mehreren Stellen konnten wir mittels dort angebrachter Steigeisen in die Tiefe klettern und auf dem ausreichend breiten Steig dem Wasser bis zum nächsten Tunnel folgen. In die Tunnel hinein wagten wir uns nicht, schon gar nicht in den vom Eiskellerberg, denn dort sollte schon einmal ein Junge, der es doch versuchte hatte, von Ratten angefallen und aufgefressen worden sein. So blieben wir tunlichst im Licht, hatten die große Klappe und eine schöne Zeit.

Weihnachten ohne Stollen ging gar nicht.
Bereits im November, sechs Wochen vor dem Fest, wurde der hölzerne Backtrog vom Boden geholt, um darin Mehl mit Butter, Zucker und Sultaninen zu vermengen und zu einem Teig zu kneten. Zitronat (wenn im Konsum vorhanden) durfte nicht vergessen werden. Ein ordentlicher Schluck Weinbrandverschnitt, in dem die Sultaninen eingeweicht wurden, gehörte auch dazu. An Mandeln als weitere Zutat war nicht zu denken, also kamen Walnüsse hinein, die geduldig in einer Nussmühle per Hand zerkleinert wurden. Wenn der Teig genug geknetet und schließlich geformt war, trugen wir die meist acht Vierpfünder zum Drescher–Bäcker in die Spiegelstraße und ließen sie ausbacken. Diesen Service nahmen wir auch gern für große, runde Blechkuchen in Anspruch. Das kostete lediglich ein paar Groschen und war geschmacklich besser als ein Kuchen aus dem Gasherd. Zu Hause wurden die Stollen reichlich mit zerlassener Butter eingestrichen und mit Staubzucker bestreut.

Unser Stollenvorrat reichte bis weit ins neue Jahr, auch weil man irgendwann nicht mehr so richtig Appetit darauf hatte.

Damit Bäckermeister und Kunde die fertig gebackenen Kuchen nicht verwechselten, es nutzte schließlich nicht die Familie Walther allein den Backservice, gab es Kuchenzeichen aus Blech mit Namen

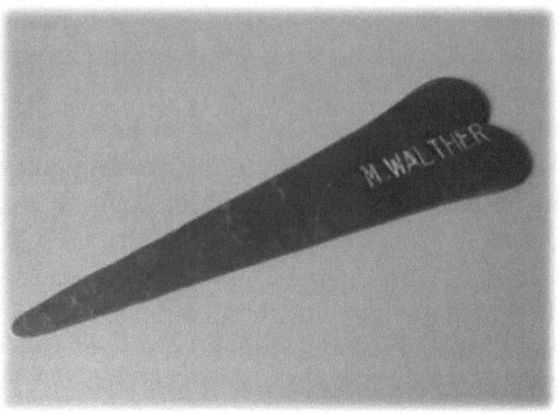

drauf. Die steckte man in den Teig. Sie wurden mitgebacken.

Allererste Sahne war der Zuckerkuchen. Der wurde nur getoppt durch den Kartoffelkuchen. Wenn es Kartoffelkuchen gab, hauten wir rein wie die Scheunendrescher. Zu besonderen Anlässen backe ich diese Spezialität manchmal heute noch. Dann muss ich immer zusehen, dass ich etwas abbekomme.

Ebenso Kult waren Pyramide, Räuchermann und Kerzenleuchter, in Mehrzahl vorhanden, die am Vorabend des ersten Advents vom Boden geholt und aufgebaut wurden und uns ins neue Jahr begleiten durften.

Im Laufe der Jahre änderte sich der Ablauf des Weihnachtsfestes.

Als wir noch klein waren, erfolgte die Bescherung am Morgen des ersten Feiertages, was uns Kinder die Heilige Nacht kaum schlafen ließ.

Während der Schulkinderzeit dann überraschte uns der Weihnachtsmann durch persönliches Erscheinen, was Panikattacken bei mir auslöste. In meiner Not sah ich keinen anderen Ausweg, als mich unter dem Tisch zu verstecken, zwecklos, wie man sich denken kann, denn der Weihnachtsmann sieht bekanntlich alles. Meine Angst wurde ab Oktober durch pädagogisch wertvolle Hinweise wie:

„Warte nur, wenn der Weihnachtsmann davon erfährt!"
oder:
„Wenn du nicht artig bist, erzählen wir es dem Weihnachtsmann!"
im Laufe der Wochen bis zum Fest ins Unerträgliche gesteigert. Wenn der bärtige Alte dann ins Wohnzimmer getrampelt kam, machte ich mir vor Angst beinah in die Hosen. Echte Schläge mit der Rute gab es aber keine, sondern Geschenke.

In der Aufregung fiel mir nie auf, dass immer gerade dann der Weihnachtsmann erschien, wenn der Onkel Gerhard sich auf dem Weg zum Bahnhof befand, wo er sich nach dem Zug nach Glauchau erkundigen wollte.

Als ich noch nicht das Privileg genoss, ein Schulkind zu sein, gab es eine Weihnachtsfeier, deren Teilnehmer mich als Heintjeverschnitt erleben durften. Auf einen Tisch gestellt, sang ich mit Inbrunst das Lied vom „Raachermannl".

Wennis Raachermannl nablt
unnis soocht ka Word dorzu,
unnor Raach steicht zu dor Deck nauf,
sei mer allezamm su fruh,
un schie ruhich iss in Stiebl,
steicht dor Himmlsfriedn roh,
unnin Herzn jauchts un jublts,
ja di Weihnachtszeit iss do.

Als Jugendliche schließlich erlebten wir durch Weihnachtsmannfreiheit und Sachlichkeit geprägte Weihnachtsfeste, ohne jedoch Romantik und Gefühl zu verdrängen.

Immer aber schlossen sich für uns zehn Tage vor dem Fest die Wohnzimmertüren, um erst zur Bescherung wieder aufzugehen. Dann gingen nicht nur die Türen auf, sondern auch die Herzen, und unsere Augen strahlten mit dem geschmückten Baum und den brennenden Kerzen um die Wette.

Neue Kerzen wurden nur am ersten Feiertag und zu Neujahr aufgesteckt.

An einige Geschenke kann ich mich noch erinnern.

An den Felsen aus Pappmaschee zum Beispiel, bunt bemalt und mit Tieren bevölkert, von der Firma Lineol, die Schwester tat ein Indianerzelt (fünfzehn Zentimeter hoch) und zwei, drei Indianer dazu. Oder an den Elektrobaukasten, über den ich mich zuerst etwas geärgert hatte, weil keine Batterien dabei waren. Oder die Planierraupe aus Metall mit Beleuchtung, zwei Vorwärtsgängen und einen Rückwärtsgang. Hier war die Batterie vorhanden, weshalb es gleich am ersten Feiertag einen Kurzschluss gab, weil ich versucht hatte, die Maschine im Schnee fahren zu lassen.

Mit dem Elektrobaukasten konnte man übrigens nicht nur bestimmte physikalische Effekte darstellen und Versuche durchführen. Es war auch möglich, mithilfe eines kleinen Elektromotors verschiedene Maschinen zu konstruieren, auch einen Elektrisierapparat, den ich erfolgreich zusammenbrachte und dessen Auswirkungen meine Mutter hilfsbereit an sich testen ließ.

Einen großen Pferdestall gab es auch einmal und natürlich einen Kaufmannsladen. Beide waren im Laufe der Jahre, wie auch das Schaukelpferd, schon durch die halbe Verwandtschaft gegangen und wurden, als ich aus dem Spielalter raus war, weitergereicht. Jede Menge Baukästen gab es und immer ein Buch.

Der bunte Teller fehlte auch nicht, wobei ich peinlich genau kontrollierte, ob meine Schwester nicht vielleicht mehr darauf hatte als ich. Oft schien mir dies der Fall zu sein, und ich nahm diesbezügliche Korrekturen vor.

Waren die Eltern nicht zu Hause, wurden alle Ecken und Winkel der Wohnung einschließlich Boden und Keller durchsucht, und wir haben alles gefunden. Schön war die Bescherung trotzdem. Wir taten überrascht, und die Eltern taten, als glaubten sie uns die Überraschung.

Die Vorfreude auf Weihnachten begann im November mit dem Stollenbacken, wurde angefeuert ab dem ersten Advent durch Inbetriebnahme von Räuchermännchen, Pyramide und Co. und beschleunigt durch den Nikolaus, dem wir unsere handgeschriebenen Wunschzettel unter den Teller legten, damit er sie dem Weihnachtsmann übergeben konnte. Niemals stellten wir Schuhe oder Stiefel raus, Es war immer ein tiefer Teller, der am Nikolausmorgen gefüllt mit Süßigkeiten unsere Augen erfreute.

Zum Abendbrot am Heiligabend gab es, zumindest die ersten Jahre, wie es im Lied heißt, Neunerlei. Das Mittagessen fiel aus, denn der vierundzwanzigste Dezember war ein Arbeitstag. Die

Chance, auf einen Sonntag zu fallen, stand für dieses Datum eins zu sechs. In den Betrieben wurde bis zum Mittag gearbeitet und ein halber Urlaubstag angerechnet. So gab es zeitig Kaffee und Stollen. Nachdem die Begeisterungsschreie zur Bescherung verhallt waren, kam das Abendbrot auf den Tisch. Sauerkraut und Rotkohl, Salzkartoffeln und grüne Klöße, Bratwurst und Gewiegtesklößchen (Bouletten), davor eine Brühe und danach Apfelmus oder Pflaumenkompott. Damit die Zahl neun erreicht wurde, lag immer eine Scheibe Brot neben dem Teller.

Das Schönste am Weihnachtsfest jedoch waren nicht die Geschenke oder der Baum. Es war dies für mich der noch schlafende Morgen des ersten Weihnachtstages. Wenn alles still war und selbst das Haus zu ruhen schien, schlich ich mich barfuß im Nachthemd ins Wohnzimmer, wo es nach ausgemachten Kerzen, Tannenbaum und Apfelsinen roch. Ich hockte mich vor den Gabentisch, schaute meine Geschenke an und war glücklich.

Silvester verlief bei uns immer recht ruhig.
Die Eltern kamen spät von der Arbeit nach Hause. Omas Freundinnen erschienen zeitiger. Auch als die Oma nicht mehr lebte, kamen sie uns gern und nicht nur zu Silvester besuchen. Da war die alte Frau Star, an die ich, außer ihrem Namen, keine Erinnerung habe. Dann die alte Gomolka, eine schmächtige, fast magere Frau mit ebensolch einem Haarknoten wie der von meiner Oma, nur in Grau und schließlich Dorle von gegenüber, eine schwergewichtige Matrone, bei der ich mich immer wunderte, wie sie die drei Treppen zu ihrer Dachgeschosswohnung in der Bahnhofstraße Nummer 40 bewältigen konnte. Dorle hat sich später einen gut situierten Witwer aus dem Westen geangelt und ist zu ihm nach Wiesbaden gezogen. Nach zwei, drei Kartengrüßen brach die Verbindung ab. Wir hörten nie wieder von ihr. Die zwei anderen Frauen sind irgendwann gestorben. Sie lebten allein. Ach, die Stelzner Marie gab es auch noch, eine Verwandte von uns, wobei ich den Verwandtschaftsgrad nicht mehr weiß und wahrschein-

lich auch nie gewusst habe. Sie musste irgendetwas mit Onkel Lothar und Tante Ilse zu tun gehabt haben, die nicht wirklich Onkel und Tante von mir waren, denn der Lothar war der Cousin meiner Mama.

Wie auch immer, die Stelzner Marie wohnte in der Robert-Blum-Straße im Parterre. Ich musste auf meinem Schulweg täglich zweimal an ihrem Haus vorbei. Die Tante schaute den lieben langen Tag aus dem Fenster und sprach mich stets an, wenn ich vorbei lief. Manchmal hatte sie eine Besorgung zu machen, meist jedoch wollte sie nur ein paar Worte loswerden. Mir war das äußerst lästig. Lieber ging ich einen Umweg, wenn ich ihren Kopf von Weitem sah, als mich mit ihr zu unterhalten. Der Umweg führte über den Bachweg oder die Liebenaustraße, wo Frosch, ein Schulfreund, wohnte, bis zur Kopernikusstraße und dann die Spiegelstraße wieder runter.

Als die Tante Marie gestorben war, fiel auf uns das Los, ihre Wohnung auszuräumen und besenrein zu übergeben, eine Heidenarbeit. Für die meisten Möbel und sonstigen Gegenstände, die wir auf den Müll warfen, würden man heute auf Floh- oder Trödelmärkten ordentliche Preise erzielen.

Über die Kopernikusstraße führte eine Eisenbahnbrücke, über die der Zug in Richtung Glauchau donnerte. An der Brücke stand ein Kiosk. Darin stand Frau Kornhäusel und verkaufte die herrlichste Brühe, die ich je in meinem Leben genossen habe. Leider hatte ich nicht oft zwanzig Pfennig übrig, aber wenn das der Fall war, holte ich mir dort eine Tasse Brühe, dazu eine Semmel. Die Semmel in die heiße Brühe tunken und abbeißen, dass der Rest der Brühe von der Semmel wieder in die Tasse tropfte, das war das Größte. Es war fast so gut wie Kakao mit Buttersemmel, was es manchmal Samstagmittag gab, weil es erstens schnell ging und auch von meiner Schwester zubereitet werden konnte, und weil es zweitens ein lecker Gericht war, das mir, wie die Brühe, im Gedächtnis geblieben ist.

Wir Kinder hatten am letzten Tag des Jahres ein paar Wunderkerzen und jeder eine Schachtel Knallerbsen zur Verfügung. Damit vergnügten wir uns. Großes Feuerwerk wurde in jedem Jahr von Witzgers, die schräg gegenüber wohnten, veranstaltet. Deren Mengen an Knallern und Raketen reichte für die gesamte Nachbarschaft mit.

An einem Silvestertag ging es auch bei uns recht turbulent zu. Dabei war ich der Hauptakteur.

Ich war zehn, elf oder zwölf Jahre alt, vielleicht aber auch erst neun. Die Damenrunde saß fröhlich plaudernd im Wohnzimmer. Mein Vater war eben nach Hause gekommen und betrieb Körperpflege. Mir war langweilig. Also nahm ich eine Kerze, stellte sie auf einen kleinen Teller und den Teller auf das Fensterbrett des Schlafzimmerfensters. Die Kerze zündete ich an und vertrieb mir die Zeit, indem ich kleine Papierstückchen an der Kerzenflamme in Brand setzte, sie aus dem Fenster segeln ließ und ihnen hinterher sah, wie sie zur Straße hinunter taumelten. Dann drehte ich mir aus einem Stück Papier eine Rolle, brannte diese an einem Ende an und sog durch die Röhre den beißenden Rauch in meine Lunge. Auf der gegenüberliegenden Straßenseite blieben Leute stehen, riefen zu mir herauf und winkten aufgeregt. Ich rief zurück und winkte auch. Darauf brüllten die Leute lauter und fuchtelten wild mit ihren Armen in der Luft herum. Was wollten die nur von mir? Schließlich drehte ich mich um und sah die Gardinen in Flammen. Ein Versuch, das Feuer auszupusten, brachte den gegenteiligen Erfolg. In meiner Not stieß ich die Tür zur Wohnstube auf und schrie den alten Damen „Feuer! Es brennt!" in ihre Gesichter. Im nächsten Augenblick war mein Vater ran, riss die Gardine von der Stange und trat das Feuer aus. Er sah lustig aus, mit halb rasiertem Gesicht und gelber, blutstillender Watte im fertigen Teil. Mir war allerdings nicht nach Lachen zumute.

Vater räumte die verkohlten Reste weg und Omas Freundinnen bestätigten einander, wie schrecklich alles hätte werden können. Zwischendurch klingelte es an der Wohnungstür. Das waren die Leute von der Straße, die uns mitteilten, dass es bei uns brenne.

Und dann gab es so was von Dresche, dass mir Hören und Sehen verging. Zwar war ich Papas Goldsohn, er ließ auch sehr viel durchgehen, aber diesmal hatte ich mir zu viel geleistet.

Als alles vorbei war, trudelte meine Schwester ein. Natürlich entsetzte sie sich gehörig. Sie war Post zum Kasten bringen gewesen (an ihre sowjetische Brieffreundin Olga Kalaschnikowa) und hatte somit Glück, denn ich hätte sicher einen Weg gefunden, ihr den Brand in die Schuhe zu schieben. Dann kam Mutti von der Arbeit, und es gab die zweite Wucht. Die fiel aber nicht so intensiv aus, denn mein Hintern war bereits weichgeklopft, und ich brüllte wie am Spieß. Sie hielt inne und schickte mich ohne Abendbrot ins Bett. Dabei war es noch nicht einmal sechs Uhr abends. Später besuchte mich meine Schwester und führte die bereits beschriebenen Wunderkerzenspiele vor. Sie bot mir Kartoffelsalat gegen meinen Hunger an, wohl wissend, dass ich diesen zutiefst verabscheute.

Eine Szene des ganzen Vorfalls sei noch erwähnt, weil sie trotz aller Dramatik einer gewissen Komik nicht entbehrte und mich im Nachhinein schmunzeln lässt.

Das Feuer ist ausgetreten, mein Vater steht vor dem kläglichen Rest ehemaliger Gardinen. Das Entsetzen über ein mögliches, zum Glück abgewendetes, Szenario macht sich bei allen Anwesenden breit. Da kommt die alte Gomolka angewatschelt, mit einem gefüllten Wasserkessel in der Hand, so einen mit langer, gebogener Tülle und reicht ihn meinem Vater mit den Worten:

„Hier Herbert, hier!“

Die Bahnhofstraße präsentierte sich, wie die gesamte Stadt, von Industrie und Bergbau geprägt. Die Steinkohlenschächte „Martin Hoop" I – IV und die Kokerei waren voll in Betrieb. Es kam nicht selten vor, dass am Morgen fette Rußflocken auf den Fensterbrettern lagen. Wenn man sich einen Krümel aus dem Auge wischte, gab es dafür den passenden Ausspruch:

„Mir ist ein Brikett ins Auge geflogen."

Es rauchten die Schornsteine vom Sachsenringwerk, der Zwickauer Maschinenfabrik, der Kammgarnspinnerei, dem VEB Grubenlampe und zahlreicher anderer Betriebe.

Die meisten Betriebe waren VEBs (Volkseigener Betrieb), als zweithäufigste Eigentumsform gab es die Genossenschaften (PGH, LPG, Konsum) und letztlich noch einige wenige Privatbetriebe.

Die Luft war schwer von Industrieabgasen und im Winter kaum zu atmen, weil dazu noch aus den Schornsteinen der Wohnhäuser schwefelhaltiger Rauch quoll. Die Häuser waren alt, schmutzig und sanierungsbedürftig, damals schon. Der Zustand der Bausubstanz zum Zeitpunkt der politischen Wende, dreißig Jahre später, muss erschreckend gewesen sein. Da ich Anfang der siebziger Jahre meine Heimatstadt verlassen habe, ist mir der traurige Anblick, den die Bahnhofsvorstadt bei einem Besuch irgendwann in den Achtzigern bot, noch gut in Erinnerung.

Als Kind sah man die Sache locker. Es war so und fertig. Die Wohnumstände waren einfach bis primitiv, teilweise sogar richtig schlimm. Wer es erzählt bekommt, hört es sich an und nimmt es mit einem erstaunten „Oh!" zur Kenntnis. Doch das ist nichts gegen die Entdeckungen in der eigenen Vergangenheit, die ich beim Schreiben machen kann.

Auf alten Fotos aus der Zeit um 1900 ist die Bahnhofstraße als repräsentative Prachtstraße zu sehen, mit schönen, alten Bäumen und soliden Häusern. Dem Betrachter weht ein Hauch Romantik und Nostalgie entgegen.

Die Bäume wurden älter, die Häuser auch. Während die Bäume jedoch gepflegt und gegebenenfalls ersetzt wurden, tat sich bei den Häusern wenig. In der ersten Hälfte des zwanzigsten Jahrhunderts war dies auch nicht notwendig, in der zweiten Hälfte nicht möglich. Der Zahn der Zeit wurde vom Krieg unterstützt. Während der Nachkriegszeit war überleben wichtig, dann fehlte schlicht und einfach das Geld. Von den paar Mark Miete konnte kein Hausbesitzer seine Hütte instand halten.

Das Haus, in dem wir wohnten, war irgendwann Anfang des zwanzigsten Jahrhunderts erbaut worden, vielleicht auch früher. Wir hatten im zweiten Stock eine Vier–Raum–Wohnung mit Küche, ohne Bad, mit zwei Kellern, einer Bodenkammer und einem Plumpsklo, wir sagten Abort dazu und mein Vater Abtritt, mit zwei Kabinen, auf das wir ungern gingen, weil es im Sommer eine Fliegenbrutstätte war und im Winter die Gefahr bestand, bei einem etwas längeren Besuch anzufrieren. Ein Badezimmer wurde uns erst spendiert, nachdem der Sohn des Hausbesitzers sein

Zimmer geräumt hatte, welches sich auf unserer Ebene befand und von unserem Vorsaal aus zu erreichen war.

Der Hauseigentümer war uns, wie auch alle anderen Mitglieder seiner Familie, in höchstem Maße unsympathisch. Aber das sind Vermieter, glaube ich, immer. Das ist bei solch gegensätzlichen Interessen auch logisch. Der Mieter möchte eine schöne große Wohnung mit viel Komfort und einer niedrigen Miete, der Vermieter hingegen will viel Geld und nichts dafür tun. Wir haben manches Mal Schabernack mit den „Ziehanks", wie die Familie hieß, getrieben. So hat meine Schwester oft und gern, auch wenn sie dies bis heute vehement bestreitet, den Spiegel der Hauswirtsfamilie bespuckt. Klingelrutschen war auch sehr beliebt, nicht nur beim Hauswirt. Wir schraubten die Glühlampe im dunklen Treppenhaus locker, verstreuten Steinchen auf den Treppenstufen, ließen absichtlich die Aborttüren offen und guckten durch die Schlüssellöcher. Einmal hat meine Schwester Stecknadeln ins Wohlfühlsofa auf dem Flur der Ziehanks gesteckt, mit der Spitze nach oben. Das gab richtigen Ärger.

Bevor wir das Badezimmer bekamen, mussten wir uns in der Küche am Ausguss oder in einer Schüssel am Küchentisch waschen. Völlig klar, dass die Körperpflege nicht übermäßig in die Länge gezogen wurde.

Einmal in der Woche war Badetag. Der fand ebenfalls in der Küche statt. Vater holte die große Zinkwanne aus dem Waschhaus und einen ebensolch riesigen Topf, der mit Wasser gefüllt auf den Küchenofen gesetzt wurde. Dazu kamen alle größeren

Töpfe und Kessel, die der Haushalt hergab. Im Herd wurde eingeheizt, was das Zeug hielt.

Zuerst kamen wir Kinder an die Reihe. Anfangs gemeinsam, als die Wanne zu eng wurde nacheinander, wobei sich meine Schwester immer vorzudrängeln wusste, damit sie das saubere Wasser bekam, auf dem noch schöner Schaum schwamm.

Nach uns badete Mutter. Vater war der letzte Freischwimmer. Alle Mann in einer Wannenfüllung, versteht sich. Nur heißes Wasser wurde ab und zu nachgegossen. Im Sommer war das Baden einfacher, denn es fand in der Zinkwanne auf dem Hof statt.

Waschtag war auch regelmäßig, nur nicht so oft wie Badetag. Die Sachen wurden länger als einen Tag getragen, meist die ganze Woche. Mutter rief mir manches Mal hinterher, wenn ich zum Spielen die Treppe runter sauste, ich solle mich „ni so dreggsch" machen. Eine ziemlich überflüssige Anordnung, wie sie wissen musste, denn meine diesbezüglichen Versuche waren nie von Erfolg gekrönt.

Um dem ständigen Klamotten Waschen wenigstens teilweise zu entgehen, bekam ich eines Tages eine schweinslederne Sepplhose, die im Laufe der Zeit glänzend schwarz wurde. Ein feines Teil. Ich wischte fleißig meine Dreckhände daran ab.

Jahre vor der Krachledernen, zu der natürlich ein zünftiger Uller gehörte, trug ich eine kurze, blaue Stoffhose mit Trägern über Kreuz, darunter ein Leibchen mit vier Strumpfhaltern, an denen die Strümpfe aufgehängt wurden. Weil diese beim Waschen jedesmal ein Stückchen ihrer Länge einbüßten, sah man bald am zarten Knabenbein einen Streifen rosaroten Fleisches, was als besonders reizvoll zu gelten schien.

Vater heizte am Sonntag noch vor dem Frühstück den Ofen in der Waschküche an. Bald schon blubberte das Wasser im großen Kessel. Da drinnen kochte die Bettwäsche und andere, einhundert Grad vertragende Sachen. War die Wäsche fertig, fischte meine Mutter die dampfenden Wäschestücke mit einem paddelähnlichen Gegenstand aus dem Kessel und spülte sie in diversen Wannen und Bottichen seifefrei. Anschließend drehte mein Vater die einzelnen Teile durch die Wringmaschine. Später konnte ich dies übernehmen. Nach dem Kochen, Spülen, Wringen folgte das Aufhängen, Abhängen, Plätten und Weglegen. Natürlich wollte die Familie zwischendurch auch noch etwas essen. Also spute dich, Mutter.

Nach der Kochwäsche landeten die dunklen Sachen im nun abgekühlten Seifenwasser, das ausgenutzt werden musste.

War schönes Wetter, konnten die Betten abends wieder bezogen werden. Anderenfalls schliefen wir eine Nacht ohne Bettbezug „im Inlett". War auch nicht schlecht.

Lag ich im Bett und konnte nicht einschlafen, lauschte ich auf die Geräusche von nebenan, die beruhigend ins Schlafzimmer drangen. Radiomusik, die Stimmen der Eltern, das Absetzen des Bügeleisens – all das empfand ich als harmonisch und fühlte mich in solchen Momenten besonders geborgen.

Gern begleitete ich Mutter zur Wäschemangel in die Robert-Blum-Straße unweit der Kneipe „Zum weißen Lamm".

In einem schwach beleuchteten Raum rumpelte der Mangelkasten auf gut bestückten Wäscherollen wie ein hölzernes Ungetüm knarrend und quietschend hin und her, Wackersteine in seinem Inneren verliehen ihm das nötige Gewicht, um am Ende der Mangelei makellos glatte Wäsche abwickeln zu können, vorausgesetzt, man hatte sie ordentlich aufgewickelt.

Meine Mutter war mit schier unerschöpflicher Energie gesegnet. Ich sehe sie noch vor mir, mit schwarzer Gummischürze, ebensolchen Stiefeln und einem bunten Tuch auf dem Kopf und kann mir lebhaft vorstellen, dass sie nach einem Waschtag todmüde ins Bett gefallen ist, um am nächsten Morgen wieder in die sechs Tage Arbeitswoche zu starten.

Da es in der gesamten Wohnung nur einfache Fenster gab, zierten im Winter im Schlafzimmer wundervolle Eisblumen die Scheiben. Manchmal waren die Fenster bis oben zugefroren, und an den Wänden schimmerten Eiskristalle. Das Doppelbett meiner Eltern stand an einer Wand, daneben am Fenster das Bett meiner Schwester, und quer vor dem Bett meiner Eltern meine Schlafgelegenheit. In der gegenüber liegenden Ecke stand ein Emailleeimer mit Deckel, der morgens entleert wurde, falls nachts jemandem ein dringendes Bedürfnis angekommen war.

Mir ist kein Haus in der Bahnhofstraße bekannt, in dem es Ende der fünfziger, Anfang der sechziger Jahre ein WC gegeben hätte. Allerdings verkehrten wir auch nicht in „Besseren Kreisen". Wenn ich es recht bedenke, waren wir noch ziemlich gut dran. Beim Hanisch Fritz im Haus befanden sich die entsprechenden Örtlichkeiten auf dem Hof hinter Lattenverschlägen. Da kam Freude auf! Vor allem im Winter, wenn man im zweiten Stock wohnte.

In regelmäßigen Abständen kamen Fahrzeuge der ZWAG (Zwickauer Abfuhr Gesellschaft). Die Männer legten ihre grauen, geriffelten Rohre aus und pumpten die Jauchegruben leer. Dann wehte der „Duft der großen, weiten Welt" durchs Viertel.

Eine ebenso wenig ernst gemeinte wie beliebte Antwort auf die von Erwachsenen gern und oft gestellte Frage:
„Was willst du denn einmal werden?"
war:
„ZWAG-Tieftaucher!" – Ups!

Treppe und Vorsaal unserer Wohnung hatten einen roten Steinholzfußboden, der am Wochenende mit der Bohnerbürste gewienert wurde. Die Bohnerbürste war ein vielleicht A4 großes, schweres Eisenteil mit harten Borsten unten dran und oben einer Führung zur Aufnahme des Kugelgelenks am langen Stiel.

Blank geputzt werden mit Lappen und Sidolin mussten auch die zahlreichen Messingtürklinken, Schlossblenden und der Wasserhahn über dem Ausguss in der Küche. Solche wertvollen Tätigkeiten fielen mir zu. Als ich etwas älter und kräftiger wurde, durfte ich den ellenlangen Kokosläufer im Flur zusammenrollen, zwei Treppen hinunter schleppen, über der Teppichstange ausklopfen und die zwei Treppen wieder hochschleppen, um nach dem vorgenannten Wienern (Fegen inklusive) den Läufer wieder auszurollen.

Unser Boden war über eine spärlich beleuchtete, ausgetretene Holztreppe zu erreichen. Er mutete immer etwas unheimlich an, denn hinter den verschlossenen Lattenverschlägen, auch Bodenkammern genannt, lauerte vielleicht ETWAS. Ganz sicher lauerte ES dort, lauerte auf mich. Dennoch ging ich oft nach oben, denn hinten am Giebel waren über eine Holzleiter die Dachluken zu erreichen, aus denen ich gern meinen neugierigen Kopf steckte.

Später, mit vierzehn, fünfzehn vielleicht, trieb mich eben diese Neugier dazu, meinen Körper aus einer der Luken auf das steile Spitzdach zu schwingen, die Steigeisen bis ganz nach oben zu klettern und mich auf das Brett zu setzen, welches dem Essenkehrer zur nötigen Standfestigkeit bei seiner Arbeit verhalf.

Die Aussicht belohnte den Kletterer für seinen Wagemut, denn die Luft war relativ klar. In Richtung Innenstadt schweifte mein Blick über die Bahnhofsvorstadt mit der Lutherkirche, bis zum Dom Sankt Marien und von dort auf den Brückenberg. Linkerhand ragten von fern die Türme der Katharienkirche und der Marienkirche aus dem grauen Häusermeer. Auf der rechten Seite, hinter dem Grün der Schwanenteichanlage, spuckten dicke Schornsteine schmutzigen Qualm in die Luft.

Ich ließ die Beine baumeln und freute mich des Lebens.

Wie lange ich dort saß, weiß ich nicht mehr, aber die Erinnerung daran ist noch frisch und gehört zu den Erlebnissen, die ich nicht missen möchte, auch wenn es hinterher eine gehörige Strafpredigt gab, denn es hatte mich bei meinem Ausflug jemand gesehen und verpetzt.

Geh' mal in den Keller und hol' ein Glas Eingemachtes hoch!

Diese Worte, von meiner Mutter am Sonntag kurz vor der Mittagsmahlzeit ausgesprochen, riefen bei mir größtes Entsetzen hervor. Ging ich auf den Boden noch relativ mutig, so stieg ich in den Keller nur unter Aufbietung aller Reserven meiner Willenskraft. Da half keine dringende Notdurft, keine vorgeschobenen Hausaufgaben - ich musste gehen. Den grauen Hohlschlüssel für das alte Vorhängeschloss vom Haken nehmend, ergab ich mich meinem Schicksal.

Nun war es so weit!

Dieses Mal würde ich sicher nicht wiederkommen, weil das grausige ETWAS, das unten im Keller hauste, mich ganz bestimmt erwischte. Sich selbst anklagend würde meine Mutter später heiße Tränen weinen und immer wieder sagen:
„Ach, hätten wir ihn doch nie in den Keller geschickt."

Aber dann wäre es unwiderruflich zu spät.

Mit solch düsteren Gedanken beschäftigt, tappten meine Beine, mit jeder Stufe langsamer werdend, die Treppen vom zweiten Stock ins Erdgeschoss des alten Mietshauses hinunter. Durch ein schmales, über dem Hoftor angebrachtes Fenster fiel spärliches Tageslicht auf den ewig staubigen Steinfußboden des Durchganges von der Straße zum Hof.

Da war sie, die Kellertür!

Mein Herz rutschte mir tief in die Hosen. Die halb verrostete, eiserne Klinke schien sich in meine Hand zu brennen. Ich musste kräftig ziehen, die Tür klemmte. Schließlich schwang sie auf. Modriger Kellergeruch schlug mir entgegen. Mein Herz klopfte schneller. Um nichts in der Welt wollte ich die ausgetretenen, schmutzigen Steinstufen hinuntersteigen. Allein: Sollte ich meinen Eltern und meiner älteren Schwester gegenüber zugeben, dass ich Angst hatte.

Niemals!

Meine Schwester hätte umgehend dafür gesorgt, dass meine Freunde von dieser Tatsache erfahren würden, was einem sozialen Selbstmord gleichgekommen wäre.

Eine von Fliegendreck und Spinnweben verkrustete Glühlampe von höchstens vierzig Watt Leuchtstärke beleuchtete dürftig den Abstieg in die Unterwelt. Das Ende der Treppe, die in einem schmalen Podest mündete, welches, wie die Treppe selbst, aus roten Backsteinen bestand, versuchte eine zweite Lampe zu erhellen. Am Ende des Kellerganges schaukelte eine dritte an einem Draht von der Decke herab. War die Treppe soweit ausgeleuchtet, dass man Stufen erkennen konnte, so lag der Gang, den ich durchschreiten musste, in undurchdringlichem Dunkel. Die Lampe am anderen Ende blinkte nur als winziger Lichtpunkt durch die Finsternis. Ich stand auf dem Podest und spielte mit dem Gedanken zurückzugehen und mein Leben unter dem Vorwand, das Schloss habe sich nicht öffnen lassen, alle Lampen wären kaputt, die Kellertreppe wäre eingestürzt, zu retten. Jedoch schienen mir alle Ausreden leicht durchschaubar. Mit bleischweren Füßen trat ich schließlich in das Reich der Schatten, nicht ohne zuvor jeden Zentimeter Decke, Wand und Boden mit durchdringenden Blicken abgesucht zu haben. Nichts deutete darauf hin, dass, sobald ich mich einen Meter in den finsteren Kellergang hinein bewegt hatte, mich ETWAS unbarmherzig zu sich hinunter- oder hineinreißen würde, wohin immer das auch sein mochte. Aber dass es so kommen musste, war absolut sicher.
Ich lief los.

Schattenarme krochen aus den Lattenverschlägen beiderseits des Ganges auf mich zu. Sie würden mich erreicht haben, bevor ich die Tür zu unserem Keller aufschließen und die saubere fünf-undsiebzig-Watt-Glühlampe gleich links neben der Tür anknipsen konnte.

Tief unten im Keller, in der letzten aller dunklen Ecken, wo Moder und Feuchtigkeit zu Hause sind und wohin nie das Licht der Lampen reicht, erwachte das Grauen. Es erwachte, von meiner Angst geweckt und machte sich auf, von dieser Angst zu trinken. Langsam koch es aus seinem Versteck und schob sich den dunklen Gang entlang. Ich spürte es kommen und verdoppelte meine verzweifelten Anstrengungen, die Tür unseres Kellers auf-zubekommen. Schaffte ich es nicht, war ich verloren.

Nun, das Dunkel hat mich nicht verschlungen, das furchtbare ETWAS mich nie erwischt. Immer bin ich heil, wenn auch mit schlotternden Knien, wieder in unsere Wohnung gelangt. Gleichwohl war ich felsenfest davon überzeugt, dass ES beim nächsten Mal garantiert über mich herfallen würde.

Der Keller wurde im Sommer als Aufbewahrungsort für Wurst, Käse und Butter genutzt, denn einen Kühlschrank hatten wir nicht. Das bedeutete zwei Kellergänge am Abend, meist für mich.

Die meisten Häuser der Bahnhofstraße beherbergten im Erdge-schoss Geschäfte oder Kneipen. Allein die zwischen Brunnen-straße und Robert-Blum-Straße befindlichen Betriebe bekomme ich nur schwer zusammen, so viele waren es.

In unserem Haus war ein Zeitungsladen, der später zu einer Post- und Paketstelle mutierte und ein Obst- und Gemüsegeschäft. In der Fünfunddreißig war „Gröschels Weinstube", von der noch zu reden sein wird. In der Einunddreißig betrieb die alte Tosca, die sich niemals ohne ihren lila Turban zeigte und von uns „Wanda mit den Sofabeinen" genannt wurde, einen Ramschladen, von ihr selbst als Kunst- und Antiquitätenhandel bezeichnet. Das Eckhaus zur Brunnenstraße beherbergte den Gasthof „Zum Thüringer" (siehe Bild). Der Wirt hatte eine hübsche, blonde Frau und zwei ebensolche Töchter, vielleicht fünf, sechs Jahre älter als ich.

Gern schaute ich zu, wenn eine Ladung Bierfässer geliefert wurde. Der Fahrer nahm seinem Kollegen, der auf der Ladefläche des Brauereiwagens hantierte, die Fässer ab und ließ sie auf das speckige Lederkissen plumpsen, das er zu diesem Zweck auf den Bürgersteig gelegt hatte. Die Fässer wurden zur Kellerluke gerollt und von dort über zwei dicke Holzlatten vorsichtig in den Keller bugsiert.

Zum Bahnhof hin konnten wir uns beim Friseur „Jugelt" für eine Mark die Haare schneiden lassen. Ich musste sagen:
„Bitte einmal wie immer"
und sah Minuten später aus wie Karl Napf von der Gasanstalt. Später wurde Rundschnitt verlangt, irgendwann kam der Messerformschnitt auf. Das war die hohe Frisierkunst.

Neben dem Friseur hatte sich der Münch-Fleischer eingemietet. Neben diesem holten wir Milch, Quark und Butter vom Stück aus dem Milchladen. Die Milch wurde mit einer Kelle aus der großen Kanne geschöpft.

Rohe Milch war mir ein Gräuel. Gekocht dagegen trank ich sie gern, und so viel ich durfte und manchmal auch mehr. Um die Milch beim Kochen nicht anbrennen zu lassen, gab es die sinnreiche Erfindung des „Milchwächters". Das war ein runder, etwa ein Zentimeter starker Gegenstand aus Porzellan mit einem Durchmesser von vielleicht sieben Zentimetern. Der hatte auf der Unterseite mehrere Vertiefungen. Den Milchkocher ließ man gefühlvoll in den gefüllten Milchtopf gleiten. Wenn die Milch kurz vorm Anbrennen war, klapperte er alarmierend im Topf herum.

Das Beste an der Kocherei war die Haut, die sich nach einer gewissen Zeit auf der Oberfläche der Milch gebildet hatte. Es gelang mir immer wieder, diese Delikatesse mit meinem Finger aus dem Topf zu angeln.

Hm!

Zwischen Friseur und Gemüseladen war, glaube ich, noch ein kleines Lebensmittelgeschäft.

Beim Fleischer waren wir als Kunde registriert, denn nach Lebensmittelmarken und Abschaffung derselben gab es später wieder eine Zeit der Knappheit, und Butter und Fleisch wurden pro Kopf beim Fleischer beziehungsweise Lebensmittelhändler des Vertrauens zugeteilt. Darüber hinaus konnte es dem Stammkunden passieren, dass er zu seinem Einkauf ein eingewickeltes Päckchen gereicht bekam, dessen Inhalt sich zu Hause als frische Schweineleber herausstellte. Etwas Seltenes zu der Zeit.

Neben der Tatsache, mein Geburtshaus zu sein, hatte die Bahnhofstraße Nummer 37 einen weiteren Vorzug vor ihren Nachbarhäusern: Sie besaß einen Hinterhof. Der lud auf Grund seiner Größe zum Fußballspiel ein, was aber verboten war. Darüber hinaus war es, möglich, von dort über Zäune, Mauern und Dächer auf andere Höfe des Karrees zu gelangen, was strengstens verboten war.

Auf der gegenüberliegenden Straßenseite, der Seite mit den geraden Hausnummern, befand sich sogar in jedem Haus ein Geschäft, wenn ich auch nicht mehr alle aufzählen kann. Im Eckhaus Brunnenstraße betrieb der „Gardinen-Schubert" einen Laden, in dem man neben Gardinen allerlei Tisch- und Bettwäsche und dergleichen erstehen konnte.

Ein Haus weiter in der Brunnenstraße wohnte die Hirschligau Brigitte, ein Pferdeschwanz tragendes, niedliches Mädchen, mit dem ich während der ersten Schuljahre eine Zeit lang befreundet gewesen war. Besonders schön waren die gemeinsamen Heimwege im Sommer, die wir vom 04-Bad in Pölbitz aus zu Fuß machten, weil wir die zwanzig Pfennig Straßenbahnfahrgeld für Eis oder eine Rolle Kekse ausgegeben hatten. Wir liefen durch die halbe Stadt, am „Sachsenring" und am Friedhof vorbei, durch Kleingartenanlagen und am Bahndamm entlang und kamen am Viadukt der Werdauer Straße an. Die Brigitte hat mir Himbeeren gepflückt, und wir haben uns über das „Küssen mit Zungenschlag" unterhalten und fanden es eklig, die Zunge in den Mund eines anderen zu stecken.

Neben dem Gardinenladen waren ein Bäcker oder zumindest Backwarengeschäft und ein Lebensmittelladen. Dann kam Quecks Wirtschaftswaren, ich glaube, es hieß „Eisen-Queck", wo es vom Spielzeug über Nagelscheren und Töpfe so ziemlich alles gab, was man brauchte. Ich brauchte vornehmlich Indianer und Cowboys der Firma Lineol, die ich mir groschenweise zusammen sparte. Es gab Zeiten, da hatte ich über fünfzig Figuren, Reiter und Tiere nicht mitgerechnet.

Die alte Queck stand mit ihrer noch älteren Freundin (oder war es die Schwester?) tagein, tagaus in ihrem kleinen Geschäft. Beide waren zusammen sicher mehr als einhundertfünfzig Jahre alt. Die Eine sah schlecht, die Andere hörte schwer.

Eines Tages betrat ich den Laden, um mir einen neuen Cowboy zuzulegen. Eine Mark hatte ich gespart. Es gab aber auch schon welche für achtzig Pfennig. Die alte Queck stand hinter dem Ladentisch, ihre Freundin kramte in Raum nebenan. Es entspann sich folgender Dialog:

Ich: „Guten Tag. Ich möchte einen Cowboy."
Queck: „Was willst Du?"
Ich: „Einen Cowboy."
Freundin (von nebenan): „Was will er?"
Ich: „Einen Cowboy."
Queck (zur Freundin): „Er will einen Kobold."
Queck (zu mir): „Was für einen Kobold denn?"
Freundin (von nebenan): „Einen Kobold will er?"
Queck (zur Freundin): „Ja."
Ich: „Nein."
Queck (zu mir): „Aber hast du doch gesagt."
Freundin (von nebenan): „Was für einen Kobold denn?"
Ich: „Ich möchte eine Cowboy, keinen Kobold. Haben Sie welche?"

Natürlich waren Cowboys vorhanden. Hinter der Queck standen sie in Reih und Glied im Regal an der Wand. Ich wollte sie aber gern von nahem sehen und mir einen aussuchen.

Freundin (inzwischen nach vorn gekommen): „Wir haben keinen Kobold."
Queck (bedauernd): „Wir haben leider keinen Kobold."
Ich (langsam und deutlich): „Ich möchte keinen Kobold, sondern einen COWBOY."
Freundin (etwas laut): „Er will einen Kau Beu." Dabei zeigte sie auf die Reihe der Lineol Figuren.
Queck (zu mir, leicht unfreundlich): „Dann sag das doch gleich!"

Indianer, Cowboys und vor allem die verschiedensten Lineol-Tiere gab es in der Stadt in einer kleinen Kaufhalle in der Inneren Plaunschen Straße, die auch eine Art zentrale Lottostelle war. Jedenfalls konnte man dort alte Lottoscheine abgeben und bekam für beispielsweise zweihundert Scheine ein Buch, das man sich unter verschiedenen Titeln aussuchen konnte. Klingt erst einmal günstig, aber mehr als einen Tippschein pro Woche zu spielen, war absolut nicht drin. Somit brauchte man, falls keine Scheine von woanders her kamen (die sammelten alle selbst) für ein Buch vier Jahre.

Oft war ich in diesem Geschäft um die Tiere zu bewundern, die schön sortiert sich in langen Reihen im Verkaufstisch unter Glas darboten. Es dauerte ewig, bis ich die ungeheure Summe von fünf Mark zusammengespart hatte und voller Stolz einen Elefanten nach Hause tragen konnte.

Noch heute existieren einige Exemplare meiner damaligen Menagerie. Der Elefant ist leider nicht darunter.

Ein Haus weiter, das war die Nummer 38, wohnte Familie Conrad. Deren Haushaltsvorstand betrieb die Druckerei „Martin Conrad" im ersten Stock unseres Hofgebäudes. Der Junior der Familie Conrad, der Ulli, war drei Jahre älter als ich, oder auch vier, und zeitweise verknallt in meine Schwester. Die aber hat ihn abblitzen lassen.

In Conrads Wohnhaus war die Firma Pertisch, Schreibmaschinenreparatur und –verkauf, wenn es mal welche zu verkaufen gab, und ein Tabakwarenladen, in dem am Ladentisch stets eine kleine Gasflamme brannte, an der sich die Kunden ihre gekauften Zigarren anzünden konnten.

Zu der Zeit war es noch gang und gebe, einzelne Zigaretten zu kaufen. Fünf Casino ohne Filter oder Jubilar oval für fünfzig Pfennig, oder drei f6 für achtundvierzig Pfennig, die der Verkäufer in einer kleinen, weißen Tüte über den Ladentisch reichte.

Eines Montags kam ein kleiner Mann in einem Trenchcoat, mit Schlapphut, Brille und einer Zigarre im Mundwinkel und ging, ohne zu grüßen, zu der Gasflamme, brannte sich seine Zigarre an und verließ den Laden, ebenfalls ohne zu grüßen. Am Dienstag kam der Mann wieder, sprach kein Wort, zündete sich seine Zigarre an und ging. Das Gleiche geschah am Mittwoch und am Donnerstag. Als am Freitag der Mann abermals in den Tabakladen trat und ohne ein Wort zu sprechen sich seine Zigarre anbrannte, platzte dem Geschäftsinhaber der Kragen.

„Sagen Sie mal", wandte er sich recht unwirsch an den Eingetretenen, „Sie kommen jeden Tag in meinen Laden, sagen keinen Ton, nicht mal ‚Guten Tag', zünden sich eine Zigarre an, die Sie nicht bei mir gekauft haben und gehen einfach wieder. Das können Sie doch nicht machen. Wer sind Sie denn überhaupt?"
„Nanu, Sie kennen mich nicht?"
„Nein!"
„Na, ich bin doch der Mann, der jeden Tag in Ihren Laden kommt und sich eine Zigarre anbrennt …"

Ein Haus weiter in Richtung Bahnhof hatte die „Hutzenstub" ihr Domizil. Das war eine üble, verrufene Kneipe, zu der mindestens einmal pro Woche das Überfallkommando anrollte und die betrunkenen Randalierer abtransportierte. Da war vielleicht was los. Der kastenförmige, vergitterte Polizeiwagen wurde nach seiner Farbe „Grüne Minna" genannt. Wir saßen bei solchen Vorführungen am Schlafzimmerfenster gegenüber in der ersten Reihe.

Dieses „aus dem Fenster schauen" gehörte zu unseren Lieblingsbeschäftigungen. Auf einem Stuhl kniend, die Arme auf ein Kissen auf dem Fensterbrett gestützt, genossen wir aus dem zweiten Stock das Treiben auf der Straße exklusiv und mit Freuden.

Wir zählten Fahrzeuge und Fußgänger, ließen auch mal eine Taube aus Papier fliegen oder Steinchen fallen. Man kann fast sagen, das Fenster war unser Fernsehen und unsere Spielkonsole.

Weiter zur Robert-Blum-Straße hin gab es noch einen Taschenladen, einen Schuster, den wir aufsuchten, nachdem der alte Neidhart seine Schuhmacherei in der Brunnenstraße seines hohen Alters wegen hatte schließen müssen, einen Lebensmittelselbstbedienungsladen, Konsum- oder HO-Fleischerei und noch einen Privatfleischer, den „Löffler", dessen Tochter Maria mit meiner Schwester befreundet war, und der eine ausgezeichnete Wurst herstellte. Berühmt war seine Aniswurst, eine dünne Salami, die ich seitdem nirgends wieder bekommen habe.

Die anderen Abschnitte der Bahnhofstraße beherbergten ähnlich zahlreiche Geschäfte, an die ich mich nur noch unscharf erinnere. Eine Drogerie war dabei, ein Klamottenladen und ein Schuhladen. Wichtig für mich war Rosner's Schreibwarenladen, zu dem ich ab dem Zwanzigsten eines jeden Monats täglich lief, um der Ladeninhaberin immer wieder die gleiche Frage zu stellen:
„Ist das neue Mosaik schon da?"
Obwohl die neueste Folge der „Digedags" nie vor dem Achtundzwanzigsten zu haben war, versuchte ich es jeden Monat immer wieder eher. Es könnte schließlich doch einmal sein …
Gegenüber von Rosner's Schreibwarenladen, das werde ich auch nie vergessen, hatte Zahnarzt Doktor Schildbach seine Praxis.
Leider war ich mit gutem Zahnmaterial nicht eben gesegnet, sodass der wackere Dentist sich häufig über meinen Besuch freuen konnte. Ich hatte vorm Zahnarzt panische Angst. Mit Gewürznelken und Hingfong zögerte ich jeden Zahnarztgang hinaus, bis es nicht mehr ging, denn mir wurde bereits schlecht, wenn ich durch die Eingangstür trat. Das ganze Haus roch nach Zahnarzt. Saß ich dann auf dem Stuhl, und der Doktor griff nach seinem

Bohrer, der durch ein System von Schnüren und Rädchen angetrieben wurde, packte mich das kalte Grausen.

Jedesmal, wenn ein Zahnarztbesuch anstand, blätterte ich in Gedanken eine endlose Liste von Ausreden durch, warum ich nicht hingehen konnte. Es half jedoch alles nichts.

Am letzten Viertel der Bahnhofstraße in Richtung Hauptbahnhof existierten die Hotels „Bayrischer Hof", „Zur Glocke", „Merkur" und das „Wagner".

In Richtung Stadtmitte gab es ähnlich viel Geschäfte und Kneipen, eine Konditorei, einen Optiker und das Lutherheim, als Stätte seelischer Erbauung.

Auch in den Nebenstraßen setzte sich die Geschäftevielfalt in Form von Bäcker- und Fleischerbetrieben fort. Das glaubt man heute gar nicht mehr.

Schräg gegenüber vom „Bayrischen Hof" wohnte über der Kneipe „Zum Uhu" die Horn Elfriede mit ihrer Tochter Elke.

Elke besuchte zehn Jahre lang gemeinsam mit mir die Fröbelschule. Das blieb auf mich nicht ohne Wirkung. In der neunten Klasse verknallte ich mich dermaßen in das Mädchen, dass ich für nichts anderes mehr Augen und Ohren hatte. Meine Verliebtheit wurde nur übertroffen durch meine Schüchternheit. Ich war so gehemmt, dass es mir unmöglich schien, der Elke meine Gefühle zu offenbaren, obwohl ich mir dieses immer wieder vornahm. Mir blieb nur der tägliche gemeinsame Schulweg. Ich wartete jeden Morgen an der Ecke auf sie. Damit ich sie nicht verpasste, war ich meist zehn Minuten vor der Zeit da. Eines Tages nahm ich all meinen Mut zusammen, schrieb ihr ein Gedicht und schickte es ihr mit der Post, anonym natürlich, denn, so hoffte ich, sie würde schon wissen, von wem es kam. Wusste sie auch, doch ihre Reaktion fiel anders aus, als ich mir vorgestellt hatte.

Wenige Tage nach der Postsendung, auf der Klassenfete, trug eine von Elkes Freundinnen meine lyrischen Ergüsse der ver-

sammelten Mannschaft vor, erläuterte die Umstände des Erhalts und forderte den Schreiber auf, sich zu melden. Innerlich gebrochen trat ich vor und ertrug mein Schicksal wie ein Mann.
Tja. Dumm gelaufen.

Frau Horn arbeitete zusammen mit meiner Mutter in der gleichen Schicht in der Flaschenabfüllung der Vereinsbrauerei Zwickau. Das ist insofern erwähnenswert, weil am Beispiel dieser Abteilung eines Betriebes die Beschwerlichkeit der täglichen Arbeit damals einerseits und die, wenn auch bescheidene, Entwicklung der Technik andererseits deutlich wird.

Zuerst waren es Bügelflaschen, die nach der Reinigung mit einem kleinen roten Gummiring bestückt wurden. Der Gummi bildete die Dichtung zwischen Porzellanverschluss und Glasflasche. War das erledigt, liefen die Flaschen durch die Abfüllmaschine und mussten anschließend mittels des angebrachten Metallbügels per Hand verschlossen werden. Später gab es jene Hartplastekappen, die der Biertrinker mit seinem kräftigen Daumen an der überstehenden Stelle hoch drücken und somit die Flasche öffnen konnte.
Die Kappen wurden von den Frauen, wenn die gefüllten Flaschen langsam nacheinander über das Rondell der Abfüllanlage schlitterten, auf den Hals der Pulle gelegt und mit einem Gummihammer festgeschlagen. Das war schwere körperliche Arbeit, wie auch das Einsortieren der Flaschen in die Kästen und das Aufstapeln derselben. Die Plastekappen konnte man sammeln, zur Brauerei zurückbringen und bekam dafür pro Stück zwei Pfennige (oder war es für zwei Stück einen Pfennig?).

Als die noch heute gebräuchlichen Kronkorken aus Blech aufkamen, hatte mit gleichzeitiger Inbetriebnahme der Abfüllanlagen die Handarbeit an der Bierflasche ein Ende, leider auch die Sammelei der Plastekappen. Die Kronkorken wollte keiner haben.

Während meiner letzten Sommerferien arbeitete ich vier Wochen im Fassbierkeller der Brauerei, und mein Vati verdiente sich später in diesem Betrieb ein paar Mark zur Rente dazu. Lediglich meine Schwester hatte mit der Bierherstellung keine direkten Berührungspunkte. Sie gibt sich allerdings große Mühe, ihre guten Beziehungen zu Hopfen und Malz durch das fast tägliche Trinken eines schönen großen Radlers zu demonstrieren, wobei die Betonung auf „schön" liegt.

Am Anfang der Reichenbacher Straße, von der sich die Bahnhofstraße abzweigte, existierte gegenüber der Kaffeerösterei „Nobis & Hartung" ein kleiner Betrieb, der Senf produzierte, diesen in Henkelgläser abfüllte und verkaufte. Der Firmeninhaber hieß „Sprecher" und hatte einen tollen Werbeslogan in Umlauf gebracht:

„Und ist das Würstchen noch so fein, der Senf, der muss von Sprecher sein."

Der absolute Star unter den Geschäften war ohne Zweifel „Körner & Lippert". Das war kein Geschäft, das war eine Verheißung, das Paradies für Kinder, der Inbegriff unserer Träume. Trat der Kunde in den Eckladen an der Lutherstraße ein, umspülte ihn ein Strom von Düften, ein Gemisch aus Bonbon und Schokolade,

Lakritz und Pfefferminze, Gebäck und Kakao. Alles, was es an Süßwaren im Land zu kaufen gab und alles, was an Leckereien in irgendeinem Winkel der Republik produziert wurde - bei „Körner & Lippert" war es zu haben. Selbst Tangermünder Nährstangen waren immer vorrätig. Auf der Ladentheke standen Gläser voller Maiblätter, Himbeerbonbons, Toffees und anderer Köstlichkeiten, die abgewogen und in spitzen Papiertüten verkauft wurden. In der Auslage bewunderten wir Blätterkrokant und Nugatstangen, rot-weiße Pfefferminzblöcke und Marzipan in allen Formen.

In Regalen stapelten sich Keks- und Pralinenschachteln. Was für ein Überfluss!

Straßenkehrmaschinen gab es noch nicht, dafür Straßenfeger. Die Männer mit den rot/weiß gestreiften Armbinden und dem blechernen Kastenwagen mit eisernen Speichenrädern gehörten zum täglichen Erscheinungsbild. Sie sorgten mit Schaufel und Besen für saubere Gehwege und Straßen.

Wenn im Sommer die Hundstage heran waren, die Stadt unter der Hitze stöhnte und der Teer auf den Straßen so weich wurde, dass man kleben blieb, schlug die Stunde der Sprengautos. Die hatten Wassertanks anstatt einer Ladefläche und wurden aus dem kleinen Schwanenteich, dem „Langen Teich", mittels Motorpumpe befüllt. Wenn sie das grüne Wasser auf den Straßen verteilt hatten, dampften die Straßen, und die Stadt roch nach Aquarium. Merklich kühler geworden zwischen den Häusern war es nicht.

Das große Gebäude in unserem Hinterhof nahm die gesamte obere Stirnseite ein. Im Hochparterre mischten die Mitarbeiter der Parfümfirma „Martha Elisabeth" ihre Riechwässerchen zusammen, darüber war das Papierlager der Druckerei „Conrad". Den Keller hatte die GHG OGS (Großhandelsgesellschaft Obst, Gemüse und Speisekartoffeln) gemietet. Dort wurden ab dem Spätsommer Äpfel eingelagert, die zu Weihnachten verkauft werden sollten. Das war für uns insofern interessant, als dass die gefüllten Apfelkisten bis fast an die Kellerdecke hoch aufgestapelt waren und die Fenster zum Lüften offen gelassen werden mussten. Allerdings waren vor den Kellerfenstern stabile Gitter angebracht, und die Kistenstapel begannen etwa einen Meter vom Fenster. Unerreichbar? Nun, unser Ideenreichtum kannte, ebenso wie unsere Dreistigkeit fast keine Grenzen. Eine Wäschestange war schnell gefunden, an deren Ende ein langer, dicker, meist rostiger Nagel eingeschlagen wurde. Dank dieses perfekten Apfelspießes leerten sich die oberen Kisten im Laufe der nächsten Wochen merklich. Als es endlich jemand merkte und die Fenster bis auf einen Spalt zumachte, hatten wir schon keinen Appetit mehr.

Nun mag hier der Eindruck entstehen, wir seien eine Bande von Einbrechern und Dieben gewesen - dem war mitnichten so. Was uns trieb, war eine Abneigung gegen verschlossene Türen und Tore und die Neugier nach dem, was sich dahinter verbarg.

Druckerei und Parfümfabrik besaßen jeweils eine Verbindung zum Gebäude des ersten Hofes, welches sie mit Büroräumen belegt hatten. In beiden Betrieben habe ich mir als Dreizehn-, Vierzehnjähriger nach der Schule und während der Ferien bei zwei Mark pro Arbeitsstunde ein regelmäßiges Taschengeld verdient.

War ich in der Parfümfabrik ausschließlich mit Transport, Umschlag und Lagerarbeiten beschäftigt, gelegentliches Auffüllen destillierten Wassers nicht mitgerechnet, so hatte der alte Conrad mehr Vertrauen in meine Fähigkeiten und ließ mich, wenn kein Papier vom Lager zu holen oder zu schneiden war und auch keine Druckmaschinen gereinigt werden mussten, gelegentlich Druckvorgänge überwachen und mit dem Handdrucker Werbezettel drucken.

Meister Conrad war ein Unikum. Seine Brille hing ihm auf der Nasenspitze, und er sah mit spitzbübisch funkelnden Augen darüber hinweg. In seinem Mundwinkel klemmte eine halb gerauchte, erkaltete Zigarre. Er war immer zu Scherzen aufgelegt. Zuweilen gab er mir Namen wie „Gevatter Naum" oder „Bruchpilot" im Gegensatz zu seinem Sohn Ulli, der mich gern schon mal als „Nasser Koffer" zu bezeichnen pflegte.

Der Ulli war drei oder vier Jahre älter als ich und somit kein Umgang, was ihn jedoch nicht davon abhielt, mich bei jeder Gelegenheit zu zeckeln. So auch an jenem Tag, als ich mit verbundenem Daumen, weil Nagelbettvereiterung, auf dem Hof erschien. Er machte mich so wütend, dass ich trotz Daumens auf ihn losging. Die Attacke war natürlich chancenlos. Er hielt meine Hand fest. Ich brüllte wie am Spieß. Er zog meinen Verband mitsamt Nagel ab. Ich brüllte noch lauter und peng, hatte meine daneben stehende Schwester ihm eine geknallt, dass die Heide wackelte. Gutes Mädchen!

Des Meisters Frau war das ganze Gegenteil vom Chef. Mit ernstem Gesicht saß sie den Tag über am Schreibtisch, führte die Bücher und hatte die Hand auf der Kasse.

Der zum Betrieb gehörenden Schriftsetzer, der alte Voigt, konnte an manchen Tagen in seinem kleinen Raum, in dem er mit atemberaubender Geschwindigkeit die Bleibuchstaben zu einem Schriftbild zusammenfügte, kaum erkannt werden, denn im Gegensatz zu seinem Chef rauchte der wackere Herr Voigt warm und zwar Stumpen, und nicht zu knapp.

Zur Druckerei gelangte man über eine knarrende Holztreppe. Gegenüber der Eingangstür stand ein alter Tisch und unter dem Tisch eine große Holzkiste, meist randvoll gefüllt mit alten Bleibuchstaben. Davon ausgehend, dass Meister Conrad diese ausgemusterten Buchstaben nicht mehr benötigte, bediente ich mich oft aus der Kiste. Die Buchstaben schmolz ich in einem Löffel aus Mutters Besteckkasten über der Flamme des Gasherdes und baute mir eine Armee aus Bleisoldaten.

Zwei, drei Jahre vor dieser Zeit war der Besitzer der Parfümfabrik ein gewisser Max Fechner gewesen, ein schon älterer, stets elegant gekleideter Herr mit einem Spazierstock. Er wohnte Brunnenstraße Ecke Liebenaustraße und ging am Sonntagvormittag in seinen Betrieb, um Büroarbeit zu erledigen. Vielleicht wollte er auch nur in Ruhe Zeitung lesen. Die holte ich ihm jeden Sonntag nach dem Frühstück vom Kiosk am Bahnhof, zusammen mit der Post aus dem Schließfach. Dafür durfte ich das Restgeld von dreißig Pfennigen behalten.

Der alte Fechner begegnete mir eines Tages im Durchgang unseres Hauses. Mein Pech war, dass ich eine trockene Teichzigarre in der Hand hielt, die ich zuvor mittels Streichhölzer zum Glimmen gebracht hatte. Der alte Fechner glaubte, ich würde rauchen und hat mir dermaßen eine gescheuert, dass mir tagelang die linke Gesichtshälfte wehtat. Hätte ich ihn aber bei meinen Eltern verpetzt, wäre mir die nächste Maulschelle sicher gewesen.

Am Hinterhof gab es noch diverse Garagen, Werkstätten, Schuppen und Lagerräume, in denen was weiß ich für Leute ihr Zeugs lagerten. Wir versuchten selbstverständlich, überall reinzukommen, was uns leider in nur einem Fall gelang, und in dem Schuppen war außer Holzwolle und leerer Kartons nichts Aufregendes.

Auf beiden Höfen wuchsen Bäume, von denen mir einer, ein Holunder, gut im Gedächtnis geblieben ist. Erstens, weil er uralt und hochgewachsen war und es sich gut auf ihm herum klettern ließ, zum Zweiten, weil wir die noch grünen Beeren gut mit dem Blasrohr zu verschießen wussten. Irgendwer kam auf die Idee, auch reife Holunderbeeren in den Kampf einzubeziehen. Das glückliche Gesicht meiner Mutter, als sie meiner ansichtig wurde, habe ich noch heute vor Augen, denn die Flecken waren für die Ewigkeit.

Als ebenso hartnäckig stellten sich die Flecken auf einer flauschigen Babydecke heraus, die auf einem Kinderwagen lag, den jemand dummerweise auf dem Hof nahe der Hauswand abgestellt hatte. Ich hatte mit einem Kopierstift gemalt, den ich zum Zweck eines intensiveren Blaus in ein Schälchen mit Wasser tauchte. Als ich des Malens überdrüssig wurde, kippte ich das nun tieftintige Wasser schwungvoll aus dem Flurfenster.

Neben der „Hutzenstub" sorgte auch „Gröschels Weinstube" regelmäßig für nächtliche Unterhaltung, wenn wir nicht schlafen konnten oder wollten oder durch den Lärm der Gäste geweckt wurden, wie in jener Nacht, als wir zum Fenster eilten und vor dem Nachbarhaus eine offensichtlich total betrunkene Frau unbestimmbaren Alters auf dem Bürgersteig liegen sahen. Ihr buntes Sommerkleid war ihr bis über die Hüfte hochgerutscht. Sie strampelte mit den Beinen und kreischte wie von Sinnen, während die Umstehenden sich köstlich zu amüsieren schienen. Leider wurden wir schon bald vom Fenster ins Bett zurück beordert, sodass wir das Ende der Vorstellung nicht mehr mitbekamen.

Oft lagen wir im Dunkel wach und spielten Farbenraten oder zählten anhand der über die Zimmerdecke dahin wandernden Lichtbalken die vorbeifahrenden Autos. Viele waren es nicht.

Art und Anzahl der Geschäfte in der Bahnhofstraße waren für uns Kinder an einem Tag im Jahr besonders wichtig - am Faschingsdienstag. Der lag meist in den Winterferien (damals gab es noch volle drei Wochen) und so trafen wir uns beizeiten, um gemeinsam und in Verkleidung (es hieß „anputzen") die Läden zu überfallen. Nachdem wir erpresserische Drohungen wie:

„Isch bin dorr gleene Geenich,
gehms morr nich ze weenich,
gehms morr nich ze viel,
sonst gommt mei Vador mid'n Besnschtiehl!",

ausgestoßen oder mitleiderregende Worte wie:

„Isch bin dorr gleene Bimborr,
hab finfunzwansisch Gindorr,
un wennse morr nischt gähm,
da nämm isch morr mei Lähm!"

hervor gebracht hatten, ernteten wir in neunzig Prozent aller Bet-
teleien einen, wenn auch bescheidenen, Lohn. Meist gab es Bon-
bons, manchmal ein kleines Spielzeug oder einen Bleistift, einen
Radiergummi, ein Schreibheft und so weiter. Begehrt waren die
Glasfüller vom Schreibmaschinen-Pertisch, bei denen man die
Tinte im Griff sehen konnte. Irgendwann schleimte sich meine
Schwester mit einen völlig andersartigen Spruch ein, den sie in
feinstem Hochdeutsch vorzutragen verstand und für den sie Lob
und Extrabonus einheimste. Hier ließ sie die künftige Lehrerin
schon mal raushängen

„Heut ist Fastnacht, heut ist Ball,
heut ist überall Krawall,
heut ist's lustig, heut ist Leben –
bitte, woll'n Sie mir was geben?"

Dazu trug sie ein Spinnenkostüm - brauner Hut und kurze,
braune Hose, beides mit aufgestickten Spinnennetzen aus hellem
Garn, an den Beinen hellgraue Strümpfe - voll peinlich das Teil.

Der Bäcker buk an diesem Tag extra kleine Brötchen, die er mit großer Geste verschenkte, der Fleischer produzierte Miniwürstchen für uns Quälgeister. Schön war's.

Ich ging zehn Jahre lang in die Fröbelschule, eine POS. Der Schulweg war zwanzig Minuten lang und konnte am Nachmittag durchaus auf eine Stunde oder mehr anwachsen, denn nach der Schule waren immer wichtige Dinge zu erledigen, vorausgesetzt, man hatte nicht nachzusitzen.

Die schnelle Variante: Werdauer runter, rechts rum durch den Viadukt die Robert-Blum-Straße hoch und links rum Bahnhofstraße runter.

Interessanter war, nach der Schule über die kleine Holzbrücke den Bachweg entlang oder den Weg neben den Gärten zur Kopernikusstraße hoch und die Spiegelstraße runter mit Halt an Kornhäusels Kiosk zu gehen.

In der ersten Klasse gab es mit der Edeltraut ein Mädchen, das voll in mich verknallt war. Kaum trat ich durch die Tür und Edeltraut war im Klassenzimmer, eilte sie zu mir, nahm mir den Ranzen ab und trug ihn an meinen Platz. Dann hängte sie meine Sachen an die Garderobe und packte schließlich meine Hefte und Bücher für die erste Stunde auf meine Bank. Ich fand das toll und ließ sie gewähren. Leider bekam die Klassenlehrerin, eine ansonsten patente Frau, bald Wind von der Sache, sprach mit Edeltrauts Eltern und aus war's mit dem schönen Leben.

Mein Schulkamerad konnte sich während der ersten Unterrichtsstunden nicht zurückhalten und schwatzte mit allen Banknachbarn fröhlich drauflos, bis es der Klassenlehrerin reichte und sie ihm zurief, er möge doch endlich mal die Klappe halten, er rede ja ununterbrochen wie ein Pastor. Von Stund an war er der „Pastor" und das bis zur zehnten Klasse.

Auf der Einschulungsfeier trug ich eine kurze Hose mit langer Jacke, hatte einen Blumenstrauß in der Hand und machte ein ziemlich gequältes Gesicht. Auch auf den Fotos mit Zuckertüte sehe ich nicht sehr glücklich aus. Ich trug bereits eine Brille, was mir die „Brillenschlange" einbrachte. Später hieß ich „UHU". Der Name hat sich gehalten.

Dann war da noch der „Mond". So genannt, weil sein rundes, meist grinsendes Gesicht an einen Vollmond erinnerte und der „Frosch", dessen Namensursprung in seiner froschgrünen Jacke lag. Wir vier bildeten all die Jahre hindurch ein mehr oder weni-

ger stabiles Quartett und waren beim „Dummheiten Machen" immer vorn. Somit erreichten wir erhöhte Beachtung durch die Lehrerschaft und bleibende Erinnerungen in Form kleiner schriftlicher Aufmerksamkeiten.

Es mag in der siebenten oder achten Klasse gewesen sein, vielleicht auch in der neunten:

Das berüchtigte Quartett sitzt, der besseren Beobachtung wegen, in der ersten und zweiten Bank der Mittelreihe. Vorn links der Uhu, neben ihm der Pastor, dahinter der Mond und neben dem Mond der Frosch. An der Tafel ergeht sich der Lehrer in endlosen Monologen. Die Klasse ist kurz vorm kollektiven Koma. Der Mond malt, Pastor schläft und Frosch kramt in seiner Mappe, die neben der Bank auf dem Boden steht. Uhu schaut in der Gegend umher und überlegt, wie er die schöne Zeit sinnvoll nutzen kann. Da sieht er den Frosch in seiner Tasche kramen und nimmt, einer plötzlichen Eingebung folgend, sein Buch und haut es dem Frosch auf den Kopf. Blitzschnell dreht er sich wieder zurück. Der Frosch kommt wütend hoch und denkt, der Mond habe ihn geschlagen, weil der ihn angrinst (der Mond grinste immer). Der Frosch nimmt sein Buch und knallt es dem Mond auf die Birne. Der ist sich natürlich keiner Schuld bewusst und erwidert die Klatsche. Der Lehrer, inzwischen aufmerksam geworden, beendet die sich anbahnende Hauerei, indem er die beiden Streithähne nach vorn beordert.

„Gebelein, Klemm, bringt eure Hausaufgabenhefte zu mir!"

Ins Hausaufgabenheft wurden neben Hausaufgaben auch Mitteilungen an die Eltern eingetragen, die von denen zu unterschreiben waren.

Mond und Frosch traben mit hängenden Ohren zum Lehrertisch. Uhu und Pastor sehen sich an und machen laut:

„Tss, tss, tss!"

„Walther, Eschert, kommt nach vorn und bringt Eure Hausaufgabenhefte mit!"

Einmal im Jahr kam die „Läusetante" zu Besuch in jede Klasse. Das war eine schon etwas ältere Dame in Schwesterntracht, die uns mit einem großen Kamm, dem Läusekamm, auf dem Kopf herumfuhrwerkte. Sie schaute nach, ob an den Haaren nicht vielleicht Läuseeier klebten. War dies der Fall, gab es ein Mittelchen zum Kopfeinschmieren. Wirklich half aber nur eine Kahlrasur. Zum Glück bin ich von solchen Mitbewohnern verschont geblieben.

Zuerst malten wir Zuckertüten. Die durften wir zu Hause ausmalen. Dann malten wir Zuckertüten ohne Muster, eine ganze Seite voll, machten einen Querstrich rein, drehten die Seite um und siehe da - ein **A** war entstanden. Dann kam das aneinander Malen zweier Zuckertüten, ohne Querstrich, umdrehen (das kannten wir schon) und schwupp - ein **M** stand da! Um unseren Stolz komplett zu machen, malten wir Ostereier. Das waren **O's**. Die brauchten wir nicht umzudrehen. Nun die Buchstaben in die richtige Reihenfolge gebracht, und wir hatten der Großmutter einen Namen gegeben. **OMA**, das erste selbst geschriebene Wort. Fortan gehörten Bücher zu meinem Leben wie das tägliche Brot. Ich beeilte mich, möglichst schnell mehr als „**OMA**" lesen zu lernen, was mir sehr leicht fiel und war meinen Klassenkameraden auf diesem Gebiet bald weit voraus. Dementsprechend langweilte ich mich im Leseunterricht. Während die anderen mühsam buchstabierten, versuchte ich, mir anderweitig die Zeit zu vertreiben. Darin war ich recht erfinderisch.

So las sich alsbald mein Mitteilungsheft unterhaltsamer als die Fibel.

„Wolfgang ist schwatzhaft."
„Wolfgang stört die Mitschüler beim Lernen."
„Wolfgang wirft im Unterricht mit Papierkugeln."
„Wolfgang sticht die Mädchen mit Bleistiften."

Dabei hätte man mir nur etwas Interessantes zu lesen geben müssen, schon wäre ich friedlich gewesen.

In der Schule erkannte leider niemand mein literarisches Interesse und Talent. So war mir die besondere Aufmerksamkeit der Lehrer über die volle Zeit sicher.

Besser als Papierkugelwerfen war das Verschießen hart gefalteter Papierstreifen mittels Zopfgummi. Zur Not gingen auch Einweckgummis. Die waren jedoch eher für den Straßenkampf als für die Schule geeignet. Mit einer entsprechenden Astgabel war schnell ein Katapult gebaut oder der Gummi zwischen Daumen und Zeigefinger der linken Hand gespannt und ab ging die Luzi.

Ich wundere mich bis heute, dass wir keinem ein Auge ausgeschossen haben oder etwas ähnlich Schlimmes passiert ist, denn auf der Straße und am Eiskellerberg flogen keine Papierstreifen sondern Eisenkrampen und krummgeklopfte, rostige Nägel. Die hatten Sprutz drauf, Hallejulia!

Die Lehrer hatten mich ziemlich bald auf dem Kieker. Zum einen, weil es für sie bequem war, einen Schuldigen, wofür auch immer, bei der Hand zu haben, zum anderen, weil angebliche Zeugen oft behaupteten:

„Der lange Blonde mit der Brille, der war auch dabei!"

Verschwiegen werden soll natürlich nicht, dass der „lange Blonde mit der Brille" tatsächlich manchmal seine Finger im Spiel hatte.

Die Zuckertüten und Ostereier malten wir mit dem Bleistift. Auch für weitere Schreibversuche waren Bleistift und Radiergummi unsere einzigen Werkzeuge. Als wir endlich den Füller benutzen durften, kam ich jeden Tag mit tintigen Händen nach Hause.

Die Schulzeit wurde bestimmt vom Warten auf die nächsten Ferien. Ich lernte leicht. Wäre ich dem Unterricht aufmerksam gefolgt und hätte zu Hause ein bisschen für die Schule, bzw. für mich getan, hätte der Kaderleiter der Verkehrsbetriebe beim Anblick meines Zeugnisses, mit dem ich mich für eine Lehrstelle bewarb, nicht sorgenvoll seinen Kopf wiegen müssen.

Während der Winterferien, als noch durchgängig Schnee lag, früher lag im Winter immer Schnee, war Rodeln angesagt, später Schneeschuhfahren. Anfangs sausten wir den Eiskellerberg hinunter. Als wir älter wurden, genügte uns dieser Hügel nicht mehr, und wir zogen zum Windberg. Die Rodelbahn dort war einsame Spitze. Mehr vereist als mit Schnee belegt, nahm sie neben der Bismarcksäule ihren Anfang und trug den Rodler auf seinem Schlitten bis vor die ersten Häuser des Neubaugebietes „Windbergstraße". Der Hang war gespickt mit Beulen und Löchern. So mancher Schlitten fand auf dieser „Knochenbahn" den Tod. Den Heimweg traten wir immer erst an, wenn es dunkel zu werden begann und überraschten dabei nicht selten den Laternenmann bei seiner Arbeit.

Die gesamte Innenstadt, zumindest die Nebenstraßen, war noch Anfang der sechziger Jahre mit Gaslaternen ausgestattet, die ein diffuses Licht verbreiteten. Heute würde man solcherart Beleuchtung als „nostalgisch mit romantischem Flair" bezeichnen. Damals war es nur altmodisch. Die Laternen mussten bei Anbruch der Dunkelheit in Betrieb gesetzt und morgens wieder ausgeschaltet werden. Zu diesem Zweck hatten sie unterhalb der Glaskugel einen kleinen Ring, an dem der Laternenmann mittels einer Stange mit Haken zog, somit den Brenner öffnete und gleichzeitig dafür sorgte, dass ein Funke das ausströmende Gas entzündete. Wir in unserer Bosheit hatten nichts Besseres zu tun, als dem armen Mann hinterher zu laufen, unseren Schlitten an den Laternenpfahl zu lehnen und hinauf zu klettern. Dann zogen wir an besagtem Ring und schwupp, war es wieder dunkel.

Auf den Fußwegen bauten wir Schlitterbahnen. Dafür „tschinnerten" wir solange die gleiche Strecke, bis diese Spiegelglatt war. Schneite es darüber, ging der nächste Fußgänger unweigerlich zu Boden.

Zum Abfahrtslauf geeignete Hänge gab es in Zwickaus näherer Umgebung nicht, weshalb ich mich auf den Skilanglauf verlegte. Versuchte ich die Abfahrt doch einmal, beispielsweise in die Wolfsschlucht hinterm Windberg, legte ich mich unweigerlich auf halber Hanghöhe. Das war schmerzhaft. So genoss ich die sonntäglichen Skifahrten über Felder und durch den tief verschneiten Weißenborner Wald, machte Rast im „Meinhardt" bei einem Glas Grog (da war ich schon achtzehn, hallo!), und weiter ging es bis zur Endhaltestelle der Straßenbahn Linie vier am Heinrich-Braun-Krankenhaus.

Natürlich vergingen die Ferientage viel zu schnell, auch im Sommer, obwohl die unterrichtsfreien acht Wochen nach Ende des alten Schuljahres unendlich schienen.

Die Kartoffelferien hingegen waren, kaum dass sie begonnen, schon wieder vorbei. Zumal die großen Klassen ein, zwei Tage auf den Acker delegiert wurden, um Knollen zu lesen. Natürlich gab es auch dazu ein Lied:

„Wer hält sich tief im Feld versteckt?
Kartöffelchen, Kartoffel.
Der Roder hat sie aufgeweckt
Kartöffelchen, Kartoffel."

Wer weiß, wie es weiterging?

Die Sommerferien vertrieben wir uns, wenn das Wetter halbwegs gut warm, früher war selbstverständlich im Sommer immer Sommerwetter, mit Baden im Freibad 04 in Pölbitz oder im Erlenbad in Schedewitz.

Das 04-Bad hatte eine Rutsche und einen Zehnmeterturm, auf den ich zwar gestiegen, von dem ich jedoch nie gesprungen bin. Kerze vom Fünfmeterturm und einen Köpper vom Dreier, mehr war nicht drin.

An manchen Tagen warteten wir schon vor acht Uhr an der noch geschlossenen Eingangstür. Morgens war das Wasser nachtkühl, sauber und frisch, die Luft noch nicht heiß und das Bad leer. Zwei Stunden später schon war kaum ein freies Fleckchen auf der Liegewiese zu haben. Der Eintritt kostete für Kinder zehn Pfennig, eine Straßenbahnfahrt mit Umsteiger zwanzig Pfennig. Fünfzig Pfennig bekamen wir mit und liefen meist nach Hause, obwohl es ein recht langer Weg war, um die gesparten zwanzig Pfennig für ein Eis, eine Rolle Kekse (die

berühmte Riesenrolle) oder eine Brause zu verschwenden. Stullenpaket hatten wir mit, auch eine Flasche Tee oder kalten Muckefuck. Den Namen übrigens hat das Bad nicht etwa von der Straßenbahnlinie Nummer 4, mit der wir dorthin fuhren, sondern vom 1904 gegründeten Schwimmverein.

Schwimmen gelernt habe ich im Erlenbad in Schedewitz. Dort gab es ein großes Becken, einen Dreimeterturm und zwei Einer.

Wir praktizierten das Eckenspringen. Dazu verbanden wir den rechten Winkel einer Ecke mit einem kühnen, möglichst weiten Sprung zum gleichschenkligen Dreieck. Wer die längste Hypotenuse zustande brachte, war Tagessieger. Geriet der Sprung zu kurz, musste gepaddelt werden. Eines Tages stellte ich fest, dass

ich mich mit gleichmäßigen Schwimmstößen und ohne Hektik prima über Wasser halten konnte. Von da ab war ich kaum aus dem Wasser zu bekommen.

Die Straßenbahn fuhr mit Triebwagen und Hänger auf zwei Strecken: Linie 3 vom Hauptbahnhof bis Wilkau-Haßlau, eine Fahrt von gut anderthalb Stunden und Linie 4 vom HBK (Heinrich-Braun-Krankenhaus) bis nach Pölbitz, Schlachthofstraße, wo sich Depot, Werkstatt und Verwaltung der „Bimm" befanden. Später kam eine verkürzte Linie 4 dazu und führte als Linie 2 von Pölbitz bis zur Paulusstraße in Marienthal und zurück. Die Wagen hatten vorn und hinten einen Perron mit abgetrenntem Führerstand und ein Innenabteil, dem eigentlichen Fahrgastraum, mit Holzbänken und ledernen, an der Decke befestigten Haltegriffen. In den Türen zum Mittelteil waren Luken eingearbeitet, mit einer Klappe davor, die der Schaffner, wenn der Wagen voll war und er sich nicht durchdrängeln wollte, aufklappte und durch die er die Fahrgäste abkassierte. An den Haltestellen „Poetenweg" und „Neumarkt" war das Umsteigen in eine andere Linie möglich und das alles für zwanzig Pfennig. Sogar das Umsteigen in den O-Bus, der die Haltestelle ein paar hundert Meter weiter am Poetenweg hatte, war erlaubt, um von diesem Gefährt mit schnurrendem Motor schaukelnd bis nach Weißenborn befördert zu werden.

Fahrer und Schaffner waren Respektspersonen in ihren blauen Uniformen. Der Schaffner schaute an jeder Haltestelle auf dem Perron stehend mit wichtigem Gesicht nach links und rechts und signalisierte dem Fahrer durch Ziehen an der Signalleine die Abfahrtbereitschaft.

Dann kam er in den Wagen und tauschte zwanzig Pfennig gegen ein Stück Papier mit einer roten Zwanzig drauf und rief dann: „Noch jemand ohne Fahrschein?"

Neunzehnhundertfünfundsechzig wurde die Zahlbox eingeführt. Vorbei war's mit dem Rufen.

Zweimal bin ich ins Ferienlager mitgefahren, nach Oberpfannenstiel bei Aue. Die nächsten Jahre hatte ich keine Lust mehr, zumal ich gleich am ersten Abend wieder nach Hause geschickt werden sollte und das nur, weil ich das Bett über mir mit meinen Füßen aus der Verankerung gehoben hatte.

Es gab Wanderungen, Geländespiele und Badeausflüge zum Filzteich nach Schwarzenberg. Wenn schlechtes Wetter war, konnten wir lesen oder Karten und Rausschmeißer (Mensch ärgere dich nicht) spielen. Mindestens zweimal war Fahnenappell, und die Frühstücksbrötchen waren abgezählt.

Das Beste am ganzen Ferienlager war unsere Gruppenleiterin. Man war die süß! Die sagte uns Jungs jeden Abend mit einem Kuss auf den Mund „Gute Nacht". Auf diesen Augenblick warteten wir den ganzen Tag. Wegen ihr bin ich überhaupt nur das zweite Jahr mitgefahren. Leider war sie da nicht mehr dabei.

Einmal wurde ein Lagerfest gefeiert, mit Wettspielen und Showeinlagen. Diese bestanden zum Beispiel darin, dass die Aspiranten mit verbundenen Augen auf einem Stuhl sitzend das Lied „Es klappert die Mühle am rauschenden Bach" singen mussten. Bei der Textstelle „klipp, klapp" bekamen sie schwungvoll einen nassen Lappen ins Gesicht geklatscht.

Das Publikum raste vor Begeisterung, und der Lappenschwenker brachte zur Freude des Delinquenten eine Zugabe. An das Makkaroniwettessen kann ich mich auch noch sehr genau erinnern. Die Kandidaten, ich war einer davon, bekamen je einen vollen Teller mit gekochten aber kalten Makkaroni vorgesetzt und mussten ihn mit „Hände auf den Rücken" leer essen. Über die Makkaroni hatte man reichlich Essig gekippt. Mahlzeit!

Dann gab es noch die Ferienspiele. Zu den Winterferien ein Durchgang, während des Sommers drei Durchgänge (oder waren es vier?). Ein Durchgang dauerte zwei Wochen und kostete pro Kind und Woche, man mag es kaum glauben, eine ganze Mark. Essen, trinken, spielen, alles inklusive. Ich rieche noch das Stroh, das in der Turnhalle auf dem Boden ausgebreitet war und auf dem Decken lagen für unseren Mittagsschlaf. Jedoch konnten mich weder Ferienspiele noch Ferienlager auf Dauer begeistern. Ich strolchte lieber mit Freunden oder auch allein durch die Gegend. War am Eiskellerberg, am Bach, am Flugplatz und am Schwanenteich. Dass ich schmutzig und manchmal halb aufgeweicht, weil ins Wasser gefallen, nach Hause kam, versteht sich von selbst.

Zu Beginn des neuen Schuljahres waren wir braun gebrannt wie die Hottentotten und mein Haar gebleicht wie nach einer Wasserstoffsuperoxidkur, was mir den Spitznamen „Weißkraut" einbrachte.

Wenn uns der Schalk im Nacken saß, fragten wir auch schon mal wildfremde Leute auf der Straße:
„Verzeihung, kennen Sie sich hier aus?"
Die Antwort war fast immer:
„Ja!"
Wobei ein frohlockendes Leuchten in den Augen der Angesprochenen aufflammte, ob der Aussicht, Hilfsbereitschaft und Wissen demonstrieren zu können und einem offensichtlich verirrten Kind den rechten Weg zu weisen.
Unsere Entgegnung zerstörte dies eben erst aufgekeimte Wohlgefühl:
„Dann können Sie sich ja auch nicht verlaufen!"
Weg waren wir.

Obwohl ich wahrlich kein Stubenhocker war, erlangten zwei Dinge, mit denen man sich eher in der Wohnung als draußen beschäftigt, mit der Zeit mehr Bedeutung für mich - Bücher und Briefmarken.

Meine Leseleidenschaft entwickelte sich ab dem ersten Schuljahr proportional zu meiner Lesefähigkeit und hält bis heute an.

Briefmarken sammeln war in der vierten, fünften Klasse flächendeckend verbreitet. Jeder Junge und die Hälfte der Mädchen brachte diesbezügliche Schätze mit, um zu tauschen, anzuschauen und anschauen zu lassen. Irgendwann bekam ich mein erstes Album und sortierte stolz meine Besitztümer ein. Ebenso stolz holte ich mit vierzehn Jahren meinen ersten Sammlerausweis ab. Den brauchte man, um die regelmäßig erscheinenden Neuausgaben der DDR–Marken komplett, auch den sogenannten „Sperrwert", kaufen zu können. Meine Favoriten waren Tier- und Kosmosmarken.

Der Philatelie frönte ich mit Leidenschaft über dreißig Jahre lang.

Nach der Wende, vor allem nach der Übernahme eines Geschäftes und der damit verbundenen Selbstständigkeit, blieb nicht mehr viel Zeit für ein Hobby.

Ab der siebenten Klasse durften wir in den Ferien arbeiten, was ich auch jedes Jahr mit drei Wochen im Sommer und zweimal mit einer Woche im Winter freudig (nein, nicht wirklich) machte. Triebkraft dabei war die in Aussicht stehende Erfüllung vieler kleiner Wünsche und manchmal die Verwirklichung eines großen, wie das Fahrrad aus dem Fundbüro und ein Kofferradio Marke „Stern Party". Letzteres brauchte ich dringend, um an der Eisdiele oder am Vaterland Kino mit der Heule im Arm rumgammeln zu können.

Die Ausflüge in die Arbeitswelt führten mich in Druckerei, Parfümfabrik und ins Leergutlager der HO. Sie beförderten mich auf den Beifahrersitz des LKWs „Garant", den mein Vater damals für den Großhandel fuhr, und nach der zehnten Klasse in den Bierkeller der „Union-Brauerei" im Stadtteil Pölbitz an der Mulde.

Der schwergewichtige Fassbierkellermann lernte mich eine Woche lang an und zeigte mir alles, was ich wissen musste. Dann ging er für drei Wochen in Urlaub, nachdem er dem Meister Bescheid gegeben hatte, dass ich meine Sache schon machen würde. Während dieser Zeit war ich verantwortlich für Lagerung der abgefüllten Fässer nach Sorte und Datum und die Herausgabe der Fässer an die Bierkutscher entsprechend deren Bestellung. Die Chefs waren froh, eine Urlaubsvertretung gefunden zu haben, denn zu diesen Zeiten hieß es unter anderem in der DDR - Wirtschaft, wenn etwas nicht lief:

„Keine Leute, keine Leute."

So fragte man nicht großartig nach Jugend- und Arbeitsschutz und ließ mich schalten und walten zwischen Lastwagenfahrern, die ihre Bestellung abholen wollten und den Abfüllern, bei denen sich die vollen Holzfässer stauten.

Dreiunddreißig, fünfzig und einhundert Liter Fässer waren regelmäßig in der Abfüllung, Helles oder Pils. Sonderbestellungen von Zweihundertliterfässern kamen hingegen selten vor.

Die „Ganzen" (100 L) wurden von mir zu ihrem Platz gerollt, hochgekippt und dann senkrecht in einer Reihe aufgestellt. Bei den „Halben" (50 L) kam noch eine Reihe waagerecht obendrauf, ebenso bei den „Dritteln" (33 L). Vorn an jede Reihe das Abfülldatum geschrieben - fertig.

Schwer war die Arbeit, sehr schwer und nur mit ausgefeilter Hebetechnik zu bewältigen. Fünfzig Liter Bier sind fünfzig Kilo, und so ein Eichenholzfass wiegt locker zehn Kilo oder mehr.

Aber hallo!

Unter den drei oder vier Kollegen, mit denen ich einmal während der Winterferien im Leergutlager der HO Paletten, Kartons, Eierkisten und was es sonst noch an wiederverwendbaren Transportbehältnissen gab, von den LKW-Fahrern annahm, sortierte, reparierte, wegstellte und schließlich wieder hervorholte, war einer, der mir stolz von seiner Zeit bei der Wehrmacht berichtete. Er sei während der letzten Kriegswochen in Kurland stationiert gewesen, und „wenn die in Berlin nicht so voreilig kapituliert hätten, hätten wir sie alle rausgehauen! Vor Kurland hattense alle Schiss!"

Tja, wie es aussieht, war der „Führer" wohl zu dämlich gewesen, seinen Truppen in Kurland den Einsatzbefehl zu geben. Oder er hatte einfach vergessen, dass mein ehemaliger Kollege kampfbereit auf seinen Ruf gewartet hat.

Schön waren die Wochen als Beifahrer. Wir fuhren im gesamten Kreis Zwickau umher, lieferten Lebensmittel an Gaststätten und Verkaufsstellen und nahmen das Leergut mit. Oft bekamen wir etwas zu essen und zu trinken angeboten, und mein Vati schäkerte mit den Verkäuferinnen.

Einmal fand ich in einer Eierkiste, die wir mit anderen Sachen vom „Ringcafe" abholten, zwei vergessene Platten mit Eiern, sechzig Stück. Das hat dann zu Hause jeden Tag Eier gegeben, bis zum Abwinken.

Während der ersten vier Schuljahre waren wir noch lieb und niedlich und wetteiferten um die Gunst der Lehrerin, doch schon im Laufe der nächsten zwölf Monate mutierten wir zu kleinen Ungeheuern. Das Jahr darauf waren wir unerträglich, in der Siebten hassten die Lehrer uns, in der Achten fürchteten sie uns, und in der Neunten hatten sie jeden Versuch, uns zu disziplinieren, aufgegeben. In der zehnten Klasse schließlich waren wir ruhiger geworden, denn bei Bewerbungen mit dem Zeugnis aus der Neun gab es Tiefschläge seitens der Personalchefs, die zu der Zeit „Kaderleiter" hießen. Lediglich der Pastor hatte seine Lehrstelle bei der Reichsbahn sicher, dafür sorgte sein dort arbeitender Vater.

Unsere Klassenlehrerin während der ersten drei Schuljahre war die Frau Melzer, eine schwergewichtige, gütige, ältere Dame. Sie lehrte uns lesen, schreiben und rechnen und hatte ihre Lieblinge. Ich gehörte nicht dazu.

Danach probierte sich ein frisch vom Institut für Lehrerbildung gekommenes Fräulein Fischer an uns und scheiterte kläglich. Wir machten ihr den Unterschied zwischen Theorie und Praxis anschaulich klar und ließen sie ihren Entschluss, Lehrerin zu werden, bitter bereuen.

Hätten wir allerdings gewusst, was nach Fräulein Fischer auf uns zukommen sollte, wären wir pfleglicher mit ihr umgegangen.

Ein Partisanengeneral marschierte ein. Er hieß Frau Delewski, sah auch ganz genau so aus, war Direktorin und Staatsbürgerkundelehrerin in einem und einfach nur schrecklich. Tatsächlich schaffte sie es aber, uns ein Mindestmaß an Disziplin abzuringen. Jedoch war es wohl mehr der Respekt vor dem Amt als vor der Person, der uns bei Frau Delewski etwas Zurückhaltung auferlegte.

Mit dem Klassenlehrer der letzten vier Jahre arrangierten wir uns. Nicht, dass wir ihn besonders mochten, den Hertel mit der Lederhand, der ständig aussah, als müsse er sich dringend rasieren, es war eine Art Waffenstillstandsabkommen. Er schikanierte uns nicht allzu oft, und wir ärgerten ihn nicht mehr als unbedingt nötig.

Dann gab es noch das Fräulein Knüchtel, Russischlehrerin und in ihrer Art genauso, wie der Name vermuten lässt. Sie hatte die Angewohnheit, sich an die erste Bank der Mittelreihe zu lehnen, fast saß sie auf meinem Schoß, und selbstvergessen ihre Schuhe auszuziehen.

Einen Physiklehrer gab es, der mit allem, was sich gerade in der Reichweite seiner Hände befand, Kreide, nasse Schwämme, Schlüsselbunde und so weiter, nach unaufmerksamen Schülern zu werfen pflegte. Der hatte eines Tages die, wie er meinte, zündende Idee, zu Beginn einer jeden Physikstunde ein fröhliches Lied von der begeisterten Schülerschar absingen zu lassen. Er brachte uns auch sofort den Text seines Lieblingsliedes bei. Die erste Strophe weiß ich noch:

Bei dem Stamme der Karambo
und dem wilden Urwald nah
wohnt der kleine Junge Bambo
in dem großen Afrika,

kalitschkakaukau tschulima, kalitschkakaukau tschulima,
kalitschkakaukau, kalitschkakaukau,
kalitschkakaukau tschulima.

Der alte Chemie-Claus, der ebenso leidenschaftlich gern Biologie unterrichtete, bedachte uns bei Bedarf gern mit lateinischen Bezeichnungen.

„Walther! Kehren Sie auf Ihren Urwaldbaum zurück, von dem Sie herabgestiegen sind, Sie Australopithecus!"

oder

„Walther! Sie werden von Tag zu Tag dümmer, Sie Ölgötze!"

Das lockerte den Unterricht auf.

Aber nicht allein unsere Lehrer trugen mit geistreichen Bemerkungen zur Kurzweil der Stunden bei, auch so mancher Zwischenruf aus dem Publikum machte das Lernen manchmal weniger langweilig, wie folgendes Beispiel zeigt:

Wenige Meter von der Schule entfernt tobt in frühlingsfrischer Luft das Leben unter blauem Himmel, während drinnen die Klasse über einem Aufsatz brütet. Schöpferische Stille schwebt über gebeugte Jungen- und Mädchenrücken.

Plötzlich zerschmettert der Überschallknall eines Düsenjägers das harmonische Gemeinschaftsgefühl. Mein laut geäußerter Kommentar bringt die Klasse zum Brüllen:

„Die schießen wieder auf Maikäfer."

Der Lehrer versucht vergeblich, ein Grinsen zu verbergen und verzichtet auf einen Eintrag ins Hausaufgabenheft.

Im Chemieunterricht sehr beliebt war die Entzündung von in Stanniol gewickelter Plastelinealstücke mittels am Bunsenbrenner heißgemachter Kupferbleche, was stinkenden Qualm zur Folge hatte und einen Eintrag.

Im Chemieunterricht saßen der Mond und ich nebeneinander.

Eines Tages nahm der alte Chemie-Claus mich beiseite und sagte zu mir:

„Walther! Lassen Sie sich nicht immer so sehr von dem Gebbelein ablenken!"

und zum Mond meinte er:

„Gebbelein! Passen Sie auf, dass Sie sich von dem Walther nicht immer so ablenken lassen!"

Der Erdkundelehrer hatte lange Zeit die Angewohnheit, zu Unterrichtsbeginn die Tür zum Klassenraum aufzureißen und hereinzustürmen, als sei er von der Tarantel gebissen. Diese Unart gewöhnten wir ihm ab, indem wir einen Kartenständer nebst angehängter Karte unmittelbar vor die Tür stellten.

War das Wetter schlecht, vertrieben wir uns die Pausen mit den allseits bekannten und beliebten Streichen wie:

- Tafel mit Speckschwarte abreiben,
- Tafelkreide zerbröseln,
- Tafelschwamm verstecken,
- den „Mond" in einen Papierkorb quetschen und diesen auf den Schrank stellen,
- einen Mitschüler in den Schrank sperren, damit der sich im Unterricht durch Klopfen bemerkbar machen konnte,
- Sachen verschwinden lassen,
- mit Papierkrampen schießen,
- die Zöpfe der Mädchen an der Bank anbinden

und so weiter.

War hingegen das Wetter schön, durften wir in Zweierreihen im Kreis auf dem Schulhof herumlaufen. Der Aufsicht führende Lehrer stand in der Mitte, hatte alle im Blick und sein Pausenbrot in der Hand.

Während des letzten Schuljahres verflüchtigten wir uns gern zur großen Pause verbotenerweise vom Schulgelände, um unbeobachtet ein Lungenbrötchen zu uns zu nehmen.

Stolz, wie es in dem Pionierlied heißt, trug ich das blaue Halstuch nicht, aber auch nicht widerwillig. Später das FDJ-Hemd zogen wir nur an, wenn dies ausdrücklich angeordnet wurde und auch nur unmittelbar zur jeweiligen Veranstaltung.

Ich war ein von sozialistischer Propaganda geprägter Arbeiterjunge und selbstverständlich auf Seiten Ernst Thälmanns und des „Kleinen Trompeters". Ich verschlang Bücher wie „Timur und sein Trupp" und „Die Jagd nach dem Stiefel" und nahm das Gelesene für bare Münze. Ich hasste die Weißgardisten, die Kotschubej und seine Reiter in eine Falle gelockt hatten und war Revolutionär aus tiefstem Herzen.

Zu jeder Zeit gibt es Kinderlieder, und zu jeder Zeit sind viele dieser Lieder ideologisch geprägt. So hatten auch die fünfziger und sechziger Jahre des zwanzigsten Jahrhunderts ihre typischen Melodien.

Es begann mit:

„Fröhlich sein und singen, stolz das blaue Halstuch tragen, andern Freude bringen, ja, das lieben wir."

Dazu passend erschien monatlich die „Frösi", eine Zeitschrift nicht nur für Pioniere mit Comic, Geschichten, Reportagen, Liedern, Rätseln und so weiter. Sehr beliebt waren darin die Geschichten mit Mäxchen Pfiffig, der vieles richtig und seinem Freund Tüte, der alles falsch machte.

Weiter ging es mit dem Lied zum Frauentag:

„Wenn Mutti früh zur Arbeit geht,
dann bleibe ich zu Haus.
Ich bind mir eine Schürze um
und feg' die Stube aus."

Wobei die Macher dieses Textes nicht richtig nachgedacht hatten, denn wenn Mutti zur Arbeit ging, war das Kind in der Schule oder im Kindergarten und rannte nicht mit dem Besen durch die Wohnung (oder mit der Bohnerbürste über den Vorsaal).

Hinzu kamen berufsorientierte Stücke wie:

„Ich stehe am Fahrdamm, es braust der Verkehr,
ich trau mich nicht rüber, nicht hin und nicht her.
Der Volkspolizist, der es gut mit uns meint,
er bringt mich hinüber, er ist unser Freund."

Erwähnt noch seien schließlich die politischen Kampflieder wie:

„Bau auf, bau auf, bau auf, bau auf –
Freie Deutsche Jugend, bau auf!",

ein Song, der dem ersten FDJ-Sekretär und späteren Staravosi (Staatsratsvorsitzender) Freudentränen in die Augen trieb.

Neben Frösi und Mosaik gab es für die unteren Jahrgänge den „Atze", beliebt wegen der Comicabenteuer der Mäuse Fix und Fax. Für Kindergartenkinder war der „Bummi" im Angebot. Jungpioniere lasen die „ABC-Zeitung", Thälmannpioniere die

„Trommel". Für die „Trommel" gab es einen „Zeitungsverantwortlichen", der das Blatt am Erscheinungstag mit wichtiger Miene an die Abonnenten verteilte.

Pionier- und FDJ-Nachmittage gab es und einen Wandzeitungsredakteur, ein Posten, der zu Pionierzeiten ebenso gefragt wie er zu FDJ-Zeiten verhasst war.

Voller Begeisterung habe ich eine Wandzeitung unter dem Motto „Spart Wasser, Strom und Gas – Kampf dem Wattfraß!" gestaltet und im Durchgang unseres Hauses aufgehängt. Der Wattfraß war ein kleiner, schwarzer Teufel mit einer Mistgabel und einer Verlängerungsschnur mit Stecker als Schwanz.

Einen guten Zuverdienst bot das Altstoffe Sammeln.

Flaschen, Gläser, Papier, Lumpen, sogar Knochen konnten beim Rumpelmännchen abgegeben werden, und der Sammler verdiente nicht schlecht dabei. Die Hauptannahmestelle war am Anfang der Marienthaler Straße.

„Hab'n Se nicht noch Altpapier, liebe Oma, lieber Opa?
Klingelingeling ein Pionier, klingelingeling steht hier, ein roter.
Hab'n Se nicht noch Altpapier, Flaschen, Gläser oder Schrott?
Klingelingeling, schnell geb'n Se's mir, sonst holt sich's die
FDJ."

Wer kennt das Lied noch und hat es vielleicht selbst einmal bei einer Sammelaktion der Pioniergruppe mitgesungen?

Wir sammelten Altstoffe, was das Zeug hielt. Schon als Kinder besserten wir damit unser Taschengeld auf. Die unbeliebte Form war das Sammeln im Rahmen eines Pioniernachmittages. Da kam das Geld in die Gruppenkasse oder es wurde auf ein Solikonto überwiesen, zugunsten hungernder Kinder in Afrika.

Besser war, man sammelte allein oder mit einem Kumpel. Da kam das Geld in die eigene Hosentasche, die hoffentlich kein Loch hatte.

Dass es für die Altstoffe Geld gab, machte die Sammelei attraktiv. Für ein Kilo Zeitung gab es dreißig Pfennig, ebenso für Konservengläser. Für leere Flaschen gab es fünf bis zwanzig Pfennig, für ein Kilo Altkleider eine halbe Mark.

Das war viel Geld uns konnte sich leicht summieren. So kam einiges zusammen.

1989 wurden in der DDR rund 11.000 Tonnen Plasteabfall recycelt, 422.000 Tonnen Schrott gesammelt und 620.000 Tonnen Altpapier wieder in die Produktion überführt.

Rund 11.000 Menschen waren in der Recyclingwirtschaft der DDR beschäftigt. Es gab über 5.000 private Gewerbetreibende, deren Geschäft im Aufkauf von Altglas, Zeitungen, Lumpen oder leeren Sprayflaschen bestand, so zum Beispiel „Flaschen-Schröder" in der Potsdamer Gutenbergstraße. In staatlichen Annahmestellen arbeiteten kurz vor der Wende rund 1.400 Menschen. Es gab Hunderte regelrechte „Nebenberufssammler", die mit den Kindern um leere Flaschen und Thermoplaste konkurrierten. Sogar Knochen wurden angekauft.

Jede Stadt hatte einen Schrottplatz, wo man nicht nur seinen gesammelten Eisen-, Guss- oder Buntmetallschrott zu Geld machen konnte, man hatte auch die Möglichkeit, betrieblich und privat, diverse Dinge, die man dringend für was weiß ich brauchte, käuflich zu erwerben.

Das staatliche Motiv für die Errichtung einer umfangreichen Recyclingwirtschaft war nicht in erster Linie die Müllvermeidung. Vielmehr sorgte das Kombinat SERO (Sekundärrohstoffe) für eine Entlastung der in der DDR stets angespannten Rohstoffsituation und wurde so auch als Hebel gegen Devisenknappheit genutzt. 1989 sollen Rohstoffimporte im Wert von drei Milliarden Mark durch die Wiederverwertung eingespart worden sein.

Dass gesammelter und wiederverwertbarer Abfall aber auch Müllberge begrenzt, war ein willkommener Nebeneffekt, der auch in der Wendezeit eine gewisse Popularität hatte.

„Das international anerkannte System ist es wert, in die deutsche Einheit eingebracht zu werden", hoffte der letzte DDR Umweltminister Karl-Hermann Steinberg – ein CDU-Politiker.

Doch das staatliche Sammelsystem brach im Jahr 1990 mit hoher Geschwindigkeit zusammen.

Die Gründe waren vielfältig – so konnten die Aufkaufpreise nicht mehr gehalten werden, das ehemalige volkseigene Sero-System wurde in GmbHs überführt, als Dach fungierte zunächst eine Holding unter Kontrolle der Treuhandanstalt. Auch hinterließ „die neue Zeit" rasch ihre Spuren.

Der „Spiegel" formulierte es 1990 einmal so: „Mit der Wirtschaftsunion kommt die Wegwerfgesellschaft." Das schlug sich auch in Zahlen nieder: Produzierte eine Person 1989 in der DDR noch 380 Kilogramm Abfall pro Jahr, waren es Ende 1990 bereits rund 570 Kilogramm – das entsprach den Zahlen aus dem Westen.

Selbst bei der Treuhandanstalt, sonst nicht eben eine behördliche Gegnerin der marktwirtschaftlichen Verhältnisse, beklagte man das Ende von Sero-Ost. Dies sei ein „geniales System", wurde damals Wolf Schöde zitiert, der Sprecher der Privatisierungsbehörde: „Ein geniales System, das unter dem Kapitalismus zusammenbricht."

Das endgültige Aus kam Jahre später und machte kaum noch Schlagzeilen: 2002 wurde die Pleite des ehemaligen ostdeutschen Vorzeigeunternehmens SERO vermeldet.

Auszug aus der SERO-Preisliste

- 0,30 M/kg Zeitungen/Zeitschriften/Wellpappe
- 0,20 M/kg gemischte Papier- und Pappabfälle, Bücher
- 0,50 M/kg Schulhefte ohne Umschlag
- 0,50 M/kg Alttextilien
- 0,40 M/Liter Fixierlösung
- 0,05 M/Stück Flaschen (grün)
- 0,20 M/Stück Flaschen (weiß)
- 0,03 M/Stück Plasteflaschen
- 0,10 M/Stück Sprayflaschen
- 0,05 M/Stück Gläser
- 0,30 M/Stück Einmachgläser

- 0,12 M/kg Stahl, Eisen
- 0,23 M/kg Gussbruch
- 1,80 M/kg Aluminium
- 1,60 M/kg Zink
- 2,50 M/kg Kupfer
- 1,80 M/kg Blei

Auf Milchflaschen jeder Größe wurde zwanzig Pfennig Pfand erhoben, auf Bierflaschen dreißig Pfennig.

Die Umzüge am ersten Mai waren in den fünfziger Jahren ein Riesenereignis. Die Beschäftigten trafen sich vor ihren Betrieben, die Schüler vor den Schulen und marschierten, oft mit Kapelle oder Spielmannszug, durch die Stadt zum Hauptmarkt, wo die Tribüne stand. Jeder war mit Begeisterung bei der Sache.

Im Vorschulalter schaute ich am 1. Mai aus dem Fenster und bestaunte die Massen, die sich die Bahnhofstraße hinab wälzten. Später stand ich am Hauptmarkt bzw. saß auf Papas Schultern und noch später marschierte ich selbst.

Es bot sich ein Meer aus Fahnen, Transparenten und Bildern. Mitarbeiter von Post und Reichsbahn in ihren schmucken, blauen Uniformen zogen vorbei. Krankenschwestern folgten in Rosa und Zartblau mit Häubchen auf dem Haar, die Ärzte im Schlepptau. Nach dieser weißen Wolke marschierten die Kumpels vom Schacht heran, Arbeiter aus dem „Sachsenring", der „Gruben-lampe", der „Maschinenfabrik" und, und, und. Ganz Zwickau war auf den Beinen.

Diese Begeisterung wandelte sich während der sechziger Jahre zum ungeliebten Muss, und während der siebziger Jahre mutierte die Mai-Demo zur Pflichtübung, sie verdiente Ihren Namen nicht mehr. Das waren nur noch lustlose Stop-and-go's, wenige hundert Meter weit mit einem kurzen Defilee, Winkelemente schwingend, an der Tribüne vorbei.

Die Verantwortlichen in den Betrieben hatten Mühe, einen Demonstrationszug vollzubekommen und mussten sich jedes Jahr etwas Neues einfallen lassen, um die Massen zu begeistern. Es soll sogar, man mag es kaum glauben, Betriebe gegeben haben, die ihren Arbeitern bei Teilnahme an der Demonstration zwanzig Mark in bar auf die Hand zahlten.

Irgendwann war Jugendweihe. Die Jugendweihe selbst war wegen des geschenkten Geldes (bei mir insgesamt dreihundertfünfzig Mark) bedeutsam, die anschließende Fahrt wegen der intensiven, zwischenmenschlichen Kontakte und eines alkoholhaltigen Mischgetränkes namens „Vipa".

Ein Teil des Geldes diente der Mitfinanzierung meines nächsten Weihnachtgeschenkes, ein Plattenspieler mit vier Geschwindigkeiten und eingebautem Lautsprecher.

„Big Beat", die erste Schallplatte, eine LP mit den Sputniks, den Butlers, dem Franke Echo Quintett und der Theo Schumann Combo, gab es bereits Wochen zuvor zum Geburtstag.

Von meinem Patenonkel Siegfried aus Hauptmannsgrün gab es eine automatische Armbanduhr sowjetischer Bauart (mindestens hundertfünfzig Mark - ein Schweinegeld) und das „Neue Testament" mit Goldschnitt und Lesebändchen.

Onkel Siegfried war nicht nur mein Patenonkel sondern auch Bauer und als solcher mit einer diesbezüglichen Schläue ausgestattet, die ihn in den Nachkriegsjahren zu einem gewissen Wohlstand gelangen ließ. Leider besaß er die fast allen Wohlhabenden zugeschriebene Eigenschaft - den Geiz. Deshalb verwundert es mich im Nachhinein umso mehr, dass er mir ein derart teures Geschenk machte. Es war wohl mehr eine Demonstration denn eine Wohltat, vor allem in Verbindung mit dem „Neuen Testament" mit Goldschnitt und Lesebändchen.

Onkel Siegfried schimpfte bei jeder Gelegenheit auf die LPG, deren Mitglied er war, zwangsweise, was zu betonen er nicht müde wurde. Dabei übersah er geflissentlich, dass ihm und allen anderen Bauern durch die gemeinsame Bewirtschaftung der Felder und den Einsatz von Maschinen, die sie sich als einzelner Bauer nie hätten leisten können, die Arbeit wesentlich erleichtert wurde.

Und so ging es der Familie Tröger in Hauptmannsgrün bei Reichenbach im Vogtland recht gut. Neben dem Ackerland besaßen sie ein großes Stück Wald und einen respektablen Hof. Im Stall standen an die zwanzig schwarzgefleckte Milchkühe, Schweine grunzten in ihren Verschlägen und gaben regelmäßig Ferkel, Wurst und Schinken. Vom Flur des Wohnhauses führte rechter Hand eine Tür in den Pferdestall. Auf dem Hof flatterte reichlich Federvieh und stritt um die besten Plätze auf dem Misthaufen vor der Scheune. Ein ständig schlecht gelaunter Kettenhund versuchte unermüdlich, die Waden der Gäste zu erwischen. Zweimal im Jahr gab es Katzennachwuchs, von dem es manchmal ein Kätzchen schaffte, den mordlustigen Bauersleuten zu entkommen, um als erwachsene Katze streichelnde Hände zu zerkratzen.

Die Jugendweihefeier bestand im Wesentlichen aus essen, trinken, rauchen und reden.

Nach der Feierstunde im „Lindenhof", bei der wir das Buch „Weltall, Erde, Mensch" und einen klugen Spruch bekamen, gab es Mittag im Hotel „Wagner", Kaffee und Abendbrot zu Hause.

Zu vorgerückter Stunde zogen sich die Onkels zurück und erzählten unanständige Witze. Bei den Tanten war ich nicht zugegen.

Am ersten Schultag nach der Jugendweihe, an dem wir zwei Stunden später zur Schule kommen durften, denn die Feier war Sonntags, baute sich der Lehrer vor der Klasse auf und meinte:

„Jetzt muss ich euch wohl oder übel mit „Sie" anreden", worauf der „Frosch", ein Mitschüler von mir, trocken erwiderte: „Kannst ruhig weiter „Du" zu mir sagen".

Mehrmals im Jahr war Wandertag.

An solchen Tagen sahen wir die Schule von außen und durchstreiften die nähere und fernere Umgebung, gingen spielen, schwimmen oder ins Kino. Einmal wurde ich zur Strafe vom Wandern ausgeschlossen, weil ich tags zuvor auf dem Heimweg die Hefte und Bücher eines Mitschülers in den Marienthaler Bach geworfen hatte. Die Mädchen petzten, und ich durfte den Tag in einer anderen Klasse verbringen. Das war nicht lustig! Vor allem war es ungerecht, denn ich konnte nicht wirklich etwas für die nassen Bücher. Wir hatten uns am Bachgeländer gekabbelt, dabei war der Ranzen ins Wasser gefallen.

Eigentlich waren wir gegen das Petzen. Trug doch einmal jemand seine Beobachtungen zur Lehrerschaft, so war er oder sie sofort als „Olle Petze" verschrien, und wir brüllten der oder dem auf der Straße lauthals hinterher:

> „Petze, Petze ging in Laden,
> wollt für'n Dreier Käsema-
> den,
> Käsemaden gab es nicht,
> Petze, Petze ärgert sich!"

Nachdem ich dem Bummibärenliedalter entwachsen war, gab es für mich und meine Mitschüler nur eine Musikrichtung, den Beat. Mit Beatles, Rolling Stones, den Troggs, Kinks und wie die Truppen alle hießen, zogen wir uns mit Hilfe von RIAS, SFB und Soldatensender diese Musik bis zum Überlaufen rein. Später wechselten die Vorlieben zu Hard Rock und Heavy Metal von Deep Purple, Black Sabbath, Iron Butterfly und auch schon mal zu Alice Cooper.

Von meiner „Lehrlingsrente" sparte ich mir ein „ZK 120 T" zusammen, ein Tonbandgerät der Extraklasse, dass mir eine Verkäuferin im RFT-Laden in der Hoffnung auf weitere gemeinsame Tanzabende und Kinobesuche besorgt hatte. Bis spät in die Nacht suchte ich auf Lang- und Kurzwelle nach Musik und nahm auf, was das Zeug hielt. Über siebzig Magnetbänder habe ich über die Jahre bespielt. „Soldatensender" und „Freiheitssender" waren die Favoriten unter den bevorzugten Radiostationen und natürlich der RIAS mit der Sendung „Schlager der Woche", die montags aus dem Radio klang. Auch Radio Luxemburgs „Hitparade", moderiert von Frank Elstner, gesendet Samstagnachmittag auf dem 41-Meter-Band der Kurzwelle, verpasste ich selten.

Der Pastor hatte Westverwandtschaft. Irgendwie hatten die es geschafft, ein paar Schallplatten über die Grenze zu schmuggeln. Auf einer war ein Stück von „Casey Jones and the Governors". Es hieß „Don't haha".

Der Refrain ging so: Hahahaha,

                                                   hehejo,

        gumba,

            gumba,

                gumba,

                    guhhhma,

hahahaha,

          hahahaha,

               heheejo

Die Platte haben wir auf unserer Klassenfete abgespielt bis zum Umfallen und den sinnfreien Text mitgegrölt, bis wir heiser waren.

Auch bei anderen ähnlichen Liedern („Vulle Pulle" – Sam The Sham and The Pharaohs, „My Baby balla, balla" – The Rainbows, „Nananaanaa, nananaanaa, hehehee, god bye" – Dave Clark Five) kamen wir sofort in Stimmung.

Die Begleiterscheinungen der Musik ließen nicht lange auf sich warten.

Wir ließen uns die Haare wachsen und nagelten schwarz angestrichene Holzabsätze unter unsere Schuhe, mit denen wir provozierend die Schultreppe hinunter polterten. Später kamen die Schlaghosen hinzu. Wir waren gegen alles und jeden, vergammelten den Tag und hatten keinen Plan.

Als die Haare den Kragen bedeckten, machten die Pädagogen meine weitere Anwesenheit in der Schule von einem Friseurbesuch abhängig. Weil meine Eltern freudig ins gleiche Horn stießen, blieb mir keine Wahl. Eine schulterlange Matte legte ich mir erst zu, nachdem ich meine Lehre beendet hatte. Mutters Kommentar, „Du siehst aus wie ein Gammler!", war mir ziemlich egal.

Auf einen Tag alle zwei Wochen freute ich mich wirklich – den UTP-Tag.

UTP hieß „Unterrichtstag in der Produktion". Der hatte den Sinn, uns mit der gegenständlichen Arbeit vertraut zu machen, mit dem Kampf um den Sieg des Sozialismus, den die Werktätigen täglich kämpften. Später habe ich erfahren dürfen, dass es oftmals wirklich ein Kampf war, den die Arbeiter leider nicht immer und mit fortschreitender Gestaltung der „entwickelten, sozialistischen Gesellschaft" immer seltener gewannen.

Ich weiß noch wie wir einmal, als ich bei der Straßenbahn gearbeitet habe, zum Schrottplatz gefahren sind und jede Menge Rundmaterial in langen Stangen mitbrachten. Die Frage nach der Güte stellte sich nicht, denn wir hatten keine Auswahl. Wie die Stangen dorthin gelangt waren, interessierte uns auch nicht. Wir freuten uns, dass die Reparaturen der nächsten Straßenbahnwagen gesichert waren, denn die bestellte Lieferung an Rundstahl zur Fertigung von Bolzen und Buchsen war nicht eingetroffen.

Als Schüler bekamen wir noch nichts mit von den Irrungen und Wirrungen der Planwirtschaft, unser Patenbetrieb, der VEB Grubenlampe Zwickau, hatte immer Arbeit für uns.

Ob es die Bestückung der Automaten mit Rohlingen war, das Verkabeln von Gummihandleuchten oder, wie im letzten Schuljahr, die Arbeit an der Drehmaschine, der UTP bereitete mir echte Freude und hat mit Sicherheit meinen Berufswunsch gefördert.

Die in der anderen Woche abgehaltene „Einführung in die sozialistische Produktion" (ESP) hingegen langweilte mich und alle anderen fast zu Tode. Es war halt nur Theorie.

Die Schultage vergingen langsam, die Ferientage schnell. Die Jahre plätscherten dahin im Wechsel von guten und schlechten Tagen und doch flog die Zeit, schneller als wir uns das vorstellen konnten und uns lieb war. Eben noch Kind mit aufgeschlagenen Knien und Schniefnase, wacht man eines Morgens auf und stellt fest:

Ich bin erwachsen!

Unruhe hatte mich gepackt und trieb mich um. Die Welt veränderte sich und blieb doch die gleiche. Mein Körper wurde mir fremd und hatte immer noch die alten Kratzer. Das kindliche „warum" ersetzte sich durch „was wäre, wenn". Im Laufschritt eilte ich durch das sich weit öffnende Tor zur Jugend, ohne mich auch nur einmal nach der Kindheit umzuschauen.

Die Eltern meines Vaters habe ich nicht mehr gekannt.

Auch Mutters Vater war schon lang verstorben, als ich das Licht der Welt erblickte. Er war Vertreter für Seifen gewesen und ein „hunnecksches Luder". Das heißt, er hat die Leute gern auf den Arm genommen und seine Späße mit ihnen getrieben. Über die andere Oma wurde schon berichtet.

Meine Mutter war eine herzensgute Frau, die ihr Leben lang schwer arbeiten musste und ihre Bedürfnisse hintenan stellte, und sie war eine schöne Frau, der die amerikanischen Soldaten 1945 auf der Straße hinterher riefen:

„Hello Blondie, come you the night?"

was sie tunlichst bleiben ließ.

Mutter war im BDM und zum Landjahr und später „in Stellung" beim Schauspielerehepaar Berger.

Bevor sie ins Bäckereigewerbe wechselte, hat sie sich in der Brauerei den Rücken krumm gearbeitet. Da gab es zwar Haustrunk, also Bier oder Brause in bestimmter Menge umsonst, aber wenig Geld.

Als Mutter dann in der PGH „Fortschritt" arbeitete, wo sie wesentlich mehr verdiente, brachte sie manchmal Kuchenbruch mit nach Hause, über den wir Kinder uns heißhungrig hermachten. Damals wurde kein Kuchenstück mit Rinde verkauft. Die Ränder wurden abgeschnitten, und die Beschäftigten durften sich davon mitnehmen. Wenn Mutter mit solch einer Tüte ankam, brauchten wir kein Abendbrot mehr.

Eines Tages waren besonders viele Kuchenränder übrig. Weil uns das Zeug schon fast aus den Ohren kam, brachte ich eine große, gefüllte Tüte zur Familie Glass, ein paar Häuser weiter. Ihre Tochter Ingrid ging mit mir in eine Klasse. Auf meine am nächsten Tag gestellte Frage, ob denn die Kuchenrinden geschmeckt hätten, erntete ich von der Ingrid nur einen eisigen Blick. Dafür gab es tags darauf Schelte von Muttern, denn die alte Glass hatte sich über mich beschwert. Ich hätte durch die Klasse gebrüllt:

„Die Glass frisst Kuchenrinden."

Der relativ gute Verdienst meiner Mutter zu PGH - Zeiten, vor allem die Jahresendprämie, ermöglichte uns ein paar nützliche Anschaffungen, wie Fernseher und neue Möbel und zwei Urlaubsreisen.

Allerdings musste meine Mutter dort, wie auch in der Brauerei, in drei Schichten arbeiten, was Umorganisation des Tagesablaufes mit sich brachte. Das bereitete uns aber keine Schwierigkeiten. Auch als Mutter ein paar Wochen im Krankenhaus lag und sich operieren lassen musste, lief zu Hause alles prima, dank des Leitungstalentes meiner Schwester und meiner Fähigkeit, mich in jede Situation einzufinden.

Vater machte Tagschicht, ging früh aus dem Haus, ich hörte ihn immer die Treppe hinunter poltern, und hatte spät Feierabend. So war ich der Schwester die meiste Zeit hilflos ausgeliefert. Natürlich nutzte Hannelore, die vom alten Conrad „Hannebaggadusel" genannt wurde, diese Situation nach Kräften aus und scheuchte mich mit Staublappen und Teppichkehrmaschine durch die Wohnung. Äußerst unbeliebt, weil schwer und anstrengend, war das Bohnern des Vorsaales, der wirklich wie ein Saal so groß war. Vor allem, weil die Treppen bis runter zur Ziehankschen Wohnung im ersten Stock dazugehörten. Die schwere Bohnerbürste konnte ich zwar von Stufe zu Stufe runter poltern lassen, musste sie aber zum Schluss wieder die Treppen hoch schleppen.

Manchmal setzten wir uns, wenn die Arbeit erledigt war, an den Rauchtisch mit Messingplatte im Wohnzimmer und quasselten uns gegenseitig die Ohren ab, oder wir taten das, was man an einem Rauchtisch eben tut - rauchen. Mit zwölf

oder dreizehn Jahren war ich dabei auf geschlauchte Kippen, die sich meine Schwester von ihren Freunden erbettelte oder aus Vaters Zigarettenetui geklaute Glimmstängel angewiesen. Demzufolge frönte ich nicht allzu oft diesem Laster.

Mit Auszahlung der „Lehrlingsrente" konnte ich mir „Jubilar", die Schmale aus Dresden, „Turf" oder die runde „Casino" leisten, getreu dem Werbeslogan: „Frohe Stimmung bis zum Schluss - Casino immer ein Genuss." Die Westwerbung klang anders „Greife lieber zur HB…", und die Westzigaretten schmeckten nach Parfüm. Wir wandelten die Werbung ab in „Greife lieber zum BH, dann geht alles wie von selbst".

Vater hatte Konditor gelernt, sich aber schon immer zum Fuhrgewerbe hingezogen gefühlt und vor dem Krieg ein kleines Fuhrunternehmen mit zwei Lastwagen besessen, die während des Krieges beschlagnahmt wurden, weil deren Einsatz vom „Führer" ausschlaggebend für den „Endsieg" gehalten wurde. Aus russischer Gefangenschaft zurück, durchlief Vater als Lastwagenfahrer sämtliche Fuhrbetriebe der Stadt und Umgebung, bis er beim Großhandel hängen blieb. Gern bin ich mit ihm mitgefahren und habe ihn bewundert, wie selbstverständlich er die Gänge schaltete und das Lenkrad handhabe.

Ob sich meine Eltern jemals geliebt haben, vermag ich nicht zu sagen. Es war wohl eine Zweckehe aus Vernunftsgründen, wie so viele damals geschlossen wurden, damit man jemanden hatte in dieser schweren Zeit.

Das Haus, in dessen Keller die erste Frau meines Vaters mit den beiden Töchtern und dem Rest der Familie während eines Luftangriffes Schutz gesucht hatte, bekam einen Volltreffer ab. Als Vater aus der Gefangenschaft kam, stand er vor dem Nichts, keine Familie, kein Hab und Gut. Er wurde der Griesbach Trautel vorgestellt und sie ihm, und beide hatten nichts aneinander auszusetzen. So wurde nicht lange gefackelt. Im Oktober 1946 gaben sie sich das „Ja - Wort".

Sarkastisch ausgedrückt, habe ich also mein Leben einer englischen Fliegerbombe zu verdanken.

Zu Hause - wie viel Herzenswärme, wie viel Güte und Geborgenheit verbindet sich mit diesem Begriff.

Zu Hause, das war Strenge der Mutter, Nachsicht vom Vater und Liebe von beiden, war Kameradschaft der Schwester und Kumpanei mit den Nachbarskindern, war kindliche Sorglosigkeit und Sorgen eines Kindes.

Zu Hause, das war genug zu essen, saubere Sachen im Schrank, verlässliche Ordnung und ungeliebte Disziplin. Es war Freuen auf Geburtstage, auf Ferien und das Spiel mit Freunden, war die

Selbstverständlichkeit des Seins und der Glaube an Wunder, an Märchen und die eigene Unsterblichkeit.

Mit meinen Eltern durfte ich Natur erleben. Am Sonntag ging es durch den Weißenborner Wald, an den drei Teichen und dem „Bösen Brunnen" vorbei, zum Gasthof „Meinhardt", wo Bockwurst und Fassbrause warteten, oder von der Straßenbahnendhaltestelle in Marienthal bis zum „Fernblick".

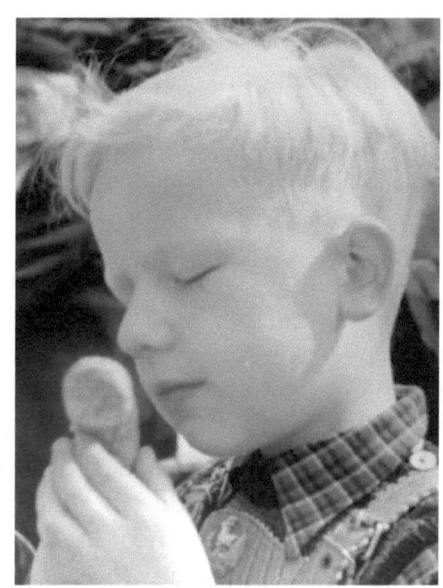

In diesen Ausflugsgaststätten sausten am Sonntagnachmittag die Kellner mit schweren Tabletts durch das Gelände. Auf den Tabletts waren Tassen und Kännchen, Bier und Brause gestapelt. Es wurde angeboten und gleich abkassiert. Eine sehr effektive Methode, ohne die man des Andrangs wahrscheinlich nicht Herr geworden wäre. Den Kuchen oder die Bockwurst musste sich der hungrige Gast am Buffet selbst holen. Manchmal hatten wir Brote mit.

Die Fassbrause war ein Gedicht. Es gab Waldmeister und Himbeer.

Im Laden war manchmal Brausepulver für ein paar Pfennige zu haben. Das Pulver konnte man in einem Glas Wasser auflösen. Gern schüttete ich mir den Inhalt der kleinen Papiertüte in den Mund und hatte so ein prickelndes Erlebnis.

Der „Böse Brunnen" übrigens war keine Ausflugsgaststätte sondern ein verwunschener sumpfiger Platz mitten im Wald, an dem zu früheren Zeiten ein Dorf gestanden haben soll. Dieses Dorf soll verflucht gewesen sein, warum weiß heute niemand mehr. Wahrscheinlich waren es gottlose Leute, die es zu übermütig getrieben hatten oder irgendetwas anderes. Jedenfalls soll der Ort in einer dunklen, stürmischen Nacht mit Mann und Maus versunken sein. Wie es heißt, taucht das Dorf aller hundert Jahre für eine Nacht wieder auf. Wer sich dann dorthin begibt, ist gefangen und versinkt für die nächsten hundert Jahre.

Ich liebte die sonntäglichen Ausflüge.

Wir fuhren mit der Eisenbahn dritter Klasse nach Voigtsgrün, um von da durch Wiesen und Felder nach Hauptmannsgrün zu wandern, wo mein Patenonkel Siegfried Feld- und Viehwirtschaft betrieb. Wir besuchten den Tierpark in Hirschfeld und ließen uns zu diesem Zweck von der Bimmelbahn vom Zwickauer Hauptbahnhof über Lichtentanne und Stenn bis Ebersbrunn schaukeln, um von dort wiederum zu laufen. Wir erkundeten die Prinzenhöhle bei Hartenstein, die Burg in Schönfels und was weiß ich nicht alles.

Aus dem Wald brachte ich oft Moos, Zweige, Tannenzapfen und Pflanzen mit und spielte mithilfe dieser Naturutensilien, meiner Tiere von der Firma „Lineol" und zahlreicher Holzbausteine Tierpark oder Zirkus.

Ein-, zweimal im Jahr stand der Besuch des Leipziger Zoo's auf dem Plan, ein Tagesausflug. Nicht nur, weil der Leipziger Zoo so riesig und die zur Schau gestellten Tiere so zahlreich waren, besonders Löwen und Tiger hatten es mir angetan, auch die Fahrt dorthin wurde zu einer halben Weltreise. Dass wir nicht mit einem Schnellzug fuhren, ist logisch, denn für die gesparten Zuschläge, 1,50 Mark (Eilzug) oder 3,00 Mark (D-Zug) pro Nase und Strecke, gab es schon Bockwurst und Brause zum Mittag. Für das zweite Frühstück, das als Bestandteil der Reise bereits kurz nach Abfahrt im Zug eingenommen wurde und fast so schön war wie der Zoobesuch selbst, fanden sich im Rucksack Brote, gekochte Eier und kalter Tee oder Malzkaffee in der Feldflasche. Die Fahrt von Zwickau nach Leipzig dauerte drei Stunden.

Mitten in der Nacht aufstehen und im Dunkeln zum Bahnhof laufen war für uns Teil des Abenteuers Zoo. Am späten Nachmittag ereilte uns dann unweigerlich die Müdigkeit, während eine Dampflok schnaufend die Wagen in Richtung Heimat zog.

Die Lokomotiven waren riesige, schwarze Ungetüme. Allein deren Räder überragten mich um Längen. Aus dem Führerstand hoch oben schaute der Lokführer, den ich in meinem Herzen über alles bewunderte. Allerdings war Lokführer niemals einer meiner Berufswünsche gewesen. Eher Tierpfleger im Zoo, aber da war, wie ich später feststellen musste, nicht ranzukommen. Kuhbusenmasseur hätte ich ohne Schwierigkeiten werden können, das wiederum wollte ich nicht.

Nachdem wir uns am Fahrkartenschalter eine Fahrkarte gekauft hatten, gingen wir die Treppen hinunter, durch die Sperre, wo der Knipser auf uns wartete, um mit seiner Knipserzange ein Loch in unsere schöne neue Fahrkarte zu knipsen, Dann durch den Tunnel und drüben die Treppen wieder hoch auf den Bahnsteig. Dort wartete der Mann mit Kelle und Trillerpfeife. Seiner Wichtigkeit bewusst, zeigte er mit strengem Gesicht dem Lockführer die grüne Seite seiner Kelle, nachdem er gerufen hatte:

„Alles einsteigen, Türen schließen und Vorsicht bei der Abfahrt des Zuges!"

Ein Pfiff und los ging es. Während der Fahrt kam der Kontrolleur und knipste uns mit seiner Zange ein zweites Loch in die Fahrkarte, die wir beim Verlassen des Zielbahnhofes vom Knipser an der Sperre abgenommen bekamen.

Wollte man jemand lediglich zum Zug begleiten, musste man für zehn Pfennig eine Bahnsteigkarte kaufen und dem Knipser vorzeigen, der ein Loch hinein knipste.

Neuer Bahnhof Zwickau i. Sa.

In der Bahnhofshalle konnten die Reisenden ihre Taschen und Koffer in der Gepäckaufbewahrung aufbewahren lassen.

Gleich daneben stand eine große, eiserne Waage. Stellte man sich darauf und warf einen Groschen ein, rasselte es im Inneren und rums, fiel ein Pappkärtchen mit dem aufgedruckten Gewicht in das Ausgabefach.

Auf jedem Bahnsteig gab es damals noch Dinge, die der Fahrgast heute vergeblich suchen wird:

-     Imbissbude mit Bockwurst und Brötchen für 85 Pf
-     Schlechter Kaffee in Mitropa-Tassen
-     Warteraum (im Winter meist schweinekalt)
-     Bahnsteigaufsicht, die auf Fragen eine Antwort wusste

Wenn wir nicht durch den Wald liefen und auch nicht mit der Eisenbahn nach Hauptmannsgrün oder anderswohin fuhren, spazierten wir um den Schwanenteich. Der Schwanenteich ist ein künstlich angelegtes Gewässer. Es leben dort neben Stockenten und Blässrallen auch jede Menge Höckerschwäne. Auf dem Teich selbst konnte der erlebnishungrige Ausflügler mit einem

Ruder- oder Paddelboot seine Runden drehen und im Schwanen-schloss Kaffee trinken oder das Tanzbein schwingen.

Natürlich wurden dort nicht nur Tanzveranstaltungen durchge-führt. Es war gleichzeitig Pionierhaus und Klubhaus des VEB „Grubenlampe" und somit Austragungsort kultureller Veranstal-tungen.

Am Rande der Schwanenteichanlagen, in der Nähe der Haupt-post an der Humboldtstraße, wo ich meine Sammlermarken ab-holte, stand ein Pavillon, in dem sonntags ein Streichquartett oder ein kleines Orchester zur Erbauung der flanierenden Spaziergän-ger Musik machte. Die interessierten Zuhörer nahmen gern auf einer der zahlreichen Bänke Platz und lauschten, umgeben von Blumenrabatten, dem Klang der Instrumente.

Schwanenschloss und Pavillon existieren leider nicht mehr, und das Robert-Schumann-Denkmal, das dem Pavillon gegenüber stand, hat seinen Platz auf dem Hauptmarkt gefunden.

Woran erinnere ich mich noch?

Ich denke an die Sommer meiner Kindheit, als die Straßen in einem wässrigen Sonnenschein badeten und eine Ahnung von Blütenduft und Freude in der Luft lag.

An die Losbuden auf dem Neumarkt und dem Hauptmarkt, die Lose zugunsten des Nationalen Aufbauwerks (NAW) verkauften.

An überfüllte Freibäder, in denen kaum ein freies Fleckchen Liegewiese zu ergattern war.

An Sprengwagen, die warmes Teichwasser auf heißem Straßenpflaster verteilten.

An Teerwagen, die mit heißem Kocher schadhafte Straßen ausbesserten.

An schrill kreischende Mauersegler, die in den Straßenfluchten nach Insekten jagten.

An Motorsportflugzeuge, die im serpentinenförmigen Steigflug die Segler bis zur Ausklinkhöhe schleppten.

An Gewitterregen, nach dem man herrlich mit nackten Füßen durch riesige Pfützen plantschen konnte.

An die Heimkehr nach siegreicher Schlacht auf dem Eiskellerberg, wenn Mutter mit kummervollem Gesichtsausdruck die Wunden versorgte.

An frisches Bäckerbrot und knusprige Semmeln und an manchmal eine Tüte voll Kuchenbruch für zehn Pfennig, denn die Kuchenstücken wurden früher ohne Ränder verkauft.

Auch an die öffentlichen Bedürfnisanstalten am Neumarkt, am Hauptmarkt und an der Humboldtstraße erinnere ich mich noch. Der Pinkelbereich der Männer bestand aus einer geteerten Wand über einer Abflussrinne. In den Räumen stank es schlimmer als in einem Tigerkäfig.

Wir wurden immer wieder ermahnt, bei den Pinkelbuden auf der Hut zu sein, uns nicht von fremden Männern ansprechen zu lassen und um Himmels Willen mit niemandem mitzugehen.

Bei der Bude am Schwanenteich gab es noch einen Kiosk und einen Verkauf für Busfahrkarten, denn hier in der Humboldtstraße war sozusagen Zwickaus Busbahnhof. Es gab hier Stieleis zu kaufen, Vanille, Erdbeer und Othello. Ich glaube, Vanille und Erdbeer kosteten 15 Pfennig, Othello 20 Pfennig.

Meine Liebe zur Natur schloss natürlich das Interesse für Tiere ein. Ein Interesse, das mich alle möglichen Zeitungsausschnitte mit Artikeln über die irdische Fauna sammeln und katalogisieren ließ. Nur der Vollständigkeit halber soll erwähnt werden, dass im Urlaub jeder Zoo, jeder Tierpark in der Umgebung besucht wurde, und dass es mir gelungen ist, die Liebe zur Natur und das Interesse an der Tierwelt an meinen Sohn weiterzugeben.

Ein Haustier zu besitzen, war mir aus Platz- und finanziellen Gründen nicht vergönnt, wenn man von Wellensittich und Hamster absieht, die wenig Platz brauchen und deren Unterhalt nicht viel kostet, und wenn man die zahlreichen Kaulquappen und sonstigen Wasserbewohner nicht mitrechnet.

Zu Zeiten, als meine Schlafgelegenheit noch im elterlichen Schlafzimmer stand, kroch ich am Sonntagmorgen gern zu Papa ins Bett und verlangte nach einer Geschichte. Mit dem Lesen hatte es mein Vater nicht so sehr. Das kam später als er Rentner war und somit mehr Zeit und Muse hatte. Aber Geschichten konnte er erzählen, die waren richtig gut. Wenn ich auch nicht mehr weiß, worum es in diesen Geschichten ging, so hat sich doch der Anfang in mein Gedächtnis eingeprägt, denn Vater sprach zu Beginn stets die gleichen Worte: „Es war einmal an einem schönen Sonntagmorgen…"
Zum Lesen haben wir Kinder ihn ge- und verführt. Er wurde durch uns ein Fan aller möglichen Kriminal- und Abenteuerromane.

An Züchtigungen irgendwelcher Art, außer an dem bereits erwähnten Silvesterabend, habe ich keine Erinnerung, glaube aber, dass es viel mehr als eine gelegentliche Maulschelle nicht gegeben hat. Dennoch war mein Vater, zumindest in der ersten Hälfte meine Kindheit habe ich dies mitbekommen, sehr jähzornig und hat oft einen Brüller losgelassen. Wenn ich es schaffte, mich während der ersten paar Minuten seiner Erregung außerhalb seiner Reichweite zu halten, kam ich garantiert glimpflich davon. Wir hatten im Wohnzimmer einen großen Tisch mit vier Stühlen in der Mitte stehen. Das war bei derartigen Gelegenheiten eine große Hilfe, denn so schnell, wie ich um den Tisch herum flitzen konnte, schaffte es Papa nicht hinterher. Weil er mich nicht erwischen konnte, warf er manchmal mit seinen Pantoffeln nach mir, natürlich erfolglos. So schnell er aber auf der Palme war, so schnell hatte er sich auch wieder beruhigt, und die Schelle tat ihm leid. Der Standardsatz bei seinen Wutanfällen war:

„Gottfried fang mich!"

Währen der ersten waltherschen Ehejahre soll es, unbestätigten Berichten zufolge, vorgekommen sein, dass mein Vater in seinem Zorn einen Teller mit Wurst durch die Küche geworfen hat.

Mutter war der Organisator.

Sie kochte, machte sauber, kaufte ein, schmierte uns Bemmen für die Schule und kümmerte sich um unsere Sachen. Sie organisierte Geburtstags- und Jugendweihefeiern. Sie plante Familienausflüge, bestellte Kohlen und Einkellerungskartoffeln und nahm sich selten die Zeit, zum Friseur zu gehen. Sie versorgte unsere kleinen Wunden und machte sich Gedanken um Weihnachtsgeschenke und Kinderkrankheiten.

Mutter wurde selten wütend.

Wenn wir etwas kaputt gemacht hatten, war sie meist nur traurig, das tat uns dann leid. Dass sie aber durchaus auch anders konnte, zeigte sie beim Gardinenbrand und als ich einen der guten Wohnzimmerstühle zerlegt hatte.

Es war an einem Sonntag nach dem Mittagessen. Ich kippelte mit meinem Stuhl, trotz wiederholter Aufforderung dies sein zu lassen, und verlor schließlich die Balance. Der Stuhl krachte mit mir auf den Fußboden und zerbrach in mehrere Teile. Darüber erboste sich meine Mutter derart, dass sie die abgebrochene Stuhllehne zur Hand nahm und damit meinen Hintern bearbeitete. Weil ich nicht stillhielt, bekamen die Beine auch ihren Teil ab. Das tat weh.

Der Stuhl wurde geleimt und sah wieder aus wie neu. Meine blauen Flecken verschwanden nach einigen Tagen, und alles war wieder in Ordnung. Ich hatte meine Lektion gelernt und kippelte nur noch selten.

Meine Mutter hatte zwei Schwestern, Gretel und Yvonne, die mit ihren Männern und Kindern gern bei uns zu Besuch waren, Yvonne öfter, Gretel weniger. Dafür brachte die Tante Gretel jedesmal, wenn sie uns besuchen kam, einen neuen Witz mit, den sie mit viel Gestik und Mimik zu erzählen wusste:

Ein Zirkus kann während eines Gastspieles in einem Dorf seine Rechnungen nicht mehr bezahlen. Er ist pleite. Alle Tiere werden versteigert. Bauer Lindemann kauft sich ein Zebra, weil er schon immer ein Zebra haben wollte. Er stellt es in seinen Stall zwischen die anderen Tiere. Da steht es nun, links die Kuh, rechts der Bulle. Das Zebra schaut sich um und fragt die Kuh:
„Wer bist du?"
„Ich bin die Kuh."
„Was machst du so den ganzen Tag über?"
„Ich gebe Milch, zweimal am Tag, daraus wird Butter und Käse gemacht. Ab und zu bringe ich ein Kalb zur Welt, das wird dann auch eine Kuh."
„Du bist wirklich ein nützliches Tier."
Dann dreht sich das Zebra zur anderen Seite und fragt den Bullen:
„Und du? Was machst du so den ganzen Tag?"
Da sagt der Bulle:
„Du zieh erst mal deinen Schlafanzug aus, dann zeige ich dir schon, wozu ich nütze bin!"

Tante Gretel kannte sämtliche Witze. Wenn ich ihr manchmal einen vermeintlich neuen Witz präsentierte, winkte sie nur ab:
„Där is doch älldor wie de Prinznhehl!"
Tante Yvonne brachte keinen Witz mit sondern ihren Mann und ihren Sohn, der mein Cousin war und keinen Mittagschlaf halten wollte. Cousin Hans-Jürgen musste nach dem sonntäglichen Mittagsmahl zuweilen mit Mullbinden am Bett festgebunden werden,

damit er nicht immer wieder in der Tür erschien und behauptete, nicht müde zu sein, was ihm niemand glauben wollte.

Tante Yvonne war Krankenschwester von Beruf und saß somit an der Quelle medizinischer Artikel, was auch unserer Familie zugutekam.

Vater hatte drei Brüder und eine Schwester, pflegte den Kontakt aber nur zu seinem älteren Bruder Kurt. Onkel Kurt wohnte mit seiner Frau Gertrud in der Osterweihstraße und besuchte uns eher selten. Dafür waren wir so manches Mal zu Gast bei ihnen. Besonders den Jahreswechsel feierten meine Eltern und somit auch wir Kinder gern bei Walthers in der Osterweihstraße am Zwick-

auer Neumarkt. Onkel Kurt trank neben seinem Bier auch den einen oder anderen „Ur-ahn", ein Weinbrand, und hatte am Silvesterabend meist schon um zehn genug. Dann verschwand er ins Schlafzimmer. Aus die Maus.

Wenn Onkel Kurt was zu meckern hatte, kam fast immer der Spruch: „Das hätt's bei Adolf ni gegähm!"

Nun, er musste es ja wissen. In seiner Funktion als Blockwart hatte er sicher voll den Durchblick gehabt. Folgerichtig wurde Onkel Kurt eines Tages abgeholt und verschwand für lange Zeit von der Bildfläche, ohne ein Lebenszeichen von sich geben zu können. Erst Anfang der Fünfziger kam er wieder und hat nie über seine Lagerhaft gesprochen.

Als ich alt genug war, um mich für die Friedensfahrt zu interessieren, ging ich während jener Tage nachmittags Tante Trudel besuchen (Kurt arbeitete), um mir das Radrennen im Fernsehen anzuschauen. Wenn die Friedensfahrer durch Zwickau kamen, standen wir an der Strecke, winkten und riefen: „Täve, Täve!", ob nun Egon Adler, Bernhard Eckstein oder Täve persönlich vorbeifuhr.

Jahre später war der große Favorit des Reporters Heinz Florian Oertel ein usbekischer Fahrer der sowjetischen Mannschaft - Dschamolidin Abduschaparow. Oertel muss diesen Namen geliebt haben, so wie er ihn wieder und wieder in sein Mikrophon rief.

Heinz-Florian konnte sich für viele Dinge begeistern, insbesondere für sportliche Leistungen. Er hat bei seinen Reportagen die Sportler und ihre Ergebnisse euphorisch in den Himmel gehoben. Ich erinnere nur an seinen berühmten Ausspruch: „Liebe Mütter und Väter, haben sie Mut und nennen sie ihre Söhne Waldemar!", als Waldemar Cierpinski bei den Olympischen Spielen 1980 in Moskau die Goldmedaille im Marathon holte.

Die Fernsehgeräte hatten eine neununddreißiger Bildröhre, die an ein liegendes Osterei erinnerte. Über dem Bild lag ein beständiges Rauschen und Grisseln.

Als wir uns ein Fernsehgerät zulegen konnten, war der Bildschirm schon etwas viereckiger.

Die Antenne kam auf den Spitzboden, die Westantenne gleich daneben. Das war praktisch. In Marienthal hingegen musste die Westantenne hinter der Gardine versteckt werden, was den Empfang nicht unbedingt verbesserte.

Tante Yvonne und ihr Mann, der Onkel Gerhard wohnten in Glauchau, zwanzig Kilometer von Zwickau entfernt, und hatten auch einen Fernseher. Wir besuchten sie besonders gern im Sommer, denn in ihrer Straße befand sich das Glauchauer Sommerbad.

Tante Gretel hatte kein Freibad sondern einen Mann namens Martin, der manchmal eine Freundin hatte, einen Garten am Haus in Marienthal, dazu zwei Töchter, Sigrid und Barbara.

Bei Cousine Barbara hieß ich „Wolzer" und „Schusterkugel", dafür durfte sie mir manchmal die Haare schneiden, als Übung sozusagen, denn sie lernte Friseuse.

Cousine Sigrid ging ich besonders in der Vorweihnachtszeit gern besuchen, denn ihr Mann, der scharf auf meine Schwester war, baute dann das halbe Wohnzimmer mit seiner Eisenbahnplatte zu und ließ mich damit spielen.

Onkel Martin war Abteilungsleiter bei „Sachsenring" und hat mir trotz Einstellungsstopp eine Stelle im dortigen Werkzeugbau verschafft.

Onkel Gerhard war anfangs der Weihnachtsmann vom Dienst, ansonsten aber ein netter Kerl.

Zu Geburtstagen hatten wir immer volles Haus. Das änderte sich erst, als die Onkel und Tanten in die Jahre kamen. Natürlich wurden die Eltern auch zu Geburtstagen eingeladen. Wir Kinder warteten an solchen Tagen jedesmal gespannt auf deren Heimkehr und waren neugierig auf das Mitbringsel, denn es war Sitte, vom Geburtstagskuchen reichlich mitzugeben.

Bei Familienfeiern waren auch immer etliche Kinder vorhanden, die nicht unbedingt am Tisch mit den Großen sitzen wollten oder sollten. Zu diesem Zweck wurde flugs der Rauchtisch umfunktioniert und zur „Kinder-Kaffee-Tafel" erklärt.

Ich habe mich später oft gefragt, wie meine Eltern es schafften, die Familie so gut durch die schwere Zeit zu bringen und dabei immer für uns Kinder einen vollen Geburtstags- und Weihnachtstisch zu haben. Ihre Zauberworte waren: Fleiß, Sparsamkeit und Verzicht.

Luxus blieb ein Fremdwort. Bohnenkaffee gab es nur am Sonntagnachmittag. Da wurde auch in der Wohnstube gesessen, die ansonsten Gästen und Feierlichkeiten vorbehalten blieb. Das tägliche Leben spielte sich in der Küche ab, die groß genug war für Tisch und Stühle, Küchenbuffet und ein Chaiselongue, wie wir das Sofa nannten. Morgens gab es Schwarzbrot mit Rübensirup und Muckefuck, abends wurden Bemmen mit Leberwurst oder

Mettwurst gegessen und WILSI-Kräutertee getrunken. WILSI-Kräutertee aus der grün/roten Papiertüte. Sehr viele Kräuter können nicht drin gewesen sein, denn er schmeckte nach nichts. Muckefuck wurde in einer großen Emaillekanne mit Deckel und geschwungener Tülle aufgebrüht.

Besonders lecker schmeckte der Sirup zum Verdünnen, den wir manchmal kauften. Damit wurde ebenso sparsam umgegangen, wie mit der Marmelade, die im Wechsel mit Rübensirup auf den Tisch kam. Erinnern kann ich mich an Zweifrucht-, Dreifrucht- und Mehrfruchtmarmelade. Die schmeckte nur süß. Als absolute Ausnahme konnte der Erwerb von Kunsthonig im Pappbecher angesehen werden. Der schmeckte eklig süß.

Vater rauchte „Turf" oder „Casino". Er steckte sich am Abend die Zigaretten für den nächsten Tag abgezählt ins Zigarettenetui. Das machte es schwer, ihm welche zu stibitzen.

Mutter flickte und stopfte, wo es nur ging. Oft bekamen wir Sachen von der Verwandtschaft. Auch Spielzeug ging reihum, wie Kaufmannsladen, Pferdestall und Schaukelpferd, denn der Verwandtschaft ging es nicht besser. Ausgenommen die Bauern, aber die gaben nichts ab, jedenfalls nicht umsonst. Höchstens das Neue Testament mit Goldschnitt und Lesebändchen.

Unsere Wohnung in der Bahnhofstraße besaß zwei Kachelöfen und einen Küchenherd. Der Ofen in Omas Zimmer hatte glänzende, blaue Kacheln, der in der Wohnstube war matt und olivgrün. Der Küchenherd wurde mit Holz und Rohbraunkohle gefüttert, die Kachelöfen mit Braunkohlebriketts.

Erst wurde die Flamme am Gasherd mit dem Anzünder entzündet, dann mit einem Fidibus Papier und Holz in Herd und Kachelöfen angebrannt.

Das Holz stammte von kaputten Eierkisten und Obststiegen, die Vater von seinen Touren mitbrachte. Als ich mit Kneifzange,

Hammer und Stemmeisen umgehen konnte, fiel mir die wertvolle Aufgabe des Kisten Auseinandermachens zu. Kiloweise habe ich Krampen, Nägel und Draht aus dem Holz gezogen und die Nägel gerade geklopft, weil sie zum Wegwerfen zu schade waren.

Anfang des Jahres gab es die Kohlenkarten, die zum Kauf von siebzehn Zentnern Brikett zum Preis von zwei Mark und ein paar Groschen berechtigten. Natürlich reichten die paar Briketts nicht weit, und die restlichen achtzig oder mehr Zentner mussten mit knapp fünf Mark teuer bezahlt werden.

Die Lieferung kam im Sommer, jedenfalls der größte Teil. An diesem Tag war außerplanmäßiges Baden angesagt.

Der Fahrer kippte die Briketts auf den Bürgersteig vor unserem Haus. Nachdem sich die schwarze Wolke gelegt hatte, betrachtete ich mit Grausen den riesigen Berg. Meist oblag mir die verantwortungsvolle Aufgabe, unseren Handwagen zu beladen, das Gefährt durch den Hausflur zu bugsieren und die Ladung zum Kellerfenster im Hof einzuwerfen. Nach zehn Fuhren gab ich das Zählen auf, zumal ich zwischendurch immer wieder in den Keller musste, um den aufgestauten Brikettberg zu verteilen. Tage später noch kamen mir beim Niesen kleine Kohlestückchen aus der Nase.

War der Winter besonders streng und die nächste Lieferung nicht in Sicht, zogen wir zur Werdauer Straße, um vom dortigen Kohlehandel Briketts zu holen. Kein weiter Weg, aber mit einem Handwagen mit sechs oder acht Zentner Briketts im Schlepptau doch recht mühsam.

Kartoffeln wurden im Sommer ebenfalls eingekellert.

Die hölzerne Horte im Kartoffelkeller, wo auch das alte Vertiko mit den Einmachgläsern stand, war voll bis zum Rand, wenn auch nach dem Sortieren der Haufen schlechter Erdäpfel recht groß ausfiel.

Eingeweckt wurde viel, wenn wir die Früchte preiswert bekamen. In späteren Jahren, nachdem die Familie komplett nach Potsdam ausgewandert war, haben meine Eltern jede Saison die Ernte meiner Schwester, die einen Garten in Teltow Sigridshorst besaß, verarbeitet. Ihre Spezialität jedoch waren die Gewürzgurken, deren Geschmack von keiner gekauften Gurkenmischung jemals übertroffen wurde.

Spaziert der Besucher der Stadt Zwickau auf dem Poetenweg in Richtung Stadtmuseum, gelangt er an einen großen Platz, den Schießanger.

Nachdem erst der Reichskanzler und später der braune Diktator dem Platz ihre Namen geliehen hatten, hieß er zu DDR-Zeiten erst „Stalinplatz", und als dann „Väterchen Dschughaschwili" in Ungnade gefallen war, erhielt er die Bezeichnung „Platz der Völkerfreundschaft". So heißt er noch heute. In der Bevölkerung jedoch ist der ursprüngliche Name über Generationen hinweg lebendig geblieben und wird auch noch gern verwendet.

Wenn auf dem Schießanger im Sommer und im Herbst Buden und Karussells aufgebaut wurden, wehte der Duft von Zuckerwatte, kandierten Äpfeln und Rostbratwurst durch die angrenzenden Straßen. Meist blieb der Rummel zwei, drei Wochen. Die

Schausteller spendierten am letzten Tag ihres Bleibens den Besuchern ein schönes Feuerwerk.

Schwerpunkt für Kinder war der Mittwochnachmittag, da gab es für uns Reitschulfahrten zum halben Preis - „Fahrt ins Blaue" und „Walzerfahrt" zehn Pfennig, Kettenkarussell ebenfalls. Mit dem Autoscooter durften wir für dreißig Pfennig unsere Runden drehen. Eine Fahrt mit dem Riesenrad kostete zwanzig Pfennig, Zuckerwatte ebenfalls. Ein Los an der Losbude war auch für zwei Groschen zu haben. Einmal habe ich tatsächlich etwas „Richtiges" gewonnen - einen großen, gelben Teddybären.

Im zarten Jugendalter wurden andere Reitschulen interessant - Geisterbahn zum Beispiel, weil hier während der Fahrt die Mädchen, falls man es schaffte, sie zum Mitfahren zu überreden, sich ängstlich an die Schulter des sie beschützenden Mitfahrers drückten. Dem jedoch war selbst manches Mal nicht so recht geheuer. „Walzerfahrt" und „Fahrt ins Blaue" waren auch nicht schlecht. Da drückte uns die Fliehkraft aneinander.

In den Schießbuden konnte man mit etwas Glück mit einem Schuss (20 Pf) eine kleine, farbige Feder mit Holzstiel abknipsen. Mit der Feder zogen wir zur „Walzerfahrt", deren Laufsteg von ebenerdig bis hoch schräg gebaut war. Am Geländer lehnten die Mädchen und warteten auf die Burschen, die sie zur Fahrt einladen sollten. Wir fuhren ihnen mit der Feder die Beine hoch bis unter den Rock und kitzelten sie an ihren nackten Oberschenkeln. Ihr Gekreische war Musik in unseren Ohren. Dann machten wir, dass wir fortkamen.

Auch der Zirkus machte auf dem Schießanger Station. Dem Zauber der Manege konnte ich mich nie entziehen. Meine Eltern sind immer mit uns in den Zirkus gegangen, wenn die Artisten von „Busch" und „Aeros" dort ihr Können zeigten. Zum Glück kostete die Karte für einen Platz im zweiten oder dritten Rang nur eine Mark und ein paar Zerquetschte. Für drei Groschen zusätzlich konnte während der großen Pause die „Tierschau" besucht werden, was wir immer machten.

Gleichermaßen preiswert war ein Kinobesuch zur Kindervorstellung sonntags um zehn Uhr. Für ganze fünfzig Pfennig sahen wir im „Astoria", im „Vaterland" oder im „Palast" das kalte Herz, den kleinen Muck und die goldene Antilope.

Dass es zwei Sorten von Menschen gibt, bekam ich frühzeitig mit. Jene, die sich beim Pullern hinhocken müssen und solche, die dabei stehen können. Die ersteren waren anders angezogen und hatten lange Haare. Ansonsten konnte man mit ihnen fast ebenso gut spielen wie mit den Stehpullerrern. Später wurde man schnell als „Weiberhengst" ausgerufen, wenn man sich zu oft mit den Mädchen sehen ließ.

Über meine ersten Versuche einer Beziehung habe ich bereits berichtet. Nach Edeltraut und Brigitte kam lange Jahre gar nichts, was natürlich auch heißen kann, dass ich es vergessen habe, und dann kann es nicht bedeutsam gewesen sein.

Die erfolglosen Versuche meiner frühreifen Cousine Petra aus Karl-Marx-Stadt, mich in eine sexuelle Abhängigkeit zu treiben, seien der Vollständigkeit halber erwähnt. Jene Petra, deren Mutter Liesbeth Karo-Kettenraucherin war und beim Skat gern Bemerkungen wie: „An der Eichel spielt der Knabe", vom Stapel ließ, vertrieb sich eines Tages die Langeweile mit mir, indem sie eine neue Form des „Farben Raten" einführte. Erriet ich den Gegenstand oder was auch immer sie anvisiert hatte nicht, musste ich sie „untenrum" angrabbeln, lag sie beim Raten falsch, durfte sie mir in die Hose fassen und meinen kleinen Puller kneten. Natürlich erriet Petra ganz selten das Gesuchte, und selbstverständlich stellte sie mir knifflige Aufgaben. Der Sinn dieses Treibens erschloss sich mir damals nicht, denn mein zarter Körper reagierte noch nicht auf Mädchenhände. Auch machte mir dieses Spiel nicht wirklich Spaß aber mit sieben oder acht Jahren war ich der älteren Cousine hilflos ausgeliefert. Jahre später hätte ich gern dieses und auch jedes andere Spiel verloren, doch da wollte die Petra aus Karl-Marx-Stadt nicht mehr mit mir spielen.

Meine erste richtige Freundin, mit der ich ging war die Anette, deren Oma in der Brunnenstraße Nummer 14 wohnte. Dort war sie mir zuerst aufgefallen. Irgendwann kam sie an die Fröbelschule. Zu dem Zeitpunkt war ich in der zehnten Klasse. Anette ging in die achte und lief während der Hofpausen mit ihrer Freundin vor mir her. Ich drehte mit dem Mond hinter den beiden meine Runden und achtete darauf, sie nicht allzu weit von mir zu lassen. Wenn das Signal zum Pausenende ertönte und die Schüler ins Schulgebäude drängten, verhielt Anette kurz an der Tür, drehte sich um und warf mir einen Blick aus ihren Katzenaugen zu, der mir jedesmal Herzrasen und weiche Knie bescherte.

„Sprich mich endlich an", sagten diese Augen, und doch konnte es nicht sein, dass sich so viel Schönheit ausgerechnet in mich verguckt haben sollte.

Dieses Spiel trieben wir, ich weiß nicht wie lange. Ich traute mich von Tag zu Tag weniger, sie anzusprechen. Zum Glück hatte irgendwann die Anette vom Warten die Nase voll und schickte einen kleinen Jungen als Boten:

„Schönen Gruß von Anette, ob du ihr noch bis zum Ende
des Schuljahres hinterher laufen willst."
Ich war so geschockt, dass ich nur ein:
„Na klar!"
hervorbringen konnte um dann aber doch so geistesgegenwärtig
den Kleinen festzuhalten, mit zitternden Beinen meiner
Prinzessin gegenüberzutreten und hochroten Kopfes
„Willst du heute mit mir ins Kino gehen?"
zu stottern.

Das Glück währte ein paar Wochen, dann wussten wir uns nichts mehr zu sagen, und mit dem Küssen war es auch so eine Sache, denn öffentliche Mund zu Mund Beatmung war damals undenkbar. Selbst auf sonst einsamen Wegen kamen fortwährend Leute, sodass ich tagelang ungeküsst neben der Anette hergelaufen bin.

Ihre Nachfolgerin, die Kriemhild, war ein anderes Kaliber. Sie ging in meine Parallelklasse, war größer und schwerer als Anette und machte sich nichts aus Zuschauern. Sie knutschte mich bei jeder sich bietenden Gelegenheit, dass mir fast die Luft wegblieb. Das fand ich eine Zeit lang recht amüsant. Als sie jedoch auf die Idee kam, mir lockere Hosenknöpfe annähen zu wollen, musste ich an Cousine Petra denken und trat den Rückzug an. Für solche Spiele war ich dann doch noch nicht reif genug.

Eine Sybille gab es noch und eine Steffi, nichts Ernstes. Damit war die Liste auch schon geschlossen. Diejenige aber, die ich lange Zeit mit jeder Faser meines jungen Herzens heiß und innig liebte, hatte sich nie mir zugewandt, im Gegenteil. War es nun ihr Ärger über das nachzuzahlende Porto, in meiner Aufregung hatte ich vergessen, den Brief mit dem an sie gerichteten Liebesgedicht zu frankieren, der fehlende Absender oder ihr Unwillen ob meiner Kühnheit, der sie derart handeln ließ? Missfielen ihr vielleicht meine lyrischen Ergüsse? Wie auch immer. Sie beauftragte eine Freundin, zur Klassenfeier vor versammelter Mannschaft mein Gedicht vorzulesen und mit dem Finger auf mich zu zeigen, falls ich nicht Manns genug gewesen wäre, mich zu melden.

Mein in den Staub getretenes Herz blutete lange Zeit, bevor es durch die Hand der katzenäugigen Anette vom Wegesrand aufgelesen wurde.

Vergessen allerdings habe ich meine unerfüllte Liebe von damals bis heute nicht. Nur das Gedicht bekomme ich nicht mehr richtig zusammen.

Der Anette bin ich, als wir später in Marienthal wohnten, einige Male begegnet. Da waren ihre Augen noch katzenartiger geworden und strahlten mich wieder begehrend an. Aber der Funke sprang kein zweites Mal über, und so wurde nichts daraus.

Der tägliche Schulweg führte am Marienthaler Bach entlang
und durch den Viadukt nahe der Werdauer Straße.

Halt vor der Bahnhofstraße Nr. 37 in Zwickau

Die Fröbelschule in Zwickau 2017

Die Klasse 10b der Zwickauer Fröbelschule 1967

Die Lehrerschaft der Fröbelschule Anfang der 60er Jahre

Mit sechzehn, zum Ende der zehnten Klasse, war man zwar kein Kind mehr, doch so richtig erwachsen war man auch noch nicht, auch wenn anlässlich der Jugendweihe, die man mit dreizehn oder vierzehn über sich ergehen lassen musste, behauptet wurde, dies wäre die Aufnahme in die Welt der Erwachsenen. Alles Käse, es hatte sich nichts geändert, außer dass manche Lehrer uns von nun an mit „Sie" ansprachen.

Mit dem Halbjahreszeugnis der neunten Klasse mussten wir uns bewerben. Dazu bekam jeder Schüler das Lehrstellenverzeichnis in die Hand gedrückt. Das war eine Broschüre des Stadt- und Landkreises Zwickau, in der alle verfügbaren Lehrstellen für unser Abschlussjahr 1967 aufgeführt waren, alphabetisch nach Berufen und Betrieben geordnet. Somit war mein Traumberuf, Tierpfleger im Leipziger Zoo, wenn möglich bei Tiger und Löwe, unerreichbar geworden.

Mein erster Versuch, eine Lehrstelle als Elektromonteur zu ergattern ging schief. Bei meinem Zensurendurchschnitt war das zu erwarten gewesen. Hätte ich allerdings meine verwandtschaftlichen Beziehungen genutzt, meine Cousine Christa, die Tochter von Onkel Kurt und Tante Trudel, war Sekretärin in der PGH „Elektroanlagenbau Zwickau", wäre aus mir wohl doch ein Elektriker geworden. Diese Möglichkeit kam mir jedoch nicht in den Sinn.

Mein zweiter Anlauf, Schlosser, wurde abgelehnt, weil die Lehrstellen beim Verkehrsbetrieb, wo ich mich beworben hatte, schon besetzt waren.

„Aber", fragte der Kaderleiter (die entsprechende Berufsgruppe heißt heute „Personalchef"), vor dem ich entmutigt saß, und machte eine bedeutungsvolle Pause, „hast du nicht Lust, Dreher zu werden?"

Da war sie wieder, die Vorsehung, die meinen Lebensweg bestimmte.

Dreher hatte ich bereits als Kind werden wollen, weil nämlich der Vater der Freundin meiner Schwester Dreher war und mir viel über diesen Beruf erzählt hatte. Darüber hinaus hatte ich bereits im UTP im VEB „Grubenlampe" an der Drehmaschine gearbeitet. Das hatte mir Spaß gemacht. Doch waren die Lehrstellen als Dreher dünn gesät, so dass ich mir keine Hoffnung gemacht hatte. Nun war das Schicksal gut zu mir, denn die „Bimm" (Verkehrsbetriebe der Stadt Zwickau) suchte händeringend nach zwei Anwärtern auf die entsprechenden Lehrstellen.

Allerdings musste ich dem Kaderleiter versprechen, mich auf den Hosenboden zu setzen und zu lernen, dass die Schwarte kracht. Tatsächlich ist es mir gelungen, aus den meisten Vieren zum Halbjahr der Zehnten Dreien, vereinzelt sogar Zweien zu machen.

Irgendeine Lehrstelle hätte ich auf jeden Fall gefunden, auch wenn mein Zeugnis noch unterirdischer gewesen wäre, denn die Anzahl der freien Lehrstellen überstieg regelmäßig die Zahl der potentiellen Lehrlinge. Die Republik suchte über die gesamte Dauer ihres Bestehens händeringend Arbeitskräfte. Darüber hinaus gab es in der DDR das „Recht auf Arbeit" und zwar gesetzlich verankert. Allerdings musste man auch arbeiten, selbst wenn man keine Lust oder der Papa jede Menge Kohle hatte, denn „Das Recht auf Arbeit und die Pflicht zur Arbeit bilden eine Einheit", hieß es im Gesetzestext. Wer nicht arbeiten ging war demnach ein „Assi" und wanderte manchmal sogar in den Knast. Punkt.

Insgesamt waren die zwei Lehrjahre eher ereignislos und langweilig. Die praktische Ausbildung machte mir Freude, die Arbeit ging mir leicht von der Hand. Von der Theorie war ich wenig begeistert, obwohl ich die Notwendigkeit der Berechnung von Kerndurchmesser für Gewindeschneidarbeiten und Berechnungen von Schnittgeschwindigkeiten durchaus einsah. So brachte mir die Theorie mit Ach und Krach eine Drei auf dem Facharbeiterzeugnis ein, was ich durch die Eins der praktischen Prüfung ausgleichen konnte.

In die Zeit der Lehre, fiel der Besuch der Tanzschule im Zwickauer Ball- und Konzerthaus „Neue Welt". Dort lernte ich 1969 unter fachkundiger Anleitung des einschlägig bekannten Zwickauer Ehepaares „Müller" Walzer, Foxtrott, Cha-Cha-Cha und was der weiteren Tänze noch waren, von denen ich leider keinen einzigen mehr beherrsche. Damals allerdings halfen mir die Lektionen, mich einigermaßen im Rhythmus der Musik zu bewegen. Einen Knigge - Kurs gab es dazu und einen Abschlussball, bei dem die Eleven ihren Eltern, Geschwistern und Freunden zeigen konnten, was sie gelernt hatten.

Nicht allein der mehlsackartigen Bewegungen der meisten männlichen Tanzschüler wegen wirkten die Unterrichtsstunden auf die manchmal anwesenden Zuschauer erheiternd, sondern vor allem aufgrund der Anfänge:
Rechts und links vom Parkett saßen in langer Reihe die jungen Kandidaten, begierig auf das Erlernen der koordinierenden Bewegungen von Mann und Frau zur Musik als Schlüssel potentieller Beziehungen und lauschten unaufmerksam den Ausführungen der Tanzlehrerin über Anstand und Sitte allgemein und die Bedeutung des Tanzes im Besonderen. Unterdessen langweilte sich Ehemann Müller am Piano und wartete auf seinen Einsatz.

Die Herren hockten in Lauerstellung, jungen Geiern gleich, auf harten Kneipenstühlen, bereit, sich im nächsten Augenblick auf die Beute zu stürzen, während gegenüber die Damen, sittsam und gerade, das wurde mehrmals angemahnt, wie die Hühner auf der Stange, nicht minder gespannt erwartungsvolle Blicke in die Reihe der Jäger warfen.

Auf den Zuruf:
„Nun wählt sich jeder Herr eine Dame!"
brach das Chaos aus.

Zwanzig bis dreißig junge Männer oder mehr sprangen von ihren Stühlen und tobten über das Parkett. Sie rannten, schlitterten, trampelten und schubsten rücksichtslos nach links und rechts, nach schräg und quer, rempelten sich an, fielen zu Boden – es war unbeschreiblich. Wenige nur erreichten die von ihnen anvisierte Schönheit, und doch war alles vergebens, denn die Tanzlehrerin beorderte stimmgewaltig:

„Alles zurück auf die Plätze!"

Nach der darauf folgenden Standpauke lief es besser, und jeder Junge bekam ein Mädchen ab. Einige Unterrichtsstunden später hatten sich stabile Paarungen gebildet, und das Tanzen begann langsam Spaß zu machen.

Zum Ritual des jeweiligen Tanznachmittages gehörte das gemeinsame Kaffeetrinken. Dabei galt folgende Festlegung: Die Damen bringen für sich und ihren Tanzpartner je ein Stück Kuchen mit, die Herren bezahlen für beide je ein Kännchen Kaffee, der im robusten HO-Geschirr serviert wurde und wenig nach Kaffee schmeckte.

Zum Abschlussball des Tanzkurses wurden Eltern, Geschwister, Tanten und Onkel eingeladen. Das Ritual damals glich dem heutigen Wiener Opernball. Vermutlich haben die Organisatoren des Wiener Ereignisses sich die Abläufe bei der Tanzschule Müller abgeschaut.

Zuerst marschierten die Paare gemessenen Schrittes zu Herrn Müllers Pianoklängen ein, dann wurden die Ergebnisse des mehrmonatigen Kurses anhand verschiedener Tänze präsentiert, was die anwesenden Gäste mit reichlich Beifall honorierten. Zum Schluss ward das Parkett für die Allgemeinheit freigegeben.

Die Eltern meiner Tanzstundenpartnerin, die Familie wohnte in Oberrothenbach, sahen in mir bereits den zukünftigen Schwiegersohn, auch die Oma enthielt sich nicht diesbezüglicher Bemerkungen. Leider musste ich ihre dahin gehenden Hoffnungen zerschlagen, obwohl wir durchaus ein passables Paar abgegeben hätten.

Meine Lehre habe ich Anfang September 1967 begonnen, da war ich sechszehn Jahre alt. Beendet habe ich mein Berufsleben neunundvierzig Jahre später, im Juni 2016, da war ich knapp 66 Jahre alt. Fast fünfzig Jahre lang habe ich gearbeitet, ohne einen Tag arbeitslos gewesen zu sein.

Bemerkenswert dabei: Ich war **dreizehn Jahre** lang im Bezirksneuererzentrum (BNZ) Potsdam tätig, **dreizehn Jahre** lang habe ich Käse verkauft und **dreizehn Jahre** hauchte ich der Cafeteria der Lenne Gesamtschule in Potsdam Leben ein. Schon merkwürdig, oder?

Unterrichtet wurden wir angehenden Metallfacharbeiter in der Berufsschule in der Peter-Bräuer-Straße, die praktische Ausbildung erfolgte im ersten Lehrjahr im VEB „Zwickauer Maschinenfabrik (ZM) Werk zwei in der Olzmannstraße, im zweiten Lehrjahr in der Straßenbahnwerkstatt des VEB Verkehrsbetriebe der Stadt Zwickau in der Schlachthofstraße.

Die Berufsschule stand unweit vom Hauptmarkt. Wenn über mehrere Unterrichtsstunden eine Arbeit geschrieben wurde, durften diejenigen, die bereits fertig waren, den Raum und die Schule verlassen. Die liefen dann schnurstracks zum Hauptmarkt, um sich am dortigen Kiosk ein schönes Helles zu genehmigen.
Es gab zwei Klassen. Ich gehörte zur „Dreher II“. Der Unterricht war sehr trocken und sehr theoretisch um nicht zu sagen, langweilig.

Wenn wir auch den Pädagogen der Berufsschule das Leben nicht so arg schwer machten wie ihren Kollegen an der POS, so waren wir während der Ausbildung doch nicht ganz frei von Bosheit. Auch die Mädchen, von denen es in der Klasse „Dreher II“ einige gab, bildeten dabei keine Ausnahme und zeigten dem Vorturner an der Tafel so manches Mal ihr nicht vorhandenes Interesse recht deutlich. Mancher Lehrer war aber durchaus in der Lage, mit gleicher Münze zurückzuzahlen, am längeren Hebel saßen sie sowieso. Das musste eines Tages die Heinze Evelyne erfahren, als sie den Werkstoffkundefuzzi durch ihr penetrantes Dazwischenreden fast zur Weißglut getrieben hatte. Ihr Pech war, dass sie an jenem Tag einen Zahnarzttermin noch vor sich hatte, um sich von dem Dentisten ihre erst kürzlich entstandene Lücke im vorderen Bereich schließen zu lassen. Dem Lehrer war Evelyns misslicher Gebisszustand aufgefallen. Schadenfroh warf er als Entgegnung auf ihren nächsten, unqualifizierten Kommentar die Frage in den Raum:

„Na Heinze, haben wir zu Hause den Nussknacker gespielt?"

Was meine Mitschüler für Berufe erlernten, weiß ich von keinem. Selbst beim Pastor fällt mir nur „Hilfsweichenschmierer" ein. Diese Wortschöpfung kam schon damals nicht besonders gut an.

Um ein Haar wäre ich Lehrer geworden.
Ich hatte schon die Bewerbungsunterlagen fürs Studium am Pädagogischen Institut (PI) in Zwickau in der Tasche, doch dann bekam ich kalte Füße und blieb lieber Dreher. Staatsbürgerkunde und Geschichte wären meine zwei Fächer gewesen. Tja, hätte, hätte, Fahrradkette.

Dass die Drehmaschinen, die alten Dreher sagten „Drehbank", gefährliche Apparate waren, brachten uns die Verantwortlichen bei, bevor wir den ersten Schalter umlegen durften. Unterstrichen wurden die Belehrungen durch anschauliche Fotos, die abgerissene Haare im Dreibackenfutter, und fetzenhafte Berufskleidung zeigten. So etwas komme zustande, versicherte man uns durchaus glaubhaft, wenn die Arbeitsschutzbestimmungen nicht eingehalten würden. Die schlimmen Bilder von abgerissenen Körperteilen zeigte man nicht.

Wir waren beeindruckt und nahmen uns vor, Kopfschutz und eng anliegende Kleidung zu tragen, sowie Uhren, Ringe und Ketten abzulegen.

In der Lehrwerkstadt standen sowjetische und englische Drehmaschinen. Ein paar alte deutsche, die noch mit Riemen angetrieben wurden, waren auch dabei. Meine Lieblingsmaschine, an der ich sehr gern arbeitete, war eine alte englische „Nyles".

„Lehrlingsrente" bekamen wir monatlich 85,-, 95,- 105,-, 120,- Mark der DDR, halbjährlich aufsteigend. Damit war über die Runden zu kommen, große Sprünge aber waren nicht drin.

Die „Junge Welt" richtet an alle Lehrlinge unserer Republik folgende zehn Fragen:

1. Wie vollzog sich deine Aufnahme in das Betriebskollektiv? Was hat dich am meisten beeindruckt, oder was hättest du dir anders gewünscht?

2. Zu welchem Ergebnis kommst du, wenn du die Qualität deiner Ausbildung mit den Anforderungen vergleichst, die an dich als Facharbeiter gestellt werden?

3. Welche Gedanken kommen dir beim Studium der Grundsätze (JW vom 4. 4. 1968) im Hinblick auf notwendige Veränderungen in der Ausbildung für deinen Beruf?

4. Wie ist die Aktivität deiner FDJ-Gruppe, und beschäftigt sie sich auch mit Fragen der Ausbildung?

5. Gibt es bei euch ein Jugendobjekt, in dem die Lehrlinge produktiv arbeiten? Wenn ja, welche Vorteile hat die Arbeit im Jugendobjekt, wenn nein, siehst du eine Möglichkeit, ein solches Objekt zu schaffen?

6. Ist der Berufswettbewerb für dich ein Ansporn? Habt ihr schon über die Form des Berufswettbewerbes gesprochen, wie er im GRW Teltow durchgeführt wird, und wendet ihr diese Form an?

7. Was weißt du von den Schrittmacherkollektiven deines Betriebes, welche direkten Verbindungen habt ihr zu ihnen, und wie beschäftigt ihr euch mit ihren Erfahrungen?

8. Willst du deinem Ausbildungsbetrieb auch als Facharbeiter die Treue halten? Begründe bitte, warum das so ist, warum nicht!

9. Wie sorgt ihr in eurem Kollektiv dafür, daß keiner die Ausbildung vorzeitig abbricht? Gab es schon solche Fälle bei euch?

10. Wie würdest du das Verhältnis zwischen dir und deinem Ausbilder charakterisieren?

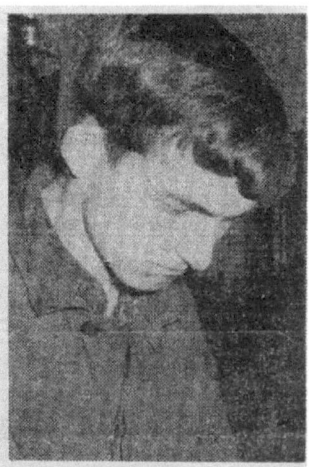

Zur Frage 1
sagt Wolfgang Walther, Dreherlehrling, folgendes: ▶

„Meine Aufnahme in das Betriebskollektiv vollzog sich in Form einer kleinen Feier im Klubhaus „Grubenlampe". Am meisten hat mich dabei beeindruckt, daß ein schon älterer Arbeiter den Facharbeiterbrief bekam, für den er wahrscheinlich in seiner Freizeit gelernt hatte."

Zur Frage 4
sagt Reiner Schubert, Schlosserlehrling, folgendes: ▲

„Die Aktivität meiner FDJ-Gruppe ist meiner Meinung nach nicht besonders gut, eher schlecht. Veranstaltungen werden nur oberflächlich organisiert, wenn überhaupt welche organisiert werden. Ansonsten spürt man von einer FDJ-Gruppe nichts. Es wurde zwar ein Arbeitsplan aufgestellt, aber nicht danach gehandelt. Ich will hier nicht nur die FDJ-Leitung unserer Gruppe kritisieren, sondern alle Mitglieder unserer Gruppe und somit auch mich.

Mit den Fragen der Ausbildung wird sich bei uns im Kollektiv überhaupt nicht beschäftigt."

133

Bereits 1969 trat ich in die Sozialistische Einheitspartei Deutschlands (SED) ein. Mein Lehrmeister Herr Scholz hatte mich geworben.

Zwar konnte ich mich der Logik des bekannten Liedes:

„Die Partei, die Partei, die hat immer recht"

nicht anschließen, war aber dessen ungeachtet davon überzeugt, dass die Republik ihren weiteren Aufbau ohne mich schwerlich würde durchführen können. Ich legte mich auch sogleich mit meinen Vorgesetzten an, speziell mit dem technischen Leiter der Straßenbahnreparaturwerkstatt. Kam der doch eines Tages von der Messe zurück und hatte dort für über hundertzwanzigtausend Mark einen Schleifapparat für die Lagerflächen der Straßenbahnachsen gekauft. War erst mal eine tolle Sache, die aber leider nicht funktionierte, denn in seiner Begeisterung für das Gerät hatte der Clown völlig übersehen, dass so eine Achse einen Zahnkranz besitzt, mittig fest angebracht und dem Schleifsupport voll im Wege stehend. Ich machte den technischen Leiter an der Wandzeitung madig und wurde zum Dank als Gewerkschaftsvertrauensmann gewählt. Als solcher hatte ich die monatlich wiederkehrende ehrenvolle Aufgabe, den Gewerkschaftsbeitrag zu kassieren und die Kollegen um zehn Pfennig für eine Solimarke anzubetteln. Am Goldtag saß ich beim Meister in der Bude und winkte die Arbeiter zu mir, nachdem sie ihre Lohntüte bekommen und den Betrag nachgezählt hatten. Die Begeisterung hielt sich in Grenzen, aber es half ja nichts.

Der Schleifsupport blieb ungenutzt in einer Ecke liegen und verschwand irgendwann. Ich tat es ihm 1970 gleich und wechselte in den Werkzeugbau des Sachsenringwerkes, wo in drei Schichten und für mehr Geld gearbeitet wurde. Mein Parteisekretär war traurig und meinte zum Abschied:

„Wir haben viel mit dir vorgehabt."

Tja, mein Lieber, wie wird Gorbatschow zwanzig Jahre später sagen?

„Wer zu spät kommt, den bestraft das Leben."

Dem Schicksal bin ich im Nachhinein dankbar, dass der Parteisekretär sein Vorhaben nicht hat umsetzen können, denn wer weiß, vielleicht wäre ich eines Tages Generalsekretär geworden, Generalsekretär und Staatsratsvorsitzender, wow!

Um Parteimitglied zu werden, hatte man eine einjährige Kandidatenzeit zu absolvieren, in der man seine Würdigkeit beweisen konnte. Um Kandidat werden zu können, musste man zwei langjährige Parteimitglieder als Bürgen beibringen. Meine beiden Bürgen waren mein Meister bei der Straßenbahn und mein Lehrmeister aus der Zwickauer Maschinenfabrik. War die Kandidatenzeit abgelaufen, wurden wieder zwei Bürgen verlangt. Diesmal waren es mein ABV und ein Hausbewohner die für mich gerade stehen wollten.

Die Einstellung zur Partei und deren Beschlüssen, die Verbissenheit, mit der man um die Planerfüllung kämpfte, die Auslegung von Funktionärsaussagen und die Versessenheit auf Anwesenheit bei Versammlungen, all das nahm proportional zu, je weiter man sich vom Produktionsprozess entfernte. Als besonders krass empfand ich dies während meiner Arbeit im Bezirksneuererzentrum (BNZ), die automatisch die Zugehörigkeit zur Abteilungsparteiorganisation (APO) des Wirtschaftsrates zur Folge hatte.

In der Parteileitung dort saßen die absoluten Ideologen und Papierstrategen. Aussagen von ZK Mitgliedern waren das Evangelium, und Honeckers Worte waren heilig. Auch was Mitglieder von Kreis- und Bezirksleitung von sich gaben, aus welchem Anlass auch immer, wurde nicht infrage gestellt, wie absurd diese manchmal auch sein mochten. Wir einfachen Mitglieder hatten unter diesen Demagogen ziemlich zu leiden. Das ging teilweise so weit, dass der APO Sekretär außer schwerer Krankheit oder Tod keine Entschuldigung zum Fernbleiben der Parteiversammlung gelten ließ. Ich hatte mir einmal erlaubt, mich von meinem Kollegen Peter entschuldigen zu lassen, weil ich außerplanmäßig unseren Sohn von der Krippe abholen musste. Da war vielleicht was los. Der Parteisekretär bestellte mich zu sich, machte mich rundum madig und verdonnerte mich zu einer Stellungnahme meines Verhaltens, die ich zur nächsten Versammlung verlesen musste. Das war nicht lustig.

Auch durfte man nicht wagen, nicht zur Maidemo zu erscheinen und das Fernbleiben mit der Teilnahme beim Betrieb des Ehepartners zu begründen. Man hatte gefälligst beim Rat des Bezirkes mitzumarschieren, Punkt.

Eine Demo war es eigentlich nicht. Man versammelte sich an einem bestimmten Treffpunkt und lief nach einiger Wartezeit ein paar hundert Meter, um schließlich Fähnchen schwenkend an der Tribüne vorbei zu defilieren.

Anschließend begrüßten wir den ersten Mai an einer der zahlreichen Buden im Stadtgebiet mit Bratwurst und Bier.

Es waren die Montage, die mir unangenehm im Gedächtnis geblieben sind. Den ersten Montag im Monat war Parteigruppenversammlung, den zweiten Montag Parteilehrjahr, am dritten Montag APO-Versammlung. Die Veranstaltungen begannen nach Feierabend pünktlich um 16:15 Uhr und waren unterschiedlich lang, zwischen einer und drei Stunden. Da kam Freude auf.

Längst hatte ich meine Illusionen bezüglich Partei, deren Verhältnis zur Produktion, zum Aufbau des Sozialismus und überhaupt verloren und versuchte mich zu drücken wo ich konnte. Leider gelang das selten. Meist saß ich meine Zeit ab. Um nicht einzuschlafen und wohlmöglich mit dem Kopf auf die Tischplatte zu knallen, schrieb ich während dieser Zeit Gedichte. Wer mich da beobachtete, dachte bestimmt: 'Mensch ist der Walther gut, wie der fleißig mitschreibt'.

Ein Parteiaustritt als Konsequenz meiner gewandelten Einstellung, wie man jetzt vielleicht schlussfolgern könnte, war damals keine Option. Nicht mal der Gedanke daran kam vor '89 auf. Ebensowenig konnte man es sich leisten, die Übernahme eines

Parteiauftrages abzulehnen. Ein solcher ereilte mich in den achtziger Jahren in Form einer Delegierung zum Bezirkswahlbüro, um gemeinsam mit weiteren Genossen die Vorbereitung der Kommunalwahlen abzusichern. Meine Begeisterung hielt sich in Grenzen, jedoch wäre eine Weigerung einer Gotteslästerung gleichgekommen.

Indes zeigte es sich, dass die Wochen im Wahlbüro nicht die schlechteste Zeit war. Die wesentliche Arbeit bestand im telefonischen Abfragen der Stimmungen und Meinungen in den Kreisen und im Erfassen und Aufbereiten vorgegebener Arbeitsschritte und Kennzahlen zwecks erstellen von Statistiken. Zwischendurch war immer Zeit, eine Runde „Digger" am Schneider-PC zu spielen. Der Computer gehörte zur Büroausstattung.

Einmal in der Woche musste ich mit der Bahn nach Berlin ins zentrale Wahlbüro fahren, um die Stimmungsberichte, die sich der Leiter unserer Truppe aus den Fingern gesogen hatte, abzugeben. Das hab ich immer gern gemacht.

Im BNZ hatten wir später einen PC 1715 zur Verfügung. Unser Chef der Peter ließ mir praktisch freie Hand bei der Benutzung des Computers. Bald war ich in der Lage, Anwendersoftware zu entwickeln. Eine Fähigkeit, die mir hier im Wahlbüro zugutekam. Ich entwickelte ein kleines Programm, mit Hilfe dessen die Eingabe und Auswertung wahlbezogener statistischer Daten einfacher und schneller als bisher vollzogen werden konnte. Man war begeistert. Auf Grund meiner guten Arbeit, wurde ich nach der Wahl im Rahmen einer kleinen Feier mit der „Medaille für patriotische Leistungen" ausgezeichnet. Hatte auch nicht jeder.

Die Wahl an sich war ein Witz.

Man hatte nur die Möglichkeit, die Kandidaten zu wählen oder eben nicht.

„Wählt die Kandidaten der Nationalen Front!", war der allgemeine Slogan, der dem Bürger von jedem Wahlplakat ins Auge sprang.

Wenn man die alle nicht wollte, aus welchem Grund auch immer, musste man jeden einzelnen Kandidaten auf der Liste durchstreichen. Es waren aber immer Wahlergebnisse von weit über neunzig Prozent. Ein Schelm, wer Arges dabei denkt.

Die praktische Durchführung der Wahl hatte fast Volksfestcharakter. Gesondert begrüßt und beglückwünscht wurden die Erstwähler, die ab dem 18. Geburtstag an diesem heiligen Ritual teilhaben durften. Obendrein erhielten sie Blumen. Der erste Wähler des Tages bekam ebenfalls einen Riesenblumenstrauß. Auf dem Schulhof, die Wahllokale waren immer in den Schulen, sang ein Pionierchor, auf dem Grill daneben brutzelten Bratwürste. In der Schule selbst gab es einen Raum zum Kaffee- und Kuchenverkauf (von den Muttis gebacken, für die Klassenkasse) für wenig Geld. Man zog sich sonntagmäßig ordentlich an und spazierte nach dem Frühstück ins Wahllokal, um seine staatsbürgerliche Pflicht zu erfüllen.

Wehe, wenn du nicht wählen warst. Da wurdest du am nächsten Tag im Betrieb rundgemacht, entweder vom Parteisekretär, oder vom BGLer, oder vom Abteilungsleiter oder Meister, oder von allen zusammen.

Dennoch gab es einige, die diese Repressalien auf sich nahmen und nicht wählen gingen. Geändert hat das nichts.

Die Partei beeinflusste den Produktionsprozess wo sie nur konnte und bestimmte, was, wann, wo und wie produziert wurde. Dass dies auf Dauer nicht gutgehen konnte, war jedem klar, der auch nur ein bisschen Ahnung von der Wirtschaft hatte. In der DDR kursierte ein Spruch: „Unsere Wirtschaft leiten Günter und Reiner – Günter Mittag und reiner Zufall!" Je weiter oben die Funktionäre, Ideologen und Theoretiker, auf der Hierarchieleiter saßen, umso weniger Ahnung hatten sie. Leider hatten nur wenige Betriebs- und Kombinatsdirektoren das Kreuz, ihren Standpunkt durchzusetzen.

Als 1989 die Situation immer brenzliger wurde, versuchten die Genossen mit Hilfe von Mitgliedergesprächen Stimmung und Meinungen zu erfahren und zu erfassen und bettelten um Vorschläge zur Verbesserung. Aber da war es schon zu spät, um das Ruder noch rumreißen zu können.

Noch im Jahr zuvor wurde als Reaktion auf die sowjetische Offenheit und Umgestaltung (Glasnost und Perestroika) die Parole ausgegeben: „Wenn der Nachbar seine Wohnung renoviert, muss man daraufhin noch lange nicht sein eigenes Wohnzimmer tapezieren." Was für eine Überheblichkeit.

Natürlich merkten auch wir, dass Veränderungen anstanden, ein Umbruch sich ankündigte. An vielen Orten, nicht nur in den großen Städten, demonstrierten die Leute. Die Absetzbewegung über Ungarn nach Österreich nahm ständig an Umfang zu, nachdem der Stacheldraht zwischen den Ländern der K & K Monarchie niedergerissen worden war.

Die Besetzung der bundesdeutschen Botschaft in Prag wurde am 30. September durch H.-D. Genscher beendet, indem er vom Botschaftsbalkon den mehr als 4000 Ausreisewilligen, die seit Wochen dort im Garten campierten, die Übersiedlung in die BRD versprach.

Die Montagsdemos in Leipzig, Dresden, Berlin steigerten sich von Woche zu Woche. Wir verfolgten sie in den Nachrichtensendungen des Westfernsehens.

Es gärte im Land, und der Parteithron wackelte. Aber nicht einmal im Traum hätten wir geglaubt, dass eines Tages die Grenze geöffnet und es die DDR nicht mehr geben würde.

Bericht des Ministerium für Staatssicherheit vom September '89 über die Motive der ausreisewilligen DDR Bürger

„Die überwiegende Anzahl dieser Personen wertet Probleme und Mängel an der gesellschaftlichen Entwicklung, vor allem im persönlichen Umfeld, in den persönlichen Lebensbedingungen und bezogen auf die so genannten täglichen Unzulänglichkeiten, im Wesentlichen negativ und kommt, davon ausgehend, insbesondere durch Vergleiche mit den Verhältnissen in der BRD und in Westberlin, zu einer negativen Bewertung der Entwicklung in der DDR.

Die Vorzüge des Sozialismus, wie zum Beispiel soziale Sicherheit und Geborgenheit, werden zwar anerkannt, im Vergleich mit aufgetretenen Problemen und Mängeln jedoch als nicht mehr entscheidende Faktoren angesehen. Das geht einher mit der Auffassung, dass die Entwicklung keine spürbaren Verbesserungen für die Bürger bringt, sondern es auf den verschiedensten Gebieten in der DDR schon einmal besser gewesen sei. Derartige Auffassungen zeigen sich besonders auch bei solchen Personen, die bisher gesellschaftlich aktiv waren, aus vorgenannten Gründen jedoch „müde" geworden seien, resigniert und schließlich kapituliert hätten. Diese Personen gelangen in einem längeren Prozess zu der Auffassung, dass eine spürbare, schnelle und dauerhafte Veränderung ihrer Lebensbedingungen, vor allem bezogen auf die Befriedigung ihrer persönlichen Bedürfnisse, nur in der BRD oder Westberlin realisierbar sei. Als wesentliche Gründe/Anlässe für Bestrebungen zur ständigen Ausreise bzw. das ungesetzliche Verlassen der DDR - die auch in Übereinstimmung mit einer Vielzahl von Eingaben an zentrale und örtliche Organe/Einrichtungen stehen - werden angeführt:

- Unzufriedenheit über die Versorgungslage
- Verärgerung über unzureichende Dienstleistungen

- *Unverständnis für Mängel in der medizinischen Betreuung und Versorgung*
- *eingeschränkte Reisemöglichkeiten innerhalb der DDR und nach dem Ausland*
- *unbefriedigende Arbeitsbedingungen und Diskontinuität im Produktionsablauf*
- *Unzulänglichkeiten/Inkonsequenz bei der Anwendung/Durchsetzung des Leistungsprinzips sowie Unzufriedenheit über die Entwicklung der Löhne und Gehälter*
- *Verärgerung über bürokratisches Verhalten von Leitern und Mitarbeitern staatlicher Organe, Betriebe und Einrichtungen sowie über Herzlosigkeit im Umgang mit den Bürgern*
- *Unverständnis über die Medienpolitik der DDR.*

Diese Argumentation erfährt ihre Zuspitzung durch den Verweis darauf, dass die Besitzer von Devisen im Wesentlichen alles erwerben könnten. Es wird Kritik am so genannten doppelten Währungssystem, an Intershops, Valutahotels und an „Privilegien" für Devisenbesitzer geübt. Im untrennbaren Zusammenhang damit wirken aktuelle Entwicklungstendenzen in anderen sozialistischen Staaten, insbesondere in der Ungarischen Volksrepublik, Volksrepublik Polen und der Sowjetunion, durch die in beachtlichem Umfang Zweifel an der Einheit, Geschlossenheit und damit der Stärke der sozialistischen Staatengemeinschaft entstanden sind, die zunehmend auch zu Zweifeln an der Perspektive und Sieghaftigkeit des Sozialismus überhaupt führen."

Quelle: Arnim Mitter, Stefan Wolle (Hg.), Ich liebe euch doch alle. Befehle und Lageberichte des MfS, Berlin 1990, S. 141 ff.

Dieser Lagebericht verdeutlicht, dass die Jungs von der Staatssicherheit mit ihrer Einschätzung richtig lagen. Jedoch wurden daraus nicht die richtigen Schlüsse zur Veränderung gezogen oder die falschen Leute fällten die falschen Entscheidungen oder,

oder, oder. Ich denke, unabhängig davon, was eventuell entschieden worden wäre, es hätte alles nichts gebracht. Die Leute hatten einfach die Faxen dicke und wollten das System weg haben. Punkt.

Da nutzte es auch nichts mehr, dass Erich Honecker und sein Freundeskreis in Rente geschickt wurde, dass sich Krenz, Modrow und weitere reformfreudige Genossen an die Spitze der Partei stellten. Es war einfach zu spät.

Obwohl es Ende 1989 nicht viel Mut erforderte, ging ich doch mit klopfendem Herzen in den Kreml auf dem Brauhausberg in Potsdam, wo Kreis- und Bezirksleitung der SED residierten, um mein Parteibuch samt Austrittserklärung abzugeben. Groß interessiert hat sich dort keiner für mich. Die wuselten alle in der Gegend herum wie ein aufgescheuchter Hühnerhaufen. Kein Wunder, ging doch ihre Zeit zu Ende.

Als ich wieder an der frischen Winterluft war, atmete ich einige Male tief ein und fühlte mich wie von einer Last befreit.

Über zwanzig Jahre war ich Mitglied der Sozialistischen Einheitspartei Deutschlands gewesen. Anfangs vom eingeschlagenen Weg der DDR überzeugt, ließ mich die raue Wirklichkeit der Produktion bald an der Richtigkeit der Mittel bei der Gestaltung der Entwickelten Sozialistischen Gesellschaft zweifeln. Die Einblicke, die ich beim Rat des Bezirkes Potsdam in die Lenkung der Bezirksgeleiteten Industrie nehmen konnte, hatten mich gänzlich vom Glauben abfallen lassen.

Im Nachhinein danke ich mir und dem lieben Gott, dass ich die immer wiederkehrenden Versuche meines Parteisekretärs, mich in die „Kampfgruppen der Arbeiterklasse" einzugliedern, erfolgreich abwehren konnte. Meinem Argument, ich sei schließlich für dauernd dienstuntauglich befunden worden und könne somit nicht mit der MPi durchs Gelände toben hatte er nie ernsthaft was entgegen zu setzen.

In Sachen Mädchen tat sich während der Lehrzeit nicht viel. Die Weiblichkeit in der Berufsschule zickte rum und wollte mit uns „Milchreisbubis" nichts zu tun haben. Im Betrieb fand sich ebenfalls nichts, was des Aufreißens wert gewesen wäre, außer zwei, drei exotische Exemplare, bei denen sich jeder Versuch als pure Zeitverschwendung von selbst verbot.

Dennoch probierte ich mein Glück bei Margrit aus dem Stadtteil Auerbach und scheiterte kläglich. Margrit war eine dralle Schönheit mit rotblonden Haaren und grünen Augen. Sie erinnerte mich stark an Anette, meine erste Freundin. Wegen ihr hatte ich mich in die Wettbewerbskommission und dort zum Vorsitzenden wählen lassen. Die Kommission tagte einmal im Monat, um über die Vergabe der Plätze im Ausbildungswettbewerb zu entscheiden. Das waren für mich glückliche Stunden, denn Margrit war Kommissionsmitglied. Leider blieb das unsere einzige Gemeinsamkeit.

Kaum war ich achtzehn, wurde ich erfasst und gemustert, ob ich würdig und geeignet sei, im Ernstfall die Republik ordentlich zu verteidigen und willig, diese Verteidigung auch entsprechend zu üben.

Nun, würdig war ich wohl, sehr sogar. Der Erfassungswebel, oder was auch immer er für einen Dienstgrad beim Wehrbezirkskommando innehatte, löffelte mich dermaßen zu, dass ich irgendwann entnervt meinen Widerstand aufgab und eine Verpflichtung als Zeitsoldat unterschrieb. „Das ist von Vorteil, wenn Sie mal studieren wollen. Wir ebnen Ihnen die Wege. Abitur können Sie bei der Truppe machen, Fahrerlaubnis für LKW und PKW" - Rhabarber, Rhabarber, Rhabarber

Wochen später löste sich meine Unterschrift, die ich längst bereut hatte, in Wohlgefallen auf. Die Musterung stellte eine dauernde Dienstuntauglichkeit fest! Schwein gehabt, Wolle! Wofür doch beidseitig sechs Dioptrien plus gut sein können.

Das war das einzige Mal, dass mein Augenleiden mir Freude gemacht hat. Tagelang wurde ich von meinen Mitlehrlingen beneidet und der Ausmusterungsschein ehrfürchtig betrachtet.

Indes scheint die Drückebergerei vorm Wehrdienst in unserer Familie Tradition zu haben. Beim Ausräumen der Wohnung der verstorbenen Tante Marie in der Robert-Blum-Straße fand sich neben weiteren interessanten Dokumenten eine Urkunde aus dem Jahre 1859. Darin wird einem Herrn Moritz Reinhold Griesbach, Griesbach war der Mädchenname meiner Mutter, bescheinigt, dass er die zur Erlangung eines Stellvertreters erforderliche Summe von „Drei Hundert Thalern" richtig bezahlt hatte und somit vom Militärdienst entbunden wurde. Hat sich also freigekauft der Schlingel, für ein Schweinegeld!

Als der dünne Hähnel aus der Bahnhofstraße einunddreißig in Zwickau mich eines Tages im Herbst 1969 beim ABV (Abschnittsbevollmächtigter) wegen meiner Schießübungen mit dem Luftgewehr anschwärzte, ergriff der Oberleutnant die Gelegenheit beim Schopfe und warb mich für eine Tätigkeit als Polizeihelfer. Im Zuge dessen ließe er die Anzeige der Hähnels unter den Tisch fallen.

„Ist doch sowieso nichts dran, oder?"

Ich widersprach nicht und nahm mir vor, nächstes Mal besser zu zielen.

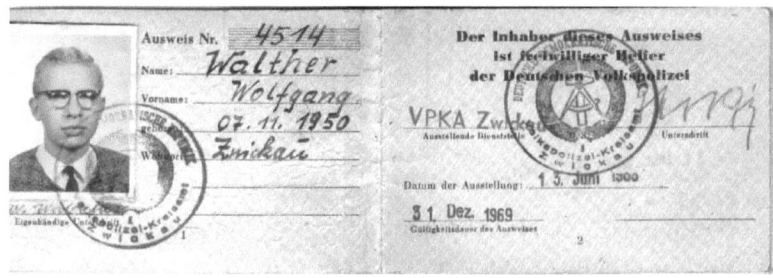

Es stellte sich heraus, dass es schlechtere Freizeitaktivitäten gab, als Polizeihelfer zu sein. Erstens wertete es mein Ego auf, wenn ich nachts an der Seite eines Polizisten „Streife lief", zweitens hatten wir freien Eintritt zur Freilichtbühne am Schwanenteich, die zu unserem Schutzbereich gehörte und wo die besten Filme gezeigt wurden. Dort lief auch vierzehn Tage lang der Streifen „Die glorreichen Sieben". Mehrmals habe ich mir diesen Film angesehen. Um die Helden zu kopieren, lief ich anschließend so steif durch die Gegend, dass man annehmen konnte, ich hätte beidseitigen Wadenkrampf. Dabei hielt ich meinen rechten Arm bewegungslos an der Seite hängen (um schnell den Colt ziehen zu können) und bemühte mich, nicht mit den Lidern zu zucken und beim Sprechen möglichst wenig die Lippen zu bewegen.

Wie man auf nebenstehendem Foto sehen kann, hatte meine Schwester bereits in jungen Jahren Interesse an Ordnung und Sicherheit und war Teil des allgemeinen Verkehrsleitsystems.

Beim Sachsenringrennen in Hohnstein-Ernstthal hatten wir als Streckenposten die besten Plätze. Ich konnte Mike Hailwood und Giacomo Agostini aus nächster Nähe erleben. Allerdings kam es auch vor, dass wir nächtelang vor den Spartenheimen der Kleingärten auf der Lauer lagen, um einem Serieneinbrecher das Handwerk zu legen.

Ansonsten waren wir manchmal bei Verkehrskontrollen dabei oder kontrollierten in unserem Viertel die Hausbücher auf Vollständigkeit und Richtigkeit der Einträge. An den Sprechstunden der ABVs nahmen wir Helferleins auch manchmal teil.

Einmal im Jahr gab es ein fröhliches Beisammensein, meist in einer Gartenkneipe, wo man sich bei Bier, Bockwurst und Boulette näher kennen lernen konnte. Bei solch einer Veranstaltung lernte ich die Tochter meines Gruppenführers kennen. Mit der blonden Brigitte tanzte ich den ganzen Abend und verabredete mich mit ihr für den übernächsten Tag. Sie hatte etwas Mundgeruch, aber das störte mich wenig, denn wieder einmal hatte es mich voll erwischt.

Mit Beginn der Lehre wurden wir Lehrlinge allesamt Mitglied der „Gesellschaft für Sport und Technik" (GST).

Die GST war eine paramilitärische Massenorganisation der DDR, gebildet 1952 zur vormilitärischen Ausbildung für den „Schutz der Heimat". Sie wurde Dachverband für Sportarten wie Sportschießen, Motorsport, Marine- und Seesport, Tauchsport, Segelfliegen, Funksport und Fallschirmspringen sowie für den Schiffsmodellsport, den Automodellsport und den Flugmodellsport. Die GST war neben der Nationalen Volksarmee (NVA) zuständig für die vormilitärische Ausbildung, die an Schulen, Universitäten und in den Betrieben durchgeführt wurde.

Die vormilitärische Ausbildung durften auch wir genießen und zu dem Zweck kleidsame Uniformen tragen. Ausbildungsgelände waren die seit Kaiserzeiten bestehenden Schießplätze im Weißenborner Wald, wo wir mit Kleinkalibergewehren auf Zielscheiben schossen.

Der Vorteil der Mitgliedschaft war die kostenlose Teilhabe an verschiedenen Veranstaltungen und die Ausübung einer oder mehrerer Sportarten, ganz wie man lustig war. Der monatliche Mitgliedsbeitrag war fünfundzwanzig Pfennig.

An der vormilitärischen Ausbildung allerdings führte kein Weg vorbei. Wir durften regelmäßig in Mutter Natur lustige Geländespiele veranstalten und Schießübungen mit dem KK-Gewehr durchführen. Zum Abschluss gab es ein Sommerlager in Prerow an der Ostsee mit Ausbildung vormittags, Freizeit nachmittags und reichlich zwischenmenschlichen Kontakten abends.

Wir rauchten Alba Regia mit weißem Filter, hatten von Mücken zerstochene Arme und Beine und unbeschwerte Tage und Nächte. Das Sandlatschen in Stiefeln und Uniform am Vormittag war halb so wild. Nur einmal während der ganzen Zeit musste Wache geschoben werden. Die anderen Schikanen hab ich vergessen.

Im Zusammenhang mit der GST kam ich gemeinsam mit dem Meier Detlef (Sepp) zu den Tontaubenschützen, denen wir allerdings nicht sehr lange angehörten, obwohl ich recht gut war. Mein bestes Ergebnis lag um die siebzig Tauben von hundert. Aber jeden Samstagvormittag Training war mir letztendlich doch zu viel. Ich wechselte zu den Keglern von „Motor Süd". Ein Vertreter der Betriebssportgemeinschaft (BSG) hatte uns Lehrlinge für den Kegelsport geworben. Der fand im Keglerheim im Stadtteil Marienthal statt und machte mir von Anfang an Spaß, obwohl ich nicht die Riesenerfolge vorweisen konnte. Wir kegelten auf Asphalt, im Training und Wettkampf einhundert Kugeln, davon fünfzig Kugeln in die Vollen, fünfzig als Abräumer. Leider gelangte ich nie zur Wettkampfreife.

Das Kegeln fand drinnen statt, war nicht so laut und nicht so trocken. Dieser Sportart bin ich bis Anfang der neunziger Jahre treu geblieben.

Detlef und ich hatten allerdings unseren Spitznamen weg. Wir hießen bis zum Ende der Lehre und darüber hinaus nur noch „Tontaube".

Fast kostenlos, ich glaub, der Betrag lag um die fünf Mark, waren auch die Fahrschule im Rahmen der GST und die sich daran anschließende Fahrprüfung für Moped und Motorrad.

Die theoretische Fahrprüfung sollte an einem Sonnabend ab 14:00 Uhr stattfinden. Dummerweise war an diesem Wochenende auch das Trainingslager der Tontaubenschützen in Schlema vorgesehen. Eines konnte ich nur machen. Ich entschied mich, früh mit zum Trainingslager nach Schlema zu fahren und mein Fahrrad mitzunehmen. Wir wurden mit einem LKW W50 befördert, einem Mannschaftstransporter. So konnte ich Standort und den Weg dorthin kennen lernen, um nach hoffentlich bestandener Prüfung wieder dort einzutreffen. So gegen zwölf Uhr machte ich mich mit meinem Drahtesel auf den Weg nach Zwickau und betrat kurz vor 14:00 Uhr den Prüfungsraum, völlig abgehetzt und fix und fertig, denn die Fahrt vom Schlema nach Zwickau mit dem Fahrrad gestaltete sich schwieriger als ich mir vorgestellt hatte. Zwar führte die Straße von Anbeginn kontinuierlich bergab, aber zum Unglück brach mir nach etwa der Hälfte der Strecke die linke Pedale ab, so dass ich praktisch einbeinig fahren musste, was ziemlich anstrengend war.

Die Prüfung bestand ich problemlos, hatte aber nicht die geringste Lust, anschließend wieder bergauf nach Schlema zu fahren. Ich hätte mir irgendwoher ein Fahrrad besorgen müssen, das wollte ich nicht.

Mit dem fünften Stempel war der Lappen weg.

Mit dem Umzug nach Potsdam hatte sich das Kegeln vorerst erledigt, bis Ende der siebziger Jahre die Belegschaft des Bezirksneuererzentrums Potsdam einen Betriebsausflug machte, nebst Angehörigen versteht sich, und zwar zum Schlachtefest nach Karow. Es war eine Busfahrt. Das Besondere an der Lokalität: Sie hatte eine Kegelbahn. Auf dieser vergnügten sich ein paar Leute eine gewisse Zeit lang. Ich war auch dabei. Das Kegeln machte mir solch einen Spaß, dass ich beschloss, in Zukunft wieder regelmäßig diesen Sport auszuüben. Eine Möglichkeit dafür war recht bald gefunden, die Kegelbahnen von „Motor Babelsberg". Die Sportfreunde dort ließen mich regelmäßig trainieren, donnerstags von 16:00 bis 19:00 Uhr, und nahmen mich auch bald in die dritte Mannschaft der Männer auf. In Brandenburg kegelt man auf Bohlebahnen, ein erheblicher Unterschied zu Asphalt, was die Technik anbelangte. Es wird nur in die „Vollen" gekegelt. Ich fand mich schnell zurecht und brachte bald gute Ergebnisse.

Wir waren eine dufte Truppe, die dritte Männermannschaft von Motor Babelsberg. Wenn wir auch nie Kreismeister wurden, so waren wir doch die Lautesten beim Anfeuern und ausgelassen beim Feiern. Zum Abschluss eines jeden Wettkampfjahres wurde die Mannschaftskasse geplündert und in einer Kneipe, oft in der Charlottklause, die guten Ergebnisse begossen. Das Ganze fand mit Ehepartnern statt. In einem Jahr wurde aus der Abschlussfeier eine Wochenendfahrt nach Trechwitz in die Ferienanlage am See, mit wandern, grillen, feiern.

Die Wettkämpfe fanden immer am Sonnabend ab zehn Uhr statt. Eine Staffel bestand aus vier bis sechs Mannschaften. Wir kegelten im gesamten Kreis Potsdam und wurden zweimal Staffelsieger.

Die Kegler bildeten insgesamt eine tolle Gemeinschaft. Alle Mitglieder der Sektion verstanden sich gut miteinander, ganz gleich, welcher Mannschaft sie angehörten. Es wurde zusammen gefeiert, meist in der vereinseigenen Kneipe bzw. im angeschlossenen Saal. Sylvester, Fasching, Sommerfest waren dabei die Schlagworte.

Nach dem Training am Donnerstag gingen viele Sportfreunde noch auf ein Bier zu Dietmar in die Kneipe, die sich im ersten Stock der Motorhalle befand. Bei Dietmar trafen sich die Handballer, die Judokas, die Ringer, die Kegler und alle anderen Sportler. Das kleine Helle kam 40 Pfennig, das sensationelle Bauernfrühstück 2,50 Mark.

Der älteste Kegler, der Büttner Seppl, kegelte mit seinen über achtzig Jahren noch hundert Kugeln, spritzte sich anschließend sein Quantum Insulin, um danach bei Dietmar eine Bockwurst zu essen und ein Bier zu trinken. Manchmal spielte er mit Dieter Linthe und mir noch etliche Runden Skat.

Die Kneipe war verqualmt bis zum geht nicht mehr. Mindestens jeder zweite Sportler war Raucher, ich auch. Unsere Klamotten mussten wir zu Hause zum Lüften ans offene Fenster hängen.

Trotzdem war der Abend immer gemütlich. Vor zehn Uhr kamen wir selten zum Gehen. Der Weg nach Hause war völlig entspannt, denn es fuhren um diese Zeit noch O-Bus und Straßenbahn. Eine Fahrt kostete 20 Pfennig, beim Vorabkauf einer Achterkarte für eine Mark waren es sogar nur 12,5 Pfennig.

Nach ein paar Probekugeln kam meine Frau auf den Geschmack und begann ebenfalls eine Keglerlaufbahn. Das Training der Frauen war auch am Donnerstag - ab 19:00 Uhr. Leider konnten wir unseren Sohn die ersten Jahre zu Hause nicht alleine lassen. Demzufolge musste ich immer zusehen, dass ich als einer der ersten auf die Bahn kam, um schnell wieder verschwinden zu können, damit meine Frau, wenn ich zu Hause angekommen war, ihrerseits zur Motorhalle fahren konnte.

Irgendwann gab Kalle Buchwald seinen Posten als Mannschaftsleiter der dritten Männermannschaft auf und schlug mich als seinen Nachfolger vor. Den Job übernahm ich gern, er machte mir Spaß. Dass ich bald darauf Staffelleiter beim Wettkampf wurde, war nur folgerichtig. Noch kurz vor der Wende, im September 1989, wählte mich die gesamte Sektion zum Sektionsleiter. Leider konnte ich diesen Posten nicht lange ausüben, da meine beruflichen Veränderungen gravierend waren und keinen Raum mehr für solche Freizeitaktivitäten zuließen. Das fand ich ziemlich schade aber Brötchen verdienen ging halt vor.

Die Feiern der Kegelbrüder und Schwestern waren fast schon legendär. Entweder trafen wir uns direkt auf der Kegelbahn, kegelten und ließen im Anschluss an das Training im Umkleideraum die Flaschen kreisen, oder wir gingen zu Dietmar in die Vereinskneipe. Der hatte hintendran einen großen Saal, in dem die gesamte Sektion unterkam.

Manchmal traf sich die Frauenmannschaft bei einer Sportsfreundin, bei Heidi Düpow zum Beispiel, deren Mann Heinz sagenhaft Klavier spielen konnte oder bei uns, und verbrachte dort einen ausgelassenen Abend, mit Partner versteht sich. Die dritte Männermannschaft, deren Chef zu sein ich die Ehre hatte, feierte immer zum Spielsaisonende in einer Kneipe die vergangenen Siege. Auch die Niederlagen wurden mit einem dreifachen „Gut – Holz, Holz, Holz" begossen.

Wenn mein Lehrfacharbeiter, der Seifert Paul, genannt „Alpentoni", sich anschickte, ein nicht ganz einfaches Werkstück zu fertigen, hob er seinen Blick zum Hallendach und rief:
„Samuel hilf!"
Zur Unterstützung dieser Bitte rauchte er pro Schicht zwanzig Casino und trank eine halbe Flasche Korn.

Ihm gegenüber stand der Lachmann Kurt an der großen Radsatzdrehmaschine, sang:

„Es zittern die morschen Knochen ..." und schlug mit seinem Spänehaken den Takt dazu.

Das Arbeitsklima war rau aber herzlich.

Eines Tages steckten die Schlosser einem ihrer Kollegen eine tote Ratte in den Ärmel seiner Wattejacke und banden sie fest. Der Kollege kommt zur Schicht, zieht seine Jacke an, bleibt stecken und hebt den Ärmel zum Gesicht um zu sehen, was los ist - da schaut ihn die tote Ratte an.

Vor allem während der Nachkriegsjahre vermehrten sich in den Städten die Ratten explosionsartig. Man wurde der Plage zu keiner Zeit Herr. Auch in der Leninallee 34 in Potsdam tummelten sie sich bei den Abfalltonnen und im Keller. In der Milchquelle haben wir an einem Abend ein ausgewachsenes Exemplar durch alle Räume gejagt und schließlich im Verkaufsraum mit einem gezielten Besenhieb zur Strecke gebracht. Zum Glück war da der Laden schon geschlossen gewesen.

Experten schätzen, dass heutzutage in den großen Städten auf jeden Einwohner eine Ratte kommt. Potsdam hätte demzufolge einen Bestand von 180.000 Ratten. Gruslig, oder?

Neunzehnhundertneunundsechzig fuhr ich zum Pfingsttreffen der FDJ nach Sosa, an die „Talsperre des Friedens". Wir waren in einer Schule untergebracht und schliefen in Doppelstockbetten in den Klassenräumen, wo Tische und Bänke an einer Wand aufgestapelt waren.

Seltsam, außer an die Schlafräume und an die Verpflegungsbeutel mit labbrigen Knackern, gummiartigem Schmelzkäse, krümeligen Keksen und pappigen Brötchen fehlt mir jede Erinnerung an dieses Massenereignis.

Eigentlich sollte „Schrödi", mein Mitlehrling bei der „Bimmel" gemeinsam mit mir nach Sosa fahren, doch hatte der sich Wochen zuvor bei einem Einbruch in einen Kiosk erwischen lassen und atmete nun gesiebte Luft.

Im Zuge der Ermittlungen wurden noch Tommy der Klassenprimus und Sepp die Tontaube einkassiert. Wie sich herausstellte, waren sie bereits seit Monaten zusammen auf Diebestour durch Zwickau unterwegs gewesen, und der Klassenbeste war der Bandenchef. Der hatte ja auch das Zeug dazu. Tja, dumm gelaufen, und sie waren sich so clever vorgekommen. Keinen der Drei habe ich jemals wiedergesehen.

Unter dem Motto „Sozialistische Hilfe für die Energiewirtschaft" wurden 1970 Freiwillige gesucht, die den Kraftwerkern in der Lausitz unterstützend unter die Arme greifen sollten, damit in der Republik nicht die Lichter ausgehen. Es herrschte dort wie überall in der DDR akuter Arbeitskräftemangel. Hier sah ich eine Möglichkeit, der Tretmühle des Sachsenring-Werkzeugbaus wenigsten zeitweilig zu entfliehen.

Ich hatte noch immer große Probleme, die Norm zu schaffen und die erforderlichen Stunden und Minuten für einen Arbeitstag zusammen zu bekommen.

Noch dazu musste ich mich erstmal an das Dreischichtsystem gewöhnen. Es gab Früh-, Nacht-, und Spätschicht, in dieser Reihenfolge. Schichtbeginn war 6:00, 22:00 und 14:00 Uhr, eine Schicht war acht Stunden lang, inklusive eine Viertelstunde Frühstück und eine halbe Stunde Mittagspause. Als Schichtarbeiter bekamen wir die Pausen bezahlt.

So ein Arbeitstag lief folgendermaßen ab: Auf seinem Werkzeugschrank, in dem jeder Dreher sein Werkzeug, wie der Name vermuten lässt, neben persönlichen Sachen und noch nicht abgegebenen fertiggestellten Werkstücken aufbewahrte, standen jene Werkstücke, die es noch zu bearbeiten galt. Zu jeder Position gab es eine „Geldkarte" auf der alle erforderlichen Angaben vermerkt waren, nebst der Arbeitszeit, die maximal dafür aufgewendet werden durfte, das war die Norm.

Zum Beispiel: Ansatzschraube, 8 Stück, 16 Minuten. Das hieß, pro Werkstück waren für auf Länge und Durchmesser drehen, Gewindeansatz drehen und Gewinde schneiden 16 Minuten vorgesehen, für den gesamten Posten 128 Minuten. Eine Zeichnung lag natürlich auch dabei. Die Geldkarten der fertigen Arbeiten gab man am Monatsende ins Lohnbüro, nachdem man seine Personalnummer darauf geschrieben hatte, und bekam dann entsprechend der abgerechneten Stunden und Minuten seinen Lohn ausbezahlt. Ich schaffte es selten, die Werkstücke in der vorgegebenen Zeit zu bearbeiten und bekam natürlich entsprechend weniger Geld.

Zu Schichtbeginn, oder auch zwischendurch, lief der Meister durch die Halle und schaute bei jedem Dreher nach, wie weit der seinen Werkzeugschrank abgearbeitet hatte. Wenn notwendig, sorgte er für Nachschub. Ich hatte immer den Eindruck, die Arbeiten mit den schlechten Zeiten zu bekommen. Na ja.

Jedenfalls ging im Juli 1970 eine Liste durch die Halle, auf der sich jeder eintragen konnte, der Lust hatte, drei Monate im Kraftwerk Lübbenau als Dreher zu arbeiten. Ich trug mich ein, als einziger.

Am 3. August 1970 war es dann soweit. Punkt 8:00 Uhr stiegen sieben unternehmungslustige junge Leute in den betriebseigenen B1000 des VEB Sachsenring, der am Werkstor samt Fahrer schon gewartet hatte und ab ging es in Richtung Lausitz.

Wie lang die Fahrt gedauert hat, weiß ich nicht mehr zu sagen. Es müssen so um die zweieinhalb bis drei Stunden gewesen sein.

Wir wurden freudig aufgenommen, weil schon erwartet und gleich gefragt, wer denn gern weiter nach Vetschau fahren würde. Für zwei Leute gebe es dort Arbeit. Ich entschied mich zusammen mit Erich, einem etwa zehn Jahre älteren Schlosser, für die Weiterfahrt. Die Lübbenauer hatten uns angekündigt. Also gab es in Vetschau bei unserer Ankunft keine Verzögerung. Mit dem Barkas Fahrer machten wir die Abholung für die nächste Heimfahrt aus, es sollte nach zehn Tagen, also übernächsten Mittwoch am Nachmittag sein, dann bezogen wir das Zimmer Nummer 12 in der Baracke Nummer 8. Der Fahrer düste ab.

Unsere Bleibe für die nächsten drei Monate bestand aus einem annähernd quadratischen Raum, in dem drei Betten, drei Nachtschränke und drei Spinde standen, dazu in der Mitte ein mittelgroßer Tisch und drei Stühle. Damit war der Raum voll.

Der dritte Mann war auch schon da, Dietmar aus Meißen, etwa in meinem Alter.

Die relative Enge des Raumes und dessen etwas karge Einrichtung störten uns nicht großartig, wir waren ja zum Arbeiten gekommen, nicht um Urlaub zu machen. In der Woche der Hinfahrt machten wir Spätschicht, die Woche darauf Frühschicht, damit wir pünktlich am Treffpunkt stehen konnten, wenn der Barkas uns abholen kam. Sonnabend und Sonntag wurde immer als Frühschicht gearbeitet, damit wir dann vier Tage frei machen konnten.

An einem freien Tag zwischendurch beschloss ich, einen Ausflug nach Berlin zu machen, war ja nicht weit. Über Lübbenau und Königs Wusterhausen ging's nach Berlin Alexanderplatz. Von dort per Pedes quer durch das Zentrum der Hauptstadt der DDR in Richtung Brandenburger Tor.

Im „Lindencorso" genehmigte ich mir für teures Geld einen Kaffee mit französischem Weinbrand und machte mich irgendwann ziemlich pflastermüde auf den Rückweg. Meine S-Bahn fuhr von Schöneweide nach KwH. Ich hatte noch genügend Zeit für ein deftiges Abendbrot und suchte mir eine Kneipe, um Currywurst mit Brot und ein schönes Bier zu mir zu nehmen. Nach einem Blick zur Uhr entschloss ich mich für ein zweites Bier. Beim nächsten Blick auf den Zeitmesser war's mit der Gemütlichkeit vorbei: Meine Uhr war stehen geblieben! In Windeseile bezahlte ich und marschierte im Laufschritt zum Bahnhof, wohl wissend, dass ich den Zug nach Cottbus über Vetschau nicht mehr erreichen würde. Den letzten Zug von KwH nach Lübbenau bekam ich noch und stand schließlich mitten in der Nacht und mutterseelenallein auf dem Bahnhof von Lübbenau. Ich befürchtete schon, die Nacht auf einer harten Bank im Warteraum verbringen zu müssen, die Mitropa schloss pünktlich um 22:00 Uhr, da riet mir ein netter Bahnmitarbeiter, den Taxiunternehmer ein paar Straßen weiter aus dem Bett zu klingeln. Obwohl schon weit nach Mitternacht gelang es mir, den Mann zu wecken. Er zog auch keinen Flunsch sondern sich an und brachte mich ins Vetschauer Arbeiterlager, wo ich todmüde ins Bett fiel.

Vetschau im Spreewald — Am Markt

Vetschau war als Stadt relativ unauffällig. Der Ort erschöpfte sich in einen Altstadtteil und ein in Fertigstellung begriffenes Neubaugebiet. Das Kraftwerk war etwas außerhalb, vielleicht so zwei Kilometer. Neben ein paar Kneipen existierten ein Kino, ein Bahnhof, ein Schloss, ein Rathaus mit Ratskeller und ein Kulturhaus mit einem Saal, in dem an den Wochenenden Tanzkapellen spielten. Ein paarmal besuchten wir dieses Etablissement. Dabei zeigte sich, dass auch im Spreewald hübsche Mädchen zu Hause sind.

Die freien Abende teilten sich auf in Skat spielen in der Baracke, Bier trinken in der Kneipe und Besuche im Kino. Ich habe während der drei Monate meines Aufenthalts so viele Filme gesehen, wie sonst in einem Jahr nicht. Als ich dann Monika näher kennenlernte, hatten die Abende einen anderen Inhalt.

Manchmal saß ich mit Erich nach dem Dunkelwerden am Hang der Autobahn, die unweit des Lagers vom Dreieck Spreewald nach Frankfurt/Oder verlief. Wir rauchten, quatschten uns die Ohren ab, und sahen den wenigen Fahrzeugen nach, die nachts auf der Strecke unterwegs waren. Wenn man heute die A15 entlangfährt, ist es kaum vorstellbar, dass damals 10 Minuten oder mehr vergehen konnten, ehe ein Auto unseren Beobachtungsposten passierte.

Zum Barackenlager gehörte eine Cafeteria. Hier gab es Kaffee, Kuchen, Bockwurst und weitere Kleinigkeiten. Der Mohnkuchen war einsame Spitze. Zu den Pausen wurden wir in der Werkskantine bestens versorgt mit leckeren Brötchen beziehungsweise einem schmackhaften und billigen Mittagessen, welches durchschnittlich 1,50 Mark kostete. An der Kasse der Essenausgabe arbeitete eine junge Frau, die einen Sprachfehler hatte. Sie konnte kein „F" sprechen. Stattdessen brachte sie ein „P" anstelle des „F" hervor. Das war immer recht lustig, denn die Speisen kosteten meist „einspinfzig", manchmal „einspinfundpinfzig".

Anfangs recht unlustig, machte mir die Tätigkeit in der Reparaturhalle des Kraftwerkes Vetschau mit der Zeit Freude, weil man erstens sehr selbstständig arbeiten konnte und zweitens mehr Geld verdiente als im heimatlichen Betrieb. Unsere Arbeitswoche ging von Montag durchgängig bis folgende Woche Mittwoch und hatte manchmal, wenn es passte, zwölf Stunden Schichten, zumindest auf dem Papier. Das machte die Lohntüte voll. Kontrolle gab es keine, auch keine Norm. Hauptsache, wir waren anwesend und lieferten ab und zu ein fertiges Werkstück ab. Mittwochabend fuhren wir dann nach Hause und hatten frei bis folgenden Montag früh, bevor uns der betriebseigene Barkas zurück in die Lausitz schaukelte. Wenn erforderlich, machten wir Spät- und

Nachtschicht und lernten während dieser Zeit das Kraftwerk näher kennen. Angeborene Neugier und arbeitstechnische Freiheiten waren dafür die besten Voraussetzungen.

Erich war Schlosser, Dietmar Elektriker und ich Dreher. Man setzte uns in derselben Abteilung ein. Der Dietmar wurde manchmal anderenorts gebraucht. Die zu bearbeitenden Werkstücke (Bolzen, Buchsen, Schrauben, Wellen usw.) waren keine Herausforderung für mich.

Jeder der hier Arbeitenden machte nur das Nötigste, ansonsten jede Menge privat und nebenbei. Logisch, dass die Probleme hatten. Natürlich konnten wir uns den Gepflogenheiten nicht entziehen.

Wir pilgerten, wenn Meister und Abteilungsleiter gegen 16:00 Uhr den Heimweg angetreten hatten, durchs Betriebsgelände, um das Kraftwerk näher kennen zu lernen. Bis heute ist in mir der Eindruck von Kraft und Gewalt lebendig, der sich dem Betrachter beim Betreten eines der mächtigen Kühltürme aufdrängte. Aus der Öffnung der Betonmonster quoll unentwegt Wasserdampf, erzeugt vom Kühlwasser der Turbinen, das an der runden Innenwand mit einem Höllenlärm pausenlos hinab strömte.

Eine Anekdote soll nicht unerwähnt bleiben, weil sie einerseits bizarr, sogleich aber typisch für das System war.

Als meine Zeit hier in Vetschau zu Ende ging, nahm ich meinen Fotoapparat, um ein paar Erinnerungsbilder von meiner Wirkungsstätte zu machen. Dummerweise stellte ich mich dabei breitbeinig vor den Kraftwerkseingang und drückte auf den Auslöser. Dann ging ich in Richtung Stadt davon. Der Weg führte gleich hinter dem Werkseingang als Trampelpfad durch ein kleines Wäldchen. Ich war kaum zweihundert Meter in den Wald hinein gegangen, da donnerte hinter mir ein junger Bursche auf einer 250er MZ heran, stoppte neben mir und hielt mir seinen Dienstausweis unter die Nase. „Ministerium für Staatssicherheit". Mahlzeit! Er forderte mich auf, hinter ihm aufs Motorrad zu steigen und raste mit mir zum Kraftwerk zurück. Dort fuhr er zur

Werkswache, lud mich bei den Wachmännern ab und verdrückte sich. Nach ausgiebiger Diskussion schaffte ich es schließlich, die anwesenden Mitarbeiter zu überzeugen, dass sie keinen imperialistischen Agenten vor sich hatten, der vorhatte, das Kraftwerk in die Luft zu sprengen. Nachdem ich ihnen den Film übergeben hatte, entließen sie mich mit einer Ermahnung.

Unvergessen geblieben ist mir die Werkzeugausgabe in der Reparaturhalle, weil dort Monika arbeitete, die Monika mit den roten Haaren und den lustigen Sommersprossen. In sie verliebte ich mich Hals über Kopf und so heftig, dass mir alles andere gleichgültig wurde. Selbst die langhaarige, blonde Heidrun aus dem Kraftwerkslabor, deren Mann als Wehrpflichtiger die Republik verteidigte, und die mich gern in ihrem Bett gesehen hätte, konnte mich nicht für sich gewinnen. Sie war erstens Monikas Freundin und zweitens war ich wieder mal überzeugt, die Liebe meines Lebens gefunden zu haben.

Mit Monika verlebte ich glückliche Tage und Nächte. Erlaubte es der Schichtplan, machten wir Ausflüge nach Cottbus, gingen zusammen einkaufen, Eis essen oder bummelten durch die Stadt. Am Abend, wenn ihre beiden kleinen Jungen im Bett lagen und der letzte Zug aus Richtung Süden eingefahren war, öffnete sie mir ihre Tür. Den letzten Zug mussten wir abwarten. Ihr Mann war auf Montage im Kraftwerk Boxberg und hatte die garstige Angewohnheit, überraschend nach Hause zu kommen. Der hätte mir eins auf meine dicke Nase gegeben, wenn er uns erwischt hätte. Meiner Mutter sagte ich, dass ich noch ein paar Wochen länger in Vetschau bleiben wolle.

„Hast wohl eine Frau kennengelernt?"

„Ja."

„Und wie ist die so?"

„Verheiratet."

„Ach herrjeh!"

„Und zwei Kinder hat sie auch."

„Ach du lieber Gott!"

Obwohl wir vorsichtig waren, muss uns jemand beobachtet oder hinterher spioniert haben, denn eines Tages tauchte das Gerücht auf, wir hätten was miteinander. Moni dachte, ich hätte geplaudert und angegeben - aus war's.

Bald darauf kehrte ich der Lausitz den Rücken, denn die Einsatzzeit war abgelaufen, und ärgerte mich im Nachhinein ein kleines bisschen, Heidruns eindeutige Angebote ausgeschlagen zu haben.

Ein Weilchen knabberte ich noch an meiner verletzten Eitelkeit, dann lief mir an einem Samstagabend Marion mit den ängstlichen Hasenaugen in der „Neuen Welt" in Zwickau über den Weg, und das Spiel begann von vorn.

Das Schicksal meinte es gnädig mit mir, denn in der Reparaturabteilung der Pressenhalle war eine Dreherstelle frei geworden. Ich überlegte nicht lange, die entsprechende Anfrage zu bejahen. Endlich konnte ich dem ungeliebten TWW (technischer Werkzeugbau Wesp, benannt nach dem Abteilungsleiter) und der Normarbeit entfliehen, wobei die neue Arbeit selbst anspruchsvoller war als bei Wesp.

Die Leute der Reparaturabteilung arbeiteten in drei Schichten. Sie reparierten die Werkzeugmaschinen, die die Werkzeuge für die Produktionsmaschinen, z.B. die tonnenschweren Pressen, fertigten und die Produktionsmaschinen selbst. Da überall im Betrieb nicht die unbedingt neuesten Modelle im Einsatz waren, hatten wir stets gut zu tun.

Im „VEB Sachsenring" gewann ich Einblicke in die Möglichkeiten, die ein Volkseigener Betrieb einem erfinderischen jungen Arbeiter bietet und eröffnete eine Produktionsreihe mit Modellen des Berliner Fernsehturmes aus Messing, ca. fünfzehn Zentimeter hoch, die für fünf Mark reißenden Absatz fanden. Meine Kollegen Schlosser fertigten derweil Wandbilder mit einem Rahmen aus Bremsleitungsrohr oder bauten Drehsesselgestelle und Gartentore.

Während der Pausen zur Spät- und Nachtschicht wurde in der Kantine Karten gedroschen, um Geld und gnadenlos. Zur Frühschicht lohnte sich das Skatspiel nicht, denn da waren die Pausen zu kurz, und irgendwann mussten schließlich die Werkstücke bearbeitet werden, die am Ende der Nachtschicht beim Meister auf dem Tisch stehen sollten.

Das Drei-Schicht-System hatte unschlagbare Vorteile.

Wenn man die 24 Stunden des Tages durch 3 teilt, bleiben 8 übrig, so lang war eine jede Schicht, im Gegensatz zu den damals üblichen 8 ¾ Stunden der Normalschicht. Desweiteren wurden den Schichtarbeitern die Pausen bezahlt, während der Normalschichtler diese nicht umsonst bekam und sich somit 9 ½ Stunden im Betrieb aufhalten musste. Als Drittes gab es in der Nachtschichtwoche pro Arbeitsnacht sieben Mark Schichtzulage. Wenn manchmal in einem Monat zwei Nachtschichtwochen anfielen, hatte ich siebzig Mark mehr in der Lohntüte – eine Menge Geld zu damaliger Zeit. Darüber hinaus war man zur Spät- und zur Nachtschicht relativ unbeobachtet. Meister und Abteilungsleiter waren „Normalos" und verschwanden kurz nach vier. So konnten wir unserer Kreativität bei der Gestaltung der Arbeitszeit freien Lauf lassen. Der Werkzeugbau arbeitete normfrei.

Gern nahmen wir in der Nacht zum Samstag die Möglichkeit einer Schichtverkürzung in Anspruch. Damit die anderen ausgeruht ins Wochenende starten konnten, übernahm ein Kollege das Schichtende und stand am Samstag früh kurz vor sechs Uhr, gewaschen und umgezogen, mit allen Stechkarten der Kollegen einschließlich der seinen an der Stechuhr und wartete auf den Feierabend.

Sicher hätte etwas mehr Kontrolle dem Aufbau des Sozialismus gut getan, denn in allen Betrieben, die ich kennen gelernt habe, wurde geschlampt, geschludert, privat gepfuscht und schamlos geklaut.

Mich haben die Pförtner eines Morgens am Werkstor im Zuge einer Taschenkontrolle erwischt, als ich zwei Wandbilder, zum Glück nicht aus Bremsleitungsrohr, sondern nur aus Schweißdraht, aus dem Betrieb schmuggeln wollte. Das gab einen Riesenärger für alle Kollegen und einen Verweis für mich, der für ein Jahr meine Kaderakte verschönerte. Zum Glück gab es kein Parteiverfahren.

In allen Betrieben herrschte zu allen Zeiten Materialknappheit. Dennoch gelang es mir eines Tages, meinen Brigadier zu überzeugen, mir einen Materialschein für ein paar Kilo Messing auszuschreiben. Mit dem Schein wanderte ich zur Materialausgabe, wo ein schönes rundes Buntmetallteil auf mich wartete. Daraus fertigte ich den Grundkörper eines Modells vom Berliner Fernsehturm. Darauf kamen noch die Kugel, der Aufsatz und die Antenne, alles aus Messing, auf Hochglanz poliert und mittels Gewinde ineinander verschraubbar, 50 cm hoch, ein echt geiles Teil.

Unsere Schicht im Sachsenring - Werkzeugbau bestand aus neun Mann. Der Brigadier, die Schlosser Pops, Armin und Ulli, die Kopierfräser Dieter, Rainer und Bui, der Hühner-Gag und ich als Dreher. Kaum einer von uns lief so richtig rund. Wahrscheinlich lag das an dem ohrenbetäubenden Lärm, dem wir tagtäglich ausgesetzt waren. Pappwände trennten unseren Bereich mehr symbolisch als wirklich vom Rest der Pressenhalle ab. Dort standen in zwei Reihen riesige Pressen, die mit etlichen Tonnen Druck Metallbleche in ihre endgültige Form pressten.

Den Hühner-Gag nannten wir so, weil er Freizeitbauer war und uns ständig von seinem Ferdervieh erzählte.

Während Rainer in jeder Schicht an irgendwas Privatem pfuschte, las Dieter, während er die Kopiervorgänge überwachte, Groschenromane, Western. Das Schlimme dabei war: Er nahm das Geschriebene für bare Münze!

Ulli war Mitglied der Skatrunde. Er spielte leidenschaftlich gern. Wenn er ein schlechtes Blatt erwischt hatte, schrie er:

„Ich häng mich auf, ich häng mich auf!"

Der Bui hieß Bui, weil er eines Tages die neue Schiebetür am Eingang immer wieder begeistert aufgezogen und zugeknallt und bei jedem Zuknall „Bui!" gebrüllt hatte. Seitdem rief es jedesmal, wenn er in der Kantine erschien, von allen Seiten:

„Der Bui ist da, der Bui ist da, viderallala, viderallala, Bui, Bui, Bui!"

Das machte ihn eines Tages so verrückt, dass er seine Brotbüchse nach den Schreihälsen warf. Getroffen hat er sie nicht, dafür waren seine Pausenbrote im Raum verstreut, armer Bui.

Pops hatte eindeutig Humini (Huddelei mit dem Nischl). Er zuckte ständig mit dem Kopf nach einer Seite. Armin war der große Schweiger. Wenn der während einer Schicht mehr als zehn Worte sprach, konnte man ihn schon als geschwätzig bezeichnen.

Mich nannten die Kollegen „Kosmo", in Anlehnung an eine Fernsehserie, in der eine Sekte ein imaginäres Wesen namens „Kosmokronos" anbetete, und weil auch ich so ein Spinner war.

So wie sich jedes Jahr die Mode ändert, so gab es auch im Werkzeugbau des „Sachsenring" Trends für Privatarbeiten. Als die Drehsessel aufkamen zum Beispiel, bauten alle Drehsesselgestelle, um zu Hause ihre alten Polsterstühle umzurüsten. Dann waren wiederum Gartentore aktuell. Als jeder sich eine Kreissäge bauen musste, kamen sie alle zu mir, um Keilriemenscheiben anfertigen zu lassen. Auch ein Pole aus der zweiten Schicht kam eines Tages und sagte:

„Du mich machen Scheibe für Riemen, ich dich geben Platte wo was drauf ist Beat."

Die Dialekte der Kollegen waren furchtbar! Sie alle wohnten außerhalb Zwickaus. Eigentlich waren es keine richtigen Dialekte, die sie sprachen, sondern Nachlässigkeiten.

„Isch ho ka Gak a." heißt „Ich habe keine Jacke an."
und

„Isch muss morr e bar neije Schuh kaafn, isch laaf ball uff de Suhln." heißt „Ich muss mir ein Paar neue Schuhe kaufen, ich laufe bald auf den Sohlen."

Die Putztrude sagte nicht: „Was willst du denn?" sondern „wa-willdudäh?" und „haltschnauz!", wenn sie ihre Ruhe haben woll-te.

Neunzehnhundertachtundsechzig erwarb ich die Fahrerlaubnis für Motorräder mit dem Eintrag:

„Beschränkt auf Kräder bis 150 ccm bis zum 6. 11. 1968", denn am 7. 11. 1968 wurde ich achtzehn Jahre alt. Dann hätte ich sogar eine „Tausender Mensch ärgere dich nicht" fahren gedurft, wenn ich denn gewollt hätte.

Die praktische Fahrprüfung bestand aus drei Abschnitten:

1. Motorrad vom Ständer nehmen, antreten, aufsitzen
2. Eine Runde auf dem Übungsplatz fahren
3. Anhalten, Motor ausmachen, absteigen, Motorrad aufbocken

Fahrstunden zuvor? – Fehlanzeige!

Meine Bikerkarriere begann bescheiden, mit einer RT/0. Die Kiste hatte einer unserer Nachbarn beim Bauern in einer Scheune entdeckt und sie mir für hundertzwanzig Mark aufgeschwatzt. Ewig und drei Tage habe ich an der Maschine herum geschraubt und sie doch nicht zur Zulassungsreife bringen können. Dessen ungeachtet, preschte ich auf meiner RT Zwickaus einsame Sei-tenstraßen hoch und runter. Zum Glück hat mich die Polizei nie erwischt. Irgendwann hatte ich davon die Nase voll und verkaufte die Karre mit Verlust. Heute wäre es ein Oldtimer vom Feinsten!

Dann kam ein Moped, SR2/E mit 2-Gang-Lenkrad-Handschaltung in olivgrün. Das war ein besserer Hühnerschreck, der mich sicher, wenn auch etwas langsam, an mein Ziel brachte, was ich von seinem Nachfolger, einem Motorroller „Berlin"

150ccm nicht immer behaupten konnte. Dessen Macken kamen unerwartet und hatten ihre Ursache oft in fehlerhafter Zündeinstellung. Das anfängliche „Süßmilchrosa", wie Marion mit den ängstlichen Hasenaugen zu spötteln pflegte, im KFZ-Brief stand „Koralle", wandelte ich in geduldiger Handarbeit zu einem schwarz/roten Anstrich auf Nitrobasis um. Sah klasse aus, hielt aber aufgrund der Farbeigenschaften nicht allzu lange. Das musste es auch nicht, denn der Neuanstrich war eine reine verkaufsfördernde Maßnahme, und so brachte der Roller noch dreihundertundfünfzig Mark, mehr als ich dafür bezahlt hatte.

Nun war die Zeit reif für ein richtiges Motorrad. Für eine heiße Kiste, einen Feuerstuhl, einen geilen Ofen, eine

350er JAWA

Mehr Chrom als Farbe, himmelblau. Mit einem Lampenring vom Skoda Felicia und Metallkugeln an Kupplungs- und Handbremshebel. Mit Brauseschläuchen über den Bowdenzügen, einem Sportgasbowdenzug und schräg nach oben stehenden Fußrasten, die extreme Kurvenlagen ermöglichten. Die durchgehende Sitzbank hatte eine Krokooptik und keinen Haltegriff, sodass sich die Soziusbräute an mir festkrallen mussten, wollten sie beim Start nicht abgeworfen werden. Die Nachschalldämpfer hatte ich entfernt, stattdessen an jeden Auspuff ein fünfundzwanzig Zentimeter langes, verchromtes Metallrohr angesetzt, um optimalen Sound zu gewährleisten. Wenn ich im zweiten Gang durch die Äußere Plaunsche Straße und dann durch die Peter-Breuer-Straße tuckerte und der Schall sich mehrfach an den Häuserwänden der schmalen Straßenschluchten brach, klirrten in vielen Wohnungen die Sammeltassen im Schrank. Aus war's mit der Mittagsruhe. Natürlich kassierte ich ab und zu einen Mängelschein. Dann baute ich die Schalldämpfer wieder ein, führte die Karre vor, fuhr nach Hause und baute die Dinger wieder aus. Trat ich vorm Haus in Marienthal den Kickstarter, sprangen die Bullen im VPKA (Volkspolizei Kreisamt) in den Sattel, um mir aufzulauern.

Gern sind die Bräute mit mir mitgefahren. Eine 350er war damals das angesagteste Motorrad, und meine Maschine sah toll aus. Zu meiner Zeit fuhren wir Moped oder Motorrad. Autos gab es nur nach einer vierzehnjährigen Anmeldung. Als Jugendlicher hatte man sowieso kein Geld für Trabi oder gar Wartburg.

Man traf sich an bestimmten Plätzen, um zu quatschen, zu rauchen und seine Maschine zu präsentieren. Danach knatterte man durch die Wohngebiete, bis die Anwohner vom Lärm der teils frisierten Öfen ganz meschugge wurden.

Ein Sturzhelm war nur außerorts vorgeschrieben.

Die JAWA fuhr ich nicht sehr lange. Meiner damaligen Verlobten zuliebe, sie hatte Angst um mich, wenn ich alleine fuhr und Angst um uns beide, wenn sie mitfuhr, verkaufte ich das Schmuckstück am 18. Mai 1974 für glatte 1000,- Mark. Genau so viel hatte ich beim Kauf für die Maschine bezahlt, obwohl der Verkäufer damals 1200,- Mark haben wollte. Ich hatte aber nur tausend dabei, und der Bauer aus Mülsen Sankt Niklas wollte die Karre unbedingt loswerden.

Irgendwann Anfang der achtziger Jahre fuhr ich eine zeitlang nochmal einen Berliner Roller. Bei diesem hatte ich einen Kindersitz und eine Windschutzscheibe dazu. Somit konnten wir zu dritt unterwegs sein. Vor allem morgens konnte ich den Kleinen mit dem Roller in die Krippe und später in den Kindergarten bringen. Dieser Roller hat uns nie im Stich gelassen. Ich weiß gar nicht, warum ich ihn wieder verkauft habe.

Gelegt habe ich mich während meiner ersten Bikerkarriere ein einziges Mal. Als ich in Babelsberg die Kurve von der Scheffelstraße in die Behringstraße zügig durchfahren wollte, rutschte ich auf dem Märkischen Sand mit dem Hinterrad weg und lag auf der Nase. Außer ein paar Schürfwunden am Knie hat es zum Glück nichts weiter gegeben.

Reparieren konnte ich die meisten Dinge bei meinen Zweirädern selbst. Auch die Zündeinstellung der beiden Zylinder der JAWA war kein Problem. Es half mir dabei mein Personalausweis. Die Seiten hatten genau die Stärke des Abstandes der Unterbrecherkontakte beim oberen Totpunkt. Der Umschlag musste bei der Zündkerze unter die Elektrode passen, damit der Funke überspringen konnte.

Nach sechsunddreißig Jahren Abstinenz hat mich 2010 das Bikerfieber wieder gepackt, und ich hab mir eine 800er Kawasaki gekauft, eine Chopper. Seitdem fahre ich nach Feierabend und am Wochenende, wenn das Wetter passt, mit Begeisterung auf der sieben-Zentner-Maschine durch die Gegend.

Vorm Schreiben dieses Buches habe ich in alten Taschenkalendern geblättert. Dabei wurden die Jahre 1970 bis 1975 wieder lebendig. Alles, was mir während dieser Jahre wichtig erschien, habe ich unter dem entsprechenden Datum eingetragen. Zu der Zeit waren wir an fast jedem Wochenende tanzen, in Zwickau und später in Potsdam. Jetzt lese ich Namen, denen ich beim besten Willen kein Gesicht mehr zuordnen kann. Mit drei Mädchen hatte ich eine längere Beziehung. Marion durfte ich fünf Monate meine Freundin nennen, sie sagte immer liebevoll „Großer" zu mir. Mit Margitta war ich über ein Jahr zusammen, davon 6 Monate verlobt, und mit Biggi, meiner lieben Frau, bin ich nun schon, mit einem Jahr Unterbrechung, 52 Jahre verbunden.

Das Tanzen Gehen betrieben wir Jungs im Gegensatz zu den Mädchen als Mittel zum Zweck, denn das war die unkomplizierteste Art, jemanden kennenzulernen. Die Mädchen wollten das natürlich auch, aber darüber hinaus ebenso gern einfach nur tanzen.

Während sich die meisten Mädchen bereits zu Beginn einer jeden Veranstaltung auf der Tanzfläche tummelten und in Ermangelung männlicher Partner miteinander tanzten, brauchten die Herren der Schöpfung mehrere Bier und mindestens eine Stunde, um sich warmzulaufen. Außerdem musste genau ausgelotet werden, wen man aufforderte. Zu Beginn einer vorzugsweise langsamen Runde baute man sich dann vor der Auserwählten auf und fragte wie nebenbei:

„Woll'n wir tanzen?"

Hierbei war es von Vorteil, sich während der kurzen Tanzpause in der Nähe des betreffenden Tisches aufzuhalten, um den Mitbewerbern die berühmte Nasenlänge voraus zu sein.

Stand das Mädchen lächelnd auf, war die Schlacht schon halb gewonnen. Zog sie hingegen ein Gesicht, quälte sich hoch und ging stumm vor dem Aspiranten her zur Tanzfläche, war es garantiert nur ein Höflichkeitstanz, den sie dann aus irgendeinem

Grund vorzeitig abbrach. Vielleicht waren ihr an diesem Abend bislang nur lauter Trottel untergekommen, konnte ja sein. Aber immer nur „Nein" sagen ging auch nicht. Damit verprellte man womöglich den Traummann, denn das Geschehen wurde von den momentan Nichttanzenden genau beobachtet.

Trotzdem holte man sich öfter ein Kopfschütteln als ein Lächeln, jedenfalls die durchschnittlichen Typen, wie ich einer war. Dann tat man so, als habe man gar nicht gefragt und sei rein zufällig hier vorbeigelaufen auf dem Weg zur Theke, zur Toilette oder einfach nur so.

Mit der Zeit kannte man sich, zumindest vom Sehen, auch in einer so großen Stadt wie Zwickau. Man wusste, wer auf welche Typen stand und konnte die eigenen Chancen einigermaßen gut einschätzen.

Dennoch gab es immer wieder Überraschungen, wie die schöne Sylvia, die in der Reichenbacher Straße wohnte und traumhaft küssen konnte. Die lächelte mich an, als ich sie aus einer tollkühnen Laune heraus, vielleicht war es auch ein Nikolaschka zu viel gewesen, zum Tanzen aufforderte.

Leicht wie eine Feder schwebte Sylvia in meinem Arm übers Parkett und schmiegte sich bei der Schmuserunde an mich, dass mir heiß und kalt zugleich wurde.

Sylvia war eins achtzig groß, gertenschlank, hatte lange, schwarze, glänzende Haare, dunkle Augen und trug ein rotes Kleid. So hatte ich mir meine Traumfrau immer vorgestellt. Aber sie war launisch und zickte schon bei der ersten Verabredung dermaßen rum, dass ich auf weitere Treffen verzichtete. Dies schien in ihrem Sinn zu sein.

Jedoch: Von nun an kannten wir uns. Ein paar Mal noch brachte ich die schöne Sylvia nach Hause, die an solchen Abenden nur auf mich gewartet zu haben schien.

Die Tanzveranstaltungen in den großen Sälen begannen um 19:00 Uhr, Einlass war 18:00 Uhr, das Ende pünktlich um 24:00

Uhr, Samstag auch schon mal erst um 01:00 Uhr. Wenn man dann die Schlacht an der Garderobe gut überstanden hatte, konnte vielleicht noch die letzte Straßenbahn erwischt werden. Ansonsten drohte ein Fußweg von einer Stunde oder länger. Hatte man ein Mädchen abbekommen, wurde natürlich dieses erst heimgebracht, um anschließend nach Hause zu laufen. Das kam mir manchmal ganz schön sauer an.

Vor der jeweiligen Bühne, auf der sich die Kapellen mehr oder weniger erfolgreich im Nachspielen aktueller Hits abmühten, war die Tanzfläche. Rundherum gruppierten sich Tische und Stühle. Mit viel Glück erhaschte man bei rechtzeitigem Erscheinen einen Tisch für sich und seine Kumpels.

Die Band spielte immer drei Titel nacheinander, das war eine Runde und machte dann fünf Minuten Pause.

Gegen 22:00 Uhr war große Pause, eine halbe Stunde oder länger, danach wurde am Einlass nicht mehr kontrolliert. Wollte man vorher nach draußen, gab der Türsteher eine sogenannte Retourkarte aus. Die verlangte er beim Wiedereintritt zurück.

Spielte die Kapelle nicht besonders oder verließ man aus irgendeinem anderen Grund vorzeitig die Lokalität, behielt man die Retourkarte und hatte somit beim nächsten Mal freien Eintritt.

Meist war Selbstbedienung. Da konnte „Bier holen" in Arbeit ausarten, weil alle gleichzeitig Durst hatten. In der „Neuen Welt" sausten die Kellner mit vollen Tabletts, auf denen halbe Liter Bier gestapelt waren, durch die Tischreihen. Meist kamen sie nicht weit. So war es von Vorteil, nahe der Theke einen Tisch ergattern zu können.

In allen Sälen spielte eine Kapelle. Disko war gerade erst im Kommen. Der Eintritt kostete 3,10 oder 3,60 Mark, manchmal 4,10 Mark und beim Tanz- und Schauorchester Rostock 5,60 Mark, alles einschließlich zehn Pfennig Kulturabgabe.

Seinen Mantel oder die Jacke gab man an der Garderobe ab gegen eine Gebühr von dreißig Pfennig. Die Mädels hatten noch einen Beutel mit ihren Schuhen dabei, denn mit Straßenschuhen oder gar Stiefeln gingen sie nicht tanzen. Gefahren wurde natürlich mit der Straßenbahn.

Man saß auf Holzstühlen an Holztischen, meist mit weißen Tischdecken. Wer keinen Platz hatte, stand mit seinem Bierglas an der Wand oder am Geländer der Balustrade, wenn vorhanden.

An der Bar wurden Gin Fizz, Nikolaschka, Hummelrutsch, KIWI, KALI und weitere Spezialitäten ausgeschenkt. Es war eine Kunst, sich unauffällig durch die dort anstehende Traube von durstigen Leuten drängeln zu können.

Ich war kein Mädchenschwarm, kein Schönling und kein Muskelprotz. Zwar groß, schlank, blond und blauäugig, aber bebrillt und von eher durchschnittlichem Aussehen. So brauchte ich bei Schönheiten gar nicht erst anzutreten. Tat ich es doch, wenn sich zum Beispiel die Selbstüberschätzung proportional zum Bierkonsum entwickelt hatte, erntete ich im günstigsten Fall abschätzige Blicke und Kopfschütteln. Aus unerfindlichen Gründen ließ sich manchmal eine dieser Grazien herab, mit mir über die Tanzfläche zu stolpern, was mir einerseits Anerkennungspunkte bei meinen Freunden einbrachte, andererseits meinen Frust steigerte, denn ich war immer nur der Lückenbüßer, Eifersüchtigmacher, Notnagel. Also entschloss ich mich, diese Sorte Mädchen zukünftig weder zu mögen noch zu begehren, was mir anfangs sehr schwer fiel und wandte mich dem Rest der Damenwelt zu. Fortan bekam ich jede, die ich wollte, denn die ich nicht kriegte, wollte ich auch nicht.

Sehr bald lernte ich, meinen Typ bewusst einzusetzen und mich vorsichtig, wenn nötig über den „Hinterhof" oder sonstige Umwege anzuschleichen. Bevor dann das „Wild" die Falle überhaupt bemerkte, war sie längst zugeschnappt. Ich war der nette Kerl, der verständnisvolle Freund, der Seelenstreichler, an dessen Schulter man sich ausheulen konnte, der tröstete, von dem man sich ohne Hintergedanken nach Hause bringen, auch mal küssen lassen konnte und mit dem man sich einfach nur so verabredete. Dann aber war es bereits zu spät für eine Umkehr. Die Betreffende hatte die Warnungen ihrer Freundinnen in den Wind geschlagen und sich in mich verguckt.

Ich hatte mein Ziel erreicht und eine Zeit lang keine Probleme in Bezug auf Tanzpartner, Kinobegleiter, Langeweilevertreiber. Wenn die Braut jedoch nach einiger Zeit anfing, mich einzuladen und der Verwandtschaft vorzustellen, läuteten bei mir die Alarmglocken. Ich ergriff die Flucht und war liebend gern wieder ein paar Wochen solo.

Die Aktivität der Mädels ging im Extremfall sogar bis zur Festlegung eines Hochzeitstermines, verlobt waren wir schon, dem ich nur durch Präsentation einer von mir „schwangeren Exfreundin" entkam.

Der Exfreundin, die ich nie wirklich vergessen hatte, schrieb ich an einem einsamen Abend in meiner Junggesellenbude einen längeren Gruß, sie reagierte, und eineinhalb Jahre später haben wir geheiratet. Das ist jetzt (2025) schon neunundvierzig Jahre her.

Natürlich passierte es auch, dass mein Wirken sich ins Gegenteil verkehrte und ich der unfreiwillig Gefangene war, wie im Fall der blonden Brigitte, die ich genau dreizehn Tage meine Freundin nennen durfte. Brigitte tischte mir am letzten Tag unserer Beziehung, die eigentlich keine war, eine abenteuerliche Geschichte auf, von ihrem strengen Vater und einem Exfreund, von dem sie sich zwar getrennt habe, den aber der Vater als Schwiegersohn wolle. Dem väterlichen Willen könne sie sich nicht entziehen, die Hochzeit stehe auch schon fest und so weiter und so fort. Was Brigitte mir noch alles erzählte, vermag ich nicht mehr zu sagen.

Ich begriff nur eines: Sie wollte mich nicht mehr, und das zu einer Zeit, als ich vor Liebe lichterloh brannte. Warum ich damals nicht gestorben bin, weiß ich bis heute nicht.

Aber so geht es in der Welt, und Erfahrung macht nicht unbedingt klug, schon gar nicht in der Liebe, wie ein zweites Erlebnis dieser Art mir schon bald beweisen sollte. Es war die sechs Jahre ältere Monika aus Vetschau, die meinem Herzen eine tiefe Wunde zufügte, die spät verheilte und deren Narbe ich lange Zeit noch spürte.

Hell und lichterloh brannten immer wieder die Strohfeuer der Verliebtheit. Immer wieder war es die große Liebe und immer für die Ewigkeit. War das Feuer schließlich erloschen, tat ich mich mit dem Gehen schwer und richtete mich aus reiner Bequemlichkeit ein. Die gelockte Margitta hätte mich um ein Haar sogar geheiratet, wäre mir nicht im letzten Moment der Trick mit der Exfreundin eingefallen.

Tapfer widerstand ich dem Versuch einer jugendlichen Mitbewohnerin der Windbergstraße 54, die sich den „satten Fan", der neu eingezogen war, angeln wollte. Stattdessen ging ich lieber mit meinem Paps und Horst-Alfred von nebenan Skat spielen.

Später ging ich an den Wochenenden an mindestens zwei Tagen tanzen. Nachdem „Meridas" als letztes Lied der Blaulichtrunde „Set me free" aus dem Film „Blutige Erdbeeren" gespielt und damit die Weiblichkeit emotional weichgeklopft hatte, war große Pause. Die Massen strömten nach draußen, die Jungs um zu knutschen und zu fummeln, die Mädchen um sich knutschen und befummeln zu lassen. Kurz nach Mitternacht war der Tanz vorüber, man brachte die Schnecke nach Hause, fummelte noch ein bisschen vor der Haustür rum - das war's dann.

Wie viel das Inserat gekostet hatte, weiß ich nicht mehr.
Eines Tages stand in der „Freien Presse":

Junger Mann, 19/1,90, blond, blaue Augen,
sucht Briefwechsel mit nettem Mädchen.

Sage und schreibe 220 Zuschriften aus allen Teilen des damaligen Bezirkes Karl-Marx-Stadt konnte ich mir von der Anzeigenannahmestelle abholen. Tagelang hatten meine Schwester und ich zu tun mit Lesen, Sichten, Sortieren. Leider brachte die Aktion kein nachhaltiges Ergebnis zustande.

Die wenigen Jahre, die ich nach Beendigung meiner Lehrzeit noch in Zwickau geblieben bin, gingen schnell vorbei. Sehr bald wechselte ich vom Verkehrsbetrieb zum VEB „Sachsenring", wo mehr Geld verdient und im Schichtbetrieb gearbeitet wurde.

Mit meinen Schulkameraden traf ich mich nicht mehr.
Ich zog mit Manne Obst von nebenan, Münchi von gegenüber und manchmal mit dem Maron Wolfgang, den ich noch aus der Schule kannte, um die Häuser. Zuweilen ging es dabei recht lebhaft zu.

Noch gut erinnere ich mich an „Mausi", ein ausgesprochen hübsches Mädchen mit langen dunklen Haaren. Mausi war erst Münchis Freundin, später ging sie ein paar Wochen mit meinem Freund Manfred, um schließlich bei mir zu landen. Als wir nach einiger Zeit voneinander genug hatten, warf sie sich wieder in Münchis Arme. Der hat sie an einem Sonntagmorgen aus seinem Kinderzimmerfenster gehievt. Er wohnte im Parterre. Seine Eltern sollten wohl nichts mitbekommen. Ich stand bei uns am Badfenster und konnte die Szene beobachten.

Im „Amorsaal" in Mülsen Sankt Niklas brachten uns die Puhdys mit „smoke on the water" zum Ausrasten, im „Grünen Baum" in Glauchau gab es oft Schlägereien, und in der „Neuen Welt" in Pölbitz erzählte das „Tanz- und Schauorchester Rostock" die Geschichte von Jonny Ringo. Die „Neue Welt" war in jeder Hinsicht etwas Besonderes. Zum einen, weil an die dreitausend Leute bei jeder Veranstaltung Einlass fanden, deren Durst die lächerlich wenigen Mitarbeiter an Theke und Bar zu keiner Zeit Herr wurden, und weil sie zum anderen zwei Ränge besaß.

Balustraden mit Tischen und Stühlen gab es auch in der „Linde" in Schedewitz (Klubhaus Steinkohle) und in der „Lampe" am Schwanenteich (Klubhaus Grubenlampe oder Schwanenschloss), die waren aber längst nicht so groß und schön wie die in der „Neuen Welt". Hier konnte man ganz oben die Tanzfläche fast komplett umrunden. Es machte Vergnügen, mit einem Bier in der Hand das sich abstrampelnde Volk zu beobachten, um sich eine „Kirsche" für den nächsten Zugriff auszusuchen.

Im „Bergarbeiter – Casino", Zwickaus heimlichen Puff, bin ich nie gewesen, vielleicht eine Bildungslücke. Das Klubhaus „Sachsenring" gab es noch, den „Lindenhof" in Marienthal, der den Status eines Kreiskulturhauses besaß und das Klubhaus „Karl Marx" auf dem Brückenberg. Im Lindenhof machte ich sonntags zwischen fünfzehn und zwanzig Uhr beim Tanztee erste Tanzerfahrungen, die recht tollpatschig waren. Jedoch ging ich meist mit meiner Freundin Kriemhild aus der 10a dorthin. So fielen meine Verrenkungen weder auf noch ins Gewicht, denn Kriemhild war froh, mich bei sich zu haben. Im „Ringcafe" am Dr.-Friedrichs-Ring fanden die etwas gesetzteren Veranstaltungen statt, ebenso in der „Astoriabar" am Poetenweg und in der „Palastbar" in der Hauptstraße. Oft waren wir dort nicht. Etwas verrufen war das „Parkcafe" in der Bahnhofstraße.

Panta rhei sagt der alte Grieche, alles fließt, alles verändert sich. Manches jedoch bleibt, wie es war, und das ist gut so, wie die

Mokka-Milch-Eisbar an der Ecke Humboldt- und Schumannstraße. In die „Moc" gingen wir schon vor über fünfzig Jahren, saßen an der Bar, schlürften Cocktails und quatschten uns die Ohren ab, während Mouth und McNeal ihr „Ich ging durch Moskau" aus den Lautsprechern dudelten.

Die „Moc" gibt es noch heute, und noch immer treffen sich alle möglichen Leute in diesem Szenelokal. Schön.

Im Gegensatz zur „Moc" fiel der „Lindenhof" der Abrissbirne zum Opfer. Auch das „Schwanenschloss" sucht man heute in Zwickau vergebens. Das ist schade, denn beide Etablissements waren einzig in ihrer Art und immer gut besucht. Im „Lindenhof" fanden vom Tanztee bis zum Varieteeabend alle möglichen Veranstaltungen statt.

Nachdem ich 1972 meinen Lebensmittelpunkt nach Potsdam verlegt hatte, bemühte ich mich, in der dortigen Jugendszene Fuß zu fassen. Ich erkundete zusammen mit meinen drei Mitbewohnern, denen die Stadt ebenfalls fremd war, die entsprechenden Lokalitäten. Leider war die Bezirkshauptstadt im Bezug auf Tanzgelegenheiten auch nicht besser ausgestattet als meine Heimatstadt. An einfachen Tanzlokalen gab es das „Haus des Handwerks", das „Bolgar" und das „Drushba", ein ziemlich großer Kasten an der Heinrich-Mann-Allee, den „Lindenpark" in der Stahnsdorfer Straße in Babelsberg, das „Marchwitza" am Alten Markt und manchmal den „Charlottenhof" in Potsdam West. Als etwas kleinere Tanzgaststätten waren der „Klosterkeller", das „Minsk", die „Ufergaststätte" und der „Kahleberg" vorhanden. Das reichte natürlich für eine Stadt mit damals 120.000 Einwohnern nicht aus. Wir hatten immer zu tun, Einlass zu finden.

Allerdings fuhr ich anfangs jedes zweite Wochenende nach Hause, um dort die Säle unsicher zu machen. Auch meinen Urlaub verbrachte ich die ersten Jahre in meiner Heimatstadt.

So eine Wochenend-Rückfahrkarte kostete von Potsdam nach Zwickau und zurück sage und schreibe 25,- Mark. Unglaublich, oder?

In der Woche war um Mitternacht Schluss. Wenn wir dann den Hals noch nicht voll genug hatten, zogen wir zum Interhotel an der Langen Brücke. Die Hotelbar „Bellevue" hatte bis drei oder vier Uhr offen. Bier wurde in der Bar allerdings nur in Verbindung mit einer kleinen Flasche Sekt als „Herrengedeck" serviert.

Im Interhotel lernte man die etwas reiferen Damen kennen, die allerdings an anderen Herren als uns armen Schluckern interessiert waren. Doch manchmal reichte es für eine kurzlebige Bekanntschaft.

Viele Betriebe hatten ein eigenes Klubhaus mit großem Saal, wie das Reichsbahnausbesserungswerk (RAW) in der Friedrich-Engels-Straße oder das Karl Marx Werk in der Ernst-Thälmann-Straße, in denen Betriebsvergnügen oder öffentliche Tanzabende stattfanden.

Jedes Dorf hatte damals mindesten eine Kneipe, und jede Dorfkneipe besaß einen Saal. Oft genug wurde in den Sälen der Dorfkneipen geschwoft und somit die zwischenmenschlichen Beziehungen gefördert.

Im Werdau am Bahnhof etablierte sich eine der ersten Diskotheken im Bereich Zwickau. Dort war ich mit Marion tanzen gewesen. Es hat uns gefallen. Besonders die intensive Bestrahlung während der Blaulichtrunden. Die eingesetzte Beleuchtung ließ die weißen Nylonhemden und die künstlichen Zahnkronen fluoreszierend strahlen.

Als in Potsdam die Diskotheken aufkamen, mutierte die HOG „Weinbergterrassen", genannt „der Pickel", in der Gregor-Mendel-Straße rasch zum Kult. Jeden Tag legte ein anderer Discjockey auf. Die Bude war immer voll. Dort lernte ich am 10. Mai 1973 meine spätere Frau kennen.

Mein Cousin, der Hans-Jürgen aus Glauchau, lernte und studierte in den Siebzigern an der KJS Potsdam (Kinder- und Jugendsportschule), mit Richtung Leichtathletik, Schwerpunkt Stabhochsprung. Er war ziemlich gut dabei, hatte aber leider ein paar Unfälle, so dass er den Leistungssport schließlich aufgab. Er war wie ich um die einsneunzig groß. Wenn wir beide zusammen auftraten, schaute die Weiblichkeit. Manchmal gingen wir in den „Pickel" zum Tanz. So auch an jenem Donnerstag im Mai, als ich die Frau meines Lebens kennenlernte. Wir standen auf der Treppe zur Balustrade, während sie mit ihren zwei Freundinnen in Richtung Bar unterwegs war. Ein kurzer Blick von ihr nach oben und es war um mich geschehen. Ich verliebte mich wieder einmal Hals über Kopf und ahnte nicht, dass es diesmal ein ganzes Leben lang halten würde.

Erst einmal lief es ab wie üblich. Tanzen, „Seemann" an der Bar (ein Getränk ähnlich dem Gin Fizz), quatschen, wieder tanzen, noch ein Seemann (nach dem dritten wurde man willenlos). Nach dem letzten Tanz brachte ich Biggi, meine neue Eroberung, nach Hause. Ihr Zuhause war das Internat vom IfL Potsdam (Institut für Lehrerbildung) in der Otto-Nuschke-Straße, heute Lindenstraße. Biggi hatte dort zusammen mit drei weiteren Studentinnen ein Zimmer im Parterre mit Fenster zur Straße. Hier bin ich ein paar Wochen später in einem Anflug von Übermut, vielleicht war es auch ein „Seemann" zu viel, in ihr Zimmer geklettert. Sofort bekam sie Panik: „Wenn das jemand mitkriegt, oh man. Ich komme vor den Fahnenappell und was weiß ich nicht noch alles!" Damit warf sie mich wieder hinaus. Schade. Zu allem Überfluss habe ich mir bei der Aktion meine gute, im Exquisit gekaufte Hose aufgerissen.

Das Internat kannte ich übrigens von meiner zuvor gehabten Freundin, der Angelika, von ihren Freundinnen „Satzi-Ratzi" genannt, weil sie ein Langschläfer war, lang ratzte eben. Satzi war groß, schlank und die Tochter des Direktors der Plüschwarenfabrik in Thyrow bei Trebbin. Sie war kulturbesessen und schleppte mich zu einigen Veranstaltungen, wie zum Beispiel zum Kammerkonzert in das Pfarrhaus der Erlöserkirche in der Potsdamer Nansenstraße. Sie nahm außer mir ihre Freundin mit und ich den Christian. Die zwei zu verkuppeln gelang uns leider nicht.

Satzi zickte gerne rum, und die Verliebtheit hielt nicht länger als zwei Monate, dann lernte ich Biggi, von ihren Freundinnen „die Süße" genannt, kennen.

Die Biggi war auch nicht einfach zu händeln. Mal machte sie auf voll verliebt, zwei Tage später spielte sie Kühlschrank. Das zog sich ein paar Monate hin, dann war Feierabend. Nicht einmal mein Besuch in Rottstiel am Tornowsee, wo sie in den Ferien als Betreuerin einer Kindergruppe fungierte, konnte ihre Gefühle zu mir positiv beeinflussen. Dann eben nicht, dachte ich mir, und fuhr frustriert nach Hause. Dabei hatte ich mir extra eine 175er MZ ausgeborgt, meine JAWA streikte gerade.

Auf dem Heimweg, es war schon ziemlich spät und dunkel, tummelten sich Nachtfalter und anderes fliegendes Getier in solchen Mengen, dass man denken konnte, in einen Schneesturm geraten zu sein. Meine Lederjacke war komplett weiß. Darüber hinaus hatte ich den Tankinhalt der MZ falsch eingeschätzt und musste noch vor Nauen auf Reserve schalten. 'Macht ja nix', dachte ich, 'tank ich halt in Nauen nach'. Denkste! Servicefreundlich, wie's im Osten Sitte war, hatte die Tanke ab 22:00 Uhr geschlossen. Zu meinem Glück parkte ein freundlicher Wartburgfahrer neben mir. Er verkaufte mir einen vollen 5 Liter Kanister VK 88 für 10,- Mark, ein Wucherpreis. War mir aber egal, Hauptsache ich kam nach Hause.

Nun war wieder erstmal Solo angesagt, bis zu jenem Abend 1973, als ich mit Manfred im Ringcafe saß und meinen Cocktail schlürfte. Neben uns hatten sich zwei hübsche Mädchen niedergelassen. Man kam ins Gespräch. Dabei wir stellten fest, dass wir denselben Nachnahmen hatten. Ein Mädchen hieß wie ich, „Walther" mit TE HA. Das war die gelockte Margitta. Wir amüsierten uns köstlich und meinten, wenn wir schon denselben Namen haben, können wir auch „miteinander gehen".
So kam es dann auch.
Sylvester feierten wir gemeinsam im Klubhaus „Sachsenring". Am Neujahrstag stellte ich meinen Eltern meine neue Freundin vor.
Es folgten schöne Monate, in denen ich öfter als zuvor nach Zwickau fuhr, um mich dort mit Margitta zu treffen. Ein paarmal besuchte sie mich in Potsdam in meiner Junggesellenbude. Wir schliefen im schmalen Klappbett und hatten doch Platz genug.
Als wir eine Kollektivfahrt nach Mankenbach im schönen Thüringen machten, war Margitta an meiner Seite.
Im Sommer 1974 fuhren wir für zwei Wochen nach Leutenberg in Thüringen, wo wir im Bungalow der Sterzel Leni Urlaub machten und steckten uns dort am 8. Juni im „Weißen Lamm" gegenseitig den Verlobungsring an.

Drei Monate zuvor, am 26. März, hatte die Biggi an meine Tür geklopft. Sie war mit einer Freundin gekommen und wollte mich besuchen. Ihr Pech, dass Margitta die Tür öffnete und sich als meine Freundin vorstellte. Ich war gerade außer Haus gewesen. Biggi zog mit einem Flunsch von dannen und hakte mich ab auf ihrer Liste. Siehste! Wer zu spät kommt, den bestraft das Leben.

Aber das Leben schlägt manchmal völlig unerwartet einen Haken. Der Weg des Schicksals ist nie vorhersehbar.

Einen Tag nach meinem Geburtstag, am 8. November 1974, saß ich allein in meinem Zimmer und feierte gemeinsam mit einer kleinen Flasche Goldbrand meinen 24. nach. In einer romantischen Anwandlung griff ich zu Postkarte und Stift und schrieb einen Gruß - an meine Verflossene und nicht an meine Verlobte. Ein paar Tage später tauchte sie bei mir auf, und alles war wie früher, nein, es war anders, romantischer, tiefer, einfach besser. Wir gehörten zusammen, das war völlig klar.

Jetzt hatte ich ein Problem. Biggi verlangte eine Entscheidung. Wie sollte ich das Margitta beibringen? Wir wollten doch im nächsten Jahr heiraten und hatten auch schon einen Termin ausgemacht. Man, man, man.

Am 6. Dezember schließlich fuhr ich nach Hause. Einen Tag später ging ich mit meiner noch Verlobten zum Frank-Schöbel-Konzert, in den Lindenhof. Während „Frankiboy" auf der Bühne das Publikum in Stimmung brachte und sich mit einem Loblied auf „Sachsenring Zwickau" einschleimte, versuchte ich, mir eine Strategie zurecht zu legen. Margitta sah so glücklich aus.

Aber es half ja nichts. Auf dem Heimweg zerstörte ich ihren Traum und fühlte mich mies dabei.

Über Sylvester hatte ich Urlaub genommen und fuhr mit Biggi am 28. Dezember nach Hause, nach Zwickau. Meinen Eltern war meine neue Freundin von Anfang an sympathisch, obwohl sie Margitta auch mochten.

Den Jahreswechsel feierten wir im ehemaligen „Sport-Hotel" in Zwickau Pölbitz. Die Kneipe hieß jetzt „Zum Braumeister". Als zweite Vorspeise im vier-Gang-Menü für 12,45 Mark gab es Haifischflossensuppe. Brrr.

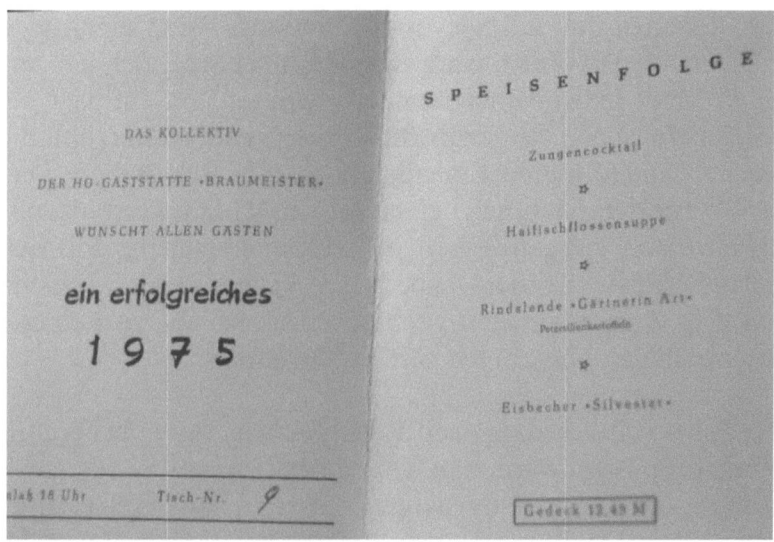

Das Jahr 1975 war ein schönes Jahr für uns.

Biggi hatte sich endlich für mich entschieden, und ich mich für sie. Wir sahen uns jedes Wochenende, meistens bei mir in Potsdam. Biggi hatte ihr Fachschulstudium abgeschlossen und wurde als frischgebackene Grundschullehrerin nach Nauen delegiert.

Manchmal fuhr ich auch zu ihr nach Nauen, wo sie ein Zimmer mit schrägen Wänden unterm Dach im Haus der Familie Sonnemann in der Florastraße bewohnte. Das Waschwasser musste man in einem Eimer auffangen und im Parterre bei Sonnemanns im Klo ausgießen.

Am 28. Februar wurde ich meiner zukünftigen Schwiegermutter vorgestellt und von ihr akzeptiert. Allerdings hätte es ihr auch nichts genutzt, wenn sie mich abgelehnt hätte. Lediglich mit meiner Raucherei konnte sie sich nicht anfreunden. Sie schickte mich vor die Tür, wenn ich mal eine knöseln wollte. Das konnte ganz schön nervig sein.

Das Rauchen gab ich Sylvester 1989 auf. Nicht etwa, weil es mir zu teuer geworden wäre, immerhin verqualmte ich an die hundert Mark jeden Monat, sondern weil ich seit ein paar Tagen ein Kribbeln in den Fingerspitzen verspürt hatte. „Durchblutungsstörung", lautete meine Eigendiagnose. Als Behandlung verordnete ich mir den Nichtraucherstatus. Tatsächlich verschwand das Kribbeln nach einigen Tagen der Nikotinabstinenz. Ich ließ es dabei bewenden. Seitdem habe ich kein einziges Mal auch nur einen Zug Zigarettenrauch genossen. Das ist mir zu keiner Zeit schwer gefallen, obwohl ich gern geraucht habe.

Die Fahrt von Potsdam nach Wittstock war fast eine Weltreise. Mit der Eisenbahn wäre man den halben Tag unterwegs gewesen und hätte ein paarmal umsteigen müssen. Zum Glück fuhr ein Bus manchmal auch zwei, wenn Andrang zu erwarten war, leider zu ungünstigen Zeiten. Abfahrt war 16:15 Uhr ab Potsdam Bassinplatz, so gegen 19:00 Ankunft in Wittstock am Bahnhof. Ganz schön lang für die 115 Kilometer, aber es wurde ja auch in jedem Kleckerdorf gehalten. Vom Wittstocker Bahnhof mussten wir dann noch durch die ganze Stadt bis zur Siedlung laufen, wenn der Anschlussbus weg war. Das war er oft.

Zurück nach Potsdam fuhr der Bus am Sonntag dreiviertel neun abends, kurz vor Mitternacht waren wir zu Hause.

Vergönnt war uns 1975 eine voreheliche Urlaubsreise - Camping auf dem Zeltplatz „Kamerun" an der Müritz bei Waren.

Das Zelt samt Standplatz gehörte dem Rat der Stadt Wittstock, bei dem meine Schwiegermutti stellvertretender Bürgermeister und Parteisekretär war.

Zum Zeltplatz gefahren und wieder abgeholt hat uns der Fahrer des Bürgermeisters mit dem rathauseigenen Lada.

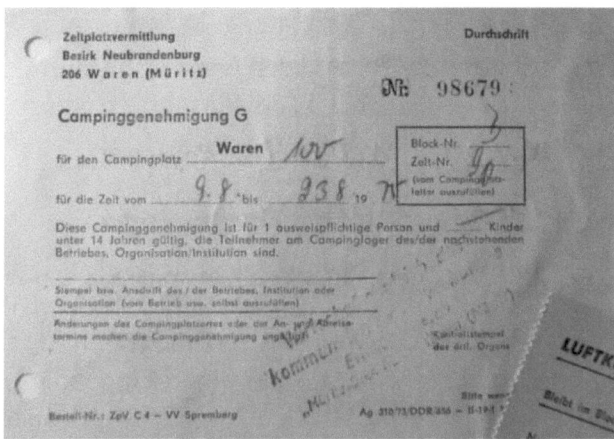

Jeden Morgen bin ich mit dem Klapprad, das zur Ausstattung gehörte, zum Kiosk gefahren um Brötchen zu kaufen, dann wurde gemütlich gefrühstückt, anschließend geschwommen, dann ausgeruht, danach wieder geschwommen. Im Ort waren wir zwei oder dreimal, um zum Beispiel Grillfleisch zu kaufen. Das Wetter war toll, wir hatten eine schöne Zeit.

Einmal hatte es sich eine Maus unter unserer Schlafkabine gemütlich gemacht. Sie raubte uns durch ihr ständiges hin und her Geraschel unter der Plasteplane den Schlaf. Diesem Treiben machte ich mit Hilfe meines Holzpantoffels ein Ende. Am nächsten Morgen trug ich die arme tote Maus auf einem Löffel zur Mülltonne.

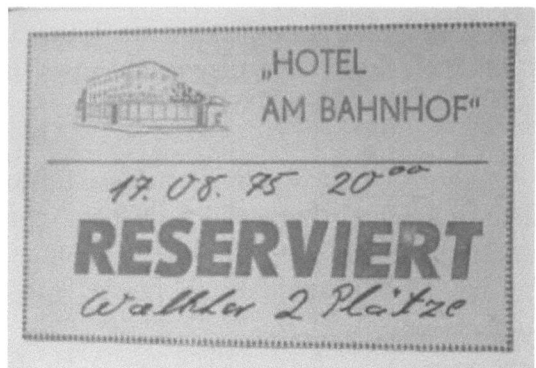

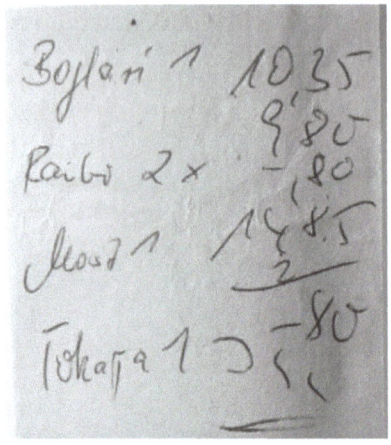

Tanzen waren wir einmal, im „Hotel am Bahnhof" in Waren Dazu haben wir uns mächtig in Schale geschmissen. Gekostet hat der Abend insgesamt 35,80 Mark. Eine Flasche „Boglari" war auch dabei.

Das erste Mal in Urlaub gefahren bin ich 1963 mit meinen Eltern, nach Klingenthal. Es war ein FDGB Ferienplatz. Wir wohnten bei einer Eingeborenen-Familie im Bungalow auf dem Hof. Zu den Mahlzeiten mussten wir den Berg runter bis zur Ortsmitte in die uns bewirtende Gaststätte.

Mein Paps durfte zwei riesige Koffer schleppen, mit unseren Sachen für dreizehn Tage, Bettwäsche und Handtücher dazu. Mutter trug eine große Tasche, ich einen Rucksack. Das gleiche war zwei Jahre später, als wir nach Tautenhain im Vogtland fuhren und dort zwei Wochen auf FDGB Kosten Urlaub machten. Hier stand die Vertragsgaststätte auch mitten im Ort. Unser Zimmer war in einem Haus auf halber Bergeshöhe.

Wir sind fast jeden Tag gewandert. Manchmal hatte ich wirklich keine Lust mehr, weil mir die Beine wehtaten, oder weil mich die Mücken piesackten, als wir nach Muldenberg zur Talsperre liefen. Einmal ist meine Mutti beim Überspringen eines kleinen Baches ausgerutscht und ins Wasser gefallen. Mein Paps und ich, wir fanden's lustig.

Um zum Urlaubsort zu kommen, fuhren wir mit der Eisenbahn, denn wir hatten kein Auto. Dieses Schicksal teilten wir mit den meisten ostdeutschen Familien. Im Jahr 1988 waren in der DDR bei ca. 17 Millionen Einwohnern lediglich 3,7 Millionen PKW zugelassen.

Also fuhren wir mit dem Zug. Das klappte ganz gut, wenn auch die Züge stets überfüllt waren.

Anfangs gab es bei der Deutschen Reichsbahn drei Beförderungsklassen, später nur noch zwei. Die dritte Klasse hatte Holzbänke mit Holzlehnen, die zweite Klasse gepolsterte Sitze und Lehnen, mit Kunstleder oder Plaste bezogen. In den Fernzügen gab es auch einzelne Abteile. Die erste Klasse hatte plüschig blaue oder rote Polstersitze mit weißen Tüchern am Kopfteil.
Wenn der Zug gerammelt voll war, haben wir uns manchmal in ein leeres Abteil der ersten Klasse gesetzt, aus dem uns der Schaffner wieder rausgeworfen hat. Wie hoch der Fahrpreis in der dritten Klasse war, weiß ich nicht mehr. In der zweiten Klasse kostete ein Kilometer 8 Pfennig, in der ersten Klasse 11 Pfennig. Eilzug- und D-Zug Zuschlag war mit 1,50 bzw. 3,00 Mark für alle Klassen gleich.

Die beiden genannten Urlaubsorte waren mit der Bimmelbahn zu erreichen, somit sparten sich die Eltern den Zuschlag.

In Klingenthal hatte ich ein Zimmer für mich im Bungalow. Das war klasse. Anstelle eines Waschbeckens stand auf der Kommode eine große Schüssel, daneben ein Riesenkrug mit Wasser, beides aus Keramik.
In Tautenhain musste ich gemeinsam mit einem fremden Mann im Ehebett schlafen. Das muss man sich mal vorstellen. Angefasst hat er mich nicht, aber nach dem Tanzabend am dritten oder vierten Tag kam er irgendwann mitten in der Nacht ins Zimmer, knallte sich ins Bett und kotzte das Kopfkissen voll. Dann schnarchte er bis in die Puppen. Meine Eltern beschwerten sich natürlich bei dem Verantwortlichen des FDGB Feriendienstes, den es in jedem Ferienort gab. Der führte ein klärendes Gespräch mit meinem Bettnachbarn, in dessen Folge dieser abreisen durfte. Ich hatte für den Rest des Aufenthaltes das frisch bezogene Doppelbett für mich allein und war zufrieden.

Hotels, in denen man Urlaub machen konnte, wie es heutzutage allgemein üblich ist, gab es zu meiner Zeit nicht. Es gab FDGB-Ferienheime und Betriebsferienheime. Über die Belegung der Betriebsferienheime entschied, wie der Name schon sagt, die Ferienkommission des jeweiligen Betriebes. Der Einfachheit halber wurden bei der Gelegenheit die Plätze der FDGB-Heime gleich mitverteilt. Ein Durchgang dauerte immer dreizehn Tage. Somit waren während der Sommerferien vier Durchgänge möglich.

An- und Abreise erfolgte für die gesamte Republik immer am gleichen Tag. Da kann man sich vorstellen, was auf den Bahnsteigen und in den Zügen los war.

Private Bungalows oder Lauben gab es auch noch im ganzen Land, besonders in beliebten Urlaubsregionen, wie Ostsee, Thüringen oder Erzgebirge. Diese wurden, wenn sie nicht vom FDGB Feriendienst mit Beschlag belegt waren, privat vermietet. So auch der Bungalow der Familie Sterzel in Leutenberg in Thüringen, wo ich mit Margitta, meiner damaligen Freundin, im Sommer 1974 Urlaub machte. Die Sterzel Leni war eine Bekannte meiner Mutter gewesen. Ich glaub, die sind zusammen zur Schule gegangen.

Der Urlaub mit Margitta fand seinen Höhepunkt in unserer Verlobung am 8. Juni im „Goldenen Lamm", der damals angesagten Gaststätte Leutenbergs. Wir steckten uns gegenseitig den goldenen Ring an, schwuren uns ewige Treue und machten fürs kommende Jahr im Sommer einen Hochzeitstermin aus.

Der Schwur hielt bis zum 7. Dezember, dann brach die Verlobung auseinander.

Die Republik machte mit acht Wochen im Juli und August und drei Wochen im Februar geschlossen Urlaub, jedenfalls die Familien mit schulpflichtigen Kindern und deren Pädagogen. Weil die Zahl der Urlaubseinrichtungen begrenzt war, konnte nicht jede Familie jedes Jahr mit einem Urlaubsplatz bedacht werden. Entsprechend begehrt waren diese. Der Feriendienst der Gewerkschaft gab sich alle Mühe, die Kapazitäten seiner Heime zu erhöhen. Er rekrutierte zu diesem Zweck alle verfügbaren privaten Ferienbungalows und Zimmer. Für den privaten Vermieter hatte das den Vorteil, dass der ohne jedes Risiko ganzjährig sein Zimmer bezahlt bekam, ob ein Feriengast drinnen wohnte oder nicht. Großartig Arbeit war damit nicht verbunden. Die Endreinigung und zwischendurch vielleicht mal fegen. Das wurde auch vom FDGB bezahlt, ebenso die Reinigung von Bettwäsche und Handtüchern.

Mancherorts gab es kein Ferienheim, nur etliche Privatquartiere, deren Bewohner in einem zu diesem Zweck vertraglich gebundenem Gasthof verpflegt wurden, was für den Wirt ebenfalls ein gutes Geschäft war.

Der Mangel an Ferienplätzen führte dazu, dass findige Zimmervermieter auch noch den letzten Hühnerstall als Urlaubsquartier anboten. Besonders an der Ostsee soll es in diesem Zusammenhang sagenhafte Bruchbuden gegeben haben.

Ich selbst habe 1971 zwei Wochen in einem winzigen Zimmer in Lubmin geschlafen. Zum Glück war das Wetter schön, ebenso die Tochter der Vermieterin, so dass die Größe der Unterkunft nicht ins Gewicht fiel. Am Ende dieses Urlaubes wollte die Vermieterin tatsächlich noch „Stromgeld" von mir haben, weil ich jeden Tag meinen Elektrorasierer benutzt hatte. Unglaublich, oder? Ich hab ihr was gehustet.

Eigentlich wollte ich mit dem Berliner Roller, den ich damals hatte, von Zwickau bis an die Ostsee fahren. Der Roller muss das geahnt haben, denn ausgerechnet am letzten Arbeitstag vorm Urlaub, als ich von der Mittagschicht nach Hause fahren wollte, gab der Kupplungsmitnehmer seinen Geist auf. Den Motor zu reparieren, einschließlich der Besorgung des Ersatzteiles, erschien mir angesichts der zur Verfügung stehenden Zeit von einem Tag als völlig unmöglich. Also vertraute ich meinen Körper samt Gepäck der Reichsbahn an.

Am Urlaubsort gab es Zoff mit der örtlichen Jugend. Wollten die doch tatsächlich mir einen „Denkzettel verpassen" und mich nach Strich und Faden vermöbeln. Die Ursache dieses gemeinen Planes war ein Tanz mit der Tochter einer Familie, an deren Tisch ich während der Urlaubsmalzeiten meinen Platz hatte. Mein Pech war, dass einer der Dorfdödels mit ihr hatte tanzen wollen. Die schöne Maid hatte ihn jedoch abblitzen lassen. Nun suchten sie jemanden, an dem sie ihr Mütchen kühlen konnten und glaubten, diesen Jemand in mir gefunden zu haben. Drei Burschen warteten nach Ende der Veranstaltung vor der Tür auf mich. Aber Pustekuchen!

Ich hatte während der ersten Tage am Strand einen Monteur des KKW Nord (Kernkraftwerk) kennen gelernt, der hier seinen Urlaub verbrachte oder einfach nur ein paar freie Tage am Strand rumlümmelte. Besagter Monteur war ebenfalls auf der Tanzveranstaltung zugegen, hatte irgendwie von dem hinterhältigen Plan Wind bekommen und warnte mich. Er konnte die Dorfjugend auch nicht leiden.

Wir gingen gemeinsam raus, und er begleitete mich ein Stück des Weges. Der Bursche war einsneunzig groß wie ich aber doppelt so breit. Es traute sich Keiner an uns ran.

Selten gab es Privatzimmer, deren Ausstattung über dem Durchschnitt lag. Ein solches bewohnten wir in einem leider total verregneten Sommer an der Ostsee im „Haus Getrud" in Nienhagen nahe Kühlungsborn. Das Zimmer war nicht nur sehr geräumig, sondern hatte auch ein großes Bad nebenan. Das „Haus Getrud" stand am Ortseingang, der Essentempel am anderen Ende des Ortes, in Strandnähe. So war uns ein Fußweg von gut fünfzehn Minuten für eine Strecke dreimal täglich sicher.

Bad oder Dusche gehörten in der Regel nicht zum Zimmer. Meist war im Raum ein Waschbecken angebracht, wenn man Glück hatte kalt/warm. Zur weitergehenden Körperreinigung gab es Etagenduschen bzw. Bäder. In Neustadt im Südharz konnten wir die entsprechende Einrichtung im Parterre fürs gesamte Haus des Ferienheimes „Zur Sonne" nutzen.

Zum FDGB-Ferienplatz gehörte eine Vollverpflegung, zum Frühstück Malzkaffee, Milch oder Tee. Bohnenkaffee musste man extra kaufen. Manchmal wurden am ersten Urlaubstag Wertmarken für den Morgenkaffee der nächsten zwei Wochen verkauft, ein Kännchen für zwei Mark, so dass man bei zwei Erwachsenen gleich mal achtundvierzig Mark loswurde.

Ansonsten war der FDGB-Urlaub eine preiswerte Angelegenheit. Im Durchschnitt kostete so ein Ferienplatz pro Erwachsenen um die achtzig Mark, für ein Kind wurde man ca. dreißig Mark los. So hatten wir für unsere dreiköpfige Familie fast jedes Jahr Urlaub für unglaubliche 190,- Mark, Vollverpflegung inklusive. Das muss man sich mal vorstellen. Für diesen Betrag in Euro können Sie heutzutage im gleichen Zeitraum nicht mal Kaffee trinken gehen.

Natürlich war die Ausstattung der Zimmer nicht eben üppig. Radio oder gar ein Fernsehgerät gehörten nicht dazu, Telefon gleich gar nicht. Na und? Man kam raus, war unterwegs, lernte das Land und andere Leute kennen.

Die Verantwortlichen vor Ort gaben sich viel Mühe, die ihnen anvertrauten Urlauber bei Laune zu halten. Der Kennenlernabend war, wie auch der Abschiedsabend, als Tanzveranstaltung sehr beliebt. Geführte Wanderungen gehörten zum kulturellen Angebot wie auch Diavorträge, Sportwettbewerbe wie Bogenschießen und Kegeln, Filmvorführungen und so weiter.

Wir konnten ab 1982, als unser Sohn im reisefähigen Alter von vier Jahren war, in fast jedem Jahr abwechselnd vom Betrieb Mann / Frau einen Urlaubsplatz ergattern. Wir sind gern gefahren. Der Urlaub hat uns immer Spaß gemacht. Wir haben uns jedes Jahr auf diese Ferien gefreut. Während der knapp zwei Wochen hatten wir Gelegenheit, Thüringen, das Erzgebirge, die Ostsee, den Harz, die Dresdner Heide und vieles mehr zu erkunden. Schön war's.

Bevor der Urlaub so richtig begann, stand die Anreise als kollektives Erlebnis auf dem Plan, Ebenso wie der Ferienplatz war die Eisenbahnfahrt äußerst günstig. Pro Person und Fahrkilometer musste in der zweiten Klasse lediglich acht Pfennig gezahlt werden. War es ein Ferienplatz von der Gewerkschaft, kamen nochmal ein Drittel Ermäßigung hinzu. Die Gewerkschaftsmitglieder, und wer war das nicht, hatten darüber hinaus die Möglichkeit, zweimal pro Jahr „auf FDGB" zu verreisen mit eben diesem Drittel Ermäßigung.

Natürlich waren die Züge immer voll, zumindest die Fernzüge. Wer keine Platzkarte hatte, die extra kostete, brauchte sich zur Hauptreisezeit keine Hoffnung auf einen Sitzplatz zu machen. Wir hatten in einem Jahr die zündende Idee, nachts zu fahren. Wie sich am Bahnhof herausstellte, hatten tausend andere die gleiche Eingebung. Also standen wir im Schnellzug von Potsdam bis Dresden im Gang. Unser Sohnemann spielte zwischen den Reisenden mit seinen Autos. Von Dresden ging es weiter bis Bad Schandau, dann über Sebnitz nach Krumhermsdorf, unserem Urlaubsziel, wo wir zur Frühstückszeit ankamen. Die Besatzung des Ferienheimes war noch am Saubermachen, hatte aber Mitleid mit uns. Wir bekamen ein gutes Frühstück mit frischen Brötchen und kräftigem Kaffee, den wir nicht einmal extra bezahlen mussten. Dankeschön.

Waren die Bahnfahrten auch manchmal beschwerlich, besonders mit zwei großen Koffern, einer Reisetasche und einem Campingbeutel, wir nahmen's mit Humor, ließen uns nicht unterkriegen und hatten eine schöne Zeit.

So ein FDGB-Urlaub war auch immer eine gute Gelegenheit, Leute kennenzulernen. Man war entspannt, aufgeschlossen und bereit, gemeinsam zwei schöne Urlaubswochen zu verbringen. Durch die Kinder, die sofort Freundschaft miteinander schlossen, lernte man sich ganz schnell kennen.

Wir wanderten zusammen und saßen, nachdem abends die Kinder ins Bett gebracht wurden, oft in der Kneipe bei einem Bier beieinander.

Wer eine Reise macht, der kann was erzählen. Vor allem von seinen Erlebnissen mit der Deutschen Reichsbahn. Nicht nur, dass zu wenig Züge fuhren und die Züge, die fuhren, zu wenige Wagen hatten, es waren auch Verspätungen an der Tagesordnung. Ich kann mich zum Beispiel nicht erinnern, dass der Interzonenzug nach Hof, den ich von Potsdam bis Werdau regelmäßig benutzte, um nach Hause zu fahren, jemals pünktlich gewesen ist, und ich bin fast fünf Jahre lang jedes zweite Wochenende gefahren. Zum Glück warte-te der Anschlusszug in Werdau, der mich kurz vor Mitternacht nach Zwickau bringen soll-te, immer auf unser Eintreffen.

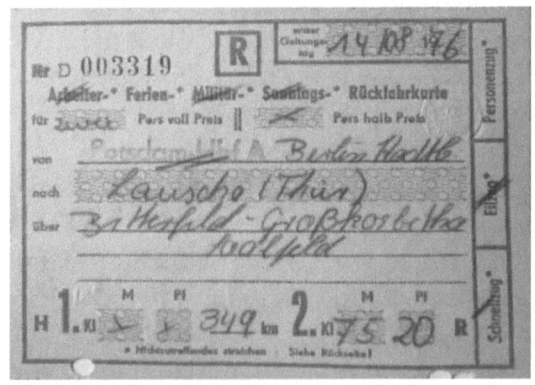

Das Problem der Anschlüsse, wenn wir in Urlaub fuhren, beschäftigte uns jedes Jahr aufs Neue. Obwohl ich die Zeit zum Umsteigen großzügig plante und auch Zeitpuffer eingebaut hatte, schaffte es die Reichsbahn oft, meine Planung über den Haufen zu werfen.

Ein schönes Beispiel dafür lieferte die Fahrt von Potsdam nach Lauscha 1976. Abfahrt sollte um 5:33 Uhr ab Potsdam sein. Leider wurde daraus 6:13 Uhr, und der Schnellzug war weg. So ging es dann über Schönefeld, Halle, Weißenfels und Saalfeld bis wir um 16:15 in Lauscha eintrafen. Zehn Stunden Bahnfahrt waren der „Lohn" für vierzig Minuten Verspätung des Zubringers. Vielen Dank.

Zum Glück war der Bahnhof „Oberlauscha" nicht weit entfernt von der Urlaubsunterkunft.

Heute würden wir mindestens vierundzwanzig Stunden benötigen, um uns von diesen Strapazen zu erholen. Damals ruhten wir uns eine halbe Stunde aus und gingen anschließend in den Ort hinunter, um ein Cafe zu suchen. Ja, mit Mitte zwanzig steckt man sowas locker weg. Auch die vielen Wanderungen über Berg und Tal, die wir während dieses Urlaubes unternahmen, machten uns nicht viel aus, obwohl auch schon mal Strecken von 20 bis 25 Kilometer dabei waren. Umso besser schmeckte das Pils am Abend.

Die Wanderrouten planten wir immer so, dass unterwegs eine Einkehrmöglichkeit bestand. Allerdings kam es vor, dass an der Kneipentür ein „Heute Ruhetag" Schild hing. Dann wichen wir auf einen Kiosk aus oder auf HO oder Konsum, von denen es in jedem kleinen Ort ein Geschäft gab. Hier jedoch durfte man nicht zwischen zwölf und fünfzehn Uhr kommen, da war Mittagspause. Auch konnte es passieren, dass im Konsum keine Brötchen mehr vorrätig waren, die Brause gerade alle war und dergleichen mehr. Heute unvorstellbar, Mitte der siebziger Jahre Normalität. Die Rennsteigbaude in der Nähe von Neuhaus hatte geschlossen, weil kein Strom durch die Leitung floss.

Den Urlaub in Lauscha nahmen wir als unsere Hochzeitsreise, Venedig war ausgebucht.

Im Jahr nach der Lauschareise fuhren wir nach Olbersdorf ins Zittauer Gebirge. Die Bahnfahrt von rund 500 km kostete hin und zurück für zwei Personen 65,60 Mark.

Eine kleine Laube bei einer netten Familie im Garten hatten wir gebucht. Man konnte drin schlafen und frühstücken. Vor dem Häuschen stand eine Bank, auf der wir mit einer Flasche Bier (0,33l für 48 Pfennig) den Abend ausklingen ließen, wenn wir Stulle gegessen hatten. Manchmal sah uns die „Zeisigschänke" etwas weiter im Ort zum Abendbrot. Dort war es urgemütlich. Die Wirtin machte sagenhafte Bratkartoffeln, dazu Schnitzel, Buletten, Bratwurst – das Übliche halt. Spiegelei zu den Bratkartoffeln gab es auch. Ein kleines „Helles" (0,25 l) kostete damals 40 Pfennig.

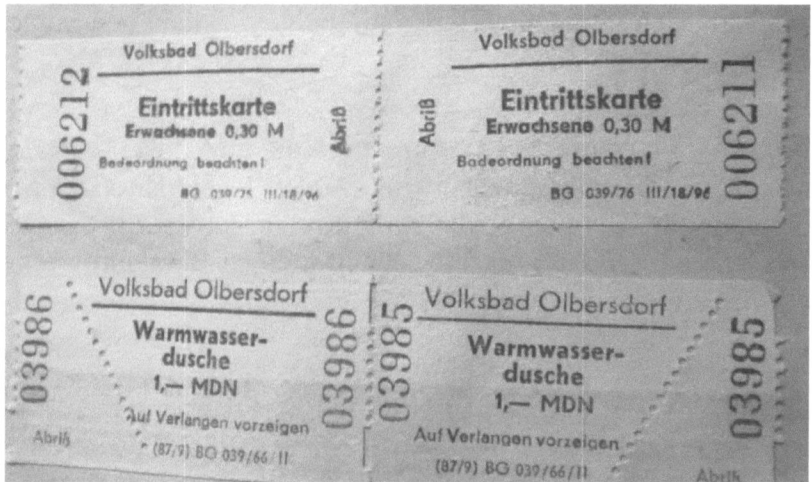

Das Freibad im Ort konnte sich einige Male mit unserem Besuch schmücken, weil das Wetter die ganze Urlaubszeit über sommerlich war. Die gesamte Anlage machte einen sehr gepflegten Eindruck. Eintritt kostete 30 Pfennig pro Person, egal wie lange man blieb. Wir duschten nach dem Schwimmen ausgiebig unter der Warmwasserdusche für eine Mark pro Person, denn eine Dusche oder Wanne war in der Laube nicht vorhanden.

Die umliegenden Berge, z.B. der „Oybin" mit 20 Pfennig Eintritt pro Person, und Sehenswürdigkeiten, wie die berühmte Blumenuhr in Zittau, wurden erwandert, und schon ging es wieder nach Hause.

Unterwegs gab es manchmal Bockwurst und Brause. Natürlich stand in jedem Ort mindestens eine Gaststätte. Die waren jedoch zu Mittagszeit hoffnungslos überfüllt, und ein Mittagessen in der Kneipe kostete mehr als der Dampfriemen am Kiosk.

Die nächsten Jahre fiel der Urlaub flach, denn im Sommer '78 wurde unser Sohn geboren. Da hatten wir genug zu tun, um alles auf die Reihe zu bekommen. Außerdem war das Mindestalter für Kinder bei einer FDGB Ferienreise vier Jahre. Auch wäre eine Urlaubsreise mit einem Kleinkind nicht wirklich entspannend gewesen.

Der Zufall wollte es, dass meine Kollegin 1981 keine Lust mehr auf Wassertourismus hatte und sie ihr Boot loswerden wollte. Eintausend Mark sollte der Kahn kosten. Ich ergriff die Gelegenheit beim Schopfe, machte schnell meinen Bootsführerschein und wurde Freizeitkapitän.

Ab sofort hatte ich das Kommando über einen Wanderkanadier mit einem 2,5 PS Außenbordmotor. Einen Liegeplatz gab's in einer Bootshalle an der heutigen Kastanienallee für wenig Geld dazu. Wollten wir den Kahn zu Wasser lassen, musste zuerst ein

Bootswagen organisiert, das Boot aus der Box auf den Wagen gezogen und den Wagen samt Boot hangabwärts zum Steg gerollt werden. Dann wurde der Kanadier über eine vorn am Steg angebrachte Hartgummirolle ins Wasser geschoben.

Das war relativ leicht machbar, aber nach Beendigung der Tagestour musste das Boot wieder aus dem Wasser und in die Halle gebracht werden. Da kam Freude auf, denn so ein Holzboot, immerhin 5,70 x 1,30 m, ist mindestens siebzig Kilo schwer.

Im meinem ersten Jahr als Kapitän schipperten wir an den Wochenenden und im Urlaub ziemlich oft auf der Havel herum. Unserem Sohn machte das Bootfahren ebenfalls Spaß. Er verbrachte die Zeit während der Fahrten mit Schlafen.

Ab 1982 fuhren wir wieder im Sommer auf FDGB in der Republik umher. Irgendwann hatten wir keine rechte Lust mehr auf Boot und Wasser. Ich verkaufte unseren Kanadier samt Liegeplatz für eintausend Mark an meinen Kollegen, den Peter.

Großartig weit weg sind wir mit dem Boot nicht gefahren, maximal bis zum großen Zernsee, nach Werder, Töplitz und wieder zurück. Meist jedoch auf den Glindower See oder den Petzinsee. Dort ankerten wir und badeten. Zwischendurch gab es mitgebrachte Stullen und Brause oder Tee.

Schnell fahren war mit dem kleinen 2,5 PS Thümmler nicht drin. Wenn ich ihn ausmachte, um z.B. durch den Wentorfgraben zu paddeln, Motorboote waren dort verboten, musste der Motor erst eine Weile abkühlen, bevor ich ihn wieder starten konnte.

Von Herbst bis Frühling hatte ich genug Zeit, um den Bootskörper außen zu beschleifen und mit hellblauem Bootslack anzustreichen, dazu die Persenning schön mit Imprägnierspray behandeln. Schon war der Kahn wieder fahrbereit.

Unser erster Urlaub mit Kind führte 1982 nach Neustadt/Südharz.

Die Zugfahrt verlief problemlos. Als wir in Nordhausen ankamen, wartete vor dem Bahnhof bereits der Bus, der uns über die holprige Landstraße an unseren Urlaubsort bringen sollte.

Untergebracht waren wir im Bettenhaus „Zur Sonne", die Mahlzeiten wurden im „Ratskeller" in der Ortsmitte eingenommen. Die Kneipe gibt es heute noch.

Es gab zwei Durchgänge zu den Mahlzeiten. Wir entschieden uns für Durchgang eins, da wir sowieso zeitig munter waren, denn kleine Kinder schlafen bekanntlich nicht sehr lang. Natürlich waren wir zu Mittag und beim Abendbrot auch zeitig fertig. Somit hatten wir Gelegenheit, unseren Sohn ins Bett zu bringen und einen Tisch im Biergarten mit Beschlag zu belegen, bevor der Ansturm begann.

Hier saßen wir die meisten Abende mit einer Familie aus Demmin, die eine pubertierende Tochter hatten, Herr und Frau Seifert aus Dresden, ohne Kind, und einem weiteren Ehepaar, das drei Kinder hatte, einen Jungen und zwei Mädchen, und quatschten uns bis spät abends die Ohren ab. Der kleine Bub kam so manches Mal die Treppe runter und in den Biergarten, weil er nicht einschlafen konnte oder wollte. Eine der Frauen brachte ihn dann wieder ins Bett. Die anderen Kinder machten keine Probleme.

Zum Zimmer gehörte ein kleiner Balkon, von dem aus das Dach des Nachbarhauses beobachtet werden konnte. Dort saßen wir oft, wenn der Kleine Mittagsschlaf machte, lasen oder betrieben Augenpflege. Im Zimmer selbst war ein kleines Waschbecken, die Duschen waren im Parterre für das ganze Haus.

Neustadt besitzt einen Gondelteich, ein schönes Freibad und einen Bach, der den gesamten Ort durchfließt. Auf dem nächsten Berg thront die Ruine der Burg Hohnstein, unser mehrmaliges

Wanderziel, denn Ruinen von Ritterburgen besitzen auf kleine und große Jungen eine unwiderstehliche Anziehungskraft.

Das Ehepaar Seifert saß während der Mahlzeiten an unserem Tisch. Sie hatten einen Narren an unserem Sohn gefressen. Der Kleine mochte sie auch sofort und nannte sie gleich Oma und Opa. Die beiden freute es. Sie besaßen einen Skoda MB 1000 und nahmen uns einige Male zu Ausflügen mit. So fuhren wir mit ihnen zum Kyffhäuser Denkmal und zur Burg Stolpen, wo ein malerisches Außenklo an der Kemenate der Gräfin Cosel hing. Sie brachten uns zum Bahnhof nach Ilfeld, von wo aus die Harzquerbahn bis Wernigerode startete, und nach Rübeland, damit wir die Baumannshöhle erkunden konnten.

Eine Kremserfahrt gab es, zwei Tanzabende und viel Gegend zum Erkunden.

Krumhermsdorf am Rande der Sächsischen Schweiz war im Sommer 1983 unser Urlaubsziel.

Über die Anreise wurde bereits weiter vorn berichtet. Vom ersten Tag an hatten wir guten Kontakt zu unseren Miturlaubern, besonders zu einer Familie aus Potsdam mit zwei Mädchen, zwei, drei Jahre älter als unser Sohn, und einem Skoda MB 1000. Obwohl es mit vier Erwachsenen und drei Kindern recht eng in dem Auto war, nahmen sie uns ein paarmal zu Ausflugszielen mit, zu denen wir ohne Fahrzeug nicht gekommen wären.

Untergebracht waren wir in einem separaten Haus. Unser Zimmer hatte drei Betten, einen Schrank und ein Waschbecken, Tisch und Stühle auch. Zwei Duschen gab es auf unserer Etage, die wir uns mit den anderen Urlaubern im Haus teilen mussten, was keine Probleme bereitete. Oft badeten wir im Swimmingpool auf dem Gelände, was das Duschen überflüssig machte.

Die Gaststätte samt Ferienheim lag auf dem Berg in Richtung Bahnhof, wenn man den Haltepunkt so nennen will. Auf halber Bergeshöhe befand sich die Dorfkneipe, die an Gemütlichkeit nicht zu überbieten war. Dort waren wir zwei, dreimal des Abends gemeinsam mit den anderen Potsdamern zu Gast und hatten anschließend arge Probleme, den Berg wieder hoch nach Hause zu kommen.

Eine Tour führte uns tief hinein in die Sächsische Schweiz. Wir ließen uns in Bad Schandau absetzen, fuhren mit der Kirnitzsch-talbahn zum Lichtenhainer Wasserfall und wanderten von dort hinauf zum Kuhstall, einer speziellen Felsformation. Dort gab es eine Ausflugsgaststätte mit großem Biergarten und kleinem Kiosk, dessen Mitarbeiter den Touristenansturm kaum bewältigen konnten. Aber im Urlaub hat man ja Zeit.

Weiter ging es entlang der Felsen, durch Schluchten, über schmale Steige bis zu Himmelsleiter und diese empor. Zum Glück blieben wir in dem schmalen Aufstieg nicht stecken.

Die Anreise zur Festung Königstein anderentags erfolgte mit einem Schaufelraddampfer auf der Elbe von Bad Schandau aus. Die Fahrt kostete 45 Pfennig. Der Weg hoch zur Festung war steil und lang. Belohnt wurden wir mit einer herrlichen Aussicht und einem Blick in den 152,5 Meter tiefen Brunnen der Festung.

Eine Bootsfahrt auf der Oberen Schleuse in Hinterhermsdorf für eine Mark genehmigten wir uns, auch den Besuch von Burg und Stadt Hohnstein. Wanderung durch das idyllische Polenztal, Besteigung des „Brand", dessen Gaststätte leider geschlossen hatte, Besteigung der Götzinger Höhe, des Ungerberges samt Turm (Eintritt 30 Pfennig) und des Pfaffensteins waren weitere Ausflugsziele.

Die längste Strecke liefen wir gemeinsam mit unseren Bekannten am vorletzten Tag unseres Aufenthaltes. Wir fuhren mit dem Skoda bis Schmilka, gingen dort über die Grenze in die Tschechoslowakei und wanderten bergan zum Prebischtor, einer attraktiven Felsformation. Nach Zahlung von einer tschechischen Krone pro Nase konnten wir das Tor passieren. Weiter ging es auf einem herrlichen Wanderweg auf halber Bergeshöhe bis nach Mesna, wo wir superleckere Knödel serviert bekamen. Gestärkt stiegen wir zur Klamm hinunter und liefen an ihrem Rand zurück nach Hrensko.

Die Skoda-Familie nahm am Abreisetag unsere Koffer mit nach Potsdam, so dass wir unbeschwert mitten in der Nacht, der Zug fuhr um 4:35 Uhr, leichtfüßig zum Bahnhof laufen konnten. Sanft schaukelte uns der Bummelzug durch sieben Tunnel in den Morgen nach Sebnitz, wo schon der Schnellzug wartete.

Oberwiesenthal hieß das Urlaubsziel im Sommer 1985.

Ab Potsdam Hauptbahnhof, heute Bahnhof Pirschheide, um 5:22 Uhr – an Oberwiesenthal 12:56 Uhr, inklusive zahlreicher Aufenthalte und dreimaligem Umsteigen. Von Cranzahl bis Oberwiesenthal fuhr eine Dampflok betriebene Schmalspurbahn. Im Haus Fichtelberg, auf halber Höhe des gleichnamigen Berges gelegen, bekamen wir Obdach, in einem für die damaligen Verhältnisse bomfortionösem Appartement mit der Nummer 529, zwei Zimmer mit Dusche, WC und kleinem Flur. Das ganze Haus beherbergte weit über eintausend Gäste. Dementsprechend war während der Mahlzeiten ordentlich was los im Speiseraum, trotz der drei Durchgänge. Das Essen war hervorragend, sehr abwechslungsreich, sehr schmackhaft, sehr reichlich. Nur die „Schlacht am Buffet" morgens und abends war nicht nach unserem Geschmack.

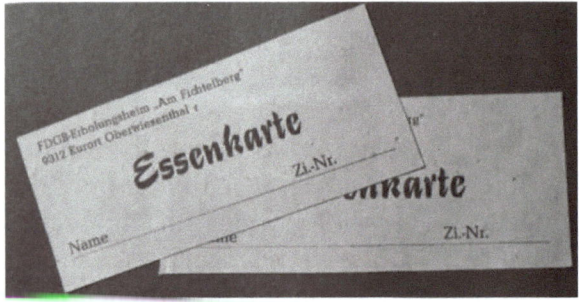

Der Kurort empfing uns mit Regen. Am Bahnhof wartete der Bus, der uns bis zum FDGB Heim brachte. Die Koffer wurden extra transportiert. Das kostete pro Gepäckstück 50 Pfennig.

Im Heim gab es mehrere Gaststätten, eine Bar, ein Cafe und ein Schwimmbad. Dreimal nahmen wir die Einladung zum Tanz an. Ein Abend davon ist mir in Erinnerung geblieben, bei dem die Kapelle mehrmals „live is live" spielte, ein Song, der die Band „Opus" 1984 mit einem Schlag berühmt machte.

Es gab auch hier, und das in größerem Maße als anderswo, neben den Tanzabenden noch die anderen üblichen Urlauberbelustigungen. Beim Kegelwettbewerb nutzten wir unseren Vorteil schamlos aus und kegelten die anderen Teilnehmer mühelos an die Wand.

Wir wanderten fast jeden Tag. Auf unseren Wegen trafen wir keine Menschenseele, obwohl in Oberwiesenthal und allen umliegenden Orten unzählige Quartiere vorhanden waren. Ich frage mich, wo sich die Urlauber alle rumgetrieben haben.

Den Fichtelberg erklommen wir mehrmals auf unserem Weg zum „Roten Vorwerk". Den „Zechengrund" durchliefen wir, immer am Grenzbach entlang. Die Orte Tellerhäuser und Neudorf konnten sich über unseren Besuch freuen. In Neudorf kauften wir eine Christbaumbeleuchtung und fuhren mit der Bimmelbahn zurück.

Die Turmbesteigung auf dem Fichtelberg, mit dem Fahrstuhl für 50 Pfennig, durfte ebenso wenig fehlen wie eine Fahrt mit der Kabinenbahn am Seil für eine Mark.

Am Abreisetag mussten wir zum Glück nicht so zeitig aufstehen. Unser Zug fuhr erst um 10:57 Uhr. Allerdings waren wir dadurch erst nach 19:00 Uhr wieder zu Hause in unserer gemütlichen Wohnung in der Leninallee 34 in Potsdam.

Der „Heidehof" in Weinböhla war uns im Sommer 1986 zugeteilt worden.

Wir fuhren das erste Mal am letzten Schultag, gleich nach Unterrichtsende, in die Ferien. Der letzte Schultag war zugleich der letzte Sonnentag einer Schönwetterperiode. Ab dem nächsten

Urlaubstag begleitete uns grauer Himmel und Regenwetter in der Dresdner Heide.

Wir ließen uns aber nicht die Laune verderben und machten das Beste daraus.

Allerdings begann der Urlaub mit einer kleinen Panne.

Wir sollten in Dresden Neustadt aussteigen, dann mit dem Bus wieder zurück fahren bis zur Haltestelle „Neuer Anbau" und anschließend den Trampelpfad durch den Wald nehmen. Auf das letzte Stückchen Weg freute ich mich schon riesig und dachte dabei an unsere Monsterkoffer.

Wie üblich hatte der Zug Verspätung und hielt schließlich außerplanmäßig in Weinböhla. Wir ergriffen die Gelegenheit beim Schopfe, das Gepäck mit fester Hand und sprangen aus dem Zug. Warum erst bis Dresden Neustadt fahren, wenn man so günstig aussteigen kann, dachten wir. Das war ein Fehler, denn von Weinböhla gab es keine Verbindung mit öffentlichen Verkehrsmitteln zum Heidehof, wo wir so dringend hinwollten. Kurzentschlossen riefen wir beim Heidehof an, Zum Glück hatten wir die Telefonnummer, die Telefonzelle auf dem Bahnhof funktionierte auch. Wir schilderten die Situation, wurden belehrt, dass wir falsch ausgestiegen seien und bekamen das Versprechen, abgeholt zu werden, es könne aber dauern. Wider Erwarten ging es dann relativ schnell. Ein B 1000 brachte uns zu unserem Bungalow, der für die nächsten dreizehn Tag unser zu Hause sein sollte.

Den Bungalow teilten wir uns mit einem Ehepaar aus Dessau, wobei jede Familie natürlich ihr Zimmer samt Dusche und WC für sich hatte.

Frühstück und Abendbrot gab es in der Gaststätte, die zu dem kleinen Bungalowdorf gehörte. Um das Mittagessen musste man sich selbst kümmern.

Schnell fand sich nach dem Abendessen eine gemütliche Runde zusammen, deren harter Kern, zu dem auch wir gehörten, fast jeden Abend bis spät beieinander saß und klönte. Wollten wir dabei unser Bierchen trinken, mussten wir uns gleich nach dem Abendbrot mit der entsprechenden Getränkemenge bevorraten, wie die Wirtin jeden Abend mitzuteilen pflegte, denn pünktlich um zwanzig Uhr rauschte der Rollladen vor ihrer Theke runter. Aus die Maus.

Das Beste an der Verpflegung waren die Frühstücksbrötchen – ein Traum. Die lieferte der Bäcker aus dem Nachbarort Steinbach. Manchmal hatte ich Glück und eines der Kinder am Nebentisch wollte nur eine halbe Semmel essen, es gab pro Nase ein doppeltes Brötchen, dann begann der Tag für mich doppelt gut.

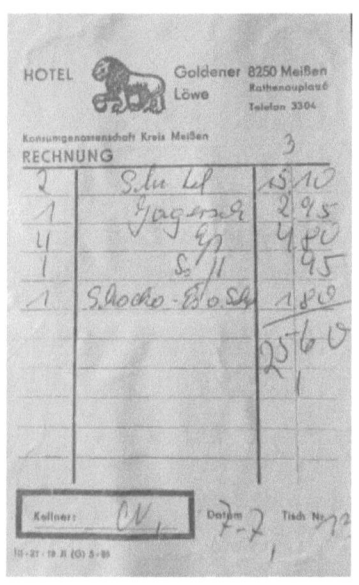

Dom und Albrechtsburg in Meißen waren Ziele für uns, auch das Restaurant im Hotel „Goldener Löwe". Die Preise waren groß, die Portionen klein, das Bier eiskalt.

Im Briefmarkenladen ergatterte ich den mir fehlenden vierten „Karl-Marx-Block".

Kalt und feucht war die Kremserfahrt durch das Moritzburger Teichgebiet, was aber nicht die Laune trüben konnte. Unser Sohn Steffen durfte zum Schluss auf dem Kutschpferd reiten.

Zur Moritzburg wanderten wir, besichtigten das Fasanenschlösschen und liefen am Leuchtturm vorbei bis zum Wildgehege.

Die „Villa Bärenfett" in Radebeul mit einer tollen Ausstellung über Nordamerikanische Indianer konnte sich über unseren Besuch freuen. Hier hingen Winnetous Silberbüchse und Old Shatterhands Bärentöter nebeneinander an der Wand.

Im sensationellen Wellenbad stürzten wir uns todesmutig in die Fluten.

Mit dem letzten Tag kam die Sonne zurück, die wir zehn Tage lang schmerzlich vermisst hatten. So konnten wir am Abend noch in gemütlicher Runde draußen zusammen sitzen und den Abschied begießen.

Am nächsten Morgen mussten wir zeitig aus den Federn, brauchten aber nicht zur Bushaltestelle laufen, denn einer unserer vertraut gewordenen Urlaubsbekannten war so nett, uns mit seinem Trabbi zu fahren. Besser schlecht gefahren als gut gelaufen, herzlichen Dank. In der „Mitropa" in Dresden Neustadt tranken wir unseren Morgenkaffee und waren ohne Verspätung vor dem Mittag zu Hause.

Ostsee, endlich Ostsee und das im Sommer. Wie lange hatten wir darauf gewartet und gar nicht mehr so recht daran geglaubt. 1987 bekamen wir einen Urlaubsplatz in Nienhagen, einem kleinen Ferienort zwischen Kühlungsborn und Warnemünde. Wir freuten uns wie die Schneekönige.

Kurz nach unserer Ankunft begann die Regenzeit. Nun hat es zwar die zwölf Tage nicht durchgängig geregnet, aber die Sonne bekamen wir nicht zu sehen und das im Juli.

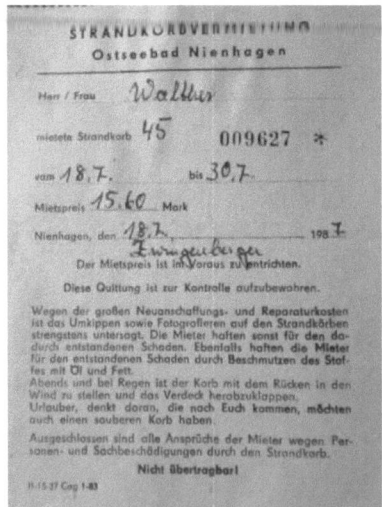

Steffen ging ein, zweimal bis zum Bauch ins Wasser, das war's dann aber auch. Die See war schweinekalt.

Wenn keine Sonne scheint, macht das Baden sowieso keinen Spaß. Trotzdem hatten wir im Vertrauen auf schönes Wetter für die ganzen zwölf Tage für 15,60 Mark einen Strandkorb gemietet. Drin gesessen haben wir nicht oft.

Was macht man an der See, wenn kein Strandwetter ist? Man geht ins Museum und in den Zoo. Das Doberaner Münster besuchten wir, das Schifffahrtsmuseum, den Rostocker Zoo. Wir sammelten Steine und Muscheln und machten Strandspaziergänge. Wir fuhren mit dem „Molly Express", der Dampflok betriebenen Zugverbindung zwischen Bad Doberan und Kühlungsborn und brachten mit solcherart Aktivitäten die Zeit rum.

Zweimal Ringelpietz mit anfassen und eine Runde Urlaubersport konnten uns die Regentage nur unwesentlich versüßen.

Vom 15. Bis 28. August 1988 verschlug uns das Schicksal in den Thüringer Wald nach Masserberg. Untergebracht waren wir bei Frau Helga Ehrhardt, Neue Straße 13. Verpflegung gab's im „Berghof". Frühstück von viertel neun bis um neun, Mittagessen ab 12:00 Uhr und Abendbrot ab dreiviertel sechs.

In dem Haus wohnen jetzt andere Leute, der „Berghof" wurde abgerissen. An seiner Stelle befindet sich heute ein Parkplatz.

Gleich nach der Ankunft wurden wir Geld für die Kurtaxe los, 6,50 Mark pro Person.

Das Wetter war durchgehend sommerlich, aber nicht zu heiß, so dass wir immer gut gelaunt wandern konnten. Hatten wir mal keine Lust zum Laufen, entspannten wir im Schwimmbad in Schnett oder in Gießübel, Eintritt jeweils 20 Pfennig pro Person. Allerdings, da wir kein Auto hatten, ging es per Pedes zum Baden und auch zurück, jeweils reichlich fünf Kilometer.

Masserberg befindet sich zum größten Teil auf dem Berg, wie der Name vermuten lässt, 841 Meter über Normalnull (NN). Das hatte den Nachteil, dass man am Ende jeder Wanderung, zum Beispiel nach Goldistal, wo es in der Bäckerei leckeren Mohnkuchen gab, noch den Berg hoch nach Hause kraxeln musste. Das steigerte den Appetit aufs Abendbrot.

Eine kleine Wanderung, fast ein Spaziergang, war die Tour zur Werraquelle. Ein leichtes Gefälle führte durch mittleren Fichtenbestand. Am Ziel erwartete uns eine schöne Ausflugsgaststätte. Die Kneipe gibt es immer noch, und auch das erfrischende Wasser der Quelle.

Die Rennsteigwarte, ein neunundzwanzig Meter hoher Aussichtsturm, steht unweit von Masserberg und bietet dem Besucher, wenn er die Mühe einer Besteigung auf sich genommen und eine Mark bezahlt hat, einen schönen Rundblick über den Thüringer Wald.

Die Busfahrt nach Sonneberg mit dem Ziel, das Spielzeugmuseum zu besuchen, war eine schöne Abwechslung im Wanderalltag, ebenso der Besuch des Schlossmuseums samt gleichnamigen Turmes in Eisfeld.

Natürlich gab es auch in Masserberg das übliche Urlaubervergnügen, bei dem sich sogar die Gäste mit einem Beitrag produzieren konnten. Ich versuchte mit ein paar Witzen zu punkten, allerdings mit mäßigem Erfolg.

Unser letzter FDGB Urlaub führte uns im letzten Jahr der DDR nach Kleinzerlang an den kleinen Pälitzsee an der Grenze zu Mecklenburg Vorpommern.

Heute ausgestattet mit einer exklusiven Marina und etlichen Hotels und Ferienhäusern, präsentierte sich der Ort damals mit vielen Privatquartieren und einer Vertragsgaststätte. Unsere Unterkunft war ein Dreibettzimmer mit Dusche und WC bei Frau Plöger in der Dorfstraße. Wir durften den Garten samt Liegestühlen nutzen. Alles war sauber und ordentlich. Das Essen war akzeptabel und ausreichend, mehr verlangte man gar nicht.

Zum Urlaubsort gefahren hat uns mein Kollege Manfred mit dem Betriebstrabbi. War damals alles möglich, weil wir einen netten Chef hatten. Wieder abholen konnte uns der Manfred leider nicht, weil der Chef mit dem Trabbi unterwegs war, weiter weg in der Republik. Dafür war ein Miturlauber so freundlich, uns mit seinem Wartburg nach Wittstock zu bringen, immerhin eine Strecke von knapp vierzig Kilometern. Dort wohnte meine Schwiegermutti, der wir bei dieser Gelegenheit einen Besuch abstatten konnten. Von Wittstock dann fuhren wir nach 20:00 Uhr mit dem Bus nach Potsdam und waren schließlich kurz vor Mitternacht wieder zu Hause, fix und fertig von der Reise.

Mit dem netten Fahrer und seiner Frau hatten wir uns während des Urlaubs angefreundet und viel Zeit miteinander verbracht.

Abgesehen von zwei, drei trüben Tagen, an denen wir eine Dampferfahrt machten bzw. zum großen Pälitzsee wanderten, war der Urlaub 1989 ein reiner Bade- und Leseurlaub. Es gab einen großen, sauberen Strand, eine schöne Liegewiese, und das Wasser war angenehm temperiert.

In Erinnerung geblieben ist mir ein Sportwettbewerb für die Kinder, die zahlreich vorhanden waren. Unser Steffen mühte sich redlich beim Bogenschießen, war aber leider nicht auf dem Siegertreppchen.

Eine Anmerkung zur Reichsbahn sei mir noch gestattet:
Verspätungen waren an der Tagesordnung. Daran hat sich bis heute nichts geändert, auch wenn es nicht mehr die Reichsbahn ist.

Die Abteile waren meist recht schmutzig, selbst wenn der Zug bereitgestellt wurde. Volle Abfallbehälter und überquellende Aschenbecher, damals durfte in den Zügen noch geraucht werden, waren keine Seltenheit. Wir versuchten natürlich, immer ein Nichtraucherabteil zu bekommen, obwohl wir selbst Raucher waren, denn wenn die Klamotten schon am ersten Tag nach Zigarettenrauch stinken, hebt das die Urlaubsfreude nur bedingt. Die Fenster ließen sich oft nicht öffnen, die Abteiltüren klemmten. Das Schärfste aber waren die Toiletten. Die benutzte man nur in der allergrößten Not. Ungepflegt, unsauber und nicht funktionierend, lautet die treffende Kurzbeschreibung. Natürlich gab es auch Ausnahmen, aber meistens war kein Wasser im Tank, weder zur Spülung noch zum Händewaschen. Die Spiegel waren blind oder fleckig. Wenn Wasser und Seife vorhanden waren, konnte man sich am Handtuch nicht abtrocknen, weil es nass war. Trat man auf das neben der Kloschüssel angebrachte Pedal, öffnete sich eine Klappe, und die Hinterlassenschaft plumpste aufs Gleis. Wer da nahe der Strecke seinen Garten hatte, bekam so oft zum Nachmittagskaffee den Duft der großen weiten Welt frei Haus geliefert. Guten Appetit!

Seit ich zehn oder zwölf Jahre alt war, sammelte ich Briefmarken. Voller Leidenschaft ging ich diesem Hobby nach. Mindestens die Hälfte aller Jungen meiner Klasse tat es mir gleich. Die Mädchen sammelten Stammbuchbilder. Im Gegensatz zu den meisten meiner Klassenkameraden hielt das Sammeln bei mir weit über die Schulzeit und auch bis nach der Wende an. Anfangs sammelte ich an Marken alles was ich kriegen konnte, ohne System und ohne Beachtung des Zustandes. Später konzentrierte ich mich auf DDR-Marken und versuchte, diese Sammlung vollständig zu bekommen, was mir leider nicht gelungen ist. Als ich vierzehn Jahre alt wurde, durfte ich einen Sammlerausweis beantragen. Der Ausweis berechtigte mich, jede Neuausgabe in kompletter Form am Ausgabeschalter der Hauptpost zu kaufen. Maximal drei Sätze durfte man kaufen, ich nahm nur einen. Zu mehr reichte das Taschengeld nicht. Später wandte ich mich den Tiermarken zu und legte mir eine nach und nach immer umfangreicher werdende Motivsammlung zu.

Das Briefmarkensammeln überstand meinen Umzug nach Potsdam und die Familiengründung. Als Sammelgebiete kamen noch das Deutsche Reich, BRD, Westberlin, USA, Kanada und die Schweiz hinzu. Darüber hinaus fügte ich meiner Sammlung noch etliche besondere Exemplare hinzu, wie zum Beispiel 3 D Marken, Zeitungsmarken, Dauerserien aus aller Welt und ein Exemplar der ersten Briefmarke der Welt, die Penny Black aus Großbritannien, ausgegeben am 1. Mai 1840. Diese Briefmarke ist bei weitem nicht so viel wert, wie man annehmen möchte, denn es wurde davon jede Menge gedruckt. Da es eine Neuheit war, bewahrten die Empfänger ihre Briefe mit dieser Marke natürlich auf, so dass es heute noch sehr viele Exemplare davon gibt. Ich habe meine „Penny Black" prüfen lassen – sie ist echt. Das beweist der rückseitige Prüfstempel sowie das zugehörige Zertifikat. Ihr Wert dürfte heute lediglich bei ein paar hundert Euro liegen.

Meine Sammelleidenschaft finanzierte ich zum großen Teil mit Tausch und Verkauf. Ich hatte in meinem Sammlerausweis die Berechtigung auf „zwei Ausgaben" ändern lassen und verkaufte eine Ausgabe zum anderthalbfachen Nominalwert an einen Menschen irgendwo in Sachsen. Der muss irgendwelche krummen Geschäfte mit Briefmarken gemacht haben, denn eines Tages stand die Kripo vor unserer Tür und lud mich zu einem freundlichen Gespräch in ihr Büro ein. Ich konnte die Jungs dort überzeugen, mit dem „schlimmen Finger", bei dem man meine Adresse gefunden hatte, nichts weiter zu tun zu haben und durfte nach Darlegung der Handelsbeziehung wieder gehen. Ich war heilfroh, als ich wieder auf der Straße stand. Leider hatte ich dadurch meine bis dato sichere Einnahmequelle verloren.

Ich verschickte Auswahlhefte mit Briefmarken aller möglichen Sammelgebiete an alle möglichen Sammler, deren Adressen in Sammlermagazinen zu finden waren. Ab und zu gab ich eine Annonce auf „versende Auswahlhefte …", da kam dann immer etwas Geld rein, so dass ich mir eine fehlende Marke oder einen Block kaufen konnte.

Bei allen Leuten, denen ich die Wohnung malerte, fragte ich nach Briefen und Postkarten, natürlich mit Marken drauf. Manchmal waren gute Sachen dabei. Eine alte Dame schenkte mir die Sammlung ihres verstorbenen Mannes, ein Karton voller Alben, die sich beim Durchsehen als mittelmäßig interessant heraus stellte. Gefreut habe ich mich trotzdem.

In der Potsdamer Christlichen Buchhandlung in der Gutenbergstraße stand ein Schuhkarton mit Abschnitten von Postkarten und Briefumschlägen. Die wurden von den Buchhändlern für das Oberlinhaus in Babelsberg gesammelt. Im Oberlinhaus machten die Betreuer Therapien mit den geistig Behinderten – ablösen, trocknen, pressen, sortieren der Marken. Ich durfte mir immer die für mich interessanten Marken aussuchen und mitnehmen. Dabei waren sehr viele Sondermarken der BRD und Westberlins, so dass ich mit Hilfe der zahlreichen Spender, die ihre Briefabschnitte in diesen Schuhkarton warfen, meine entsprechende Sammlung immer weiter vervollständigen konnte.

Schließlich gab es noch Geburtstage, Ostern und Weihnachten. Diese Feste waren immer ein willkommener Anlass, um Briefmarken geschenkt zu bekommen.

Vieles hat sich verändert im Laufe der Zeit. Vorlieben, Leidenschaften und Hobbys sind gekommen und gegangen, wie Briefmarken sammeln, die Modelleisenbahn, das Motorradfahren, jetzt der Computer. Eine Sache jedoch ist geblieben von Anfang an – das Lesen. Seit der ersten Klasse lese ich gern und viel. Ich werde wohl erst damit aufhören, wenn ich nichts mehr sehen kann.

Schon vor meiner Einschulung mussten meine Eltern, die Oma, die Schwester mir immer wieder vorlesen. Weil ich noch nicht viele Bücher hatte, waren es immer wieder die gleichen Märchen und Geschichten. Die kannte ich bald alle auswendig und sprach sie beim Anschauen der Bücher laut vor mich hin, wenn keiner zum Vorlesen greifbar war, und blätterte auch an den richtigen Stellen um. So wurde mir jedenfalls später berichtet.

Die Bücher meiner Schwester hatte ich bald ausgelesen. Auch die zu Weihnachten und zum Geburtstag geschenkten Exemplare behielten nicht lang ihr Geheimnis und so konnte die Stadtbibliothek am Dr.-Friedrichs-Ring in Zwickau schon bald einen weiteren Leser in ihre Reihen aufnehmen. Als Ergebnis meiner meist wöchentlichen Besuche trug ich Tom Sawyer und Huck Finn, Robin Hood und Richard Löwenherz, Jim Hawkins und Ali mit seiner Bande vom Lauseplatz, Dietrich von Bern, Ivanhoe, die Söhne der großen Bärin und viele weitere Helden in meiner Mappe nach Hause.

Hatte der Jugendliche vorwiegend Interesse an Büchern wie „Die Söhne der großen Bärin" oder an, wie es damals hieß, „wissenschaftlich - fantastischer Literatur", so bekam das Kind Titel wie „Der kleine Hase Gernegroß", „Der Findling auf dem Vogelbaum", „Der Ameisenferdl", „Nimmerklug im Knirpsenland" und „Mischa Kugelrund im Walde".

Als ich in Potsdam ein eigenes Zimmer und später eine eigene Wohnung bezog, kaufte ich mir ab und zu ein neues Buch, wenn mein Budget dies zuließ. Oft in der Christlichen Buchhandlung in der Gutenbergstraße, die auch antiquarische Bücher anbot, meist aber in der Volksbuchhandlung am Platz der Einheit. Dort gab es immer die neuesten utopischen Romane. Donnerstag war Liefertag. Diesem Genre hatte ich mich mit Leib und Seele verschrieben und verschlang regelrecht die entsprechenden Texte. Leider musste ich meine Sammlung utopischer Bücher von über 120 Exemplaren vor einiger Zeit der Papiertonne übergeben. Ich hatte sie in mehreren Kartons im Keller gelagert. Das haben sie nicht überstanden. Lediglich eine Handvoll hat dem Schimmel erfolgreich Widerstand geleistet. Der Rest – na ja.

Jetzt stehen in unserer Bücherwand in der Diele an die eintausend Bücher, aber die Titel von früher sind nicht darunter. Die einst spannend geschriebenen und fantastisch zu lesenden Texte sind meist von aktuellen Ereignissen überholt oder durch neue Erkenntnisse zu unwahrscheinlich geworden.

Ein großes Thema, über das man stundenlang diskutieren konnte und das auch heute noch die Gemüter erregt, war und ist das Einkaufen.

An Geschäften mangelte es nicht in der DDR, an Verkäuferinnen auch nicht. Es fehlten oftmals schlicht und einfach die Waren. Versorgungslücken und Engpässe waren die Zauberworte, zeitweilig versteht sich.

Sagt der Kunde heute zur Verkäuferin: „Ich möchte…", hieß es früher: „Hamse…?"

So ändern sich die Zeiten.

Die Bahnhofstraße und die gesamte Innenstadt Zwickaus war mit Geschäften aller Art zugepflastert.

Spielwaren, Briefmarken für Sammler, Bücher, Süßwaren, Haushalts- und Wirtschaftswaren, Kurzwaren, Spirituosen, Zeitungen und Zeitschriften, Tabakwaren, Bekleidung, Schuhe, Taschen, Porzellan und was weiß ich nicht noch alles. Natürlich auch Bäcker, Fleischer, Gemüse- und Tante Emma Läden. Alle diese Geschäfte waren mehrfach vorhanden und hatten das entsprechende Publikum. Dazu gab es zwei große Kaufhäuser, in denen man von der Nagelfeile bis zum Konfirmationsanzug alles bekam.

Natürlich gab es nicht immer alles. Ausgerechnet das, was man kaufen wollte, war im Moment nicht vorrätig. Das war in der Versorgungslücke verschwunden, zeitweilig.

Die Verkaufsstellenleiter waren Organisationstalente. Sie ließen sich immer etwas einfallen, um das Warenangebot attraktiv zu gestalten. Es wurde umgelagert, und der Tauschhandel blühte, vornehmlich zwischen privat geführten Geschäften und Produzenten der Region und von außerhalb. Da fuhr schon mal der Schreibwaren-Müller ins Erzgebirge, um gegen einen Karton

„Goldkrone", den er im Schnapsladen nebenan unter der Hand bekommen hatte, ein paar Räuchermännchen einzuhandeln.

Zwickau war eine lebendige Stadt.

Neben Kaufhäusern und sonstigen Geschäften gab es vier Kinos, drei Freibäder, ein Hallenbad, zwei Marktplätze, drei Museen und ein tolles Theater, das Gewandhaus. In sechs Tanzsälen spielten am Wochenende Kapellen. Im Varieteehaus „Lindenhof" fanden regelmäßig Veranstaltungen statt. Etliche Hotels und an jeder Ecke eine Kneipe rundeten das Stadtbild ab. Der Schwanenteichpark mit schönen Spazierwegen und einem Musikpavillon, in dem am Sonntagvormittag Konzerte stattfanden, sowie der Stadtwald zwischen Weißenborn und Marienthal, mit den Ausflugsgaststätten „Meinhard" und „Fernblick" luden zum Spazieren ein. Zwei Krankenhäuser, Arztpraxen und Polikliniken versorgten im Bedarfsfall die hundertfünfzigtausend Einwohner der Bergarbeiterstadt.

In der gesamten Innenstadt liefen die Menschen durch die Straßen, immer auf der Suche nach irgendwas oder irgendwem. Man musste achtgeben, um nicht umgerannt zu werden oder selbst jemanden umzurennen, kein Witz.

Heute ist die Zwickauer Bahnhofstraße eine tote Straße. Die Innenstadt ist gleichfalls unbelebt. Im Gegensatz dazu steppt in den „Zwickau-Arkaden", einem Einkaufstempel mitten in der Stadt mit siebzig Geschäften, der Bär. Leider auf Kosten der umliegenden Geschäfte. Schade.

In Potsdam, wo ich Anfang der siebziger Jahre aufschlug, fand ich eine ähnliche Einzelhandelslandschaft wie in Zwickau vor.

Zwei Kaufhäuser und zahlreiche Einzelhandelsgeschäfte in der Innenstadt und im Stadtteil Babelsberg freuten sich über Kundschaft. Neben Lebensmittelläden waren auch hier Spezialgeschäfte vorhanden. Der „Gute Tropfen", „Buratino", „Milchquelle", „Strumpfboutique", „Bonboniere", „Lichthaus Ammon", „Teeladen" der Eisenwarenladen „Stahlberg" und das Kinderkaufhaus „Bummi", um nur einige zu nennen. Im Kinderkaufhaus gab es keine Kinder zu kaufen, sondern Schuhe und Klamotten für die kleinen Wänster. Die Sachen wurden preislich vom Staat subventioniert. Manch eine etwas kleinere Frau hat sich hier preiswert eingekleidet.

Mein Wohngebiet, Potsdam-West, konnte sich über einen Vollversorgungsstatus freuen. Bäcker und Fleischer in doppelter Ausfertigung, Blumenladen, Süßigkeiten, Spirituosen, Drogerie, Schreib- und Wirtschaftswaren, Friseur und Sparkasse und die Kiewitt-Kaufhalle, fünf Minuten zu Fuß entfernt, befriedigten unsere Konsumbedürfnisse. An Gaststätten gab es die „Charlott-Klause", die Gaststätte „Am Schillerplatz", die „Parkklause" und unweit den „Charlottenhof".

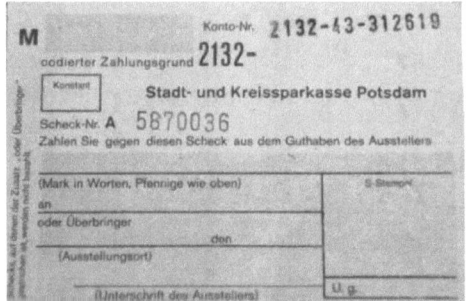

Die Sparkasse war gleich nebenan, was wir als sehr praktisch empfanden. Bargeld abheben und Kontoauszüge holen ging nur am Schalter. Es gab keine Karte, mit der man bargeldlos bezahlen konnte. Entweder man füllte einen Überweisungsschein aus, den man am Schalter abgeben musste oder man stellte einen Scheck aus.

Als wir heirateten, beantragten wir einen zinslosen Ehekredit, den wir, wie jedes andere Ehepaar, auch bekamen. Es gab 5.000,- Mark aufs Konto. Wie lange Zeit fürs zurückzahlen blieb, weiß ich nicht mehr. Jedenfalls wurden beim ersten Kind 1.000,- Mark erlassen, beim zweiten Kind 1.500,- Mark, und beim dritten Kind die Restsumme von 2.500,- Mark. Wir hatten nur ein Kind.

In der DDR gab es alles, nur nicht immer und nicht überall.

Der Vorteil war: Das Stück Butter, die Flasche Bier, das Dreipfundbrot kostete in Rostock genau so viel wie in Suhl. Der Nachteil: Suchte man einen bestimmten Artikel, rannte man sich die Hacken ab und nahm am Ende doch etwas anderes. Dies führte zu einem speziellen Kaufverhalten. Wir kauften die Sachen nicht, wenn wir sie brauchten, sondern wenn es diese gab. Ein Kaufen auf Halde sozusagen. Das führte manchmal dazu, dass man schon im Sommer alle Weihnachtsgeschenke beisammen hatte.

Meine Frau rief mich einmal in der Vorweihnachtszeit bei der Arbeit im Neuererzentrum an, weil sie im Gemüseladen in der Friedrich-Ebert-Straße eine Kiste Apfelsinen gekauft hatte, die sie nicht nach Hause tragen konnte. Es waren über zehn Kilo, Wahnsinn. Das war deshalb erstaunlich, weil solche Ware üblicherweise rationiert wurde und jeder Kunde nur eine bestimmte Menge (ein, zwei Kilo) davon kaufen durfte. Wahrscheinlich hatte der Großhandel zu viele Apfelsinen bekommen, so dass sie Angst hatten, diese nicht loszuwerden. Jedenfalls bin ich zum Laden gelaufen und habe die Kiste zu mir auf Arbeit getragen, um sie bei passender Gelegenheit mit dem Betriebsauto nach Hause zu bringen.

Durch meine Tätigkeit als Kraftfahrer im Bezirksneuererzentrum kam ich im gesamten Bezirk Potsdam herum und hatte manches Mal die Möglichkeit, fremde Innenstädte zu erkunden und das Warenangebot zu sichten, während die von mir kutschierten Mitarbeiter in Betrieben und Institutionen zu tun hatten.

Bei diesen Gelegenheiten, aber vor allem während der Aufenthalte in den anderen Bezirkshauptstädten, manchmal über drei Tage, wenn Leitertagung war, konnte ich Waren kaufen, die es zu Hause nicht gab. Das war dann immer ein kleines bisschen wie Weihnachten.

In der DDR wurde die private Haltung von Kleintieren, Enten, Gänse, Hühner, Kaninchen und in begrenztem Maße auch Schweine, Kühe, Ziegen und Schafe außerhalb von Genossenschaften gefördert, um so die Versorgung der Bevölkerung zu verbessern. Aus demselben Grund sah man den privaten Anbau von Obst und Gemüse sehr gern. Der kleingärtnerische Obst- und Gemüseanbau fand weite Verbreitung und war finanziell sehr einträglich. Rund 40 Prozent des Obst- und ca. 25 Prozent des Gemüseaufkommens wurden gegen Ende der DDR durch Privaterzeuger gestellt. Die kleinen Gewächshäuser und Folienzelte schossen wie Pilze aus dem Boden, besonders auf dem Land.

Die niedrigen Preise verleiteten nicht wenige Kleintierhalter, Brötchen und Haferflocken an Kaninchen zu verfüttern, die gemästet teuer an den volkseigenen Handel verkauft wurden.

Diese widersinnige Preispolitik verleitete bei der Kaninchenmast zu Betrügereien. Kaninchenschlachtkörper konnten im volkseigenen Einzelhandel billig eingekauft werden. Mancher verkaufte diese dann als Erzeugnis aus eigener Mast für einen weitaus höheren Preis wieder an den staatlichen Einzelhandel.

Das gleiche Spiel trieben manche Obstmucker mit Erdbeeren und anderen Früchten der Saison, indem sie diese teuer an den Handel verkauften, um anschließend im Laden die eigenen Früchte billiger, weil subventioniert, zurück zu kaufen. Zum Glück waren nicht alle so.

Alle Grundnahrungsmittel waren sagenhaft billig, hungern musste keiner. Auch die Entgelte für Mietwohnung, Personenverkehr und Energie waren lächerlich gering. Dienstleitungen konnte man preiswert haben, ebenso Essen in Gaststätten und Urlaub auf FDGB.

In schwindelerregende Höhen kletterten unsere Gehälter nicht, aber es wurde mehr, wenn auch langsam. Meine liebe Frau stieg mit fünfhundert Mark in ihre Lehrerlaufbahn ein, ich hatte achthundert Mark Gehalt, natürlich brutto, davor als Dreher hab ich für einen Stundenlohn gearbeitet. Keine Ahnung, wie hoch dieser war. Allerdings waren die Abzüge überschaubar. Lohnsteuer gab es nicht. Der SV belief sich auf zehn Prozent vom Bruttogehalt, jedoch maximal sechzig Mark.

Zuzahlungen beim Arzt und bei Medikamenten gab es nicht, auch keine Privatpatienten, die eventuell bevorzugt behandelt wurden. Der Aufenthalt im Krankenhaus war kostenlos. Selbst einen Verpflegungsanteil bezahlte der DDR Bürger nicht. Es gab nur eine Krankenkasse für alle siebzehn Millionen Bürger.

Unter Krankheiten hatte ich nicht zu leiden. Selbst von Erkältungen blieb ich weitgehend verschont.

Masern, Röteln, Windpocken, Ziegenpeter und auch Keuchhusten habe ich als Kind tapfer überstanden. Besonders Keuchhusten war nicht lustig. Erstens tat mir die Brust weh vom ständigen Gebelle, zweitens musste ich jeden Tag zum Schlobigplatz laufen, um mir dort vom Arzt eine Spritze in den Hintern jagen zu lassen. Aber auch das ging vorbei.

Die üblichen Impfungen haben wir als Kinder klaglos über uns ergehen lassen. Auch wäre es unseren Eltern nicht im Traum eingefallen, mit dem Impfen ihrer Kinder nicht einverstanden zu sein. So wurde ich gegen TBC, Kinderlähmung und Pocken immunisiert. Von der Dreifachimpfung Diphtherie - Keuchhusten - Wundstarrkrampf behielt ich eine fette Impfnarbe zurück.

Einen Arbeitsunfall hatte ich, als die Verkehrsbetriebe der Stadt Zwickau sich noch über meine regelmäßige Anwesenheit in der Werkstatt freuen konnten. Bei einer alltäglichen Arbeit, dem Einstechen der Ölrinne in das Rotgusslager, das wir paarweise für jede Straßenbahnachse anfertigen mussten, vergaß ich, dass die Spindel für den Plansupport ein gegenteiliges Gewinde zur anderen Maschine in der Werkstatt hatte und stieß den Drehmeißel, statt ihn heraus zu ziehen, tief in das rotierende Lager hinein. Ich hörte nur ein ohrenbetäubendes, hässliches Knirschen, dann einen dumpfen Knall. Gleichzeitig sprang mir das Lager samt dem Dreibackenfutter entgegen, die Befestigungsschrauben hatte es abgeschert. In einem Reflex muss ich mich zur Seite gedreht haben, denn das Futter krachte auf den Lattenrost, auf dem ich stand, federte zurück und landete mit seinen gut fünfzig Kilo auf meinem rechten Fuß. Mahlzeit!

Der Meister fuhr mich mit seinem Trabbi in die Sachsenring Poliklinik. Dort kümmerte man sich gleich um mich. Das Röntgen ergab zum Glück keinen Bruch, aber die Beule, die sich inzwischen auf meinem gesamten Fuß verteilt hatte, war nicht von schlechten Eltern. Den Schuh bekam ich nicht wieder angezogen. Jedenfalls fuhr mich die SMH (Schnelle Medizinische Hilfe) nach Hause, wo mein Erscheinen eine mittlere Katastrophe auslöste. Nach vierzehn Tagen war alles überstanden. Schwein gehabt.

Etwas blutiger gestaltete sich ein Vorfall, bei dem ein Aluminium-Drehspan sich während der Bearbeitung eines Werkstückes am Drehmeißel verknüllte. Auch dem Spänehaken leistete er hartnäckig Widerstand. Ich schaltete die Maschine aus und wollte das Knäuel mit der Hand aufdröseln. Keine gute Idee. Der Span fuhr mit boshafter Leichtigkeit in meinen linken Zeigefinger und riss die halbe Fingerkuppe ab. Die Narbe ist heute noch zu sehen.

Als wesentlich schmerzhafter erwies sich ein Malheur mit dem Berliner Roller Anfang der achtziger Jahre. Ich wollte unseren Sohn früh in den Kindergarten am Schillerplatz und mich von dort zur Arbeit fahren und holte den Roller aus seiner Ecke in unserem Hof. Der Roller machte sich beim Rückwärtsschieben selbstständig. Ich hatte den Seitenständer noch nicht hochgeklappt. Der hakte unter den Nagel meines großen Zehs des rechten Fußes (ich war barfuß in Sandalen) und riss diesen mit Schwung nach oben. Augenblicklich hörte ich die Englein im Himmel singen.

Nun, den Kleinen brachte meine Frau, ich fuhr mit der Straßenbahn in die Stadt zur Poliklinik. Der Chirurg dort fasste den nur noch halbfesten Zehennagel beherzt mit einer Riesenpinzette und zog ihn ganz ab. Der Engelchor in mir ertönte ein zweites Mal, diesmal erheblich lauter. Ein paar Tage durfte ich der Arbeit fernbleiben, der Nagel brauchte zum Nachwachsen erheblich länger.

Beschwerden im linken Knie bescherte mir das Kegeln. Ich wollte die Schmerzen lange Zeit nicht wahrhaben, bis sie an Intensität derart zulegten, dass ich um eine Konsultation beim Orthopäden nicht herum kam. Der erklärte mir auch sogleich, dass ich bei einer weiteren Ausübung meiner Lieblingssportart bleibende Schäden zu erwarten hätte. Erstmal diagnostizierte er eine Knochenhautentzündung und jagte mir eine Spritze ins Knie.

Die Schmerzen verkrümelten sich, ich kegelte weiter. Allerdings zog ich mich auf Grund der radikalen Veränderungen meiner Lebensumstände Anfang der neunziger Jahre komplett vom Kegelsport zurück, was meinem Knie mit Sicherheit guttat.

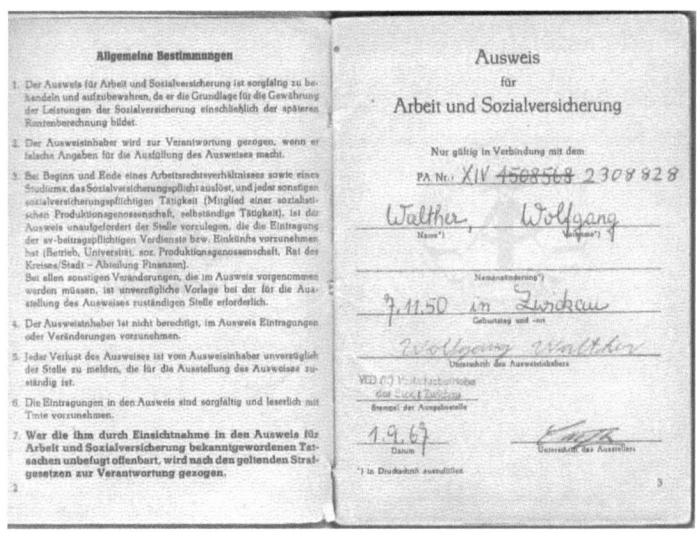

Ohne den SV-Ausweis war man ein Nichts, ein Niemand.

Hier wurde die Arbeitsstelle eingetragen, der erhaltene Lohn, und auf den anderen Seiten die Arztbesuche nach Datum geordnet mit Dauer der Krankschreibung, sofern diese erfolgte. Der Ausweis war die Grundlage für die Rentenberechnung.

1984 suchte ich die Ärztin meines Vertrauens Frau Dr. Lindner auf, weil ich beim Waschen einen kleinen Knubbel in meiner rechten Leiste bemerkt hatte, der sich hartnäckig weigerte, wieder zu verschwinden.

Die Ärztin diagnostizierte einen Leistenbruch und wies mich ein auf die Chirurgische im Potsdamer Krankenhaus. Dort ging man die Sache gemütlich an. Man hatte genügend Schwestern, Betten waren frei, Ärzte waren auch vorhanden – wozu also eilen? In aller Ruhe wurde ich gemessen und gewogen, Blut bekam ich abgenommen. Schließlich durfte ich baden, nachdem mich ein Pfleger rasiert hatte. Da wollten sie keine Schwester ranlassen.

Am dritten Tag kam ich unters Messer. Lang gedauert kann die OP nicht haben, denn ich war noch vor dem Mittagessen wieder in meinem Zimmer. Da hatte sich im Nebenbett ein Leidensgenosse eingemietet. Das Leiden allerdings war in diesem Fall meine Passion, denn der Bettennachbar schnarchte wie ein Walross. Da ich sowieso nicht schlafen konnte, leistete ich der Stationsschwester bei ihrem Nachtdienst Gesellschaft. Wir tranken zusammen Tee und quatschten uns die Ohren ab. War auch nicht schlecht.

Ein paar Tage lang lief ich fast waagerecht durch die Gegend, bis die Wunde verheilte und meine Körperhaltung sich wieder normalisierte.

Den Leistenbruch hatte ich mir wahrscheinlich beim Umzug meiner Schwester zugezogen. Hier trugen wir Möbel und Hausrat vom zweiten Stock runter, verstauten alles in einem geliehenen LKW, um nach einer Fahrt von 500 Metern alles wieder auszuladen und in eine Wohnung im dritten Stock hochzuschleppen. Man, war das ne Schinderei gewesen.

Das erste gemeinsame Weihnachten feierten Biggi und ich 1975 in meinem Zimmer im abbruchreifen Haus, Leninallee 54. Ich hatte einen schönen Baum ergattert, eine elektrische Beleuchtung angebracht und Kugeln aus dem Bestand meiner Eltern aufgehängt. Der Baum sah prächtig aus. Wir machten uns ein paar kleine Geschenke und waren glücklich.

Den Jahreswechsel zu 1976 feierten wir im Klubhaus „Steinkohle" in Zwickau, einem großen Tanzsaal.

1976 war für uns ein Jahr mit einschneidenden Veränderungen.

Im Mai schlossen wir in Wittstock den Bund fürs Leben. Im Herbst bezogen wir unsere erste gemeinsame Wohnung. Ein paar Wochen später begann ich meine Tätigkeit im Bezirksneuererzentrum Potsdam.

Der achte Mai sollte es sein, der Tag, an dem wir uns das Ja-Wort geben wollten. Eigentlich hatten wir unseren Kennenlerntag den zehnten Mai angepeilt, aber das war ein Montag und somit etwas ungünstig. In Wittstock wollten wir heiraten, weil Biggis Mutti, Oma, Schwester und ihre Freundinnen dort wohnten.

Es war ein recht trubelhafter Polterabend am siebenten Mai, dem Freitag. Alle möglichen Leute zerschmetterten jede Menge Porzellan vor der Haustür. Die Scherben durften wir noch vor Mitternacht zusammen fegen.

Am Tag der Tage trug Biggi ein langes weißes Kleid mit Schleier, ich einen dunkelblauen Maßanzug aus reiner Wolle. Der Anzug sollte mir das Leben recht bald schwer machen, denn die Temperatur stieg an diesem Samstag auf über dreißig Grad im Schatten.

Beide sagten wir: „Ja, ich will", zersägten vorm Standesamt einen Baumstamm und genossen gemeinsam mit unseren Gästen
ein leckeres Essen im Restaurant „Zur Post". Meine Schwester
war mit Mann aus Potsdam gekommen und hatte meine Eltern
mitgebracht, die für ein paar Tage aus Zwickau angereist waren.

Kaffee und Kuchen nahmen wir in Schwiegermuttis Wohnung ein, in der Clara-Zetkin-Straße. Zum Abendbrot gab es Schnittchen, anschließend Musik und Tanz in der engen Stube und im Flur.

Ein weiteres Datum wurde nach dem 8. Mai als besonderes Ereignis in unseren Kalender aufgenommen – der 29. Juni 1978, das Geburtsdatum unseres Sohnes Steffen, der sich ein paar Minuten nach elf Uhr in diese Welt drängte. Wir waren überglücklich. Logisch, dass dieses Ereignis im BNZ gebührend gefeiert wurde.

Nachdem unser Junge geboren war, mutierte der tägliche Spaziergang mit Kind und Kinderwagen, später nur mit Kind, zur Pflichtaufgabe, „der Junge muss an die frische Luft". Die Pflicht fiel am Sonnabend mir alleine zu, während meine Frau sich von der anstrengenden pädagogischen Woche auf der Couch erholen musste. Manchmal liefen wir am Sonntagvormittag unsere Runde, während die Hausfrau das Essen zubereitete. Dank meines Sohnes erkundete ich mit

ihm Potsdam-West, den Wildpark, die Pirschheide und natürlich Sanssouci. Wir entdeckten Pfade, die seit Ewigkeiten kein Mensch gegangen war und sahen Ecken und Kunstwerke, die zugewuchert auf ihre Neugeburt warteten. Wir liefen durch den Kiewitt, den Uferweg entlang bis zur Prof.-Ludschuweit-Allee (heute Kastanienallee) und spazierten über den Schillerplatz, um bei „Preuss" ein schönes Milcheis für 15 Pfennig die Kugel zu genießen.

Später entwickelte sich die Tradition, gemeinsam mit der schwesterlichen Familie am 7. Oktober, dem Republikgeburtstag, eine Tagestour mit Mittagessen zu unternehmen. Ab 1990 wurde das Datum auf den 3. Oktober verlegt. Wir liefen nach Eiche, Golm und Töplitz, setzten uns als Ziel Bornim, Bornstedt und den Babelsberger Park. Manchmal fuhren wir eine Strecke mit dem Bus, um dann die weitere Umgebung abzuwandern, wie zum Beispiel am 3. Oktober 1990, als wir vom DDR Bürger zum Bundesbürger umgewandelt worden. Ich holte mir auf der Post einen Ersttagsbrief mit Sondermarken und Sonderstempel zum Beitritt der DDR zur BRD ab, bevor wir vom Bassinplatz mit dem Bus nach Ferch fuhren und an der Feuerwehr ausstiegen, um quer durch den Wald nach Fichtenwalde zu laufen. Es war eine schöne Strecke, zumal unterwegs jede Menge Pilze gesammelt werden konnten. Im Fichtenwalde bekamen wir leckeres Mittagessen, damals gab es noch zwei Gaststätten am Ort. Nach dem Essen ließen wir uns müde und fußlahm vom Bus zurück nach Potsdam schaukeln.

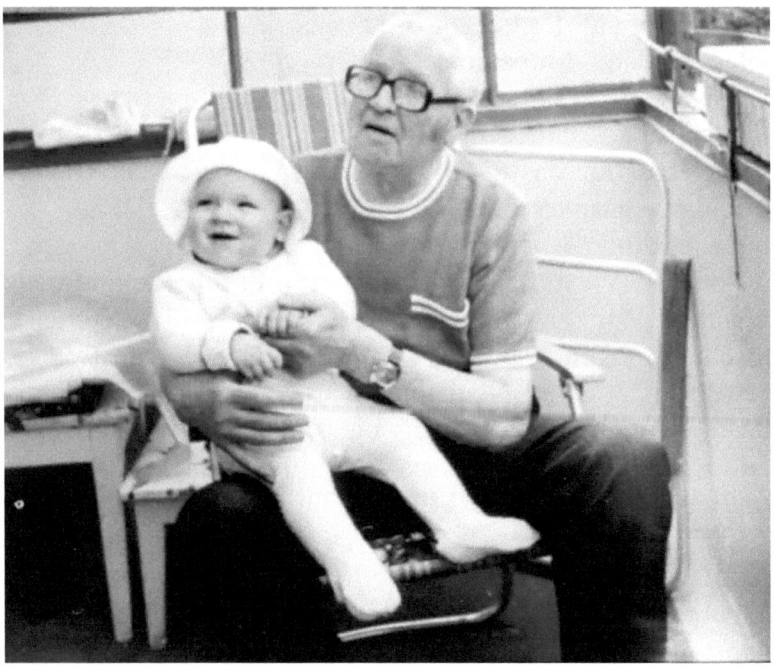

Mein Pap konnte seinen Enkel bis zu dessen fünften Lebensjahr erleben. Er war regelrecht vernarrt in den Kleinen. Wir ließen unseren Jungen auch ab und zu über Nacht bei unseren Eltern, wenn wir mal ausgehen wollten, wie zum Beispiel Sylvester '78 oder mit den Keglern feierten.

Steffen ging natürlich in die Krippe und in den Kindergarten am Schillerplatz. Das letzte Jahr nicht besonders gern. Da ist er auch mal einfach vom Kindergarten weggelaufen und stand plötzlich auf unserem Hof. Die Erzieherinnen in der Einrichtung haben das nicht mal mitbekommen.

1985 wurde unser Sohn in die Gerhard-Hauptmann-Schule eingeschult. Er hatte von Anbeginn Pech mit seinen Lehrerinnen, zu deren Lieblingen er nicht gehörte, und machte sich oft zusätzlich unbeliebt.

Meine Frau hatte nach unserer Hochzeit einen Antrag auf Versetzung nach Potsdam gestellt, dem auch entsprochen wurde. Sie unterrichtete dann zuerst die Kleinen an der Schule 8 in der Dortustraße. Nach kurzer Zeit schon wechselte sie zur Schule 24, die den Namen N. K. Krupskaja, der Fau Lenins, trug. Die Schule 24 stand auf dem Grundstück neben dem BNZ Potsdam. Da steht sie immer noch, nur heißt sie jetzt „Eisenhart Schule".

Die Schule 24 hatte und hat einen sehr guten Ruf. Viele Eltern melden ihre Kinder hier an. Es sind regelmäßig mehr, als die Schule aufnehmen kann.

Biggi und ihre Kollegen machten nicht nur guten Unterricht, sie konnten auch prächtig zusammen feiern. Den harten Kern bildeten dabei Tina, Gitti, Gitti zwei, Ilona und Biggi. Alle Mädels natürlich mit Partner. Es wurden auch einige Wochenendfahrten veranstaltet. Ich erinnere mich noch an die eine Fahrt nach Strubensee. Von dieser Feier spricht man noch heute.

Kneipen, Gaststätten, Restaurants – daran herrschte zu DDR-Zeiten kein Mangel.

In der Bahnhofstraße in Zwickau, wo ich aufgewachsen bin, war praktisch an jeder Ecke ein „Glas-Bier-Geschäft", manchmal auch noch zwischendrin, angefangen von der übelsten Kneipe, der „Hutzenstub" bis hin zum feinen Restaurant des Hotel „Wagner".

Im Restaurant des Hotel Wagner fand mein Jugendweiheessen statt. Es gab Zunge in Rotweinsoße.

Die Gaststättenpreise wurden sowohl für die volkseigenen als auch für die Konsum-Gaststätten und die privaten Einrichtungen zentral festgelegt. Jede Gaststätte hatte außerdem eine bestimmte, staatlich vorgegebene „Preisstufe".

In der Preisstufe I (vorwiegend Kioske) gab es nur Bier und Brause, manchmal eine Bockwurst mit Brötchen.

In der Preisstufe II hatte man die Wahl zwischen einigen einfachen Gerichten zu niedrigen Preisen.

Preisstufe III waren zum Beispiel das Gastmahl des Meeres oder die Broilergaststätten, die es in fast jeder Stadt gab. Für wenig Geld gab es dort Fischgerichte beziehungsweise Brathähnchen.

Bei Stufe IV durfte man eine weiße Tischdecke mit einem Gesteck aus Plasteblumen erwarten. Die Speisekarten waren nun zwar ausführlicher und gedruckt, was aber keineswegs eine Garantie dafür war, dass das gewünschte Gericht nicht gerade „aus" war.

Ganz vornehm wurde es in Restaurants der Preisklasse S. Dazu gehörten zum Beispiel die Speisewagen der Mitropa, vornehmere Weingaststätten, wie zum Beispiel „Die Rebe" an der Ecke Feuerbachstraße wo ohne Reservierung gar nichts ging, die wenigen Nationalitätenrestaurants und natürlich die Interhotelrestaurants. Es war sehr schwer, ohne Vorbestellung dort einen Tisch zu bekommen.

Am Eingang vieler Gaststätten war oft ein Schild mit der Aufschrift „Sie werden platziert" angebracht. Der Gast hatte am Eingang zu warten, sogar wenn ein Tisch frei war. Die Kollegen vom Gaststättenkollektiv bestimmten, wie lange man warten musste und wo genau man sich anschließend hinzusetzen hatte. Es empfahl sich nicht, den Weisungen der Kellner zu widersprechen. Im schlimmsten Fall musste man hungrig das Feld räumen. Nicht der Kunde war König, sondern der Kellner, der nur durch die Aussicht auf ein gutes Trinkgeld gnädig zu stimmen war.

In Gaststätten ab der Preisstufe vier konnte man ordentliches Geschirr und Besteck erwarten. Alles was darunter war, hatte oft nur Alubesteck und zusammengewürfeltes Geschirr. In den Bahnhofsgaststätten war es besonders krass. Da gab es zwar einheitliches Geschirr von besonders robuster Beschaffenheit, aber das meiste davon war angeschlagen.

Auf den Bahnsteigen gab es Kioske, die zwar manchmal geschlossen waren, ansonsten Kaffee, Bockwurst und Knacker, Getränke in Flaschen und Süßwaren im Sortiment hatten.

ein Fischbrötchen	0,25
Glas Bier 0,25l Preisstufe I	0,40
Tasse Kaffee	0,80
Kännchen Kaffee	1,60
ein Pils (0,25 l) in einer Gaststätte (Preisstufe I)	0,49
ein Pils (0,25 l) in einer Gaststätte (Preisstufe II)	0,51
ein Pils (0,25 l) in einer Gaststätte (Preisstufe III)	0,56
Bockwurst mit Brötchen und Senf	0,85
Gulaschsuppe in einer Gaststätte Preisstufe I	0,85
Bratwurst mit Brot und Senf	0,95
Glas Bier „Berliner Pilsner" 0,5l, in Selbstbedienungs-Gaststätte	1,17
Gulasch mit Kartoffeln und Gemüse in einer Gaststätte Preisstufe I	2,35
Geflügelsuppe, Ostseegaststätte	1,00
ungarische Gulaschsuppe, Ostseegaststätte	0,90
Fischfilet "Müllerin" mit Schwenkkartoffeln, Ostsee-gaststätte	2,80
Rumpsteak mit Kräuterbutter und Röstkartoffeln, Ost-seegaststätte	3,50
Schweinesteak "Berliner Art", Ostseegaststätte	3,20
Kasslerbraten mit Sauerkraut und Kartoffeln, Ostsee-gaststätte	2,20
Sauerbraten mit Rotkohl und Klößen, Ostseegaststätte	3,30
1/4 Ente gebraten mit Rotkohl und Kartoffeln, Ostsee-gaststätte	3,90
Gänsebraten mit Rotkohl und Klößen, Ostseegaststätte	4,95
Rumpsteak mit Sardellenbutter, Röstkartoffeln und Salatteller (1975) in einer Gaststätte (Preisstufe S)	7,45
ein Essen für einen Schüler in der Schulspeisung	0,55
ein einfaches Mittagessen in einer Mensa	0,60
ein mittleres Mittagessen in einer Mensa	0,90

In jedem noch so kleinen Dorf war mindestens eine Dorfkneipe, und die war abends voll. Da konnte man den ganzen Abend beim Bier sitzen und wurde lediglich fünf Mark los. Soviel kostet heute ein Bier, in Euro. In Potsdams „Charlottklause", in der Ulrike unsere Stammkellnerin war, saßen wir den ganzen Abend zu zweit und haben letztendlich nicht mehr als fünfundzwanzig Mark bezahlt, für Essen und Trinken, inklusive Trinkgeld. Das glaubt man heute gar nicht mehr.

Eine gewisse Sonderstellung hatten die Spartenheime der Kleingartenvereine. Die Preise entsprachen in der Regel denen der Preisstufe zwei, aber in diesen „Gartenkneipen" war meist alles sauber und ordentlich, das Geschirr in Ordnung, die Atmosphäre familiär. Hier kannte man sich, hatte die gleichen Interessen, dasselbe Hobby. Der Vereinsvorstand bestimmte den Pächter und hatte Mitspracherecht bei der Angebotsauswahl.

Ab und zu mal essen gehen, das gab es in den fünfziger und sechziger Jahren, zu meiner Kindheit und Jugendzeit, überhaupt nicht, jedenfalls nicht bei den „Normalos", zu denen meine Familie gehörte. Da war schlicht und einfach das Geld nicht vorhanden.

Mit dem Umzug nach Potsdam änderte sich das ein bisschen.

Als Junggeselle war man oft zu faul, sich etwas Ordentliches zu kochen, so blieb nur der Kiosk oder das SB-Restaurant. Da war es relativ billig. Eine Bockwurst mit Brötchen zum Beispiel kostete 85 Pfennig, eine Tasse Brühe mit Ei und Brötchen 20 Pfennig. Natürlich war das keine Dauerlösung, und so bestand meine Ernährung Anfang der siebziger Jahre größtenteils aus Stullen mit Belag. Manchmal waren es auch ein paar Spiegeleier oder eine Portion Bratkartoffeln, die meinen Hunger stillten.

Die Eheschließung 1976 brachte Stabilität und Regelmäßigkeit in die Ernährung, wenn auch der erste Rinderbraten ein wenig zäh geraten war, nun ja.

Obwohl das Geld nicht im Überfluss vorhanden war, leisteten wir uns manchmal ein paar Seile, wie wir die Currywürste nannten, in der Seilbude auf dem Broadway, wie die Brandenburger Straße in Potsdam im Volksmund hieß. Ab und an war auch ein Besuch in der Parkklause drin. Die Parkklause war eine Eckkneipe in der Feuerbachstraße, jeden Abend total überfüllt und völlig verraucht aber urgemütlich. Das Schnitzel mit Bratkartoffeln kostete 2,60 Mark und war geschmacklich unübertroffen. Da wurde auch schon mal eine zweite Portion geordert. Ein kleines Pils für 51 Pfennig dazu, und der Abend war gerettet.

Neben der Parkklause konnte sich die Charlottklause (jetzt Zeppelin Sportsbar) in der Leninallee in unregelmäßigen Abständen über unseren Besuch freuen. Eine der beiden Kellnerinnen war die Ulrike. Mit der freundeten wir uns an und hatten somit immer einen Tisch in der stets gut besuchten Kneipe. Später bediente auch noch der Klaus, den wir von irgendwoher kannten.

Die etwas vornehmeren Lokalitäten, wie das „Bolgar" oder der „Klosterkeller" boten dem Publikum die Möglichkeit, vor dem Tanz zu Abend zu essen. Ja, eigentlich wurde dies regelrecht erwartet und gehörte zur Kalkulation.

Im „Glaskasten", dem „Drushba" an der Heinrich-Mann-Allee, fanden in den Endsiebzigern und Achtzigern sogenannte „Bunte Abende" statt, bei denen es zur Musik nicht nur ein bescheidenes, Abendmahl gab, sondern die Massen in den Tanz-

„Charlott-Klause"

In dieser kleinen Gaststätte sitzt man abends in einer gemütlichen Atmosphäre, die Tische sind immer sauber, das Personal freundlich und schnell, und das Essen, es stehen vier bis fünf Gerichte zur Auswahl, ist

„MV"-Gaststätten-wettbewerb

schmackhaft und appetitlich zubereitet. Großen Verdienst an dem guten Ruf dieser „kleinen Kneipe" hat die Kollegin Ulrike Stendel. Seit vielen Jahren schon dort als Kellnerin tätig, hat sie für jeden ein nettes Wort, fast immer einen Platz, und sie verliert auch nicht ihre gute Laune, wenn „der Laden voll ist" und sie die beiden Räume allein bedienen muß. Wir sind gern dort zu Gast. **Wolfgang Walther** pausen mit Unterhaltungseinlagen unterschiedlichster Art beglückt wurden. Diese Veranstaltungen fanden unsere Zustimmung, und wir gingen mit Freunden und Kollegen regelmäßig ins Drushba zum „Budenzauber".

Während wir uns beim Zelten in Waren meist mit Grillfleisch oder Stullen und Brötchen sättigten, besuchten wir in Lauscha und Olbersdorf die örtlichen Lokalitäten, finanziell war das durchaus machbar.

Der FDGB-Urlaub dann bot Vollverpflegung, da gab es zwischendurch höchstens mal einen Kaffee mit Kuchen oder ein Eis.

Leider waren wir nicht im Besitz eines PKWs. Allerdings war der ÖPNV in der DDR so gut organisiert, dass praktisch jeder Ort mit Bus oder Bahn erreicht werden konnte. Noch dazu fuhr man billig.

Außerdem waren wir im Besitz eines Motorrollers „Berlin" mit Kindersitz, der uns zuverlässig den Bezirk Potsdam erkunden half. Als der Kleine dann soweit war, kauften wir uns Fahrräder und radelten am Wochenende fröhlich durch die Gegend. Bevorzugt dorthin, wo ein Lokal mit Mittagessen auf uns wartete, im Radius von maximal dreißig Kilometern.

Dabei passierte es leider manchmal, dass wir vor der Gaststättentür warten mussten bis ein Tisch frei wurde, denn andere Leute wollten auch essen gehen. Bei „Müller's" in Caputh zum Beispiel ging ohne Vorbestellung gar nichts. Aber mach das mal ohne Telefon.

Meine Feierabendtätigkeit als Maler besserte unsere Haushaltskasse erheblich auf. Das ermöglichte uns unter anderem, ab und zu essen zu gehen. In diesem Zusammenhang konnten sich neben den bereits erwähnten Etablissements das „Haus des Handwerks", in dem auch manchmal abendliche Tanzveranstaltungen stattfanden, der „Klosterkeller" in der Friedrich-Ebert-Straße, der „Ratskeller" in Babelsberg und im Rahmen einer Wanderung „Onkel Emil" in Eiche und die „Elsässer Weinstuben" in Bornstedt, um nur einige zu nennen, über unseren Besuch freuen.

Die bereits erwähnte Sylvesterfeier 1978 werde ich nie vergessen. Unser Sohn war ein halbes Jahr alt. Wir hatten ausgemacht, ihn am Nachmittag des 31. zu meinen Eltern in die Heinrich-Mann-Allee 60 zu bringen, um im Kulturhaus „Hans Marchwitza" am Alten Markt gemeinsam mit Schwester und Schwager unbeschwert feiern zu können.

Es war der Winter 78/79 als Väterchen Frost, von Norden kommend, erst die Insel Rügen und anschließend die gesamte Republik lahm legte und an den Rand des Untergangs brachte.
Am Mittag war die Kaltfront in Potsdam angekommen. Als wir uns zu meinen Eltern aufmachten, war die Stadt fast schon unter einer geschlossenen Schneedecke begraben. Die Straßenbahn fuhr bis zum Interhotel. Dann war Schluss. Wir mussten laufen. Auf der Langen Brücke pfiff der Wind dermaßen stark, dass wir uns regelrecht vorwärts kämpfen mussten. Den Kinderwagen samt Kind zog ich hinter mir her, damit der Schnee unseren Jun-

gen nicht erreichen konnte. Irgendwann kamen wir bei Mut und Pap an und wärmten uns auf, um dann zurück in die Stadt zum Marchwitza zu laufen. Die Lokalität hatte noch Strom. Schwester und Schwager waren bereits da, und wir ließen es uns bei essen, trinken und tanzen gut gehen.

Gegen zehn Uhr fiel der Strom aus. Die Kellner verteilten Kerzen. Der Stimmung tat das keinen Abbruch. Nach Mitternacht kam der Strom wieder. Wir feierten ausgelassen ins neue Jahr. Gegen zwei Uhr liefen wir nach Hause. Am Neujahrstag holten wir unseren Sohn ab, nachdem wir das leckere Neujahrsessen, das meine Mutti gekocht hatte, verspeisen durften.

Am 5. Dezember 1983 starb mein Vati an einem Herzinfarkt, und Mutti stand alleine da in der zweieinhalb Zimmer Wohnung. Dass sie nicht allein wohnen bleiben konnte, war uns allen sofort klar. Meine Mutti litt seit Jahren an einer fortschreitenden MS (Multiple Sklerose), die ihr unter anderem das rechte Bein lahm legte und die sich in Schüben stetig verschlimmerte. In der Wohnung umher hutschen, das ging mit festhalten gerade noch, aber draußen laufen ohne Unterstützung, war unmöglich.

Also zog Mutti bei der Familie meiner Schwester ein, in die 4-Raum-Wohnung am Hubertusdamm. Die jüngere Tochter der Familie Riedel musste ihr Zimmer räumen und wurde bei der Großen einquartiert. Das kostete Überzeugungsarbeit, funktionierte aber letztendlich. Es war auch nur für kurze Zeit, denn mein Schwager organisierte mit Hilfe der KWV einen Ringtausch, der ihnen eine 5-Raum-Neubauwohnung an der Neustädter Havelbucht einbrachte. Jetzt hatte Mutti ein schönes großes Zimmer. Leider gab es nur eine Toilette für die nun fünf Familienmitglieder.

Oft haben wir Mutti besucht, wir wohnten ja nur einen Katzensprung entfernt, und gingen mit ihr an der Havelbucht spazieren. Als sie dann einen Elektrorollstuhl hatte, konnten wir gemeinsam auch mal längere Spaziergänge machen. Wenn Familie Riedel in Urlaub fuhr, nahmen wir Mutti für die Zeit bei uns auf.

Meine Schwester und mein Schwager haben die Mutti bis zu ihrem Lebensende am 3. Oktober 2000 liebevoll umsorgt. Das kann man ihnen nicht hoch genug anrechnen. Mutti hat gewusst, was sie an den beiden hatte und war ihnen auch sehr dankbar.

Wie bereits erwähnt, verlegte ich meinen Lebensmittelpunkt Anfang Mai 1972 nach Potsdam. Der Zoll hatte mich geworben, speziell die Zollfahndung. Als Ergebnis der Agitation unterschrieb ich eine Verpflichtung für drei Jahre. Die Vermittlung hatte mein Schwager eingefädelt, der seit geraumer Zeit bei dieser Truppe seine Brötchen verdiente. Hintergrund der ganzen Geschichte war der Transitvertrag der DDR mit der BRD und Westberlin, bei dem es im Wesentlichen um die unkomplizierte Durchquerung des Staatsgebietes der DDR für die Wessis ging.

Als Transitabkommen wird das Abkommen zwischen der Regierung der DDR und der Regierung der BRD über den Transitverkehr von zivilen Personen und Gütern zwischen der BRD und Berlin (West) bezeichnet. Es wurde zwischen den Staatssekretären Egon Bahr (BRD) und Michael Kohl (DDR) ausgehandelt und am 17. Dezember 1971 in Bonn unterzeichnet. Am 3. Juni 1972 trat es in Kraft. Es erleichterte Bundesbürgern die Reise nach West-Berlin und den West-Berlinern einen Besuch in Ost-Berlin.

Im Rahmen der neuen Ostpolitik der Regierung Brandt/Scheel, die durch einen „Wandel durch Annäherung" eine deutliche Verbesserung der innerdeutschen Beziehungen erreichen wollte, war Gegenstand des Abkommens gem. Art. 1 „der Transitverkehr von zivilen Personen und Gütern auf Straßen, Schienen- und Wasserwegen zwischen der BRD und den Westsektoren Berlins – Berlin (West) durch das Hoheitsgebiet der DDR."

Grundlage für dieses Abkommen war das zwischen den Alliierten geschlossene Viermächteabkommen vom 3. September 1971, welches ebenfalls am 3. Juni 1972 in Kraft trat. Die

Sowjetunion garantierte darin erstmals seit 1945 den ungehinderten Transitverkehr zwischen der BRD und West-Berlin. Wenn auch die West-Sektoren „so wie bisher kein Bestandteil (konstitutiver Teil) der BRD seien und auch weiterhin nicht von ihr regiert werden" sollten, so sollten doch „die Bindungen zwischen den Westsektoren Berlins und der BRD aufrechterhalten und entwickelt werden." Die den zivilen Verkehr betreffenden konkreten Regelungen sollten die beiden deutschen Staaten selbst regeln.

Die mit dem Abkommen für die Bundesbürger erzielten Erleichterungen galten allerdings nur für den „spezifischen" Transitverkehr von und nach West-Berlin. Wurde die DDR als Durchreiseland genutzt, etwa um nach Polen oder in die Tschechoslowakei zu reisen, kontrollierten die DDR-Grenzer nach wie vor mit der ihnen eigenen Strenge. Insgesamt betrafen die Regelungen des Abkommens über 1.000 Kilometer Straße, gut 1.200 Kilometer Zugstrecken und knapp 600 Kilometer Flüsse. Im Gegensatz zur gängigen Praxis bis 1971 sollte nach Abschluss des Abkommens persönliches Gepäck von Bundesbürgern nur noch kontrolliert werden, wenn ein begründeter Verdacht vorlag (z.B. auf Schmuggel oder Devisenvergehen). Auch die Erteilung von Visa – vorher ein langwieriger bürokratischer Akt – wurde nun direkt an den Grenzübergangs-stellen ermöglicht, für Busreisende gab es sogenannte Sammelvisa. Viele Bundesbürger nutzten die neuen Freiheiten und reisten in die DDR – meist, um dort Verwandte zu besuchen. Die Statistiken verzeichnen etwa zehn Millionen Besuchsreisen jährlich. Auch für West-Berliner war das Transitabkommen eine große Erleichterung. Sie durften nun an 30 Tagen im Jahr mit Tagesschein in den Ostteil der Stadt reisen.

Die BRD ließ sich das Abkommen einiges kosten. Die Gebühren für Visa und Schienennutzung durch Bundesbürger übernahm die BRD. Zwischen 1972 und 1975 überwies sie dafür knapp 250 Millionen DM an die DDR. Insgesamt zahlte die Bundesregierung bis 1989 über zwei Milliarden DM für die Instandhaltung *der Transitwege. Regelmäßige Deviseneinnahmen für den Staatshaushalt der DDR.*

In der historischen Nachschau gilt das Transitabkommen von 1971 als Meilenstein auf dem Weg zur Einheit Deutschlands. Es trug bereits den Geist dessen in sich, was Willy Brandt 1989 auf die Formel brachte: „Jetzt wächst zusammen, was zusammengehört."

(Quelle: Wikipedia)

Das Abkommen an sich war erstmal eine feine Sache, weil es der DDR Devisen einbrachte, die das Land dringend brauchte. Zum Anderen brachte es eine Menge Arbeit für Grenzer, Zoll und Polizei.

Der Verkehr auf den Transitstrecken nahm erheblich zu und erforderte zusätzliche Überwachung und Kontrolle. Die meisten Wessis allerdings hielten sich penibel an die geltenden Höchstgeschwindigkeiten (Autobahnen = 100 km/h, Landstraßen = 80 km/h), weil bekannt war, dass die Volkspolizei an der Strecke auf der Lauer lag und mit Hilfe des Überwachungsradars versuchte, die Raser zu erwischen. Das passierte oft genug. Die Sünder wurden auf der Stelle abkassiert, natürlich in Westmark und nicht zu knapp. Das brachte auch wieder Devisen. Die ertappten Schnellfahrer zahlten in bar und ohne zu diskutieren, weil sie Angst hatten, anderenfalls in den Knast zu wandern.

Eine weitere, nicht unerhebliche Devisenquelle war der Zwangsumtausch bei Besuchen in der DDR.

Im besonderen Verhältnis der BRD zur DDR gab es einen Mindestumtausch. Hierunter versteht man die von der Regierung der DDR verhängte Regelung, nach der Bürger des so genannten NSW (Nichtsozialistisches Wirtschaftsgebiet) bei der Einreise in die DDR oder nach Ost-Berlin konvertierbare Währung in Mark der DDR umtauschen mussten.

Der Einführung des Mindestumtausches am 2. Dezember 1964 gingen die ersten beiden Passierscheinabkommen voraus, die

West-Berlin und die DDR-Regierung am 17. Dezember 1963 abgeschlossen hatten, um Besuche von Westberlinern bei ihren Verwandten und Freunden in Ost-Berlin zu ermöglichen. Davon machten schon 1963/64 1,2 Millionen Bürgerinnen und Bürger West-Berlins Gebrauch. Die DDR-Regierung nutzte diesen Reisebedarf als Devisenquelle. Die drastische Erhöhung des Mindestumtausches 1973 stand im Zusammenhang mit den Devisenproblemen der DDR im Zuge der Ölkrise von 1973. Die Bundesrepublik half der DDR-Wirtschaft in dieser Situation durch den Kreditrahmen (Swing) im innerdeutschen Handel, durch die an die DDR entrichteten Devisenpauschalen für den Transitverkehr nach West-Berlin und für Visagebühren sowie durch westdeutsche Kostenbeteiligungen am Ausbau der Transitstrecken. Zusammen mit dem Mindestumtausch der westdeutschen DDR-Besucher summierten sich diese Deviseneinnahmen der DDR ab 1979 auf geschätzte 2 bis 2,5 Mrd. DM pro Jahr.

Pro Aufenthaltstag und pro Person war eine vorgeschriebene Höhe zu wechseln. Der Mindestumtausch betrug für Bürger der BRD und West-Berlins zuletzt 25,00 Mark der DDR im Kurs 1 : 1 (eine Mark der DDR = eine Deutsche Mark der Deutschen Bundesbank).

(Quelle: Wikipedia)

Was war nun die Aufgabe der Zollfahndung bei dieser Geschichte?

Nun, die angeborene Eigenschaft der Menschen allgemein und der Deutschen im Besonderen, sich ungern etwas vorschreiben zu lassen und es mit der Einhaltung von Regeln nicht ganz so genau zu nehmen, korrespondierte mit der Auffassung der Verantwortlichen in der DDR, dass alle Transitreisenden potentielle Schmuggler, Menschenhändler und sonstige Gesetzesbrecher seien. Um das zu beweisen, wurde innerhalb der Zollfahndung eine neue Abteilung geschaffen, die ausschließlich die Aufgabe hatte, diese Verbrechen zu dokumentieren, damit die DDR bei der nächsten Verhandlung der BRD den drohenden Zeigefinger entgegen strecken und ein paar Westmark mehr heraushandeln konnte.

Vereinfacht ausgedrückt, waren wir Jungs und Mädels Tag und Nacht auf den Transitstrecken unterwegs, um den kapitalistischen Ignoranten und imperialistischen Gangstern das Handwerk zu legen.

Viel zu tun hatten wir im Allgemeinen nicht. Der Großteil der Transitreisenden verhielt sich vorbildlich, blieb auf der Strecke, bezahlte in der Raststätte mit Westgeld und ging nur dort pinkeln, wo dies erlaubt war. Auf der anderen Seite war es schon erstaunlich, welch kriminelle Energie manche Zeitgenossen entwickelten, und ich bin überzeugt, die Meisten sind uns durch die Lappen gegangen.

Abgesehen vom alten Fernseher, der für die Oma mitgebracht und auf dem Rastplatz Michendorf übergeben wurde, oder der Stange Zigaretten, die zusammen mit Kaffee und Schokolade beim gemütlichen Beisammensein über den Tisch gereicht wurde, gab es tatsächlich Typen, die zum Beispiel den Kofferraum voller Zeitschriften (Bravo, Praline, Schlüsselloch usw.), neueste Ausgabe, Pakete original verpackt an ihren Geschäftsfreund im Osten auf einsamen Parkplätzen übergaben. Der Spender wurde dann an der nächsten Grenzübergangsstelle aus dem Verkehr gezogen, der Empfänger bekam Besuch von den Kollegen der anderen Firma. Natürlich war das krass und die Strafen unverhältnismäßig, aber jeder wusste bei solchen Deals, worauf er sich einlässt und kannte die Konsequenzen. Es wurden nicht nur mit Druckerzeugnissen und Tonträgern Geschäfte gemacht, auch technische Geräte aller Art, vom Diktiergerät bis zur Gefriertruhe, wechselten auf den Transitstrecken ihre Besitzer.

Einmal fanden wir nachts an der Tankstelle der Raststätte Michendorf ein kleines Päckchen Geldscheine, 250,- D-Mark. Die hätten wir eigentlich abgeben müssen, haben wir aber nicht. Ich teilte mir mit Klaus, meinem Beifahrer, das Westgeld und ging auf der nächsten Heimfahrt im Intershop im Leipziger Hauptbahnhof einkaufen.

Nach drei Jahren war ich froh, dass meine Zeit abgelaufen war und sagte den Jungs beim Zoll Lebewohl. Meine Zeit im 24 Stunden Dienst, einschließlich Sonn- und Feiertage, auf Autobahnen und Fernverkehrsstraßen zu verbringen, das war doch nicht das Richtige. Darüber hinaus blieb immer ein etwas fader Nachgeschmack in mir hängen.

Ich ging erneut als Dreher in den Werkzeugbau und zwar im Karl-Marx-Werk in Potsdam Babelsberg, war froh, wieder in der Welt der Proletarier angekommen zu sein und half den Kollegen, Lokomotiven und Autokräne zu bauen.

Doch auch damit war ich nicht zufrieden. In ölverschmierten Klamotten im Dreischichtbetrieb an der Drehmaschine stehen und Werkstücke rundmachen konnte nicht die Erfüllung sein.

Am ersten Oktober 1976, einem Freitag, startete ich meine Karriere im Bezirksneuererzentrum Potsdam.

Wochen zuvor hatte ich ein Inserat in der „Märkischen Volksstimme", „Kraftfahrer, Führerschein alle Klassen, sucht neuen Wirkungskreis" aufgegeben.

Etliche Briefe konnte ich mir abholen. Die Beschreibung der Stelle im BNZ gefiel mir am besten. Kraftfahrer und zugleich Fundusverwalter bot man mir an, für 800,- Mark und zu einem späteren Zeitpunkt die Stelle eines Betreuers des fahrbaren „Konsultationsstützpunktes" (KSP) für 1040,- Mark.

Der KSP war ein alter Bus, ein Ikarus 66, der im Moment noch beim Kraftverkehr Potsdam stand, wo er umgebaut wurde. Tatsächlich konnten wir ihn 1977 abholen und gleich die erste Probefahrt machen. Meinen LKW Führerschein hatte ich erworben, als ich meine Brötchen noch beim Zoll verdiente.

Der Ikarus war von seinen Sitzen befreit worden. Unter den Fenstern rechts und links befanden sich jetzt Einbauschränke mit Schiebetüren und Regalböden, darüber zwei Reihen Halteschienen für Ausstellungstafeln 50 x 50 cm. Später kauften wir noch etliche Stapelstühle aus Plaste der Marke „Rennsteig" und ein paar Tische dazu.

Meine Aufgabe als Betreuer des KSP war die Organisation neuer Ausstellungen zu verschiedenen Themen gemeinsam mit den anderen Mitarbeitern des BNZ. Also eher die praktische Umsetzung der erarbeiteten Ausstellungsinhalte auf die Tafeln. Dazu und zur Erstellung sonstigen Ausstellungen auf Metertafeln bedienten wir uns der Graphiker der PGH „Sozialistische Messen und Ausstellungsgestaltung" (SMA) in der Schopenhauerstraße, gleich neben dem Kabarett „Obelisk". Die Graphiker haben an uns im Laufe der Jahre mehr als reichlich verdient und hatten dennoch ständig was zu meckern.

Ein weiterer „Künstler", den wir regelmäßig mit Arbeit versorgten, war ein Fotograf, dessen Namen ich leider vergessen habe. Ich weiß aber noch, dass wir einmal den kompletten Satz Tafeln (1x1 m) einer Ausstellung von ihm fotografieren ließen. Dazu musste er lediglich seine Kamera mittels Stativ auf die erste Tafel, die an der Wand lehnte, ausrichten. Das Wechseln der Tafeln übernahm ich, es waren, glaube ich, mehr als zwanzig Stück. In der Rechnung des Fotografen stand dann: „Anfertigen von 20 (?) Aufnahmen mit Regie und Gestaltung." Pro Aufnahme kassierte er 350,- Mark. Das glaubt man doch nicht.

Den Bus kutschierte ich durch den Bezirk Potsdam zu Messen und ähnlichen Veranstaltungen und in die Betriebe, wenn Erfahrungsaustausche zu Neuerungen, heute sagt man „Innovationen", anstanden.

Der Ikarus ließ sich schwer fahren. Das Lenkrad bewegen, war richtige Arbeit. Damals gab es noch keine Servolenkung. Vor dem Start musste je nach Außentemperatur dreißig Sekunden oder länger vorgeglüht und beim Schalten musste Zwischengas gegeben werden. Zum Glück hatte ich nie eine Reifenpanne. Auch sonst hat mich das Gefährt nie im Stich gelassen.

Im Gesetzestext zum „Neuererrecht" der DDR waren die Einrichtung und Funktion sowie die Arbeitsaufgaben eines Bezirksneuererzentrums (BNZ) geregelt. Es gab, entsprechend der fünfzehn Bezirke, fünfzehn Bezirksneuererzentren. Diese hatten die Aufgabe, „bekannte und bewährte Neuerermethoden mit den Mitteln der Produktionspropaganda in den Erfahrungsaustausch zu bringen". Klingt gut, oder?

Fachlich angeleitet wurden die BNZ vom Patentamt in Berlin. Haushaltmäßig unterstanden sie dem Rat des Bezirkes, und hier speziell der Abteilung Technik des Wirtschaftsrates. Der Wirtschaftsrat war dem BNZ gegenüber weisungsberechtigt. Die Genossen erinnerten sich gern an uns, wenn es um die Erfüllung von Sonderaufgaben in den Betrieben der bezirksgeleiteten Industrie ging oder mal wieder eine Propagandaaktion durchgeführt werden sollte, wie zum Beispiel die fröhlich winkende Begrüßung einer ankommenden ausländischen Staatsdelegation am Flughafen Berlin-Schönefeld.

Das BNZ Potsdam residierte im Souterrain in der Straße der Jugend Nummer 50. Die gesamte Etage darüber hatte die Gesangslehrerin Henni Teitge gemietet. Sie gab ihre Unterrichtsstunden tagsüber. Wenn die angehenden Sänger immer und immer wieder die Tonleiter hoch und runter trällerten, sank die Stimmung der Mitarbeiter des BNZ in Richtung Nullpunkt. Ein ernsthaftes Arbeiten war bei so einer Dauerbeschallung schwer möglich.

Es gab fünf Büroräume, einen Tagungsraum, eine kleine Kaffeeküche und ein Klo. Beheizt wurden die Räume mittels Kachelöfen, deren Versorgung eine meiner Aufgaben war. Schon bald nach meiner Anstellung brachten zwei der weiblichen Mitarbeiter den Neuerervorschlag ein, Nachtspeicheröfen aufzustellen und damit zur Verbesserung der Arbeits- und Lebensbedingungen der Mitarbeiter beizutragen. Der Vorschlag wurde angenommen, umgesetzt und auch prämiert. Zum BNZ gehörten noch eine Garage und eine Lagerhalle auf dem nebenan gelegenen Gelände des Hauses der Gesellschaft für „Deutsch-Sowjetische

Freundschaft" (DSF). Das Haus der DSF war in alten Zeiten das Logenhaus der Freimaurer in Potsdam gewesen. Die Lagerhalle nutzten die Freimaurer als Leichenhalle. Reste dieser Nutzungsform waren nicht mehr vorhanden. Gott sei Dank. Lediglich der Name hatte sich erhalten.

Ein ehemaliger Laden neben dem Eingang zum BNZ gehörte noch dazu, nicht sehr groß aber ausreichend für handwerkliche Tätigkeiten und für grafische Arbeiten an Ausstellungstafeln, die ich manchmal ausführen durfte. Ein paar Straßen weiter, in der Leibelstraße, befand sich im Erdgeschoß eines Hauses ein weiterer Lagerraum. Diese Menge an Fläche war nötig, um unzählige Ausstellungstafeln, 1x1 m und 50x50 cm zu lagern. Dazu kamen die entsprechenden Aufsteller bzw. Ständer.

Im BNZ war ein kleines Team von sechs Leuten am Arbeiten. Es herrschte eine fast familiäre Atmosphäre. Helmut Kamm war der Chef, der bald in Rente gehen sollte, Willi Ehrenberg, sein Stellvertreter, der Kettenraucher war und am Tag zwei, drei Schachteln (40 - 60 Zigaretten) Karo verqualmte. Anneliese Kosack machte die Buchhaltung, Gesine Müller und Karl Woop waren wissenschaftliche Mitarbeiter und Marion Lehmann war für den Versand zuständig. Später kamen noch Liane Schössow als Sekretärin und der Peter Felsch als „Allzweckwaffe" dazu. Mit Peter teilte ich mir die Arbeit am und mit dem KSP. Peter kündigte später. Er wurde durch Manfred Scheufler ersetzt. Da Manfred den Bus nicht fahren konnte, blieb die Karre an mir hängen, und ich hatte den KSP wieder für mich allein.

Weil der Bus nicht ununterbrochen bewegt werden musste, durfte ich meine ursprüngliche Aufgabe als Kraftfahrer noch dazu erledigen. Jedenfalls solange unser Betriebsauto, der Moskwitsch 412, im Bestand war. Als dieser ausgemustert wurde, bekamen wir einen Trabbi. Der wurde ein Selbstfahrer. Jeder, der ihn brauchte, fuhr selbst.

Der Moskwitsch war ein robustes, sehr zuverlässiges Auto. Er brachte uns wohlbehalten in alle Teile der Republik. Einmal nur hat er mich im Stich gelassen. Als ich meinen Chef nach Schwerin zur Leitertagung kutschierte, flog kurz vorm Ziel unbemerkt der Stopfen aus dem Motorblock. Dieser „Stopfen" ist ein technologisch bedingter Verschluss des Motorgehäuses, der nach Fertigstellung eingeklebt wird. Ich bemerkte das Malheur nicht, nahm lediglich eine Rauchfahne hinter mir wahr. Bei der Ölkontrolle präsentierte sich mir ein völlig blanker Ölmessstab. Ach du meine Güte. Also ab zur nächsten Tankstelle und drei Liter Öl gekauft.

So wie ich das Öl oben einfüllte, lief es unten wieder raus. Jetzt war guter Rat teuer. Schließlich fuhr ich langsam und vorsichtig bis Schwerin, es war zum Glück nicht mehr weit, setzte meinen Chef beim Hotel ab und suchte eine Werkstatt. Dort erklärte man mir, dass sie keine Kapazitäten hätten. Ich könne aber das Auto dalassen, weiter fahren dürfe ich nicht, wenn ich keinen Motorschaden riskieren wolle. An eine Reparatur sei unter zwei Wochen nicht zu denken.

Der Chef nahm die Nachricht mit Humor entgegen. Am nächsten Tag fuhren wir mit der Reichsbahn zurück nach Potsdam, natürlich erster Klasse. Das war tatsächlich auch das einzige Mal, dass ich in der Eisenbahn in der ersten Klasse gereist bin. War schon schön. Die Sitzpolster hatten plüschige Bezüge. Am Kopfteil gab es noch einen extra weißen Bezug. Zwei Tage später fuhren Willi und ich mit dem Ikarus nach Schwerin. Wir hängten den Mossi hinten an den Bus und brachten ihn nach Potsdam zur Werkstatt in der Berliner Straße. Das war unsere Stammwerkstatt. Die Monteure dort machten sich voller Freude an die Reparatur. Nach zwei Tagen hatte ich die Karre wieder.

Der Mossi hatte einen Anhänger, mit dem Ausstellungsmaterial aber auch private Dinge transportiert werden konnten, wenn es notwendig war. Die Kiste Apfelsinen zu Weihnachten brachte ich ohne Hänger nach Hause.

Dass in der DDR manche Dinge nicht oder nur sehr schwer zu bekommen waren, wusste jeder. Eines Tages traf diese Problematik auch das BNZ. Die Batterie des Mossi hatte ihren Geist aufgegeben, es gab keine neue zu kaufen. Zum Glück gehörte zur Ausstattung des Autos eine Kurbel, so dass der PKW trotz fehlender Batterie benutzt werden konnte. Das Ankurbeln war kein Problem. Ein kurzer kräftiger Ruck - schon lief der Motor. Einige Wochen lang musste ich auf diese Art das Fahrzeug starten, bis endlich vom Batteriedienst die Nachricht zur Abholung einer neuen Starterbatterie kam. Verkauf natürlich nur gegen Abgabe der alten Bleikiste.

Als Kraftfahrer und Fundusverwalter genoss ich ziemliche Freiheiten und konnte mich beschäftigen, wenn keine Fahrten anstanden, womit ich wollte. Es sagte auch keiner etwas, wenn ich mit dem Auto zu Hauptpost fuhr, um ZKD – Post (Zentraler Kurierdienst) abzuholen und erst nach anderthalb Stunden wieder zurück war und der Liane die Briefe auf den Tisch legte.

In der Zwischenzeit war ich in der Drogerie Schukat, Farbe und sonstige Utensilien einkaufen, um anschließend die Sachen in mein Lager oder gleich zum nächsten Kunden zu bringen, dem ich die Wohnung verschönern sollte.

Auf Grund meiner Tätigkeit lernte ich die Bezirksstädte der Republik und den gesamten Bezirk Potsdam kennen. Ich fuhr die Mitarbeiter zum Zielort, hatte die Zeit bis zur Abholung derselben frei und konnte mir die Städte anschauen. Oft ergatterte ich bei meinen Ortsspaziergängen Waren, die es in Potsdam nicht gab. Damit sorgte ich zu Hause für freudige Überraschungen. Besonders gern fuhr ich meinen Chef zur Leitertagung in eine Bezirkshauptstadt. Hier trafen sich zweimal im Jahr die Chefs der fünfzehn Neuererzentren, um Erfahrungen auszutauschen und Probleme zu wälzen. Jedes BNZ war mit der Ausrichtung irgendwann einmal dran.

Außer in Berlin übernachteten wir in den anderen Bezirksstädten. Die Treffen gingen jeweils über drei Tage, also waren zwei Übernachtungen fällig. Somit hatte ich den zweiten Tag komplett frei und konnte neben Stadtbesichtigung oder anderweitigen Vergnügungen Konsumwünsche erfüllen. Das war nicht schlecht.

Gesine saß zusammen mit Marion in dem größten Büro, und wenn sie Lust auf ein Schnäpschen hatten, klingelte mein Telefon und sie teilten mir mit, dass Versandtaschen eingetroffen seien. „Versandtasche" war das Codewort für „Goldbrand", die Flasche (0,75l) zu 14,50 Mark. Dann ging ich rüber, und der Nachmittag war gelaufen.

Bei entsprechenden Anlässen, wie Geburts- oder Feiertage, fand im BNZ ein erweitertes Mettfrühstück statt. Dazu hatten die Mitarbeiter verschiedene Aufgaben zu erledigen. Ich musste Brötchen holen beim Bäcker Schröter in der Wilhelm-Pieck-Straße. Hier standen schon vor sieben Uhr die Kunden in langer Schlange vor der Tür und warteten darauf, dass die Verkäuferin die Ladentüre aufschloss. Gesine und Marion gingen zum Fleischer Neuendorff in der Friedrich-Ebert-Straße und kauften Hackepeter. Auf dem Rückweg kauften sie im HO-Laden Kaffee und Goldbrand. Die Frauen bereiteten in der Küche das Hackepeter zu, schmierten die Brötchen und kochten Kaffee.

So gegen halb zehn setzten wir uns im Aufenthaltsraum zusammen, frühstückten gemütlich und vernichteten den Goldbrand. Selten standen wir vor dem Feierabend wieder auf. Manchmal wurde ich nochmal losgeschickt, um Nachschub zu holen, wenn die Versandtasche alle war. Bei acht Leuten reichte eine Flasche nicht sehr lange. Dazu wurde natürlich geraucht, was die Luft nicht unbedingt besser werden ließ. Die Hälfte der Mitarbeiter war Raucher, und Willi qualmte für zwei.

Gefeiert haben wir Kollegen vom BNZ auch außerhalb der Büroräume zusammen. Marion, Gesine und ich, wir trafen uns in kleiner Runde reihum jeweils zu Hause. Da waren natürlich die Ehepartner mit dabei. Ab und an kamen Liane und Karl dazu. Zur Anneliese drängelten wir uns, wenn auch selten, gleich nach Feierabend in die Wohnung. Sie wohnte gleich nebenan im Haus der DSF. Ihr Mann war dort Hausmeister, und die Wohnung unterm Dach gehörte dazu.

Wenn Karl angetütelt nach Hause kam, seufzte seine Frau Yvonne und sagte vorwurfsvoll: „Ach Karl."

Gemeinsam fuhr das Kollektiv des BNZ ins Erzgebirge zum Frohnauer Hammer, als Busreise übers Wochenende. Wir haben uns vom „Hammer-Hansel" das Hammerwerk erklären lassen. Wir machten eine Busfahrt nach Karow, wo ein zünftiges Schlachtefest gefeiert wurde. Mehrere Male waren wir im „Drushba", dem Glaskasten an der Heinrich-Mann-Allee, zur Varieteeveranstaltung mit Tanz namens „Budenzauber". Das war klasse. Auch Sylvester war das Kollektiv vom BNZ mehrheitlich gemeinsam vertreten, zum Beispiel im Jagdschloss am Stern und im Haus der DSF, wo der DJ Heinz Wimmer Musik machte und Willis Frau Helga gemeinsam mit ihren zwei großen Söhnen auf dem Tanzparkett kniete und zu Deep Purples „we will rock you" mit ihren Fäusten im Takt der Musik den Fußboden bearbeite.

Der Wirtschaftsrat hatte die üble Angewohnheit, auf die Mitarbeiter des BNZ zurück zu greifen, wenn es in einem Betrieb der bezirksgeleiteten Industrie Probleme gab. Die gab es eigentlich immer.
Zum Beispiel sind vier Kollegen vierzehn Tage lang mit einem LKW vom Getränkekombinat Potsdam mitgefahren, jeder mit einem anderen natürlich, der Bier und alkoholfreie Getränke an die Lebensmittelgeschäfte der Stadt und des Kreises Potsdam lieferte. Wir hatten die Aufgabe, zwecks Tourenoptimierung Lieferzeiten zu dokumentieren und die Verkaufsstellenleiter zu interviewen, ob diese eventuell Verbesserungsvorschläge hätten.
Dass die Kraftfahrer nicht begeistert waren, kann man sich vorstellen. Die dachten natürlich, wir sollten sie überwachen. Ich hab meinem Fahrer keine Gelegenheit gegeben, seine Vorurteile mir gegenüber zu festigen, sondern mir mit ihm die Abladearbeit geteilt, die schweren Bier- und Brausekästen per Hand abgeladen und mittels Sackkarre in die Läden gefahren. Meinen Fragenkatalog habe ich anschließend abgearbeitet. Abends war ich fix und

fertig. Nach einer Woche hatten sich meine Muskeln an die Arbeit gewöhnt, und es lief wie geschmiert. Ob die ganze Aktion etwas gebracht hat, weiß man nicht.

Einmal wurde ich samt Moskwitsch für vier Wochen an die Fahrbereitschaft des Rates des Bezirkes ausgeliehen, weil die dort einen akuten Fahrermangel hatten. Das hab ich recht gern gemacht, nur leider war der Feierabend dabei sehr unregelmäßig.

Unser Chef, der Helmut, wurde 1984 Rentner und verabschiedete sich mit einem erweiterten Mettfrühstück in den Ruhestand. Leider konnte er diesen nicht sehr lange genießen, und den Westen hat er auch nicht mehr erlebt.

Als neuen Leiter des BNZ begrüßten wir nach Helmuts Abgang den Peter Egenter. Das war ein sympathischer Chef mit viel Verständnis für seine Mitarbeiter. So durften wir das Betriebsauto, das war da schon der Trabbi, für private Zwecke nutzen. Ich fuhr zum Beispiel Gesine samt Familie in den Urlaub an den Netzener See. Auch ich wurde mit Familie von Manfred zum Urlaubsort nach Klein Zerlang gefahren.
Der neue Chef erkannte recht bald meine organisatorischen Fähigkeiten und delegierte mich in das Organisationsbüro der Bezirks MMM (Messe der Meister von Morgen), wo ich während der Vorbereitung und Durchführung der Messe, die im Drushba und der angrenzenden Sporthalle zehn Tage lang abgehalten wurde, verantwortlich für die Bezirksgeleitete Industrie war. Das habe ich mehrere Jahre sehr gern gemacht. Der Auf- und Abbau der einzelnen Messestände ging problemlos vonstatten, da waren nur Profis am Werke. Der Messebetrieb lief ohne Zwischenfälle ab und war interessant. Ich lernte viele neue Leute kennen. An keinem Tag kam Langeweile auf. Zu den meist jugendlichen Standbetreuern hatte ich ein gutes Verhältnis. Die Messe ging viel zu schnell vorbei. Zum Abschluss gab es den „Messeball" im „Kahleberg" oder im Jugend- und Freizeitzentrum am Schlaatz.

Die Messe der Meister von Morgen (MMM) war ein Jugend-wettbewerb in der DDR. Sie war vergleichbar mit dem einige Jahre später eingerichteten Wettbewerb „Jugend forscht" in der BRD. Als Preise wurden Medaillen verliehen. Die Messe wurde von der FDJ organisiert und fand von 1958 bis 1990 jährlich statt. Ziel war es, bei der sozialistischen Jugend das Interesse für Technik und Wissenschaft zu steigern und so neuen Ingenieurs-Nachwuchs zu schaffen. Die ersten Veranstaltungen fanden auf Schul- bzw. Betriebsebene statt. Hier konnte man sich für die Kreis-, Bezirks- und Republikebene qualifizieren. Im Oktober 1958 fand erstmals und danach jährlich die Zentrale Messe der Meister von Morgen in Leipzig statt.

(Quelle: Wikipedia)

Peter organisierte einen Personalcomputer PC 1715 und die Möglichkeit für Gesine, Liane und mich, an entsprechenden Schulungen teilzunehmen. Darüber hinaus studierte ich aufmerksam die begleitende Literatur und war schon bald der Computerverantwortliche im BNZ Potsdam. Intensiv beschäftigte ich mich mit dem Datenbanksystem „Dbase" und dem DDR-Pendant „Redabas" und hatte ruck zuck die Grundbegriffe der Programmierung verinnerlicht, die ich kontinuierlich ausbaute. Bald war ich in der Lage, Anwenderprogramme zu erstellen.

Ich schrieb ein Programm, das die Handhabung des Zentralen Informationsdienstes (ZID) der Neuererzentren vereinfachte. Das Programm wurde in allen fünfzehn BNZ genutzt. Darauf war ich stolz.

Auch für meine Funktion als Mannschafts- und Staffelleiter beim Kegeln kamen mir meine Computerkenntnisse bei der Auswertung der Wettbewerbsergebnisse sehr zustatten.

Am meisten erleichterte der PC die Schreibarbeit im Allgemeinen und beim Vervielfältigen des jährlichen Arbeitsplanes im Besonderen. Hier stellte allerdings die Beschaffung neuer Farbbänder für den Nadeldrucker unser Organisationstalent auf eine harte Probe. Aber auch das meisterte der Chef.

Das gesamte Kollektiv des Bezirksneuererzentrums Potsdam wurde Mitte der achtziger Jahre mit der „Medaille für ausgezeichnete Leistungen im Wettbewerb" geehrt. Darüber haben wir uns sehr gefreut, vor allem über die 350,- Mark Prämie für jeden Mitarbeiter, die an der Auszeichnung hing.

Meine ersten Erfahrungen mit dem Malerhandwerk machte ich 1976 mit der Renovierung des kleinen Zimmers in der neuen Wohnung meiner Eltern, die im Zuge eines Wohnungstausches von Zwickau nach Potsdam in die Heinrich-Mann-Allee 60 übersiedelten. Sie hatten sich entschlossen, ihren Lebensmittelpunkt in die Nähe ihrer Kinder zu verlegen, was ja auch vernünftig war, obwohl sie sehr an Zwickau hingen, besonders mein Vati.

Ich tapezierte zusammen mit meinem Schwager das Kinderzimmer der elterlichen Wohnung. Er war malertechnisch bereits erfahren und weihte mich in die handwerklichen Feinheiten dieser Tätigkeit ein. Nach jeder Wand, die wir fertig hatten, wurde eine geraucht.

Beim Renovieren unserer beiden Wohnungen in der Leninallee konnte ich weitere Erfahrungen sammeln und meine Fähigkeiten vervollkommnen. Dabei merkte ich, dass ich für derartige Tätigkeiten ein gewisses Talent besaß. Diese Erkenntnis ermutigte mich Anfang der achtziger Jahre, der Kommunalen Wohnungsverwaltung (KWV), die ihren Sitz in einer alten Villa in der Nansenstraße hatte, meine Dienste als Feierabendarbeiter im Malerhandwerk anzubieten. Zuerst arbeitete ich gemeinsam mit meinem Kollegen Peter, später allein auf eigene Rechnung.

Der Umzug meiner Eltern selbst gestaltete sich nicht ganz einfach. Zwar beluden die Möbelpacker in Potsdam ordentlich LKW und Hänger mit den Möbeln der Tauschwohnung, starteten auch pünktlich ihre Fahrt nach Zwickau, aber leider ereilte sie auf halber Strecke auf der Autobahn das Pech. Das Triebfahrzeug hatte eine Panne und konnte nicht an Ort und Stelle repariert werden. Der Tag war schon weit fortgeschritten, und Handy gab es noch keines. Also musste erstmal ein Telefon gesucht und der Chef der Firma verständigt werden. Der versprach, gleich am nächsten Tag ein Ersatzfahrzeug loszuschicken, so dass die Umzugsleute die Nacht auf der Autobahn verbringen mussten.

In der Zwischenzeit hatten in Zwickau die Bewohner der Windbergstraße 54 sämtliche Möbel, Kisten und Kartons mit dem Umzugsgut meiner Eltern vom dritten Stock nach unten getragen und vor dem Haus transportbereit aufgestapelt. Alle der sieben im Hause wohnenden Nachbarn fassten mit an und halfen. Unglaublich, oder? Wo gibt's heute noch so eine Hilfsbereitschaft?

Mein Schwager fuhr die Eltern nach Potsdam, sie schliefen die Nacht bei ihm. Die Möbel in Zwickau wurden abgedeckt, zum Glück regnete es nicht. Am nächsten Tag kam der Umzugswagen, lud die Potsdamer Möbel aus, die Zwickauer Möbel ein und machte sich auf den Rückweg. Irgendwann am späten Nachmittag kam der Laster dann in der Heinrich-Mann-Allee an, wo wir bereits warteten.

Die Wohnung war ein Glücksfall, drei Zimmer im ersten Stock, nicht allzu groß, Küche, Bad, Balkon, Ofenheizung, ein kleines Stück Garten hintendran, Die darin wohnende Familie wollte nach Zwickau umsiedeln. So wurden mit Hilfe der KWV die Wohnungen einfach getauscht. Ein großer Keller gehörte zur Wohnung, in dem später nicht nur Briketts und Holz zum Anmachen gelagert wurden, sondern auch unzählige Einmachgläser vorübergehende Unterkunft fanden.

Meine Eltern weckten in der Folgezeit ein was das Zeug hielt. Die Früchte dazu lieferte meine Schwester samt Familie, die einen großen Garten in Teltow ihr Eigen nannte.

Unübertroffen waren die Gewürzgurken meiner Mutti. Die Gurken dazu holten wir vom Potsdamer Wochenmarkt auf dem Bassinplatz, wenn der Preis günstig war. Mut und Pap schrubbten dann die kleinen grünen Dinger mit der Handwaschbürste, packten sie in Gläser und füllten ihre spezielle Gewürzmischung dazu. Niemals wieder danach habe ich solch leckere Gewürzgurken gegessen.

Das Malern war ein einträgliches Geschäft.

Es gab von Seiten der KWV einen Preiskatalog, wieviel für welche Arbeiten bezahlt wurde. Das waren zum Beispiel für tapezieren 1,25 Mark der Quadratmeter, kleben auf Stoß (wie zum Beispiel bei Raufasertapete) 1,50 Mark, Fußboden streichen 2,50, Scheuerleiste streichen 0,30 Mark der laufende Meter, Türen streichen 4,00 der Quadratmeter, und der absolute Preisknüller: Fenster streichen 5,00 Mark der Quadratmeter, gemessen von Wand zu Wand. Inklusive waren jeweils die vorbereitenden Arbeiten, wie alte Tapeten abreißen oder alten Fensterkitt entfernen, alte Farbe abkratzen usw.

Diese Preise brachte ich auch bei Arbeiten außerhalb der KWV zum Ansatz.

Da mit der Zeit die Routine kam und die Schnelligkeit beim Arbeiten zunahm, wuchs natürlich auch der Stundenlohn, zumal man nicht alle notwendigen und abgerechneten Positionen wirklich durchführen musste.

Zuerst ließ man sich von der zuständigen Sachbearbeiterin, in der Verwaltungsstelle arbeiteten überwiegend Frauen, einen Bestellschein für Material für den entsprechenden Auftrag ausstellen, den man dann in der Drogerie seines Vertrauens, bei mir war das die Drogerie Schukat in der Jägerstraße, vorlegte, und auf dessen Grundlage Farben, Leim und so weiter eingekauft wurden. Die Rechnung bekam die KWV, die anstandslos bezahlte.

Die KWV stellte mir eine Parterrewohnung in der „Straße der Gemeinschaft" als Lager zur Verfügung, wo ich mein Werkzeug und alle Materialien unterbrachte. So konnte ich etwas auf Vorrat einkaufen und war zeitlich unabhängig, denn ich nutzte für Transporte den Betriebs PKW.

Diese Wohnung war nicht mehr vermietbar, denn in fast allen Räumen war der Fußboden eingebrochen. Ich musste mich ziemlich vorsehen.

Bevor man die Farben einkaufte, erfolgte natürlich eine Besichtigung des zu renovierenden Objekts. Dieses bekam man zugeteilt.

Grundsätzlich gab es zwei Arten von zu malernden Wohnungen, die bewohnten und die unbewohnten. Die unbewohnte Wohnung war insofern gut, als dass man Platz hatte, sich ausbreiten und die Abläufe der einzelnen Arbeiten selbst festlegen konnte.

Indes waren die bewohnten Objekte auch nicht zu verachten, denn dort bekam ich Getränke, oftmals einen Imbiss und meistens ein schönes Trinkgeld.

Wie viel ich insgesamt mit Malerarbeiten nach Feierabend verdient habe, weiß ich nicht mehr aber es kam im Laufe der Jahre ein nettes Sümmchen zusammen.

Die Feierabendarbeit war in der DDR weit verbreitet. Manchmal bildeten sich richtige Feierabendbrigaden, bestehend aus verschiedenen Gewerken. Gefragt waren die Feierabendarbeiter sowieso, denn auf normalem Wege einen Handwerker zu bekommen, war so gut wie aussichtslos, es sei denn, man konnte mit Westgeld bezahlen. In dem Fall kam der Handwerker sofort.

Peter und ich, wir halfen uns gegenseitig, wenn Not am Mann war. Wenn zum Beispiel eine Decke zu tapezieren war und der Raum eine gewisse Höhe hatte. Das machte sich alleine ganz schlecht. Ich habe auch mal eine Arbeit von ihm übernommen und zu Ende geführt, als er in jugendlichem Übermut aus dem Badfenster im Parterre sprang und sich den Knöchel brach. Da hatte er gerade eine Wohnung in der Feuerbachstraße angefangen. Diese wurde von einer Sängerin des Hans-Otto-Theaters bewohnt. Was genau dort zu renovieren war, weiß ich nicht mehr, aber es waren etliche Abende, die ich bei der nur unwesentlich älteren Bärbel Krüger-Lober verbrachte. Sie machte mir immer ein ordentliches Abendessen. Oft saßen wir danach noch eine Stunde zusammen am Tisch und quatschten. Mit Bärbel konnte ich mich wunderbar unterhalten, wir lagen auf einer Wellenlänge.

Später durfte ich sie als Eliza in „My fair Lady" erleben, zusammen mit Alfred Müller, der leider schon verstorben ist.

Es gab auch kuriose Aufträge, wie das Streichen der Kellerfensterrahmen in der Leninallee. Hintergrund dafür war der angekündigte Besuch Erich Honeckers, Staatsratsvorsitzender und erster Sekretär des Politbüros des ZK der SED. Genosse Honecker sollte das Elend nicht sehen. So wurden die Häuser entlang der Protokollstrecke, die der „Staravosi" befuhr, bis zur Höhe seines Sichtfeldes hergerichtet. Ich durfte die Kellerfenster streichen, nur von außen natürlich. Dabei kam es in erster Linie, das wurde bei der Auftragsvergabe betont, nicht auf Gründlichkeit an sondern auf Schnelligkeit. Der Besuchstermin war kurzfristig anberaumt worden.

Einmal bekam ich den Auftrag, die Haustüren aller Häuser der Leninallee zwischen Kastanienalle und „Auf dem Kiewitt" zu verschönern. Dafür mischte ich sämtliche Farbreste, die in meinem Lager vorhanden waren, zusammen. Heraus kam ein gelbliches dunkelgraugrünbraun, was sich an den Türen ziemlich gut ausnahm. Leider gefiel meine Komposition nicht allen Bewohnern der betreffenden Häuser.

Eine Haustür in der jetzigen Zeppelinstraße in Potsdam gibt es, an der können noch heute Reste meiner künstlerischen Tätigkeit bewundert werden.

Ein schöner Nebeneffekt meiner Feierabendtätigkeit war, dass ich viele interessante Leute kennen lernte. Da war die bereits erwähnte Operettensängerin, dann ein Regisseur am Hans-Otto-Theater, der Herr Becker, dem ich seine neue Wohnung in der Lennestraße verschönern durfte, mehrere Kolleginnen meiner Frau, bei denen ich besonders sorgfältig arbeitete, wie man sich denken kann und nicht zuletzt Schwester Gerda, eine altgediente Krankenpflegerin, deren komplette Wohnung ich auf Kosten der KWV renovierte und zu der ich ein herzliches Verhältnis entwickelte.

An eine Kundin, die Frau Schoba aus der Feuerbachstraße, erinnere ich mich ungern. Diese allein lebende Frau wollte lediglich ihre Fenster neu gestrichen haben. Ich machte ihr einen nicht wieder zu entfernenden Fleck weißer Lackfarbe auf ihrer grünen Auslegware im Wohnzimmer, weil mir dort auf dem Fensterbrett die Farbbüchse umkippte und die rinnende Alkydharzfarbe schneller war als ich. Trotz großzügigen Einsatzes der Universalverdünnung, blieb der Fleck sichtbar. Doch damit nicht genug. Als ich im Bad der armen Frau Schoba versuchte, die Fenster auszuhängen, fiel der eine Fensterflügel auf das nahebei angebrachte Waschbecken und zertrümmerte es.

Trinkgeld habe ich von dieser Kundin nicht bekommen.

Der vorbildliche DDR-Bürger war nicht nur Mitglied in der Gewerkschaft (FDGB), sondern auch zahlreicher anderer Massenorganisationen. Das fing an bei den Jungen Pionieren (später Thälmann Pioniere), ging weiter über die Freie Deutsche Jugend (FDJ), bis hin zur Deutsch-Sowjetischen Freundschaft (DSF), dem Deutschen Turn- und Sportbund (DTSB), der Gesellschaft für Sport und Technik (GST), dem Demokratischen Frauenbund Deutschlands (DFD), dem Kulturbund für die Philatelisten zum Beispiel und was weiß ich nicht noch alles. Die jeweiligen Beiträge waren, abgesehen vom FDGB Beitrag, den man prozentual nach Verdienst entrichtete, lächerlich gering.

Im Rahmen einer GST-Mitgliedschaft konnte man fast kostenlos die Fahrerlaubnis machen, auch für LKW. War man bei den Tontaubenschützen, gab's die Schrotflinte kostenlos zur Ausleihe und Patronen so viel man brauchte. Beim Sportverein „Motor Babelsberg" war der Mitgliedsbeitrag dreißig Pfennig, dafür die Nutzung der Sportstätten und alles drum herum inklusive.

Was man bei der DSF gemacht hat, weiß ich allerdings nicht. Die werden aber nicht nur Wodka getrunken haben mit den Russen.

Erwähnt werden sollen noch die Russenmagazine, die es in jeder Stadt in Garnisionsnähe gab. Das waren spezielle Handelseinrichtungen, eigentlich gedacht für den Einkauf durch die Offiziersfrauen, von denen es jede Menge in der DDR gab. Die wohnten mit der Familie in separaten Wohngebieten.

In den Magazinen durften auch DDR Bürger einkaufen. Manchmal gab es dort überraschend Bananen oder ähnlich seltene Waren. Wollte man ein Kilo erwerben, musste eine Büchse Fisch oder ein Glas Gurken dazu genommen werden. Solcherart Koppelgeschäfte waren hier an der Tagesordnung.

Die Russen waren in der DDR allgegenwärtig. In vielen Städten bevölkerten sie ehemalige Wehrmachtskasernen. Im Straßenverkehr tauchten die dunkelgrünen Fahrzeuge mit dem rot/weißen Kreis und den Buchstaben „CA" für Sowjetarmee darin überall auf. Man tat gut daran, einen möglichst großen Abstand zu ihnen einzuhalten, denn die meisten fuhren, als hätten sie nie eine Fahrschule absolviert.

Mehr als 300.000 sowjetische Soldaten und rund 200.000 Familienangehörige lebten zu DDR-Zeiten ständig zwischen Ostseeküste und Thüringen.

Für die einfachen „Muschiks" war das Leben in der DDR kein Zuckerschlecken. Die Prügelstrafe war an der Tagesordnung. Viele sind dessertiert, weil sie die unmenschliche Behandlung durch ihre Vorgesetzten nicht ausgehalten haben. Jedesmal veranstalteten dann die „Organe der Staatsmacht der DDR" eine Großfahndung und übergaben den „Abtrünnigen", wenn sie ihn gefangen hatten, an die Sowjets. Das war für den dann die Endstation. Meines Wissens hat es keiner geschafft, sich in den Westen abzusetzen oder in die Heimat durchzuschlagen.

So entwickelten sich die Beitragshöhe und der Wert der Solimarke. Oben die Seiten meines ersten Lehrjahres 1968 im Mitgliedsbuch des FDGB, unten die Seiten meines vorletzten Arbeitsjahres in der DDR im BNZ Potsdam.

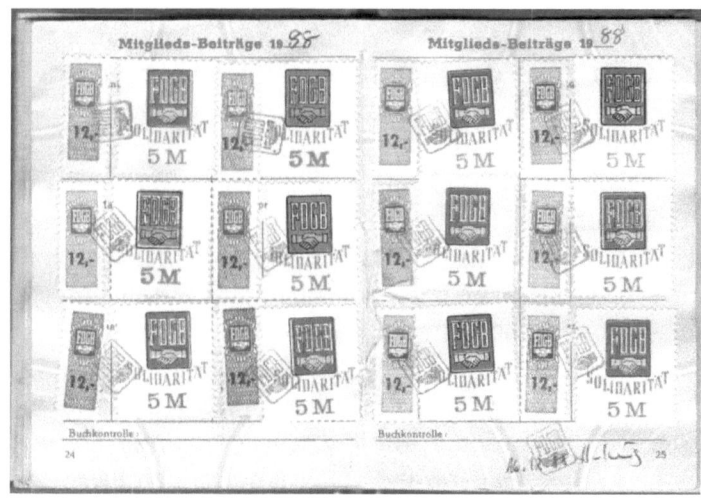

Die Wohnungssituation in den Anfangsjahren der DDR war katastrophal.

Auch in meiner Heimatstadt Zwickau hatte der Krieg jede Menge Häuser zerstört bzw. unbewohnbar gemacht. Als meine Eltern 1946 heirateten, hausten sie in einer Wohnung in der Neuberinstraße. Die lag in der Altstadt und gehörte zu den Straßen, die später komplett neu gestaltet wurden. Das heißt: Die Häuser galten als nicht sanierbar und wurden abgerissen. Schade. Ich kann mich noch gut erinnern, wie ich als Jugendlicher durch die schmalen Gassen vom Hauptmarkt in Richtung Mulde ging, um meine Mutter von der Spätschicht in der Vereinsbrauerei abzuholen.

Meine Eltern und meine seit 1947 vorhandene Schwester zogen 1950, ein paar Monate bevor ich das Licht der Welt erblickte, in die Bahnhofstraße 37 und mieteten dort im zweiten Stock eine vier Zimmer Wohnung. Die Oma, die auch schon in der Neuberinstraße dazu gehört hatte, zog mit. Im November 1950 wurde ich geboren und konnte achtzehn Jahre lang die Segnungen einer Zwickauer Altbauwohnung auskosten.

Die ersten Jahre hatten wir Geschwister kein eigenes Zimmer, weil die Oma zwei der vier Räume für sich beanspruchte, die zwei kleineren zwar, aber immerhin. Wir schliefen also im Elternschlafzimmer und spielten in der Küche. Nach drei, vier Jahren räumte der Hauswirtssohn das Zimmer auf unserer Etage, das er bis dahin bewohnt hatte und verkrümelte sich aus Zwickau. Ein Glücksfall, denn dadurch konnte meine Schwester den frei gewordenen Raum beziehen. Ich durfte weiterhin unter den wachenden Augen meiner Eltern mein Leben gestalten.

Als ich acht Jahre alt war, starb die Oma. Wir Geschwister belegten die frei gewordenen Räume. Das war unter anderem auch möglich, weil der Hausbesitzer uns ein Badezimmer spendierte und in dem Zimmer einbauen ließ, das meine Schwester bis dahin bewohnt hatte.

Ende der sechziger Jahre verließen wir die Innenstadt und bezogen eine Zweieinhalb-Zimmer-Wohnung in der Windbergstraße im Stadtteil Marienthal. Meine Schwester hatte sich mit ihrem ersten Kind und dem dazu gehörigen Mann davongemacht. Die Wohnung in der Bahnhofstraße war für uns drei zu groß geworden.

In Marienthal lebte es sich trotz drittem Stock und Ofenheizung recht gut. Es war eine sogenannte Alt-Neubau-Wohnung mit einem Balkon und netten Nachbarn. Acht Mietparteien wohnten in der Windbergstraße Nummer 54. Oft trafen sich alle hinterm Haus an den Bänken, wenn gerostert wurde. Besonders gern rosterte Horst-Alfred, der mit seiner Frau Irene und den Töchtern Brigitte und Sylvia die Nachbarwohnung bewohnte.

Horst-Alfred arbeitete als Elektriker auf dem Schacht und bekam nicht nur jährlich einhundert Zentner Deputatbriketts, sondern auch den als „Kumpeltot" bekannten Bergarbeiterschnaps zu Sonderkonditionen. Das war ein furchtbares Gesöff, hochprozentig und nur zur Herstellung von Likören verwendbar. Manchmal allerdings wurde der Klare in Ermangelung anderer Getränke auch pur getrunken. Blieb man nicht konsequent bei ein, zwei Doppelten, lag man schon kurze Zeit später besinnungslos am Boden.

Mit Horst-Alfred haben mein Vati und ich regelmäßig am Sonntag Skat gespielt. Abmarsch war 9.00 Uhr in Richtung Gartenkneipe „Eintracht". Gespielt wurde bis 12.00 Uhr. Der Verlierer zahlte in die Kasse ein, dazu von jedem eine Mark Einsatz. Weihnachten war Ausschüttung.

An einem Sonntag hatte Horst-Alfred auf seinen Geburtstag einen Schnaps ausgegeben, dann noch einen und noch einen. Dazu jeweils ein Bier - ich habe meinen Vati kaum nach Hause bekommen, auch weil ich selbst einen an der Waffel hatte. Zu Hause legte Vater sich gleich auf die Couch und schlief ein, ohne Mittagessen. Meine Mutter war vielleicht sauer. Sie hatte extra Karpfen gemacht, Vaters Lieblingsgericht.

Vati ließ auch den restlichen Tag über jedes Essen stehen. Von da an gab es nur noch Bier zum Skat.

Von den acht Mietparteien in unserem Aufgang war nur eine Familie kinderlos. Einige der Sprösslinge waren zwei, drei Jahre jünger als ich, die anderen richtige Kinder.

Ich war Anfang zwanzig und trug beim Umzug einen selbst gefertigten Messingring, der von der örtlichen Weiblichkeit sogleich als Verlobungsring eingestuft wurde. Den Irrtum konnte ich rasch aufklären und hatte alsbald ein gutes Verhältnis zu den zwei Mädchen und vier Jungen aufgebaut. Die „Schwarze Lola" aus dem Erdgeschoß nahm dabei eine Sonderstellung ein. Sie wurde schon bald meine Freundin (nein, nicht so – wir waren echte Kumpel), mit der ich oft bis tief in die Nacht zusammen saß.

Die Wohnungen in diesen Blocks im Wohngebiet Windbergstraße hatten alle die gleiche Größe und den gleichen Schnitt. Die Wohn- und Schlafzimmer waren recht klein, mein Kinderzimmer war noch kleiner. Das Bett passte gerade so über die gesamte Breite. In Küche und Bad konnte man sich eben noch so drehen.

Den größten Teil unseres Lebens machen die sogenannten zwischenmenschlichen Beziehungen aus. Dabei sind nicht allein die Beziehungen zwischen Partnern, Verwandten und Freunden gemeint, sondern auch das Verhältnis zu Kollegen, Nachbarn und sonstigen Bekannten.

Während meiner Tätigkeiten in den verschiedenen Betrieben in der DDR und auch im BNZ hatte ich reichlich Gelegenheit, das Verhältnis der Arbeitnehmer zu- und untereinander kennen zu lernen.

Den Begriff „Arbeitnehmer" allerdings verwendete in der DDR niemand. Wir waren Arbeiter und Angestellte und bis auf wenige Ausnahmen Arbeitnehmer und Arbeitgeber zugleich, denn die meisten Betriebe waren volkseigen, und das Volk waren wir.

Konkurrenzdenken untereinander gab es nicht, denn alle, die die gleiche Arbeit machten, bekamen den gleichen Lohn. Entsprechend der Qualifikation wurde man in eine Lohngruppe eingestuft und bezahlt. Die Schlosser in der Straßenbahnwerkstatt bekamen zwar anderen Stundenlohn als die Dreher aber untereinander wurden sie alle gleich bezahlt. Der Brigadier erhielt etwas mehr, der Meister noch mehr und so weiter. Es wurde auch kein Geheimnis daraus gemacht, wer wieviel verdiente, die Unterschiede waren sowieso nicht riesig.

Man war hilfsbereit untereinander. Es wurden mehr private Kontakte unter den Kollegen gepflegt, als das heutzutage der Fall sein mag. Es gab Brigadefeten, Abteilungsfeiern, Betriebsvergnügen, man lud sich auch mal gegenseitig zum Grillen ein. Im BNZ machten wir gemeinsame Busfahrten, zum Schlachtefest nach Karow zum Beispiel und zum Frohnauer Hammer, wo der „Hammer Hansel" seine Auftritte hatte.

Sämtliche Feiertage waren für uns Anlass, ein „Mettfrühstück" zu zelebrieren, desgleichen Geburtstage. Diese Tradition wird an anderer Stelle eingehend besprochen.

Unsere Hausgemeinschaft in der Zwickauer Windbergstraße feierte gern gemeinsam am Grillplatz. Wenn jemand ein Problem hatte, war es Ehrensache ihm zu helfen. Auch Reinigung und Pflege der angrenzenden Grünanlage und der Stellplätze der Mülltonnen war selbstverständlich. Zu den Dingen, die umsonst und regelmäßig gemacht wurden, gehörte weiterhin die Reinigung von Treppenhaus, Keller und Boden. Die entsprechende „Reinigungskarte" ging im festgelegten Turnus reihum.

Ich war zwar nie Mitglied eines „Kollektivs der sozialistischen Arbeit", auch die Plakette für eine vorbildliche Hausgemeinschaft oder gar die goldene Hausnummer haben wir nie erlangt, was uns aber prägte, war das meist herzliche Miteinander, im Betrieb und im Haus.

Im Mai 1972 verließ ich meine Heimatstadt in Richtung Brandenburg. Potsdam war mein Ziel, die Hauptstadt des damaligen gleichnamigen Bezirkes der DDR.

Die Zollverwaltung Potsdam hatte mich umworben und mir einen Job als Zivilangestellter angeboten. Zugleich bekam ich eine Unterkunft in der ansonsten mit einer Zuzugssperre belegten Bezirksstadt zugewiesen.

Ich bezog im Obergeschoß der Virchowstraße 27 im Stadtteil Babelsberg mit drei weiteren jungen Burschen als WG eine Wohnung, bestehend aus Wohnzimmer, Schlafzimmer, einer winzigen Küche und einem Klo mit Waschbecken.

Die WG bestand aus Christian aus Görlitz, Siegfried aus Burg bei Magdeburg, Günther aus Luckenwalde und mir natürlich. Wir waren alle zur gleichen Zeit vom Zoll rekrutiert worden. Etwa zur gleichen Zeit zogen wir in die Virchowstraße 27 ein. Nach meinem Ausscheiden aus dem Grenzkontrollbetrieb trafen wir uns nur noch selten. Irgendwann ist der Kontakt ganz abgerissen, schade eigentlich.

Das Haus stand im Grenzgebiet und war, wie die gesamte Straße, nur mit Sondergenehmigung zu betreten, Besucher brauchten einen Passierschein, der Wochen zuvor bei der Polizei beantragt werden musste, und den man nur bei einem triftigen Grund für den Besuch bekam. Selbst der ABV durfte nicht rein, was ihn manchmal grämte, wenn er mich mit meiner JAWA über den Asphalt brettern sah und vor allem hörte.

Hin und wieder kam es vor, dass ein WG Bewohner einer Freundin seine Briefmarkensammlung zeigen wollte und das Mädchen ungesehen einschmuggelte. Die drei Mitbewohner verkrümelten sich bei derartigem Anlass diskret.

Hinter den Grundstücken der Virchowstraße war und ist immer noch der Griebnitzsee, ein Teil der Havel. Die Staatsgrenze verlief in der Mitte des Flusses. Das Ufer war durch zwei Reihen Stacheldraht unerreichbar gemacht worden. Wenn wir aus dem Fenster schauten, konnten wir die Grenzer und auch das Treiben am gegenüber liegenden Ufer, dem Westen, beobachten. Den Hof des Hauses durften wir nicht betreten.

Nach dem Mauerfall avancierten die Grundstücke am Wasser zu Potsdams ersten Adressen, wobei in der gesamten Stadt mittlerweile keine bezahlbaren Grundstücke mehr zu haben sind.

Die Villen in der Virchowstraße, der angerenzenden Karl-Marx-Straße und alle anderen Uferbereiche gehörten vor dem Krieg ausnahmslos Promis wie dem UFA-Star Marika Rökk, die in der Villa Nummer 29 residierte, oder Parteibonzen und Fabrikanten.

Nach dem Mauerfall kamen die Spekulanten und Geldsäcke aus dem Westen und rissen sich die Filetstücke unter den Nagel. Oder die Erben ehemals in den Westen Geflüchteter tauchten auf und forderten die damals aufgegebene Immobilie zurück.

In der DDR waren die Häuser und Wohnungen an der Grenze total unbeliebt, und die Eigentümer mussten die Einliegerwohnungen für'n Appel und'n Ei vermieten. Heute sind die Grundstücke Millionen wert, wobei der bauliche Zustand der Immobilie völlig egal ist.

Meine Schwester war bereits 1968 nach Potsdam ausgewandert. Sie hatte im Sommer geheiratet, hieß jetzt Riedel und war ihrem Mann Achim in die Waldmüllerstraße 3 in Klein Glienicke gefolgt. Dort hatte Familie Riedel eine zwei Zimmer Wohnung im Dachgeschoß, mit dünnen Holzwänden zum ungedämmten Boden hin. Im Winter war die Bude kaum warm zu bekommen.

Klein Glienicke war Grenzgebiet und nur über eine streng bewachte Brücke erreichbar. Der Zugang wurde von schwer bewaffneten Grenzsoldaten gesichert, die jeden ausgiebig kontrollierten, der dort rein wollte. Wer jemand von den dort Wohnenden besuchen wollte, brauchte einen Passierschein, den der potentielle Besucher Wochen zuvor bei der Polizei beantragen musste. Es wurde geprüft, ob eventuell eine Fluchtgefahr bestehen könnte und ob der Grund des Besuches plausibel war. Hatte man den Schein, war dieser jedesmal beim Passieren der Brücke vorzuzeigen, auch wenn dieselben Leute am Checkpoint standen, wie eine Stunde zuvor. Das Gepäck wurde ebenfalls kontrolliert. Während der gesamten Prozedur beobachteten zwei, drei Grenzer den Vorgang mit dem Finger am Abzug der Kalaschnikow. War echt krass.

Familie Riedel konnte bald eine Drei Zimmer Neubauwohnung in Babelsberg ergattern. Als dann die zweite Tochter sich in die Familie drängte, wurde der Umzug in eine Vier Raum Neubauwohnung im selben Stadtteil möglich.

Wenn mir langweilig war, besuchte ich Schwester und Schwager, um ihnen den Abend lang die Ohren abzuquatschen. Meist wurde es bei diesen Besuchen ziemlich spät. Um den letzten O-Bus zu erwischen, musste ich den Weg zur Haltestelle oft im Laufschritt zurücklegen. Umsteigen am Rathaus Babelsberg klappte meist, denn die Straßenbahn wartete.

Später kam die Biggi mit zu den nicht mehr so häufigen Besuchen. Da wurde es nicht ganz so spät.

Die Wohnung in der Leninallee 54, heute Zeppelinstraße, die ich am 7. Dezember 1973 bezog, konnte eigentlich nicht als eine solche bezeichnet werden. Ein Zimmer mit Küche im zweiten Stock. Die Küche teilte ich mir mit Rudi, dem Bewohner des zweiten Zimmers. Eine Toilette im Parterre musste ich mir mit weiteren drei Mietparteien teilen. Insgesamt benutzten acht (!) Leute das WC. Unglaublich, oder?

Neben mir auf gleicher Ebene wohnte die alte Frau Grimmer, eine Schwester des Hausbesitzers. Im ersten Stock hauste die alte Kuhlbrodt, daneben wohnte der Drehbuchautor Jochen Nestler mit Familie.

Neben der Toreinfahrt wohnte in einem separaten Teil des Hauses der Hauswirt, der hatte ein eigenes Klo.

Über uns war noch eine Wohnung, die jedoch bereits zum Zeitpunkt meines Einzuges leer stand, da sie als nicht zu vermieten bzw. als unzumutbar galt. Das sollte was heißen bei der damaligen Wohnungsnot.

Später wurde das Dach des Hauses undicht, weil der Hausbesitzer nichts mehr reparieren ließ, wohl auch nicht konnte. Wir stellten in der Wohnung über uns alle verfügbaren Schüsseln, Eimer und Töpfe auf, um das durchtropfende Regenwasser aufzufangen, damit es nicht in unser Zimmer lief. Wenn wir unterwegs waren und es begann zu regnen, eilten wir schnellstens nach Hause, um die vollgelaufenen Gefäße zu entleeren.

Das alles war schrecklich, aber man gewöhnte sich mit der Zeit daran. Ich war froh, eine eigene Bude zu haben, in der ich jederzeit Besuch empfangen konnte wie ich wollte.

Für die Küche hatten wir uns einen alten Abwaschschrank mit einem Doppelwaschbecken besorgt, in dem wir uns waschen konnten. Darüber hinaus wurde das Waschbecken zum Geschirr Spülen und zum Wäschewaschen benutzt. Eine Anrichte, auf der eine Doppelkochplatte stand, vervollständigte die Einrichtung.

Einen Küchentisch mitsamt Stühlen hatten wir noch und natürlich noch Töpfe, Tassen, Teller. Die Küche war nicht beheizbar.

Wie viel Miete ich für dieses eine Zimmer bezahlt habe, ist mir nicht im Gedächtnis geblieben. Mehr als zehn, fünfzehn Mark dürften es kaum gewesen sein.

Das Zimmer musste natürlich auch eingerichtet werden. Mein nicht vorhandenes Sparkonto korrespondierte mit dem bescheidenen Angebot an Möbeln im Handel. Bereitwillig griff ich auf An- und Verkauf und die Hilfe meiner Schwester zurück. Viel größer als sechzehn Quadratmeter kann meine Behausung nicht gewesen sein. Letztendlich passten aber eine Couch mit zwei Sesseln und einem Tisch, ein Klappbett, eine halbe Anbauwand und eine kleine Anrichte als Untersatz für den geschenkten Fernseher hinein. Nicht vergessen werden darf der weiße Kachelofen, den ich im Winter jeden Tag mit einer Portion Brikett versorgen musste.

Das Klappbett war höchsten einszwanzig breit. Trotzdem hat es oft für zwei gereicht.

Im Parterre des Hauses war die Kneipe „Deutsches Haus", genannt „Paddenkeller". Das war eine Stehbierkneipe, die tatsächlich nur Stehtische hatte. Es gab nur Bier und Schnaps. Für den ganz hungrigen Gast machte der Wirt auch mal eine Bockwurst heiß. Die Kneipe hatte jeden Tag vom späten Nachmittag an geöffnet, Ruhetag gab es keinen. Ausschankschluss war, wenn der letzte Gast nichts mehr trinken wollte. Jedenfalls war immer was los. Über mangelnde Geräuschkulisse konnte ich mich nicht beklagen.

Ab und an konnte der Paddenkeller auch mich als Gast begrüßen. Ich hatte den Vorzug, von hinten durch den Lagerraum, die Lokalität betreten zu dürfen. Meist kaufte ich Flaschenbier, der Preis war der gleiche wie im Konsum. Manchmal jedoch, wenn der Durst keinen Aufschub duldete, trank ich das ein oder andere Bier an einem der Stehtische.

Im Herbst 1976 bezog ich mit meiner Frau, wir hatten im Mai des gleichen Jahres geheiratet, eine anderthalb Zimmer Wohnung in der Leninallee 34, im dritten Stock des Nebengebäudes.

Alsbald nach unserem Auszug, wir waren die letzten Mieter gewesen, wurde das Haus Nummer 54 abgerissen, später auch das Nebenhaus, die Nummer 53.

In der Vierunddreißig hatten wir ein großes Wohnzimmer und ein ziemlich kleines Schlafzimmer. Die beiden Räume waren durch einen Kachelofen verbunden, der zufriedenstellend heizte. Dafür und für den Beistellherd in der Küche, in dem wir an kalten Tagen das Feuer nie ausgehen lassen durften, konnte ich täglich eimerweise Briketts die drei Stockwerke hochschleppen. Das ist mir so manches Mal sauer angekommen. Zur Wohnung gehörten noch die Küche mit dem bereits erwähnten Beistellherd und einem Gasherd und ein schmales, hellblau gefliestes Bad, das nicht beheizt werden konnte. Als Heizungsersatz war an der Wand gegenüber der Badewanne ein Heizstrahler befestigt. Der brachte nicht viel, kostete aber eine Menge Strom, wobei das damals bei einem Preis von acht Pfennig pro Kilowattstunde nicht groß ins Gewicht fiel. Das Badewasser wurde mittels Gasdurchlauferhitzer warm gemacht. Das Gas kostete sechzehn Pfennig der Kubikmeter. Vom Bad aus hatte man Zugriff auf den Hängeboden, der die gesamte Fläche des kleinen Flures einnahm. Eine Bodenkammer und zwei kleine Keller komplettierten die Wohnung.

Nun war es in der DDR nicht etwa so, dass man einfach eine Wohnung anmieten konnte wie man lustig war, oh nein. Die Vergabe von Wohnraum war staatlich geregelt und lief über die Kommunale Wohnungsverwaltung (KWV), die es in jeder Stadt gab. Dort stellte man bei Bedarf einen „Antrag auf Wohnraumzuweisung", der natürlich zu begründen und die Begründung zu belegen war, zum Beispiel durch die Heiratsurkunde oder bei Familienzuwachs, der eine größere Wohnung notwendig machte, durch die entsprechende Geburtsurkunde. Der Antrag wurde auf Berechtigung geprüft. Bei positivem Ergebnis kam man auf eine

Warteliste. Je nach Sympathie zwischen Antragsteller und Sachbearbeiter bzw. Hartnäckigkeit des Antragstellers wurde man früher oder später (meist später, denn Wohnraum war niemals ausreichend vorhanden), mit einer Wohnungszuweisung beglückt. Der Jubel kannte keine Grenzen. Als Lediger hätte ich keine Chance auf eine größere Wohnung gehabt und beim Auszug aus der Nummer 54 auch nur wieder eine Einraumwohnung bekommen.

„Zu Beginn der 1970er Jahre waren die größten Kriegsschäden auch in der DDR beseitigt. Die wirtschaftliche Lage hingegen war keineswegs stabilisiert. Ungeachtet dessen entschied sich die Partei- und Staatsführung der DDR, der Grundversorgung der Bevölkerung auf Kosten wirtschaftlicher Investitionen eine größere Bedeutung zuzusichern. Mit Blick auf den vergleichsweise hohen Lebensstandard in der Bundesrepublik Deutscland musste auch die SED ihr Augenmerk auf eine spürbare Verbesserung der sozialen Verhältnisse und des allgemeinen Lebensniveaus lenken. Daher beschloss der VIII. Parteitag 1971 ein umfangreiches sozialpolitisches Programm, das von der Regierung der DDR programmatisch übernommen wurde. Zu dessen Kernstück gehörte ab 1972 ein Wohnungsbauprogramm. Im bisherigen Aufbauwerk nach dem Krieg wurden große Leistungen erbracht, aber es wurde auch deutlich, dass das bisherige Tempo nicht ausreichte, der Gesamtbevölkerung ein Zeitziel zu bieten, an dem für alle bessere Wohnverhältnisse geschaffen sein würden. Das neue Wohnungsbauprogramm sollte durch industrielle Technologien (z. B. die Plattenbauweise) die materiellen Voraussetzungen für eine entscheidend höhere Bauleistung schaffen und mit dem komplexen Wohnungsbau auch die ganze umgebende, soziale Infrastruktur (Schulen, Kindergärten, Sportstätten, Polikliniken, Einkaufsmöglichkeiten, Gaststätten, Kinos u. ä.) erfassen. Die Wohnverhältnisse von weit mehr als der Hälfte der DDR-Bürger sollten verbessert werden. Es war vorgesehen, bis zu 3 Millionen Wohnungen neu zu bauen oder zu modernisieren und dafür mehr

als 200 Milliarden Mark des Nationaleinkommens der DDR auf-
zuwenden.

Nach: „Jedem eine Wohnung" galt nun die Parole: „Jedem
seine Wohnung".

Das Wohnungsbauprogramm wurde ernsthaft verfolgt und zeig-
te tatsächlich schnelle und anhaltende Erfolge. Am 6. Juli 1978
wurde die millionste Wohnung seit dem VIII. Parteitag 1971 den
Mietern in Berlin-Marzahn übergeben. Bis 1980 wurden 700.000
bis 800.000 Wohnungen errichtet oder modernisiert und bis 1990
insgesamt 1,92 Millionen Wohnungen in Plattenbauweise fertig
gestellt. Es entstanden in fast allen größeren Städten Neubausied-
lungen, aber auch Neubaublöcke in vielen Dörfern. Der größte
zusammenhängende Stadtneubau war Halle-Neustadt mit seinen
mehr als 93.000 Einwohnern (Stand 1981) und eigenem Ober-
bürgermeister."

(Quelle: Wikipedia)

Das Haus Leninallee 34 war ein Eckhaus. Der Teil, in dem wir
wohnten, war Jahre nach Fertigstellung des Haupthauses angebaut worden. Von Wohnzimmer- und Küchenfenster aus sahen
wir auf die Nansenstraße und die Leninallee, vom Schlafzimmerfenster aus konnten wir das Treiben auf dem Bahnhof Potsdam
West und im Biergarten der Kneipe „Am Schillerplatz" beobachten. Die Geräuschkulisse war entsprechend, zumal sich ziemlich
genau vor unserem Fenster eine Straßenbahnhaltestelle befand.
Aber man gewöhnt sich an alles.

Nicht gewöhnen konnten wir uns an die Unart der unter uns
wohnenden kinderlosen Familie Schmidt-Rommerskirch. Die
kamen manches Mal angedudelt nach Hause und hauten sich in
die Falle oder aufs Sofa. Jedoch nicht, ohne zuvor ihre Stereoan-
lage auf volle Lautstärke gedreht zu haben. Da half kein klopfen
oder klingeln. Es blieb als letzter Ausweg nur der Gang ins Erdgeschoss zum Sicherungskasten.

Im ersten Stock wohnte Herr Conradi mit seiner Frau Tamara. Sie war Russin, er Tankwart. Der Herr Conradi hatte die angenehme Angewohnheit, am Heiligabend als Weihnachtsmann verkleidet Kinder zu besuchen. So klingelte auch bei uns in einem Jahr der Weihnachtsmann um zu fragen, ob denn all seine Geschenke gut angekommen wären.

Unser Sohn war schwer beeindruckt von dieser Erscheinung. Auch wir rätselten bis zum Schluss, wer wohl in der Verkleidung stecken möge, so echt sah der Herr Conradi aus. Wir wussten bis dato noch nichts von seiner Vorliebe und hatten zeitweise das Gefühl, dem echten Weihnachtsmann gegenüber zu sitzen.

Als Jugendlicher ging ich in der Vorweihnachtszeit oft meine Cousine Sigrid in Weißenborn besuchen. Ihr Mann, der auch Wolfgang hieß, baute dann das halbe Wohnzimmer mit seiner Eisenbahnplatte zu. Oft ließ er mich damit spielen.

Leider hatte ich als Kind nie eine Modelleisenbahn besessen, obwohl dies einer meiner heimlichen Wünsche gewesen war. Allerdings hatte ich diesen Wunsch niemals meinen Eltern gegenüber geäußert. Es war schon schwierig für sie gewesen, immer einen vollen Geburtstags- und Weihnachtstisch für uns Kinder zu bringen, da hatten solch teuren Geschenke keine Chance auf Anwesenheit.

Aber wie das so ist mit unerfüllten Wünschen: Sie schlummern tief im Innern und warten nur auf eine Gelegenheit, geweckt zu werden.

Was diese Gelegenheit war, vermag ich nicht mehr zu sagen. Jedenfalls lag zu Weihnachten Ende der siebziger Jahre eine Diesellok V 180, Spur TT plus Trafo und Schienen für mich unterm Weihnachtsbaum. Wie groß meine Freude über dieses tolle Geschenk war, kann sich jeder vorstellen.

Eine besondere Angelegenheit war in jedem Jahr der Weihnachtsbaumkauf. Wir legten Wert auf ein zwei Meter fünfzig großes Exemplar. Dass es der schönste Baum der Stadt sein sollte, war sowieso klar. Hier stand ich immer vor einem großen

Problem, denn aus unerfindlichen Gründen wurden bei jeder Lieferung fast ausschließlich hässliche Krücken abgeladen, die sich nicht mal ein Blinder ins Wohnzimmer gestellt haben würde.

Ein Verkaufsplatz befand sich auf dem Bassinplatz schräg gegenüber der Christlichen Buchhandlung, der wir nach dem Mittagessen oft einen Besuch abstatteten. Im Dezember allerdings pilgerten Marion, Gesine, Manfred und ich jeden Mittag über das kleine Gelände und wühlten im täglich neuen Angebot von Fichten und Kiefern. Einen Baum nach dem anderen zogen wir aus dem grünen Haufen, um ihn gleich darauf wieder wegzustellen, weil er uns nicht gut genug dünkte. Das war schon zu einer Art Sport geworden.

Letztendlich ergatterte ich jedes Jahr eine Fichte, die dann am Heiligabend, liebevoll geschmückt, in unserem Wohnzimmer weihnachtliche Stimmung verbreitete. Natürlich war es dann immer der schönste Weihnachtsbaum der Stadt.

Einmal war unser Weihnachtsbaum so krumm gewachsen, dass ich ihn schrägstellen und mittels Angelsehne und Haken an der Gardinenstange fixieren musste, damit er nicht umfallen konnte. Im Jahr darauf kaufte ich vor lauter Verzweiflung zwei Bäume, schraubte zwei Baumständer nebeneinander auf einer Holzplatte fest und stellte die beiden sehr schlanken Exemplare hinein. Liebevoll geschmückt sahen sie prachtvoll aus. Keiner merkte, dass mehr als ein Baum bei Walther's in der Stube stand.

Der Preis für eine Rotfichte war mit vier bis fünf Mark durchaus akzeptabel. Da konnte man schon mal zwei Stück erwerben.

Die Schienen meiner Eisenbahn befestigte ich auf einer 2 x 1 m Hartfaserplatte mit Wabenkern und hängte sie an zwei mächtigen Haken an der Schmalseite unseres Schlafzimmers auf. In den folgenden Wochen und Monaten baute ich die Strecke mehr und mehr zu einer schönen Bahnlandschaft aus. Häuser kamen hinzu, Berge, Brücken und weiteres Zubehör, was eine Eisenbahnplatte eben so braucht. Die Platte selbst wurde durch einen entsprechenden Anbau vergrößert. Sie hing nun nicht mehr an der

Schlafzimmerwand, sondern im Treppenhaus vor der Wohnungstür. Um die Platte herum baute ich einen Kasten mit Deckel und Schloss. Monsterschwer war die Modellbahnlandschaft inzwischen geworden. Das Abhängen und Reintragen erforderte Kraft.

Nach unserem Umzug in die Erdgeschosswohnung fand die Eisenbahnplatte ihren Platz an der Wand in Steffens Zimmer, wo sie mittels stabilem Brett und drei starken Scharnieren sicher befestigt war. Heruntergeklappt nahm sie die ganze Breite des Raumes ein. Steffen und ich, wir haben oft und gern die Züge fahren lassen. Ich besaß vier Dampfloks und die bereits erwähnte V 180, dazu zehn Personen- und zwanzig Güterwagen.

Ein externes Schaltpult hatte ich mir dazu gebaut, mit allen Schikanen, dass ich mittels dreier Steckverbindungen an- und wieder abkoppeln konnte.

Vor dem Umzug aufs Land 1995 baute ich die Anlage auseinander und verstaute die einzelnen Teile im Keller unseres Hauses. Dort fristen all die Loks, Wagen und Häuser ein trauriges Dasein. Schade.

Im Parterre des Hauses in der Leninallee 54 führte der Hausbesitzer, Herr Haberer, eine Drogerie als Inhaber. Das hatte den Vorteil, dass wir zu Sylvester, ohne uns in eine Warteschlange stellen zu müssen, Raketen und Blitzknaller vorbestellen und kaufen konnten. Ansonsten war er kein Sympathieträger, Hauswirt eben.

Angebaut an unser Haus war das Gebäude der Sparkasse. Die wurde mittels einer Zentralheizung beheizt und die Heizung, wie damals üblich, mit Briketts und Koks gefüttert. Das hatte mehrmals im Jahr die Anwesenheit eines riesigen Briketthaufens zur Folge, auf dem unser Sohn mit Begeisterung zu spielen pflegte. Da kam Freude auf.

In der Wohnung im dritten Stock wohnte vor uns eine Frau mittleren Alters mit ihrer fast erwachsenen Tochter. Die zogen ins Vorderhaus in eine der beiden Wohnungen im Parterre und wir in deren Wohnung.

Irgendwann fassten die beiden Frauen den Entschluss, Potsdam zu verlassen. Das Schicksal wollte es, dass wir vor der KWV von ihren Umsiedlungsplänen erfuhren. Wir hatten ein gutes nachbarschaftliches Verhältnis zueinander.

Schnurstracks wurde meine Frau bei dem für uns zuständigen Sachbearbeiter vorstellig, um einen Antrag auf Wohnraum zu stellen, denn eineinhalb Zimmer sind für drei Leute doch recht wenig.

Ihrer Ausdauer war es zu verdanken, sie ging mindestens einmal pro Woche zur KWV um nachzufragen, wie weit die Bearbeitung unseres Antrages fortgeschritten sei, dass wir letztendlich ins Parterre umziehen konnten.

Natürlich war es genauso laut wie zuvor, vielleicht sogar etwas lauter. Jeder Hausbewohner lief an unserer Tür vorbei, und das Treppenhaus vom Nebengebäude grenzte an unser Schlafzimmer. Bei offenem Fenster schlafen war nicht drin. Dafür verfügten wir über drei große Zimmer. Jedes war mit einem Ofen ausgestattet. Hinzu kamen ein sündhaft großes Bad mit einem Badeofen und eine Küche mit Beistellherd und Gasherd.

Sehr zu schätzen wussten wir Speisekammer, Besenkammer, Abstellkammer und Hängeboden. Für Keller und Bodenkammer behielten wir der Einfachheit halber die alten Räume.

Die Zimmer hatten eine Höhe von ca. 3,30 m. Aus einer Rolle Tapete konnte ich also lediglich drei Bahnen schneiden. Die Zimmerdecken streichen, war schon eine ziemliche Herausforderung, zumal vor dem Streichen erst die alte Farbe abgewaschen werden musste.

Schließlich war die Renovierung gemeistert. Anfang Dezember schleppten wir Mobiliar und Hausrat vom dritten Stock ins Parterre, uff.

Neben der Größe hatte die Wohnung im Parterre den Vorteil, keine Treppen mehr steigen zu müssen. Demzufolge war das Kohleeimer Schleppen auch nicht mehr so mühsam.

Hundert Zentner Braunkohlebriketts verheizten wir jedes Jahr. Das meiste davon wurde im Sommer geliefert und zum Glück säckeweise von den Kohlemännern in den Keller getragen.

Mir war die wertvolle Arbeit zuteil geworden, mich um die Heizung zu kümmern. Das bedeutete, jeden Morgen die Asche aus den Öfen zu holen, möglichst vorsichtig, damit es nicht staubte, und Feuer in allen Öfen zu machen. Meine Frau ging später als ich aus der Wohnung und schraubte die Öfen zu, wenn die Kohlen hoffentlich durchgebrannt waren.

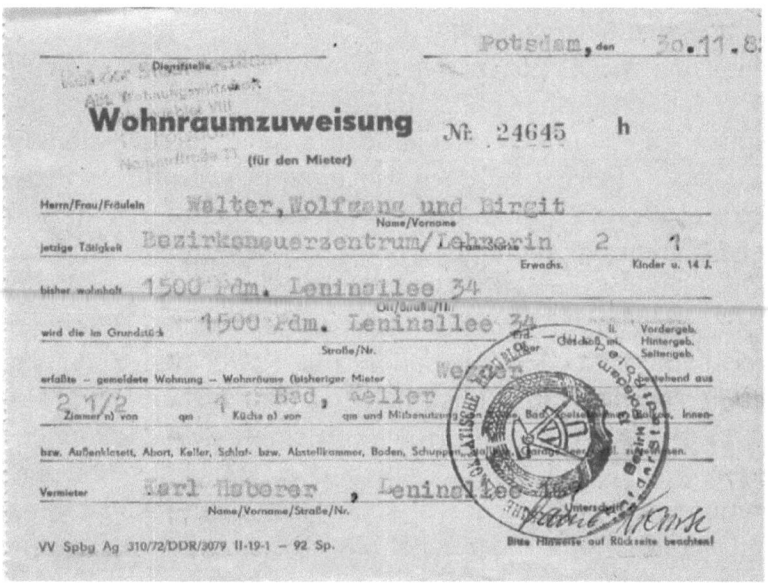

Wer so ein Papier in den Händen hielt, konnte sich glücklich schätzen. Das war wie ein Sechser im Lotto.

Mietvertrag

Der nachstehende Vertrag über die gegenseitigen Rechte und Pflichten zwischen Mieter und Vermieter soll dazu beitragen, durch vertrauensvolle Zusammenarbeit das gesellschaftliche Leben in der Hausgemeinschaft zu entwickeln. Vermieter und Mieter sorgen gemeinsam durch gegenseitige Hilfe und Unterstützung für die ordnungsgemäße Erhaltung der Wohnungen und die Entwicklung der Wohnkultur im Wohngrundstück.

Herr/~~XXXXXXXXXXXXXXXXXXXXXXXXXXXXXXXX~~ Karl. Haberer

in Potsdam   Leninallee 157   als Vermieter
     Ort   Straße

vertreten durch   selbst

und

~~XXXXXXXXXX~~ die Eheleute Wolfgang & Birgit W a l t h e r
     als Mieter

in Potsdam   Leninallee 34
     Ort   Straße

schließen folgenden Mietvertrag:

Abschnitt I
Entstehung des Mietverhältnisses
§ 1

Dieses Mietverhältnis entsteht auf Grund der Wohnungszuweisung ~~XXXXXXXXXXXXX~~ vom 3o.11.1982 des für die Wohnraumlenkung zuständigen Organs. Es beginnt am o1.12.1982 und gilt auf unbestimmte Zeit.

Abschnitt II
Inhalt des Mietverhältnisses
§ 2

1. Der Vermieter vermietet an den Mieter zum vertragsmäßigen Gebrauch die im Grundstück

Potsdam, Leninallee 34   Hochparterre rechts
Ort, Straße, Nummer   Geschoß, Stockwerk

     links, rechts, Mitte

gelegene Wohnung, bestehend aus:

2 1/2 Zimmern   1 Küche/~~XXXXXX~~   – Kammern   1 Speisekammer   – Mansarden
– Balkon/Loggia   1 Bad   1 Korridor/Flur/Diele   1 Abstellraum   – Toilette

2. Die Wohnung ist ausgestattet mit:
3 Öfen
– Heizkörper für Fernheizung/Zentralheizung/Elektro-Kohle
2 Küchenherd: Kohle/Gas/~~XXXXXXXXXXXXXXXX~~
1 Badeofen
1 Durchlauferhitzer ~~Elektro, 5 ltr. Boiler~~
Einbaumöbel (Art und Anzahl):

Best.-Nr. 9796   VV Spremberg   Ag 219-77-DDR-4200 I-5-20 1961

Diese ca. 90 qm große Wohnung kostete 63,48 Mark. Sie bestand aus drei Zimmern, Küche, Bad, drei Abstellkammern, einem Hängeboden, zwei Kellerräumen und einer Bodenkammer.

Einmal pro Jahr entfernte ich an jedem Kachelofen die Reinigungskachel und holte aus dem oberen Ofenteil vorsichtig die angesammelte Asche raus, um hinterher die Kachel mit Hilfe frischen Lehms, den ich mir aus der Nähe der Autobahnauffahrt Saarmund besorgt hatte, wieder einzusetzen. Eine Schweinearbeit!

Leider hatten die Mieter über uns die unangenehme Angewohnheit, ihre Waschmaschine unbeaufsichtigt arbeiten zu lassen, was uns zweimal nasse Decken und Wände in Bad, Flur und Kohlenkammer bescherte. Einmal war der Regenwasserabfluss ihres Balkons durch Laub verstopft, und Steffen bekam ein nasses Kinderzimmer. Allerdings konnten wir es uns mit der Familie nicht verscherzen, denn die junge Frau arbeitete im Blumenladen schräg gegenüber. Das war im Hinblick auf Frauen- Lehrer- und weiterer Gedenktage eine nicht zu unterschätzende Beziehung.

Unsere Nachmieter im dritten Stock waren auf die glorreiche Idee gekommen, den Schaltknopf der Treppenhausbeleuchtung mit einem Streichholz zu blockieren, wenn sie spätabends nach Hause kamen. Meist lagen wir da schon im Bett. Die Dauer der Beleuchtung reichte ihnen nicht aus, um bis zu ihrer Wohnungstür zu gelangen, sie waren nicht die Sportlichsten. Die Blockade hatte zur Folge, dass der Automat fortwährend die Beleuchtung einschaltete, was in unserem Schlafzimmer gut zu hören war, denn der Schalt- und Sicherungskasten war direkt an der Wand befestigt. Oft bin ich des Nachts dann raus, lief im Schlafanzug über den Hof und zog das Streichholz aus dem Schalter. Einmal brach dabei das Streichholz ab, und ein Rest blieb im Schaltknopf stecken. Dann brachte uns nur ein Rausdrehen der Sicherung die erhoffte Nachtruhe.

Für unseren Sohn bot sich durch die geringe Höhe des Fensters zur Straße die Möglichkeit, im Teenageralter spätabends und von seinen Eltern unbemerkt aus dem Fenster zu verschwinden und ebenso unbemerkt zurückzukommen. Jahre später hat er uns davon erzählt. Wir waren ziemlich geplättet. Allerdings wissen wir bis heute nicht, was er während seiner nächtlichen Touren wo und mit wem getrieben hat.

Unsere unmittelbaren Nachbarn waren ein altes, kinderloses Ehepaar, das durch einen jungen Mann (Erbschleicher) mehr oder weniger gut betreut wurde. Als ein Ehepartner starb und der andere ins Heim kam, trieb sich der Erbschleicher nächtelang in der Wohnung herum und suchte nach versteckten Kostbarkeiten und Westgeld. Das Westgeld fand er, viel war's wohl nicht. Kostbarkeiten gab es keine.

Die Nachmieter waren ein Paar etwa in unserem Alter, das in wilder Ehe lebte, mit einer minderjährigen, frühreifen Tochter. Die Frau hat einige Male mitten in der Nacht an unsere Eingangstür gehämmert und um Hilfe gerufen, weil sie meinte, ihr Mann wolle sie umbringen. Der Fall ist allerdings nie eingetreten. Wir konnten die Streitenden immer beruhigen, aber die Nachtruhe war dahin.

Ansonsten waren die Mietparteien, acht im Vorderhaus und drei im Nebengebäude, recht friedlich und ruhig. Das änderte sich mit dem Einzug einer kinderreichen Familie in eine der obersten Wohnungen. Die machten Lärm für das ganze Haus. Die Kinder polterten die Treppen hinunter, trampelten durch den Hausflur und schmissen die Türen, dass es krachte. Die Erwachsenen hörte man bis ins Erdgeschoß streiten, und der jüngste Sohn pinkelte vom Balkon auf den Hof.

Die Frau Wegner, die vor uns in der Wohnung wohnte, hatte das Hausbuch geführt und uns dieses Dokument hinterlassen. Sehr bald kam der ABV auf uns zu und fragte, ob wir wohl das Hausbuch weiter führen möchten. Dies taten wir, war ja keine große Aufgabe.

Nach der Wende versuchten wir, eine Wohnung in einem schöneren Stadtteil Potsdams zu bekommen. Leider hatte unsere Suche keinen Erfolg. Auch waren die verlangten Mieten Anfang der neunziger Jahre utopisch.

In der Leninallee, die nach der Wende in Zeppelinstraße umbenannt wurde, lebten wir bis 1995 und zogen im September jenes Jahres aufs Land in ein gebrauchtes Eigenheim.

Der Mauerfall und die darauf folgenden Wochen und Monate brachte für uns Mitarbeiter des Bezirksneuererzentrums die Erkenntnis, dass die Zeit dieser und ähnlicher Einrichtungen unwiderruflich abgelaufen war.

Ich hatte keine Lust, die Hände in den Schoß zu legen und tatenlos auf das Ende zu warten und wechselte im Dezember '89 in den noch staatlichen Handel.

Personalausweis mit Visumstempel 11.11.'89 (30 Tage gültig)
und Ausreisestempel über die Glienicker Brücke

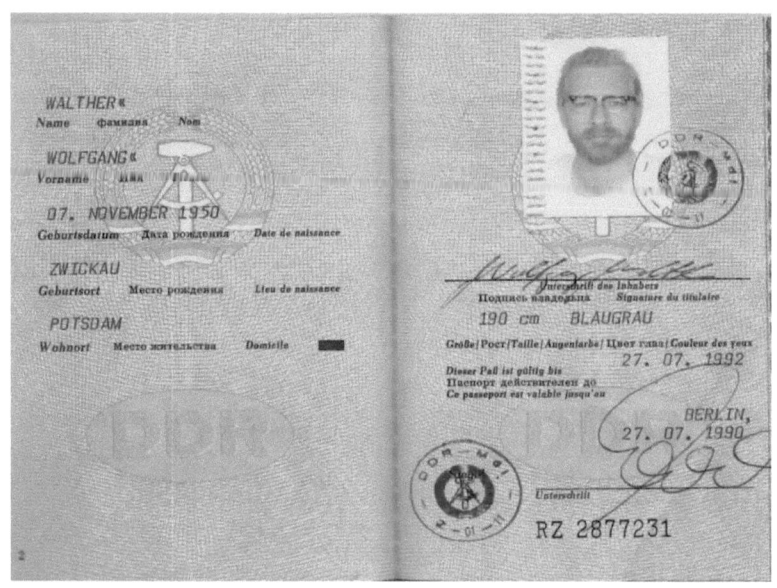

DDR-Reisepass, gültig von 1990 bis 1992

Teil 2

1990 - 2024

„Das tritt, nach meiner Kenntnis ist das sofort, unverzüglich."

Am Morgen des 9. November 1989 verfasste im DDR Innenministerium Gerhard Lauter - Oberst der Volkspolizei - eine neue Reiseregelung, die die DDR vor dem Untergang retten sollte. Eigenmächtig, gegen den Auftrag des SED-Politbüros und die Bedenken des MfS verordnete Lauter dort die Reisefreiheit für alle DDR-Bürger - wenn auch geordnet und bürokratisch. Wenig später wurde das Papier im Zentralkomitee der SED vorgestellt - als einer von Dutzenden Punkten, über die die Runde beriet. Unbeanstandet passierte die neue Reiseregelung das Zentralkomitee.

Am Nachmittag drückte Staatsratsvorsitzender Egon Krenz das Papier Günter Schabowski, Sprecher des Politbüros der SED, in die Hand. Dass der Inhalt erst am nächsten Morgen verkündet und die neue Regelung erst ab dem 10. November in Kraft treten sollte, davon wusste Schabowski nichts. Auf einem handschriftlichen Zettel machte er sich für die bevorstehende Pressekonferenz die Notiz „Verlesen Text Reiseregelung". Dort trug er den Text live im DDR-Fernsehen vor und erklärte, die neue Regelung gelte ab sofort und unverzüglich.

Die denkwürdige Pressekonferenz mit Schabowskis gestammelten Worten und die darauf folgende Maueröffnung hatte ich an dem Abend, als dies stattfand, nicht mitbekommen. Zu der Zeit saß ich mit Freunden und Verwandten in der „Ufergaststätte" in Potsdam und feierte meinen neununddreißigsten Geburtstag nach. Warum am eigentlichen Ehrentag, dem 7. November, keine Zeit dafür gewesen war, weiß ich heute nicht mehr.

Am nächsten Morgen gab es schon in der Straßenbahn und dann im Büro kein anderes Thema als Schabowskis Ansage. Wir dachten nicht ans Arbeiten, diskutierten bis zum Feierabend über die Lage in unserem Land und ahnten nicht, was für Folgen das alles haben würde. Dass jeder von uns demnächst einen Besuch in Westberlin machen würde, war allen klar. Wir Mitarbeiter des BNZ liefen an diesem Tag in zwei Gruppen, damit das Büro nicht unbesetzt ist, ins Potsdamer Rathaus, um uns einen Visumstempel in den Personalausweis abzuholen. Ein Visum für eine Ausreise

aus der DDR, das „ohne Vorliegen von Voraussetzungen" unbü-
rokratisch ausgestellt werden sollte, wie es der Genosse
Schabowski verkündet hatte. So war es auch. Ich bekam meinen
Stempel und marschierte daraufhin zur Filiale der Staatsbank, die
sich ebenfalls im Rathaus befand, um dort die mir zustehenden
Reisespesen in Höhe von 15,- D-Mark im Tausch gegen fünfzehn
DDR Mark abzuholen.

Der Grenzübergang auf der „Brücke der Einheit" am Ende der
Berliner Straße in Potsdam wurde am Freitag dem 10. November
geöffnet.

Die Staatsgrenze verlief genau in der Mitte des Griebnitzsees
und genau auf der Mitte der Brücke.

Bis zum 10. November 1989 passierten diesen Grenzübergang
ausschließlich die in dunklem graugrün mattlackierten Fahrzeuge
der „Militärverbindungsmission" (MVM) der Besatzungsmächte
Großbritannien, Frankreich und USA, die ihre Hauptquartiere in
Westberlin hatten und die in der DDR spionierten so viel sie
konnten.

Manchmal war die Brücke Zeuge eines Agentenaustausches in einer Nacht- und Nebelaktion gewesen, wenn USA und Sowjetunion sich gegenseitig die enttarnten und verhafteten Spione zurückgaben.

Wir konnten die Brücke bis dato nur aus einer gewissen Entfernung bewundern, denn ein paar hundert Meter davor begann das Sperrgebiet. Dort standen die Grenzer mit ihren Maschinenpistolen.

Noch am Nachmittag des zehnten November passierte ich den Grenzübergang „Glienicker Brücke", so hieß der jetzt offiziell, und fuhr mit meinem Fahrrad nach Westberlin. Es war kaum zu glauben.

Weit kam ich nicht. Auf der anderen Seite der Brücke stand ein LKW der Firma „Kaisers" mit offener Ladebordwand. Von der Ladefläche herab verteilten vier Männer Plastebeutel an die vor dem Fahrzeug sich drängelnden Menschen, die gierig ihre Hände nach oben reckten, als ginge es um ihr Leben. Die Beutel füllten die Männer vorm Verteilen mit Kaffee, Schokolade, Keksen und was weiß ich nicht alles. Das war fast wie Weihnachten. Natürlich holte ich mir auch so ein Geschenk ab. Dann machte ich mich auf den Heimweg.

Ich fuhr noch auf einen kurzen Besuch bei meiner Mutti vorbei, um die neuesten Vorgänge zu berichten.

Das erste Mal nach Westberlin „eingereist" bin ich am zwölften November, einem Sonntag. Mein Sohn Steffen war mit. Meine Frau war kegeln, denn die zweite Frauenmannschaft von Motor Babelsberg hatte Wettkampf.

Wir fuhren mit der Straßenbahn bis zur Endstation Berliner Straße und liefen über die Brücke der Einheit. Es war ganz leicht. Ein Grenzer schaute auf das Visum in meinem Ausweis, und schon waren wir im Westen, beim Klassenfeind.

Nun ist nach der Brücke lediglich Wald und Wasser, und bis nach Wannsee rein, dem ersten Berliner Stadtteil nach der Grenze, sind es ca. fünf Kilometer. Der Bus war eben hoffnungslos überfüllt abgefahren. Wir standen etwas ratlos in der Gegend herum, als ein Herr mittleren Alters auf uns zukam und anbot, uns in die Stadt mitzunehmen. Natürlich waren wir sofort einverstanden, stiegen in seinen Mercedes und genossen die Fahrt im Westauto.

Unser netter Fahrer stellte sich als Alfons Becker vor und gab mir seine Telefonnummer. Falls er mir im Zuge des ganzen Umbruchs irgendwie helfen könne, würde er das gerne tun. Vielleicht hätte ich sein Angebot annehmen sollen. Es schien ehrlich gemeint.

Herr Becker fuhr mit uns nach Steglitz, denn in Wannsee sei nicht viel los, wie er meinte. Er suchte eine offene Sparkassenfiliale, bei der wir unser Begrüßungsgeld abholen konnten.

Als er sie gefunden hatte, verabschiedeten wir uns von Alfons Becker mit einem herzlichen „Dankeschön".

Jeder DDR-Bürger bekam bei seinem ersten Besuch in der BRD oder Westberlin ein „Begrüßungsgeld" in Höhe von einhundert DM. Diese Reglung wurde bereits 1970 eingeführt und sollte den Bürgern der DDR ihren ersten Aufenthalt finanziell erleichtern. Gezahlt wurden die 100 DM bis Ende 1989. Wenn sich alle 16 Millionen DDR-Bürger ihr Geld abgeholt hätten, hätte die BRD 1,6 Milliarden auszahlen müssen. Das wollten sie offenbar nicht.

Ich bekam meine einhundert Mark und den entsprechenden Stempel in meinen Ausweis. Anschließend bummelten wir noch ziellos durch den Stadtbezirk.

In der Tasche hatte ich zwar 145 Westmark, hütete mich aber davor, unser Geld für irgendwelchen Schnullifax auszugeben. Lediglich einen Riegel Mon Cherie kaufte ich als Mitbringsel für meine Biggi. Steffen durfte sich in einem Zeitungsladen ein „Lustiges Taschenbuch" aussuchen. Mindestens eine halbe Stunde standen wir in dem Geschäft, weil mein Sohn sich zwischen den unzähligen verschiedenen Büchern nicht entscheiden konnte.

Schließlich fuhren wir mit dem Doppelstockbus zurück und genossen die Fahrt im Oberdeck. Die DDR-Bürger konnten zu der Zeit in Westberlin kostenlos Bus und Bahn fahren. Sie mussten nur ihren Personalausweis dabei haben.

Eine Woche später fuhr ich mit meiner Frau nach Berlin Steglitz. Wir holten das Begrüßungsgeld für sie und Steffen ab. Den Ausweis meiner Mutter hatten wir mit und bekamen auch für sie die einhundert D-Mark.

Zu der Zeit waren die Westberliner freundlich und entgegenkommend und immer bereit, den armen Ossis etwas Gutes zu tun.

Die Ossis kauften in den ersten Tagen nach der Grenzöffnung die Supermärkte Westberlins leer. Ich frage mich, woher alle das viele Westgeld hatten. Wir sind an einem Abend nach Wannsee gefahren und wollten etwas einkaufen. Bei „Butter-Beck" in Wannsee-Mitte gähnten uns die leeren Regale an. Außer ein paar Getränkedosen befand sich keine Ware mehr dort drinnen. Unglaublich, oder?

Oft sind wir nicht in den westlichen Teil Berlins gefahren. Wir waren allerdings auch in Ostberlin nur, wenn es sich nicht vermeiden ließ. Die Stadt war uns zu laut, zu hektisch, zu schmutzig.

Unsere Besuche beschränkten sich auf gelegentliches Einkaufen, mal den Kudamm entlang bummeln, mal durch das KADEWE streifen. Wir besuchten den Zoo. Als es wärmer wurde, konnten wir Wannsee, Grunewald, Pfaueninsel und ähnliche Ziele erwandern. Das war schön.

Später sind wir manchmal mit dem Auto nach Berlin gefahren, beispielsweise, um Biggis Tante und Onkel zu besuchen, die in der Danneckerstraße in Friedrichshain wohnten, oder zum Konzert von Claudia Jung im Tempodrom, wo ich mich im Dunkeln total verfahren habe. Aber das Konzert war klasse.

In Berlin Schlachtensee haben wir zum ersten Mal chinesisch gegessen. Das war ein Erlebnis. Bis dorthin ließ es sich relativ entspannt mit dem Auto fahren. Einen Parkplatz zu finden, war kein Problem.

Der erste Italiener, den wir in Berlin Wilmersdorf besuchten, hat uns ebenfalls beeindruckt. Nicht allein des Essens wegen, auch die Atmosphäre in dem Restaurant war ungewöhnlich, jedenfalls für uns. Die Kellner eilten singend durch den Gastraum, versprühten gute Laune nach allen Seiten und redeten italienisch mit den Gästen bei Sachen, die man auch auf Suaheli verstanden hätte. Dann kam noch ein Straßenverkäufer mit einem Arm voller Rosen und bot diese den Gästen an. Das Essen schmeckte vorzüglich.

Im Allgemeinen ist das Autofahren in Berlin nichts für schwache Nerven. Man muss genau wissen, wohin man will, die Strecke kennen, darf nicht zu langsam fahren, muss beim Spurwechsel rechtzeitig blinken und so weiter. Ansonsten wird man angehupt, bedrängt, geschnitten, angemeckert, bekommt einen Vogel gezeigt oder Schlimmeres.

Später fuhr ich mit meinem Kombi regelmäßig zweimal pro Woche in den Großmarkt „Metro" in Marienfelde. Die Strecke kannte ich bald auswendig und fuhr sicher und zügig. Zurück ging es immer etwas langsamer, denn der Kombi war jedesmal vollgeladen bis unters Dach, mit Joghurt, Milch, Käse und Quark. Das Gewicht merkte man beim Fahren.

Natürlich diskutierten wir auch in der Familie und im Freundeskreis über die Veränderungen, auch darüber, was auf die DDR und ihre Bürger noch zukommen würde, denn dass es Veränderungen geben würde, war allen klar.

Die Wochen und Monaten vor dem 9. November waren geprägt von einer wachsenden Unruhe in der DDR. Die Montagsdemonstrationen begannen

Unzufriedene und Oppositionelle in der DDR organisierten sich im Sommer 1989 zunehmend. Sie schlossen sich zu Bürgerrechtsgruppen wie „Demokratie Jetzt", „Demokratischer Aufbruch" und das „Neue Forum" zusammen, sie wollten das politische System verändern. Ausgehend von Leipzig versammelten sich landesweit wöchentlich mehr und mehr Ostdeutsche zu friedlichen Demonstrationen. Die Massenproteste für Demokratie leiteten das Ende des SED-Regimes ein.

In der Leipziger Nikolaikirche versammelten sich seit 1981 regelmäßig Friedens-, Umwelt- und Menschenrechtsgruppen zu Friedensgebeten. Am Montag, den 4. September 1989, blieben im Anschluss erstmals etwa 1.000 Menschen auf dem Vorhof der Kirche und forderten in Sprechchören „Stasi raus" und „Reisefreiheit statt Massenflucht". Obwohl viele eine gewalttätige Niederschlagung der Proteste fürchten, versammelten sich in den folgenden Wochen mehr und mehr Menschen. Am 2. Oktober waren es schon 20.000 Demonstranten, am 9. Oktober 70.000 Menschen. Sie riefen „Wir sind das Volk" sowie „Keine Gewalt" und forderten Meinungsfreiheit, politische Mitsprache und ein Ende der SED-Herrschaft. Auch in anderen Städten wie Dresden, Halle oder Karl-Marx-Stadt protestierten die Menschen.

Obwohl dies die größten Demonstrationen in der DDR seit 1953 waren, ließ der Staat sie nicht mit Gewalt niederschlagen. Auch die sowjetischen Streitkräfte blieben in ihren Kasernen. Am 16. Oktober versammelten sich in Leipzig 120.000 Demonstranten, am 23. Oktober 250.000 und am 30. Oktober schließlich 300.000.

Wenige Tage nach den Feierlichkeiten zum 40. Jahrestag der DDR zwang das SED-Zentralkomitee den Generalsekretär Erich Honecker am 18. Oktober 1989 zum Rücktritt. Um die Macht der SED zu retten, kündigte der neue Parteichef Egon Krenz Reformen an.

(Quelle: Lebendiges Museum online)

Am 10. September 1989 um Mitternacht öffnete Ungarn die Grenze nach Österreich für DDR Flüchtlinge.

Die ungarische Grenzöffnung hatte ihre Vorgeschichte: Bereits im Frühjahr 1989 wurde an der Westgrenze Ungarns die technische Grenzsperre abgebaut. Als die Außenminister von Ungarn und Österreich in einem symbolischen Akt Ende Juni den Grenzzaun durchschneiden wollten, war es nicht leicht, ein geeignetes Stück Zaun zu finden. In den Sommermonaten reisten immer mehr DDR-Bürger nach Ungarn, um durch die undicht gewordene Grenze nach Österreich und von dort in die Bundesrepublik zu fliehen. In der ungarischen Hauptstadt – und später am Balaton – wurden Flüchtlingslager eingerichtet. Am 19. August kam es in Sopronpuszta im Rahmen des Paneuropäischen Picknicks zu einer Massenflucht von DDR-Bürgern über die ungarisch-österreichische Grenze. Drei Wochen später wurde die Entscheidung der ungarischen Regierung bekanntgegeben, die Grenze für die DDR-Flüchtlinge, die sich in Ungarn aufhielten, zu öffnen. In den darauffolgenden Wochen flohen 57.000 DDR-Bürger über Ungarn in die Bundesrepublik Deutschland.

(Quelle: Deutscher Bundestag online)

Wir sind zu Ihnen gekommen, um Ihnen mitzuteilen, dass heute Ihre Ausreise..." lautet der wohl berühmteste unvollendete Satz im Vorfeld des Mauerfalls am 9. November 1989. Die übrigen Worte des damaligen deutschen Außenministers Hans-Dietrich Genscher gingen im Jubelsturm unter. Mehr als 4.000 DDR-Flüchtlinge lagen sich an diesem Abend des 30. September 1989 in der westdeutschen Botschaft in Prag vor Freude in den Armen. Einige von ihnen hatten dort seit Wochen ausgeharrt, um nach Westdeutschland auszureisen.

Bereits seit Mitte der 1980er Jahre hatten sich immer mehr DDR-Bürger in bundesdeutsche Botschaften in den Ländern des Ostblocks, vor allem in Ungarn und der damaligen Tschechoslowakei, geflüchtet, um ihre Ausreise in den Westen durchzusetzen.

Die Ausreisewilligen harrten etwa in Prag, Budapest, Warschau, aber auch in Ost-Berlin aus. Einige der Botschaftsbesetzer wurden von der Bundesrepublik freigekauft. Der Großteil jedoch kehrte in die DDR zurück, nachdem die Behörden ihnen Straffreiheit und die Genehmigung ihrer Ausreiseanträge zugesichert hatten. 1989 waren bereits mehrere Tausend Ostdeutsche über Ungarn in den Westen geflohen, erst über die grüne Grenze - durch Wälder und über Felder - später über die offiziellen Grenzübergänge zwischen Ungarn und Österreich. Ungarn hatte bereits am 10. September 1989 offiziell seine Grenze für DDR-Bürger geöffnet.

Im Sommer 1989 erreichte die Zahl der Flüchtlinge in den bundesdeutschen Botschaften einen neuen Höhepunkt. Auf dem Gelände der Prager Botschaft hielten sich bis Mitte August bereits über 120 Menschen auf, am 22. August musste die Botschaft wegen Überfüllung für den Publikumsverkehr geschlossen werden. Jeden Tag stiegen mehr Menschen über den bis zu vier Meter hohen Zaun.

Die angespannte Situation in den westdeutschen Botschaften führte dazu, dass die BRD-Regierung stärkeren Druck auf die DDR-Führung ausübte, in der Flüchtlingsfrage einzulenken.

Doch dann ließ sich die Führung in Ost-Berlin überraschend auf einen Kompromiss ein: Die Flüchtlinge sollten in Sonderzügen über DDR-Territorium in den Westen ausreisen. Damit wollte die SED-Führung den Anschein wahren, die Ausreisenden offiziell auszuweisen. Der Ständige Vertreter der DDR, Horst Neubauer, überbrachte Genscher diese Nachricht nach dessen Rückkehr aus New York. An dem Treffen am Morgen des 30. Septembers im Bonner Kanzleramt nahm auch der damalige Kanzleramtschef Rudolf Seiters teil, der für die deutsch-deutschen Verhandlungen in der Flüchtlingsfrage mitverantwortlich war. Im Anschluss flogen Genscher und Seiters nach Absprache mit Bundeskanzler Helmut Kohl unverzüglich nach Prag.

Als Genscher am 30. September um kurz vor 19:00 Uhr den Balkon der Prager Botschaft betrat, befanden sich über 4.000 Flüchtlinge auf dem Gelände. Sie hatten zum Teil seit Wochen auf dem matschigen Gelände kampiert. Dann erklärte Genscher, dass ihre Ausreise genehmigt wurde und sie in Sonderzügen durch die DDR in die Bundesrepublik gebracht würden. Nachdem das Wort „Ausreise" gefallen war, brachen die Menschen in Jubelschreie aus. Zunächst waren viele der Geflüchteten besorgt, dass die Züge auf dem Gebiet der DDR doch angehalten werden könnten. Die westdeutschen Diplomaten garantierten ihnen jedoch eine sichere Durchreise und entsendeten Botschaftsmitarbeiter, um die Züge zu begleiteten.

Noch am Abend des 30. September wurden die ersten Flüchtlinge mit Bussen zum Bahnhof Praha-Libeň gebracht. Wie mit der DDR-Führung vereinbart, ging ihre Fahrt über Dresden in das bayerische Hof, wo der erste Sonderzug am Morgen des 1. Oktober eintraf.

Dem historischen Balkonauftritt Genschers und der Ausreise der DDR-Bürger folgten weitere Ausreisewellen. Am 3. Oktober befanden sich erneut mehr als 5.000 Menschen auf dem Gelände der

Prager Botschaft und weitere 2.000 auf dem Vorplatz. Auch ihnen wurde die Ausreise gewährt. Bei der Durchfahrt der Sonderzüge durch Dresden ereigneten sich zum Teil dramatische Szenen. Menschen versuchten auf die Züge aufzuspringen, weil sie ihre Chancen auf eine Ausreise auf anderen Wegen schwinden sahen: Die DDR-Führung hatte die Grenzen zur Tschechoslowakei kurzfristig geschlossen, um weitere Ausreisen unmittelbar vor den Feierlichkeiten zum 40. Jahrestag der DDR am 7. Oktober 1989 zu verhindern. Am 3. November wurde den Bürgern der DDR die direkte Ausreise aus der Tschechoslowakei in den Westen erlaubt. Sechs Tage später, am 9. November, fiel die Mauer.

(Quelle: Bundeszentrale für politische Bildung)

Wir verfolgten die Geschehnisse zu Hause vor dem Fernseher. Für Demonstrationen oder Mitarbeit in einer der neu gegründeten Gruppen waren wir nicht mutig genug. Fasziniert schauten wir die Tagesschau und andere Nachrichtensendungen des Westfernsehens und konnten oft kaum glauben, was da vor unseren Augen ablief.

Auch in Potsdam gab es in den Wochen vor dem 9. November Demonstrationen, aber verglichen mit den Aufmärschen in Leipzig, Dresden und Karl-Marx-Stadt war das gar nichts.

Wir verstanden nicht wirklich, was die Menschen in Sachsen und den anderen Landesteilen antrieb. Die Lage in Potsdam und anderen Berlin nahen Gebieten war fast zufriedenstellend. Natürlich gab es nicht immer alles und überall, aber von einem Versorgungsnotstand wie vergleichsweise in Zwickau konnte hier keine Rede sein.

Wir fühlten uns auch nicht unfrei, eingesperrt oder gar drangsaliert. Wir hatten uns eingerichtet, hatten keine hochfliegenden Wünsche oder Pläne und waren im Großen und Ganzen zufrieden.

Die Tage und Wochen nach dem 9.November 1989 waren in Potsdam, wie in der übrigen Republik, gekennzeichnet von Unsicherheit, Begeisterung, Aufbruchsstimmung und ganz konkret vom fehlenden Verkaufspersonal in HO und Konsum und von fehlenden Betreuungskräften in Kliniken und Arztpraxen. Offensichtlich waren zu viele Mitarbeiter aus Gesundheitswesen und Handel dem Ruf des Westens gefolgt und hatten ihre Heimat verlassen, um sich irgendwo in der BRD ein neues Leben aufzubauen.

Die Kollegen des Bezirksneuererzentrums, zu denen ich gehörte, saßen den lieben langen Tag an Ihren Schreibtischen und machten Pläne, einer abenteuerlicher als der andere. Auch uns hatte eine große Unsicherheit erfasst, denn dass unser geliebtes Neuererzentrum keine Zukunft haben würde, war uns allen klar. Wie also würde es weitergehen?

Nach ein paar Tagen rief der Chef Marion, Gesine, Manfred und mich zu einer kurzen Besprechung in sein kleines Büro und teilte uns mit, dass wir gut daran täten, wenn wir uns dem Einzelhandel und dem Gesundheitswesen als Aushilfskräfte anbieten würden. Dies hatte folgenden Hintergrund: Der Rat des Bezirkes Potsdam, genauer gesagt, der Wirtschaftsrat, dem wir haushaltstechnisch angegliedert waren, griff sehr gern, wenn es irgendwo in der bezirklichen Wirtschaft hakte, was ziemlich oft der Fall war, auf externe Mitarbeiter wie die vom Neuererzentrum zurück, um diverse Löcher zu stopfen. Womöglich schickte man uns wochenlang irgendwohin in die Pampa. Um dem vorzubeugen, wollten wir uns selbst eine Arbeit suchen.

Gesine und Marion sprachen in der Kaderleitung (Personalbüro) des Bezirkskrankenhauses Potsdam (Klinikum Ernst von Bergmann) vor. Manfred und ich gingen zur HO, Abteilung WtB (Waren des täglichen Bedarfs). Wir wurden mit offenen Armen empfangen.

Schäufi bekam eine Aushilfsstelle im HO-Laden in der Markthalle, mich schickten die Mitarbeiter in die „Milchquelle" auf der Klement-Gottwald-Straße, heute Brandenburger Straße. Die Aushilfsaktion war befristet bis Jahresende.

„In die olle Milchquelle. Da ist es doch so dunkel und so kalt.", war die Reaktion meiner Frau auf meine „Versetzung". Ich selbst war auch nicht so recht begeistert. Jedenfalls meldete ich mich am Montag, dem 12. November beim Verkaufsstellenleiter der Milchquelle, Herrn Bönisch, zum Arbeitsantritt. Der war natürlich hocherfreut über die zusätzliche Arbeitskraft, die ihm da so unerwartet ins Haus geflattert kam und teilte mich sogleich zum Käseschneiden ein. Zuvor machte er mich kurz mit den Kolleginnen und den Räumlichkeiten bekannt.

Die Milchquelle hatte neben dem etwa achtzig Quadratmeter großen Verkaufsraum einen gleichgroßen Vorbereitungs- und Lagerraum. Daran schloss sich das ca. zwanzig Quadratmeter große Kühlhaus an. Hier drehte sich an der Decke mit einem Höllenlärm ein riesiger Ventilator und blies kalte Luft in den Raum. Erzeugt wurde die Kälte von der Maschine im Keller, der über den Hof zu erreichen war. Dort standen auch die beiden Kältemaschinen für die Wandregale des Verkaufsraumes, in denen die kühlpflichtige Ware angeboten wurde. Die Käsetheke hatte eine eigene Kühleinrichtung. Weiterhin gehörten zur Verkaufsstelle ein Pausenraum, der auch als Umkleide genutzt wurde, zwei Toiletten und ein winziges Büro. Dazu noch ein Lagerraum über dem Keller und ein Dachboden, auf dem Säcke mit alten Kassenrollen standen. Die Kassenrollen mussten zehn Jahre lang aufbewahrt werden, zwecks eventueller Nachkontrollen. Das hat sich im Westen fortgesetzt, weil das Finanzamt eine Zehnjahresfrist zur eventuellen Nachprüfung verlangte. Das bedeutete im ungünstigsten Fall bei zwei Kassen ca. sechs- bis siebentausend Papierrollen, die aufbewahrt werden mussten. Auf dem Boden jedenfalls lagerten eingetütet in Säcken tausende dieser Bonrollen.

Als ich den Laden dann übernommen hatte, bestellte ich einen Container und warf das ganze Zeug, zusammen mit weiteren unnützen Dingen, hinein. Der Container wurde voll.

Im Bestand waren vier oder fünf Käseschneider, handbetrieben. Ähnlich wie bei einem Papierschneider war am Käsemesser ein Holzgriff befestigt, mit dem man das Messer nach unten durch den Käselaib drückte, nachdem die gewünschte Breite eingestellt wurde. Die große Kunst bestand darin, dünne Scheiben abzuschneiden. Ich schnitt Käse, bis mir die Arme wehtaten.

Über die Theke wurden vier Sorten verkauft, im Stück oder in Scheiben. Es gab Gouda, Edamer, Tilsiter und Butterkäse. Als dann die Weihnachtszeit ran war, wurde vom Großhandel auch Emmentaler geliefert. Die Leute kauften, als gäbe es kein Morgen.

In der Milchquelle wurden, neben Käse aus der Theke, alle Arten abgepackter Milchprodukte verkauft, die üblicherweise im DDR-Handel angeboten wurden. Viel Abwechslung war nicht dabei. Es gab eine Sorte Butter, die kostete konstant 2,40 Mark, gesalzen 2,50 Mark, die Margarinesorten Sonja, Marina und Sahna, Harzer Käse von der Käserei Caputh, Leckermäulchen Quarkspeise und noch einige Produkte.

In der Mitte des Verkaufsraumes standen die Milchkästen mit Voll- und Magermilch, saurer Sahne und Schlagsahne alles in Mehrweg-Glasflaschen, für 0,20M Pfand.

Frischmilch und Sahne wurde täglich geliefert nach Bestellung. Frucht- und Kakaomilch gab es montags, mittwochs und freitags.

Liefertag für H-Milch war Mittwoch. Während der H-Milch Lieferung wurde das Geschäft geschlossen und ein Schild mit der Aufschrift „Wegen Warenannahme geschlossen" an die Eingangstür gehängt. Während die Kunden in einer Schlange vor dem Laden geduldig warteten, fuhren wir die Paletten mit hoch gestapelten Plastebehältern, aus denen dreieckige H-Milchtüten hervor schauten, durch den Hausflur ins Lager. Dabei kam es schon mal vor, dass so eine Palette umkippte und die Milchtüten durch die Gegend flogen.

Milch- und Sahneflaschen hatten einen dünnen Aluminiumdeckel mit aufgeprägtem Wochentag. Nun kam es durchaus vor, dass nicht alle Flaschen mit Milch am Tag der Lieferung verkauft wurden. Aber am Dienstag wollte niemand Milch kaufen, wenn auf dem Deckel der Flasche „Montag" stand. Also machten wir mit dem Daumennagel die Prägung unkenntlich, und die alte Milch wurde verkauft.

Irgendwann hatten die Neuerer der milchverarbeiteten Industrie den „Schlauchbeutel" erfunden und den Aufsteller praktischerweise gleich dazu. Leider war oft mindestens einer der Milchbeutel geplatzt, und die restlichen „Schläuche" schwammen in der weißen Brühe im Plastebehälter. Das war nicht lustig.

Die gesalzene Butter kam, wenn wir Glück hatten, am Dienstag oder am Donnerstag.

Einfach war es nicht, die Kühlregale in der Milchquelle zu bestücken, weil wir manchmal auch vergeblich auf Ware warteten.

Das Erstaunliche dabei war, dass in dieser Verkaufsstelle, in die ich als unerfahrener Neuling hinein katapultiert wurde, zusammen mit mir sage und schreibe acht Leute arbeiteten, und die hatten immer zu tun. Ein Lehrling kam später noch dazu, und wir hatten sogar eine Reinigungskraft.

Auf einem über der Heizung montierten Brett standen die Einkaufskörbe aus Metall. Kurz vorm Ausgang saßen zwei Kassierer in ihren Kassenboxen und kassierten die Kunden ab, deren Strom kaum abriss. Mein Eindruck war von Anfang an: „Der Laden ist eine Goldgrube."

Nachdem ich das Käseschneiden beherrschte und auch im Auspacken und Ware Auffüllen eine gute Figur machte, durfte ich mich an die Kasse setzen. Das lief ebenfalls recht gut. Die Preise waren auf den Verpackungen aufgedruckt. Nach ein paar Tagen hatte ich das gleiche Tempo drauf wie meine Kolleginnen. Dabei erfuhr ich, dass ein richtiger Kassierer mindestens eintausend Preise im Kopf haben muss. Da sich in der DDR die Endverbraucherpreise selten änderten, merkte man sich mit der Zeit alle Positionen.

Ich begann, an der Arbeit Gefallen zu finden.

Mein Chef hatte nichts gegen eine Verlängerung meines Einsatzes im Einzelhandel. Das Jahr 1990 begann für mich als Verkäufer in der Milchquelle in Potsdam.

Für den Verkaufsstellenleiter, Herr Bönisch und seiner im selben Geschäft tätigen Ehefrau war das Jahresende gleichzeitig das Ende ihres Arbeitslebens. Als neue Ladenchefin kam eine Frau Grabow zu uns. Sie war von der HO-Chefetage auf den Posten gesetzt worden, ohne dass sie auch nur den Hauch einer Ahnung von dieser Arbeit besaß. Wie wir über den Buschfunk erfuhren, kam die Frau Grabow aus der Bezirksverwaltung des MfS in der Hegelallee, wo sie die Küche geleitet hatte.

Obwohl sie von Anfang an nicht der Sympathiebringer war, versuchten wir, uns mit ihr zu arrangieren und mit ihr auszukommen, aber es war sinnlos. Die Frau war das reinste Nervenbündel. Jede kleine Unregelmäßigkeit im Betriebsablauf, wenn zum Beispiel eine angekündigte Lieferung sich verspätete, jede Abweichung von der Normalität brachte sie zur Verzweiflung. Mit maximaler Unfähigkeit ausgestattet, den Arbeitsablauf in einer Verkaufsstelle zu organisieren, transportierte sie größtmögliche Unruhe in unser Kollektiv.

Das schaute ich mir zwei Wochen lang an und besprach mich dann mit meinen Kolleginnen. Wir waren uns einig, dass die Frau Grabow kein Dauerzustand sein könne. Als ich den Vorschlag in die Runde warf, die Leitung zu übernehmen, waren alle Verkäuferinnen einverstanden und versprachen, mich maximal zu unterstützen.

Als nächstes führte mich mein Weg zur Bereichsleiterin WtB, die das Drama um Frau Grabow bereits mitbekommen hatte und trug ihr mein Anliegen vor.

„Wenn Sie sich das zutrauen, Herr Walther, dann machen wir das so", war ihre Antwort. Obwohl ich nicht die geringste Erfahrung im Handel vorweisen konnte, nicht mal eine Kassenabrechnung konnte ich machen, und auch keine dahingehende Qualifizierung besaß, machte die junge Frau mich zum Chef eines Lebensmittelladens. Unglaublich, oder?

Anschließend ging ich ein letztes Mal ins BNZ und legte dem Chef meine Kündigung auf den Schreibtisch. Er gratulierte mir und wünschte alles Gute. Wir waren immer gut miteinander ausgekommen. Er selbst war schon immer gut vernetzt gewesen und hat später den Posten des Hauptgeschäftsführers der Industrie- und Handelskammer (IHK) übernommen. Auch nicht schlecht.

Von meinen nun Exkollegen verabschiedete ich mich mit einem Mettfrühstück. Sie freuten sich für mich und meinten es, glaube ich, ehrlich. Ich war der erste dieser Runde, der Absprung und Neuanfang geschafft hatte.

Ich unterschrieb einen Arbeitsvertrag mit der HO und war ab sofort Verkaufsstellenleiter der Verkaufseinrichtung (VKE) Nummer 0333, der Milchquelle in Potsdam.

Als Chef bekam ich nicht nur einen im Vergleich zum Gehalt im BNZ mit 1624,- Mark doppelten Lohn, sondern hatte auch bei der Organisation des Betriebsablaufes und der Gestaltung meiner Arbeitszeiten ziemliche Freiheiten. Hauptsache, der Laden lief.

In meiner neuen Funktion fand ich mich schnell zurecht. Schließlich hatte ich mich bereits wochenlang als Verkäufer in der Milchquelle eingearbeitet.

Im Großen und Ganzen lief der Betrieb so weiter, wie es unter Herrn Bönisch üblich gewesen war. Nach vier Wochen kam die Revisionsgruppe der HO und nahm eine Inventur vor, die ein positives Ergebnis zu Tage brachte. Na also.

Die Arbeit machte mir Freude. Ich stellte für mich fest, dass ich mit dem Verkaufen meine wahre Bestimmung gefunden hatte. Wahrscheinlich habe ich das entsprechende Gen von meinem Opa geerbt, der selbstständiger Handlungsreisender und Vertreter für Seifen gewesen war. Leider konnte ich ihn nicht mehr persönlich kennen lernen. Er hatte an der Front im ersten Weltkrieg einen Lungensteckschuss abbekommen und war daran Mitte der zwanziger Jahre verstorben, sehr schade.

Frau Grabow ließ sich nicht mehr im Laden sehen.

Eine meiner ersten Amtshandlungen war der Antrag auf Versetzung für eine der Verkäuferinnen.

Die war in höchstem Maße dem Pfefferminzlikör zugetan. An einem Tag hatte sie so viel von dem grünen klebrigen Zeug geschluckt, dass sie zu Feierabend betrunken aus der Kassenbox kippte. Dem konnte ich nicht länger zusehen.

Dann stellte ich Marlies Skoluda ein, die mir von der HO geschickt wurde. Sie überzeugte mich sofort mit ihrer umsichtigen kompetenten Art. Ich nahm mir vor, sie später als meine Vertretung einzusetzen. Ein paar Wochen später nahm ich Jürgen Seidel in mein Team auf, denn Warenannahme und Stapeln der Kästen und Pakete war schwer und keine Frauenarbeit, und das alles alleine machen wollte ich auf Dauer nicht.

Der Laden lief. Montag bis Freitag von sieben bis achtzehn Uhr und Sonnabend von acht bis elf Uhr geöffnet, war das Geschäft zu keiner Zeit ohne Kunden. Die ersten Leute standen bereits vor Ladenöffnung vor der Tür und begehrten Einlass. Die letzten Kunden mussten wir um achtzehn Uhr sanft hinaus komplimentieren.

So manches Mal hatten wir Mühe, die Regale vollzubekommen, obwohl die Milchquelle als Spezialladen bevorzugt beliefert wurde.

Meine Überlegungen in Richtung eines attraktiveren Sortimentes mündeten eines Tages in ein Treffen mit dem Verkaufsleiter der Meierei-Zentrale West-Berlins (emzett), Herrn Gerloff. Nach telefonischer Terminabsprache marschierte ich mit einem kleinen Aktenköfferchen in sein Büro. Er machte mich mit dem Sortiment bekannt, und wir vereinbarten erste Probelieferungen von Joghurt, Pudding und Quark. Dafür hatte ich vorab grünes Licht von der HO bekommen.

Am 9. März 1990, einem Freitag, fuhr am Nachmittag ein Fahrzeug mit dem „emzett-Logo" langsam durch die Fußgängerzone Potsdams und hielt vor der Milchquelle. Fünf Rollcontainer, vollgepackt bis obenhin mit Molkereiprodukten wurden ausgeladen und durch den Hausflur gerollt. Sofort bildete sich vor der geschlossenen Ladentür eine Schlage aus kauflustigen Leuten, die zeitweilig bis zur nächsten Querstraße reichte, unglaublich.

Wir hatten eines der Kühlregale in Erwartung der Lieferung leer geräumt und sortierten nun die Paletten ein. Die einzelnen Preise hatte ich zuvor mit der HO-Leitung abgestimmt. Ein 250g Becher mit Fruchtjoghurt der Marke „Tiffany", der „Halbpfünder", kostete zum Beispiel 3,50 DDR-Mark.

Wie die Heuschrecken fielen die Kunden über das Kühlregal her und packten sich die Körbe voll. Egal was es kostete, Hauptsache Westware. Die Kassen klingelten. Vorsorglich hatten wir zwei Rollis mit Joghurt ins Kühlhaus geschoben, damit am nächsten Tag noch etwas von dieser ersten Lieferung verkauft werden konnte. Mit mir zusammen hatte Carola Ehrke am Sonnabend Dienst. Wir kamen beide gegen dreiviertel sieben, räumten rasch den Joghurt ins Regal und schnitten dann Käse der verschiedenen Sorten (siehe weiter vorn), verpackten die Scheiben in Cellophan, wogen sie ab, preisten sie aus und legten die Päckchen auf die Theke zur Selbstbedienung. Ich ahnte schon, was uns blühen sollte und trieb Carola zur Eile. Punkt acht Uhr schloss ich die Türe auf. Die Kunden warteten bereits vorm Geschäft, drängten herein und eilten zum Joghurtregal. Die Verkäuferin und ich, wir setzten uns an die Kassen und verließen unseren Platz bis elf Uhr nicht wieder. Was nicht mehr ins Kühlregal gepasst hatte, stapelte ich auf umgedrehten Kisten und Kartons vor der Tür zum Lagerraum.

EIN ATTRAKTIVES SORTIMENT an Fruchtjoghurt und anderen Molkereierzeugnissen der Firma Tiffany wurde gestern erstmals in der „Milchquelle" am Boulevard angeboten und fand reißenden Absatz.   Fotos: MV/Elstr

Wir arbeiteten ohne Pause. Als der Kundenstrom langsam abnahm, war das Regal leer gekauft, die Käsepäckchen alle, und in der Kasse lagen über elftausend Mark. So etwas hatte ich zuvor noch nicht erlebt. Die BILD-Zeitung berichtete.

Potsdamer schmeckte West-Joghurt

Zum erstenmal werden in Potsdam Produkte der Berliner Meierei Zentrale verkauft – in der Milchquelle, Brandenburger Straße. Ein Joghurt kostet 2,90 Mark Ost, Pudding mit Sahne 3,90 Mark Ost.

Verkäuferin Carola Ehrke (22), Betriebsleiter Wolfgang Walther (39) und Verkäuferin Marlies Skoluda (42) freuen sich über die neuen Milchprodukte.

Bild v. 09.03.90

Am Montag darauf rief ich gleich früh in der Meiereizentrale an und gab die nächste Bestellung auf, die am Dienstag geliefert wurde, und das Spiel begann von vorn.

In der Folgezeit bekam die Milchquelle regelmäßig ein- bis zweimal in der Woche eine Lieferung durch die „emzett", Joghurt, Pudding, Desserts, Quark, später auch Milch. Der Umsatz stieg in bis dato ungeahnte Höhen.

Herr Gerloff bekam langsam kalte Füße, weil die Bezahlung der gelieferten Waren nicht ganz unkompliziert lief. Die HO überwies die Rechnungsbeträge auf ein Verwahrkonto, weil ja die Meiereizentrale mit dem Ostgeld nichts anfangen konnte. Das Guthaben auf dem Verwahrkonto sollte nach der Währungsunion zum dann geltenden Kurs auf D-Mark umgestellt werden. Dann erst würde die „emzett" darüber verfügen können.

Dass die Währungsunion kommen würde, war jedem klar. Aber wann? Würde die „emzett" bis dahin ihre Waren auf Kredit liefern können? Allzu lang sollte es aber nicht mehr dauern.

„**K**ommt die D-Mark, bleiben wir, kommt sie nicht, geh'n wir zu ihr!", war tage- und wochenlang auf Kundgebungen in der DDR zu hören. Gleich nach dem Mauerfall wurde die D-Mark zum inoffiziellen Zahlungsmittel. Der Umtauschkurs lag bei 1:20.

Die letzte Wahl zur Volkskammer der DDR war die erste und einzige, die demokratischen Grundsätzen entsprach. Sie fand am 18. März 1990 statt.

Die Wahlbeteiligung betrug 93,4 %. Sieger war das Wahlbündnis „Allianz für Deutschland", bestehend aus der ehemaligen Blockpartei CDU mit dem Spitzenkandidaten Lothar de Maizière, der neu gegründeten Deutschen Sozialen Union und dem Demokratischen Aufbruch.

Die neugewählte Volkskammer konstituierte sich am 5. April 1990. Lothar de Maizière bildete nach langwierigen Verhandlungen eine Große Koalition aus der Allianz, der SPD und den Liberalen. Am 12. April 1990 wurde de Maiziere von der Volkskammer mit 265 Stimmen bei 108 Gegenstimmen und 9 Enthaltungen zum Ministerpräsidenten der DDR gewählt. Die Abgeordneten bestätigten danach auch die Regierung de Maizière.

Als Meilensteine der Parlamentstätigkeit der Volkskammer gelten die Verabschiedung der Kommunalverfassung der DDR vom 17. Mai 1990, des Verfassungsgrundsätze Gesetzes vom 17. Juni 1990 sowie des Vertrages über die Währungs-, Wirtschafts- und Sozialunion mit der Bundesrepublik Deutschland vom 18. Mai 1990, der zum 1. Juli 1990 in Kraft trat. Am 21. Juni 1990 bildete die Volkskammer einen Sonderausschuss zur Kontrolle der Auflösung des MfS. Vorsitzender wurde Joachim Gauck, der dann einer der Initiatoren des Stasi-Unterlagen-Gesetzes war.

Am 3. Oktober 1990 trat die DDR der Bundesrepublik Deutschland bei, und die Volkskammer löste sich auf.

(Quelle: Wikipedia)

Das Jahr 1990 war ein sehr ereignisreiches Jahr, sowohl im öffentlichen Leben auf Bezirks- und Republikebene als auch im privaten Bereich.

Ich absolvierte einen Lehrgang in der HO-eigenen Bildungseinrichtung in Potsdam, damit alles seine Ordnung hatte. Die HO benannte sich um in „Märkische Handelsgesellschaft" (MÄRK-HA) und bereitete sich darauf vor, mit dem Handelsriesen REWE eine Partnerschaft einzugehen. Dazu gab es für alle Verkaufsstellenleiter eine Informationsveranstaltung in Westberlin. Dessen ungeachtet steuerte der Volkseigene Handel, zumindest im Bezirk Potsdam, auf eine Katastrophe zu. Es wurde immer schwerer, die Läden und damit die Kunden mit Waren zu versorgen. Den Höhepunkt bildete das Wochenende zum ersten Juli, denn gleichzeitig mit Einführung der D-Mark stellte die HO ihr Liefersystem um.

1. Juli 1990: Ab heute ersetzt die D-Mark die „Mark der DDR". Außerdem entfallen die Grenzkontrollen zwischen beiden Staaten und innerhalb Berlins. Mit der Währungsunion beginnt auch die Wirtschafts- und Sozialunion.

Löhne, Gehälter, Renten, Mieten und andere sogenannten „wiederkehrende Zahlungen" werden 1:1 umgestellt. Bargeld konnte man nicht direkt umtauschen es musste auf Konten eingezahlt werden. Kinder unter 14 Jahren können bis zu 2.000 DDR-Mark im Verhältnis 1:1 umtauschen, 15- bis 59-Jährige bis zu 4.000 DDR-Mark, wer älter ist, 6.000 DDR-Mark. Beträge darüber werden im Verhältnis 2:1 umgestellt.

In den Kaufhallen und Geschäften herrschten allerdings Wut und Enttäuschung, eine „Welle der Empörung" verzeichnete die „Berliner Zeitung". Die Preise waren deutlich überhöht – fünf Kilo Kartoffeln, bislang für etwa 1 Ostmark im Angebot, gab es jetzt für das Fünffache, ein Brot kostete um drei Mark, während es früher nur 52 Pfennige gewesen waren und für ein Brötchen mussten ab sofort um die 30 Pfennige hingezählt werden. Sonst waren es immer nur 5 gewesen. Mitarbeiter des DDR-Handelsministeriums fanden heraus, dass in ländlichen Regionen „Waren des täglichen Bedarfs" mitunter gar doppelt so teuer waren als in den Großstädten. „Fehlender Wettbewerb wird schamlos ausgenutzt", erklärte die zuständige Ministerin Sybille

Raider. Am Leipziger „Centrum Warenhaus" klebte in diesen Tagen ein Flugblatt: „Kauft nicht bei den Wucherern!"

Ordnungsstrafen gegen Kaufhallen und Ladenketten hätten den Betrieben und Landwirtschaftlichen Produktionsgenossenschaften in der DDR aber auch nichts genützt - ihre Produkte wurden mit dem Tag der D-Mark-Einführung einfach nicht mehr von den Verkaufseinrichtungen gelistet. Und dagegen hätten sie schlecht juristisch vorgehen können. Und so vernichteten Molkereien tonnenweise Butter, Milch und Joghurt, Bauern ließen das Obst an den Bäumen vergammeln, pflügten reifes Getreide unter und Schweinezüchter töteten ihre Ferkel: „Es ist jammervoll, aber was sollen wir machen?", fragte ein verzweifelter Bauer in der Nachrichtensendung „Aktuelle Kamera".

(Quelle: MDR-Fernsehen)

In der Woche vor dem ersten Juli machten wir einen totalen Ausverkauf und hatten tatsächlich am Sonnabend kein Stück Ware mehr im Regal und im Lager. Das Kühlhaus war ebenfalls leer.

Ich hatte einen Ordersatz für das REWE Sortiment und ein mobiles Datenerfassungsgerät (MDE) bekommen und scannte die einzelnen Positionen für meine erste Bestellung der Westwaren, die der neue Handelspartner der MÄRKHA liefern sollte, ein.

Am 30. Juni sollte geliefert werden.

Ich wartete den ganzen Tag und die halbe Nacht im Laden auf das Lieferfahrzeug. Kurz vor vier Uhr morgens rollte der LKW an und lud einen Rollbehälter aus. Darauf standen zwei Kartons H-Milch, 24 Packungen. Ich war platt. Zwar hatte man mir gesagt, dass eventuell der eine oder andere Artikel nicht lieferbar sein könnte, aber sowas? Entsprechend meiner Bestellung hätte ich mindestens acht vollgeladene Rollis bekommen müssen.

Allen anderen Lebensmittelläden Potsdams ging es ebenso. REWE sah sich nicht in der Lage, seine großspurigen Versprechungen einzuhalten. Das brach der ehemaligen HO das Genick.

Schon seit Jahresbeginn hatte es vermehrt Kritik am Handel gegeben. Die Stimmen, die eine Privatisierung forderten, wurden zunehmend lauter, aber noch wehrten sich der Bezirkschef der HO Herr Rogalla und seine Mitstreiter erfolgreich gegen dieses Begehren. Dieser erste Juli jedoch brachte das Fass zum Überlaufen.

Am 12. Februar 1990 legte die Oppositionsgruppe Demokratie Jetzt (DJ) eine Vorlage für die Sitzung des Runden Tisches mit dem „Vorschlag zur umgehenden Bildung einer ‚Treuhandgesellschaft' (Holding) zur Wahrung der Anteilsrechte der Bürger mit DDR-Staatsbürgerschaft am Volkseigentum der DDR" vor. Der Entwurf sah ein System von an die DDR-Bürger auszugebenden Anteilsscheinen vor, dies wurde im Staatsvertrag zur Währungs-, Wirtschafts- und Sozialunion nur noch als Kann-Bestimmung aufgeführt und letztlich nicht umgesetzt.

Am 1. März 1990 beschloss der Ministerrat der DDR (Modrow-Regierung) die Gründung der „Anstalt zur treuhänderischen Verwaltung des Volkseigentums". Sie sollte das Volkseigentum wahren und im Interesse der Allgemeinheit verwalten. Die Haupttätigkeit dieser ersten „Treuhand" bestand in der Entflechtung von Kombinaten und der Umwandlung der Nachfolgeunternehmen in Kapitalgesellschaften. Die Arbeit der Treuhandanstalt über die Wiedervereinigung hinaus basierte auf dem noch von der Volkskammer der DDR am 17. Juni 1990 beschlossenen Gesetz zur Privatisierung und Reorganisation des volkseigenen Vermögens (Treuhandgesetz) in Verbindung mit dem Einigungsvertrag und dem Staatsvertrag vom 18. Mai 1990. Am 1. Juli 1990 waren der Treuhand etwa 8500 Betriebe unterstellt, in denen mehr als vier Millionen Menschen arbeiteten.

Mit der Wiedervereinigung wurde sie eine bundesunmittelbare Anstalt des öffentlichen Rechts unter der Fachaufsicht des Bundesfinanzministeriums.

Quelle: MDR-Fernsehen)

Die HO und jetzige MÄRKHA war Geschichte. Die Treuhand schrieb sämtliche Einzelhandelsgeschäfte zu Privatisierung aus. Jeder, der an einer Ladenübernahme interessiert war, konnte sich bewerben und ein Gebot abgeben.

Ich wollte diesen Laden haben. Umgehend schrieb ich eine formlose Bewerbung und bot die Summe von 25.000,- D-Mark. Keine Ahnung, welcher Teufel mich da geritten hatte. Auf unserem Konto lagen lediglich 10.000,- Mark. Mehr hatten wir nicht umtauschen können, und mehr hatten wir auch nicht gespart.

Ich bekam den Zuschlag.
Bei der Vergabe wurden die derzeitigen Verkaufsstellenleiter bevorzugt behandelt, so die spätere Verlautbarung.
Auf die Milchquelle hatten sich insgesamt sechsundachtzig Personen bzw. Firmen beworben. Ich hab die Liste gesehen. Darunter waren „Butter-Lindner" und „Schlecker".
Die Drogeriekette „Schlecker" ist inzwischen pleite. Der Feinkostladen „Butter-Lindner" betreibt eine Filiale auf der Brandenburger Straße in Potsdam.
Kurz vor dem Weihnachtsfest 1990 kam ein Brief von der Treuhand, in dem mir mitgeteilt wurde, dass die Wahl bei der Vergabe der „Milchquelle" auf mich gefallen sei. Herzlichen Glückwunsch.

„Woher nehmen wir die fünfundzwanzigtausend?" war die große Frage, die mich nach dem Bescheid der Treuhand nicht schlafen ließ und mir das Weihnachtsfest ein bisschen vermieste.
Das Weihnachtsgeschäft und die Zeit zwischen den Jahren forderten mich und meine Verkäuferinnen voll. Da war keine Zeit für andere Aktivitäten.
Ab dem zweiten Januar ging ich auf Tour und versuchte, das Geld für die Übernahme der „Milchquelle" aufzutreiben. Ich klapperte sämtliche, sich mittlerweile in Potsdam niedergelassenen Banken und auch die Sparkasse nach einem Kredit ab und

bekam überall abschlägige Antworten. „Für ein Ladengeschäft geben wir kein Geld", war die einhellige Aussage.

Was nun? Aufgeben war keine Option. Ich wollte diesen Laden unbedingt. Nie zuvor hatte ich mich mit dem Gedanken an eine berufliche Selbstständigkeit befasst. Jetzt schien sie für mich das Maß aller Dinge zu sein.

Nach etlichen Telefonaten erfuhr ich, dass die Mitarbeiter des ehemaligen Wirtschaftsrates des Bezirkes Potsdam zeitweilig der Treuhand unterstellt und unter anderem für die Abwicklung der Privatisierung des Handels zuständig waren. Das war ein Wink des Schicksals. Kurz entschlossen fuhr ich in die Heinrich-Mann-Allee und wurde bei Gerhard Kohse, dem Leiter der ehemaligen Abteilung Technik vorstellig. Kohse und ich hatten vor der Wende nicht nur arbeitsmäßig miteinander zu tun, sondern saßen auch bei den Zusammenkünften der Partei- und Gewerkschaftsgruppe an einem Tisch. Auch an gemeinsame Weihnachtsfeiern erinnere ich mich.

Ich redete nicht lange um den heißen Brei herum und schilderte ihm meine prekäre Lage. „Mach dir mal keinen Kopp, Wolfgang, das kriegen wir hin", war seine Antwort. Ein paar Tage später kam ein Anruf: „Wir haben das Ding auf null gesetzt", erklärte mir Gerhard Kohse fröhlich und wünschte viel Erfolg. Mit anderen Worten: Ich brauchte keinen Pfennig dafür zu bezahlen, dass ich in Zukunft die „Milchquelle" in Eigenregie und vor allem für mein eigenes Portmonee führen würde. Vielen Dank, Gerhard.

Mit der HO-Leitung vereinbarte ich für Ende Januar einen Inventur- und Übergabetermin und meldete beim Magistrat der Stadt Potsdam mein Gewerbe zum ersten Februar 1991 an. Dann suchte ich jemand, der für mich die steuerlichen Belange in Form von Monats- und Jahresabrechnung erledigen würde und konnte die Frau Tamms als kompetente Partnerin gewinnen. Sie hatte sich auch erst kurze Zeit zuvor selbstständig gemacht. Frau Tamms betreute mich über die Jahre der Selbstständigkeit hinweg bis zum Eintritt in die Rente. Ich hatte nie etwas zu beanstanden, außer vielleicht, dass ihre Rechnungen ziemlich hoch ausfielen. Aber gut. Die Rechnungen des Steuerberaters waren um ein Vielfaches höher. Leider war ein Steuerberater für die Abgabe der jährlichen Steuerklärung für Selbstständige zwingend erforderlich.

Die Inventur am 31. Januar fiel positiv aus. Wir hatten ein Plus von 1.700,- DM erwirtschaftet. Und Tschüss, HO.

Die in Geschäft und Lager vorhandenen Waren kaufte ich der HO zum Einkaufspreis ab. Sehr viel war nicht mehr im Bestand. Ich hatte in den Tagen zuvor nur noch das Nötigste bestellt.

Woher sollte ich künftig meine Waren beziehen?

Als im Herbst 1990 sich die Entwicklung abzuzeichnen begann, streckte ich meine Fühler in die verschiedenen Richtungen aus, besuchte die Vertretungen von Edeka und REWE und blieb schließlich bei „Spar" hängen. Die Handelsgesellschaft hatte ihre Zelte in Potsdam Babelsberg aufgeschlagen und freute sich über die frisch in die Selbstständigkeit gesprungenen neuen Kunden. Mit mir hatten sich die meisten der neuen Kaufleute für diesen Lieferanten entschieden.

Spar wurde 1932 in den Niederlanden gegründet. Selbständige Groß- und Einzelhändler schlossen sich damals zu einer freiwilligen Handelskette zusammen.

Das erklärte Ziel dieses Zusammenschlusses war die „Konzentration der Kräfte", die dem Druck einer immer stärker werdenden Konkurrenz entgegengestellt werden sollte. Vom Zusammenwirken dieser Kräfte sollten alle Mitglieder profitieren; die wirtschaftliche Existenz sollte sichergestellt werden.

Als erstes Land neben den Niederlanden wurden 1947 in Belgien Spar-Gesellschaften gegründet, im selben Jahr wurde der Name von Despar auf Spar gekürzt. 1952 folgte die Expansion nach Deutschland. 1957 wurde der erste internationale Spar-Kongress abgehalten. Ziel des Kongresses war die Stärkung des losen Verbundes und der Austausch zwischen den Landesorgani-

sationen. Zu diesem Zweck wurde 1953 die Spar International mit Sitz in Amsterdam gegründet. 1959 war Spar bereits in neun Ländern vertreten. Die ersten Spar-Märkte wurden 1952 in der Bundesrepublik eröffnet, die Spar Handels AG wurde 1985 als Dachgesellschaft gegründet. Ab 1995 befand sich die deutsche Spar zunehmend in einer Krise, die eine umfassende Sanierung nach sich zog, u. a. gehörte Spar Deutschland ab 1997 zum französischen Konzern ITM Enterprises.

2005 wurde die in eine GmbH umgewandelte Gesellschaft durch die Edeka übernommen. Im Anschluss wurden alle größeren Spar-Märkte auf Edeka umgeflaggt. Einige kleinere Spar-Märkte behielten ihren Namen oder operieren unter der Vertriebslinie „Nah und Gut". Bereits 1998 hatte man sich im Rahmen der Sanierung von der Vertriebslinie Interspar getrennt und 74 Märkte an Walmart verkauft und die bei der Spar verbliebenen Interspar-Standorte auf Eurospar umgeflaggt.

(Quelle: Wikipedia)

Im Januar unterschrieb ich eine Liefervereinbarung mit der „Spar Handels AG", bekam den aktuellen Ordersatz und ein mobiles Datenerfassungsgerät (MDE), mit dem ich meine Bestellungen einscannen und über ein Modem per Telefon an die Zentrale übermitteln konnte.

Frischware wurde täglich angeliefert, wenn die Bestellung bis 12:00 Uhr des Vortages in der Zentrale ankam. Das „Trockensortiment" erhielten wir im Laufe des Mittwochs, bestellt werden musste dafür bis Sonntagabend zuvor.

Nicht allein Spar und emzett drängelten sich danach, uns mit ihren Produkten beliefern zu können. Vertreter vieler Firmen gaben sich die Klinke in die Hand. Uelzena aus Niedersachsen lieferte Frischware, Firma Scheer aus Baden-Württemberg brachte Käse, Mayerhofer aus Bayern hatte Eier im Gepäck, ebenso Beelitzer Frischei. Zimbo und Redlefsen waren Wurstlieferanten, der Fischhandel Potsdam bot Quark und Joghurt an und von Botterbloom bekam ich eine Eistruhe mit dazu gehörigem Sonnen-

schirm und Werbeaufsteller einschließlich regelmäßiger Porti-
onseislieferungen. Die Firma „Adler" aus dem Allgäu brachte
Käse, ebenso die Firma „Grünland", auch die Käserei Caputh
leistete einen, wenn auch bescheidenen, Beitrag zu meinem ge-
schäftlichen Erfolg. Weil all das nicht reichte, fuhr ich Dienstag
und Donnerstag in die „Metro" und packte mir den Kofferraum
voll mit Waren, die ich entweder woanders nicht bekam oder die
bei der Metro billiger waren.

Zu DDR-Zeiten hatten wir kein Auto.

Erstens brauchten wir keines, denn wir kamen mit Bus und
Bahn überall hin und zweitens hatten wir das Geld nicht. Ein
neuer Trabbi, auf den man nach Anmeldung ca. vierzehn Jahre
warten musste, kostete etwa 8.500,- Mark. Gebrauchte Trabbis
wechselten schon mal für mehr als das Doppelte den Besitzer.

Nach der Wende sank der Wert eines Trabant gegen Null, selbst
einen Neuwagen wollte niemand mehr haben. Ab dem ersten Juli
1990 wurde Ost- in Westmark umgerubelt. Die DDR-Bürger
stürmten die Autohäuser Westberlins und des Bundesgebietes
und kauften sie leer, ein Fest für die Verkäufer. Banken und
Sparkassen vergaben großzügig Kredite. Schon bald war kein
Neuwagen, welche Marke auch immer, zu bekommen. Auch der
Gebrauchtwagenmarkt war leergefegt. Die Händler machten das
Geschäft ihres Lebens und jubelten den Ossis unter Ausschluss
jeglicher Gewährleistung auch noch den allerletzten Schlitten
unter.

Sicher hätten wir uns im Zuge der Kapitalismuswerdung auch
als Privatleute einen PKW zugelegt. Die Geschäftsübernahme
Anfang 1991 beschleunigte dieses Vorhaben allerdings erheblich.
Die Möglichkeit, im Großmarkt günstig Waren einkaufen zu
können, machte ein Auto zwingend notwendig.

Ich klapperte die Autohäuser Potsdams und der näheren Umgebung ab und erntete überall mitleidiges Lächeln und Schulterzu-
cken.

Eher zufällig kam ich zum „Autohaus Potsdam", eine unschein-
bare Firma in der Nähe der Markthalle, ohne Ausstellungsraum
und ohne Werkstatt aber mit einer unerwartet positiven Antwort
auf meine Frage. Ein Kunde hatte seine Bestellung storniert und
der Verkäufer, der zugleich Inhaber war, das Fahrzeug noch nicht
anderweitig angeboten.

Acht Tage später fuhr ich mit einem blauen „Mitsubishi
Lancer" Kombi vom Hof.

Mein erstes Auto war ein schönes Auto. Lichtjahre entfernt von
Trabbi und Co. Es hat mich zuverlässig im Alltag, bei Transport-
fahrten von Joghurt und Käse aus der METRO, und in den Urlaub
begleitet.

Allerdings besaß es lediglich eine Grundausstattung. Jede Tür
musste einzeln auf- und zugeschlossen und die Fenster runter-
und hochgekurbelt werden.

Als erfolgreicher Geschäftsmann konnte ich damit nicht lange
zufrieden sein und bestellte mir 1992 beim Autohaus „Schlücker"
in Potsdam Bornim das neueste Modell des japanischen Autoher-
stellers Mitsubishi.

Es dauerte noch ein halbes Jahr, ehe im Frühjahr 1993 eine
Nachricht von Herrn Schlücker mich erneut nach Bornim fahren
ließ.

Da stand mein neuer Kombi, silbergrau metallic und mit allen
Schikanen, elektrische Fensterheber überall, Klimaanlage, Zent-
ralverrieglung und ein elektrisch zu öffnendes Glasschiebedach,
Vierzylinder, 1600 ccm und 113 PS. Mit ihm sind wir 1993 im
Herbst nach Beverungen an der Weser gefahren und haben eine
Woche Urlaub in der Pension Resi gemacht.

Dass wir von nun an mobil unterwegs sein konnten, hatte
Auswirkung auf unser Verhältnis zu Biggis Mutter. Die lebte
allein in Wittstock, einer Kleinstadt unweit der Landesgrenze zu
MeckPom, wo sie 1945 mit ihrer Familie auf der Flucht aus dem
heutigen Polen gestrandet war und nicht daran dachte, von dort

wegzuziehen, auch nicht zu ihrer Tochter nach Potsdam. Sie hatte bis 1989 eine leitende Funktion im Wittstocker Rathaus inne gehabt und war kurz nach der Wende mit sechsundfünfzig in den Vorruhestand geschickt worden. Sie besaß kein Auto, ihre zweite Tochter, die mit ihrer Familie auch in Wittstock wohnte, ebenfalls nicht.

Bis jetzt waren wir auf den Bus angewiesen, wenn ein Besuch bei Schwiegermutter anstand. Das bedeutete zweieinhalb Stunden Fahrt hin und zweieinhalb Stunden zurück. Logisch, dass derartige Wochenendausflüge nicht oft auf der Tagesordnung standen. Von nun an aber wurde erwartet, dass wir öfter kamen. Auch holten wir regelmäßig, speziell zu Ostern, Weihnachten und in den Sommerferien, die Schwiegermutti für einen Besuch bei uns ab und brachten sie natürlich auch wieder nach Hause. Wenn Ärzte oder Ambulanzen außerhalb von Wittstock aufgesucht werden mussten, wurde ebenfalls gern der walthersche Fahrdienst in Anspruch genommen.

Als Schwiegermutti 2021 in ein Heim umsiedelte, weil ihr Körper infolge zahlreicher Beschwerden und Gebrechen so schwach geworden war, dass sie den Alltag in ihrer zweieinhalb Zimmer Wohnung auch mit Hilfe des Pflegedienstes nicht mehr hätte bewältigen können, fuhren wir zig mal nach Wittstock und zurück, um ihre Sachen nach Damsdorf zu holen und die Wohnung aufzulösen. Dabei hatten wir meist die Autobahn für uns allein, denn es war Corona-Hochzeit, und die Leute blieben zu Hause.

Für den blauen Lancer hatte ich durch Zufall eine Garage mieten können, die sich allerdings in einiger Entfernung im Wohngebiet nahe der Rosseggerstraße befand. Ich tauschte sie deshalb gegen eine Eigentumsgarage in der Geschwister-Scholl-Straße, zwei Minuten Fußweg von unserer Wohnung entfernt.

Eine Freundin überredete meine Frau Anfang der neunziger Jahre zum Erwerb der Fahrerlaubnis. Das war damals noch relativ preiswert zu haben. Ich glaube, so um die eintausend D-Mark hat Biggi bezahlt. Dann musste natürlich ein Zweitwagen her. Noch war der Neu- und Gebrauchtwagenmarkt sehr angespannt und ein reiner Verkäufermarkt. Das mussten auch wir feststellen, als es nach bestandener Fahrprüfung auf Autosuche ging. Ein Kleinwagen sollte es sein, denn für die Fahrten in den Urlaub und zu sonstigen Ausflügen musste der Kombi herhalten.

Wir fanden in Berlin Wannsee das, wie wir meinten, passende Modell, einen Honda Civic, silbergrau. Die Karre sollte zehntausend D-Mark kosten, ein Wucherpreis. Der Händler wollte keine müde Mark nachlassen. Wir hatten keine Wahl.

Biggi fuhr den Civic eine Weile und bestellte sich, als wir nach Damsdorf umsiedelten, beim Autohaus Schlücker einen Mitsubishi Colt in blau. Der Colt hat meine Frau jahrelang zuverlässig durchs Leben begleitet. Sie hätte ihn auch noch länger gefahren, wäre ihr nicht so eine Schlafmütze in der Kurfürstenstraße in Potsdam in dem Augenblick ins Heck gefahren, als sie auf den Schulhof der Schule 24 abbiegen wollte. Die veranschlagten Reparaturkosten überstiegen auf Grund des Alters den Restwert des Autos. Das war's. Der Colt wanderte auf den Schrott und Biggi stieg auf Renault um. Sie fuhr den Clio, erst in rot, dann in schwarz und stieg schließlich ein ins gemeinsame Fahrabenteuer mit einem SUV, den Renault Scenic.

Der blaue Lancer hatte bei mir ein beulenfreies Leben.

Der silberne Kombi hingegen bekam schon am dritten Tag nachdem ich ihn abgeholt hatte, eine unschöne Schramme auf der Motorhaube. Verursacher derselben war ein Rad fahrendes Kind, welches in dem Moment als ich aus der Hofeinfahrt in der Geschwister-Scholl-Straße rollte, auf dem Fußweg vorbei fuhr, ins Straucheln kam und mit seinem Fahrrad gegen mein schönes neues Auto kippte. Dabei ratschte der Handbremshebel über den silbergrauen Metalliclack und hinterließ eine bleibende Erinnerung, die ich trotz wochenlanger intensiver Behandlung nie ganz wegbekommen habe.

Dann gab es einen Crash auf regennasser Fahrbahn der Rudolf-Breitscheid-Straße, als ich, von der Metro kommend, die Filiale in Babelsberg beliefern wollte.

Ich war spät dran und hatte es ziemlich eilig, war wohl auch etwas zu schnell und der vor mir etwas zu langsam. Ehe ich mich versah, krachte ich in sein Hinterteil. Die Versicherung hat bezahlt und die Werkstatt den Schaden astrein repariert.

Der Mitsubishi hat über 220.000 Kilometer durchgehalten und mich nie im Stich gelassen. Das konnte ich von seinem Nachfolger, einem Hyundai, leider nicht behaupten. Als bei dem die Gebrauchtwagengarantie abgelaufen war, entpuppte sich dieser Kombi als ein Montagsauto. Immer wieder war eine Reparatur fällig, bis ich davon die Nase voll hatte und die Karre 2007 wieder verkaufte. Nicht ohne zuvor den Vertrag für einen roten Renault „Megane Grand Tour" beim Autohaus „Weinreich" in Lehnin abgeschlossen zu haben. Der Renault erwies sich als sehr zuverlässig, ebenso sein Nachfolger, auch ein „Megane Grandtour", diesmal in schokoladenbraun. Beide Kombis habe ich jeweils über fünf Jahre gefahren.

In den Hyundai ist mir eines Tages auf dem Nachhauseweg in Werder ein entgegen kommender LKW in die Seite gefahren. Der Fahrer hatte telefoniert und war dabei nach links von der Fahrbahn angekommen. Mein Auto hatte eine eingedrückte Seite und ich ein HWS (Halswirbelsäule) Schleudertrauma, das sich erst einen Tag später bemerkbar machte und mich vierzehn Tage lang aus dem Verkehr zog. Die Versicherung des LKW Fahrers kostete die Angelegenheit neben den Reparaturkosten für meinen Hyundai die Arbeitsausfallentschädigung für mich und dazu ein saftiges Schmerzensgeld.

Der rote Megane hatte auf dem Schulhof der Schule 24 ein unschönes Zusammentreffen mit einem Blumenkübel, infolge dessen ein neuer Kotflügel fällig wurde. Der braune Megane überstand seine fünf Jahre bei uns unfallfrei.

Als meine Frau 2017 aus dem Berufsleben ausschied, gaben wir unsere beiden Autos bei Weinreich in Zahlung, Biggi fuhr zu dieser Zeit einen schwarzen Renault „Clio", und bestellten einen Renault „Scenic" Baureihe VI in „rentnergrau". Das war ein Kompaktvan mit viel Platz innen, vier Zylindern und 132 PS, ein feines Teil.

Der Scenic wurde rechtzeitig vor unserem Urlaub geliefert und brachte uns im September in das Örtchen Lieser an der Mosel, wo wir für eine Woche eine gemütliche Ferienwohnung bezogen.

Seit dem Kauf des Scenic waren nun sieben Jahre vergangen. In einem Autoleben ist das der Zeitpunkt, an dem man sich entscheiden muss, lasse ich die notwendigen Reparaturen in diesem und den kommenden Jahren durchführen, fahre ich also das Auto noch eine Weile, oder kaufe ich einen neuen Wagen.

Wir entschieden uns für die zweite Variante, obwohl auf dem Tacho erst 60.000 Kilometer angezeigt wurden. Die geringe Laufleistung im Vergleich zu den Vorgängerautos, die hatten jeweils über 85.000 Km auf der Uhr, kam einerseits durch den gesparten täglichen Arbeitsweg von 54 Kilometern, andererseits durch die wegen Corona ausgefallenen Urlaubsfahrten zustande.

Angesichts eines in Aussicht stehenden Zahnriemenwechsels, des baldigen Reifentausches und in absehbarer Zeit zu erfolgender Reparaturen an Bremsen und Stoßdämpfern hielten wir Ausschau nach einem neuen Gefährt. Dabei waren wir typenoffen, lediglich ein SUV sollte es wieder sein. Zu sehr hatten wir uns an das waagerechte Einsteigen gewöhnt, ist ja auch besser für den Rücken.

Unsere Wahl fiel schließlich auf einen Opel „Grandland", weiß mit schwarzem Dach und schwarzem Kühlergrill, dazu seitlich und am Heck schwarz abgesetzt, Hochglanzlack, ein totschickes Auto, Vermittlung und Verkauf durch das Autohaus Stendal.

Der Opel sieht nicht nur gut aus, er fährt sich auch total klasse, kraftvoll im Anzug, dabei nicht laut und bescheiden im Spritverbrauch. Noch dazu war der Kauf ein Schnäppchen. Ein Elektroauto wollten wir nicht.

Vorbereitung und Kaufabwicklung gestaltete sich locker und entspannt. Nach einer Probefahrt unterschrieben wir die Bestellung, und zwei Wochen später kam der Anruf: „Das Auto ist da." Noch am selben Tag brachte der Verkäufer den Kfz Brief auf den Postweg. Vierundzwanzig Stunden später lag das Dokument in unserem Briefkasten. Wir fuhren nach Brandenburg/Havel, holten uns für 40,50 Euro die Zulassung und für 37,00 Euro die Kennzeichen.

Als wir mit dem Scenic in Stendal ankamen, gluckerte im Tank noch Benzin für gerademal fünfzig Kilometer. Na ja, den Grandland übernahmen wir ja auch fast leer, 46,52 Liter Super passten rein.

Die Fahrt nach Hause haben wir genossen. Biggi wollte nicht fahren, also hatte ich die komplette Tour für mich alleine und machte noch einen kleinen Schlenker über Rathenow.

Am Wochenende darauf brachte uns der Grandland an die Ostsee, nach Wustrow auf dem Darß. Wir hatten Familie Walther Junior eingeladen, um Biggis 70. Geburtstag nachzufeiern.

Sohn Steffen war der Meinung, wir brauchten kein neues Auto.

Abgesehen von einer Busfahrt nach Polen und einem Kurztrip in die Tschechei bereisten wir früher das Erzgebirge, den Thüringer Wald, die Ostseestrände und alle anderen Urlaubsgebiete der DDR. Natürlich mit der Eisenbahn.

Nach der Wende änderte sich das.

Zwar blieben wir auch jetzt meist innerhalb der deutschen Grenzen, aber das Land und unsere Reisemöglichkeiten hatten sich erheblich erweitert. Dazu kam die unabhängige Bewegungsfreiheit durch das Auto, die uns auch den letzten Winkel im Bayrischen Wald und anderswo erfahren ließ.

Begonnen haben wir die Erkundung des Westens mit einer Busreise nach Nussdorf am Inn. Sonntag um Mitternacht starteten wir, gemeinsam mit vierzig weiteren reiselustigen Menschen, vom Potsdamer Bassinplatz und kamen gegen acht Uhr in München an, wo wir uns bei einem Weißwurstfrühstück geschockt über die Preise zeigten.

Das eigentliche Reiseziel war ein typisch bayrisches Dorf, mit Geranien an den Balkonen, bemalten Giebeln und dicken Eingeborenen in Lederhosen und Gamsbart am Hut, voll auf Tourismus ausgerichtet. Unser Herbergswirt, wir Reisenden waren alle privat untergebracht, erzählte uns gleich am ersten Abend, wie schlecht es uns in der „Zone" gegangen sei, und wie froh wir doch sein konnten, endlich frei zu sein. Wir sind dann in die Dorfkneipe gegangen, Biggi und ich, und haben Bier und Jägermeister getrunken.

In den Folgejahren fuhren wir des Geschäftes wegen immer nur ein paar Tage, maximal eine Woche, im Herbst oder im Sommer in den Urlaub. Über längere Zeit wollte ich die „Milchquelle" nicht alleine lassen.

Wir reisten nach Bayern und Hessen, an die Mosel, an den Rhein, an die Weser und machten Abstecher nach Luxemburg und Österreich. Wir besuchten den Frankenwald, den Bayrischen Wald, den Odenwald und den Westharz. Aber auch Ziele im Osten steuerten wir an, wie zum Beispiel Warnitz in der Uckermark,

Meuselbach im Thüringer Wald oder die Muldenberg Talsperre im Vogtland. Aber ach, die ehemaligen DDR Urlaubshochburgen Thüringen und Erzgebirge boten einen traurigen Anblick. FDGB- und Betriebsferienheime geschlossen und langsam verfallend, wenn sie nicht von einem Spekulanten für billiges Geld gekauft wurden, um die Objekte nach einer Sanierung zu Höchstpreisen verkaufen zu können. Weil keine Wanderer mehr die Wanderwege entlang wanderten, machten die Kneipen eine nach der anderen zu, und in den kleinen Orten konnte der Nachwendeurlauber, von denen sich manchmal einer dorthin verirrte, weder Hunger noch Durst stillen.

Die Zeiten billigen Urlaubs waren endgültig vorbei, wie wir feststellen mussten und eine Unterkunft im Hotel nur dann preiswert zu haben, wenn sich die Kategorie der Bleibe auf niedrigem Niveau bewegte, wie bei einem ehemaligen Ferienheim im Eichsfeld, wo wir in einem Jahr die Osterfeiertage sensationell preisgünstig verbrachten, angelockt von einem Inserat in der Zeitung. Zwar war das Essen lecker, und abends saß man gemütlich beim Bier am Bullerofen, aber das Zimmer war das letzte. Na ja. Dem Hund hat's gefallen.

Während der ersten Jahre nach der Kapitalismuswerdung fuhren wir meist in den Urlaub, ohne zuvor eine Unterkunft gebucht zu haben. Das ging zu der Zeit noch. Es gab jede Menge kleine Hotels und Pensionen, und überlaufen waren unsere Reiseziele auch noch nicht, weil die DDR-Bürger erstmal nach Mallorca, in die Türkei oder nach Griechenland reisen wollten.

Wir fuhren immer sonntags und beizeiten und hatten die Autobahnen fast für uns. Wenn wir dann am Mittag in der gewählten Region ankamen, blieb genug Zeit, sich nach einer Bleibe umzusehen. Das klappte leider nicht immer, wie zum Beispiel in dem Jahr als wir uns den Westharz auserkoren hatten und bei der Wahl des Zeitraumes völlig übersahen, dass der „Tag der Einheit" auf einen Dienstag fiel, somit der Montag als Brückentag für die Meisten frei war und wir bei der Anreise am ersten Oktober die Hotels und Pensionen ausgebucht vorfanden. Wir fuhren von einem Ort zum anderen und waren schon fast am Verzweifeln, als schließlich in einer kleinen Pension in Bad Lauterberg ein Obdach in einer winzigen Dachkammer gefunden werden konnte. Steffen musste auf einer Luftmatratze schlafen. Dieser Notbehelf war aber nur für zwei Tage, dann zogen wir um, ein Stockwerk tiefer in ein schönes großes Zimmer und blieben für den Rest der Woche.

Insgesamt haben wir in den Jahren nach der Wende weit über vierzig Urlaubs-, bzw. Mehrtagesreisen unternommen, erst zu dritt, dann zu zweit und schließlich wieder zu dritt, denn später kam der vierbeinige Freund im Kofferraum mit. Jana und Pemmie waren froh, bei uns zu sein und benahmen sich immer vorbildlich. Mit Dixie sind wir nicht verreist.

Natürlich haben wir auch Bekanntschaften geschlossen, die Herzlichkeit und Unbeschwertheit jedoch, wie sie vor der Wende unter den Urlaubern herrschte, wollte sich nicht wieder einstellen.

Der Mietvertrag für die Räume der „Milchquelle" stand bei Geschäftsübernahme noch aus. Dafür zuständig war die Nachfolgerin der KWV, die GEWOBA, speziell deren Tochtergesellschaft die WVP, die sich um die sogenannten „Westgrundstücke" kümmerte und diese verwaltete. Ich meldete mein Begehren beim zuständigen Mitarbeiter an. Der erklärte mir, dass er und seine Kollegen hoffnungslos überlastet seien und ich mich in Geduld üben müsse. Tatsächlich dauerte es noch über ein Jahr, bevor ich mit der WVP einen Mietvertrag abschließen konnte. Doch davon später mehr.

Auf der Suche nach einer Bank, bei der ich mein Geschäftskonto einrichten konnte, fiel meine Wahl auf die „Bank für Gemeinwirtschaft" (BfG), die eine Filiale in der Gutenbergstraße eingerichtet hatte. Das war nicht weit. Ich brachte täglich am späten Nachmittag den größten Teil der Tageseinnahmen dorthin.

Die Bank für Gemeinwirtschaft, hervorgegangen aus den deutschen Gemeinwirtschaftsbanken, war ein Kreditinstitut, das im

Jahr 2000 in der SEB AG aufgegangen ist. Das Privatkundenge-
schäft wird seit 2011 von der Santander Consumer
Bank weitergeführt.

Leiter der Potsdamer Filiale war der Herr Jensch. Mit ihm
sprach ich über einen Kredit als Anschubfinanzierung, 20.000,-
Mark, meinte ich, sollten reichen.

Natürlich waren tägliche Einnahmen zu erwarten, aber erst
einmal musste ich die Waren kaufen, bevor ich sie wieder verkaufen konnte. Spar hatte mir zugesichert, dass ihre Rechnungsbeträge frühestens vierzehn Tage nach Lieferung per Lastschrift
von meinem Konto abgebucht würden, aber die anderen Lieferanten?

Der Banker mein-
te: „Ich komme
gleich mal mit zu
ihnen und schau
mir ihren Laden
an.“

Das war an einem
normalen Wochen-
tag nach 16:00
Uhr. Der Laden
war voller Kunden. Herr Jensch sah sich das Geschäft an, besonders die Käsetheke, und meinte: „Geht klar, Herr Walther, sie
kriegen das Geld.“

Dann kaufte er ein Paket Käse und eilte davon. So einfach können manchmal Vereinbarungen zustande kommen.

Von den zwanzigtausend Mark kaufte ich erste notwendige Sachen: Zwei neue Kassen, eine sündhaft teure Waage, eine Käseschneidemaschine, einen neuen Gabelhubwagen zum Transport
der Europaletten, Arbeitskleidung für meine Verkäuferinnen
(Schürzen für die Mädels und Kittel für Herrn Seidel), Preispisto-

len und Etiketten, Käsemesser und andere Kleinigkeiten. Der Hubwagen steht heute noch bei mir im Schuppen.

Der Kredit schlug mit einem effektiven Jahreszins von 13,50 % zu Buche. Das muss man sich mal vorstellen. Heutzutage lamentieren die Leute schon bei fünf Prozent. Ich hatte 72 Monate lang einen Betrag von jeweils 398,83 Mark abzustottern.

Den Kredit hätte ich nicht wirklich gebraucht!
Bevor Spar die ersten Rechnungen abbuchte, vergingen Wochen. Die Potsdamer Niederlassung war noch im Aufbau begriffen, da dauern solche Vorgänge gerne etwas länger.

Der Herr Mayerhofer hatte sich meinen Laden persönlich angesehen und war begeistert. Obwohl er mich einmal pro Woche mit Eiern belieferte, stellte er die Rechnungen monatsweise. Käsescheer, Uelzena und emzett hatten als Zahlungsziel vierzehn Tage vorgesehen. Dazu kam die nicht gezahlte Miete, da noch kein Mietvertrag vorlag. Und so sammelte sich das Geld auf meinem Geschäftskonto, wurde mehr und mehr und langweilte sich. Das ging die ersten sechs bis acht Wochen so, bis der Kontostand 200.000,- Mark erreicht hatte. Dann begann Spar die Rechnungsbeträge relativ zügig nacheinander abzubuchen, und das Guthaben schmolz dahin.

An einem Tag der letzten Woche im Januar 1991 lud ich die Belegschaft nach Feierabend in das Chinesische Restaurant „Alte Wache" in der Bäckerstraße zum Abendessen ein. Jürgen Seidel, Marlies Skoluda, Erika Just, Marina Jentjakowa und Diana Ehmke freuten sich mit mir, als ich ihnen offiziell die Geschäftsübernahme verkündete, meine Vorstellungen für die Zukunft der „Milchquelle" darlegte und versprach, sie alle zu übernehmen.

Nach der Übernahme lief der Geschäftsbetrieb erstmal weiter wie bisher. Ich behielt die Öffnungszeiten bei, Mo. bis FR. von 8:00 – 18:00 Uhr, Samstag von 8:00 – 12:00 Uhr, und teilte meine Verkäuferinnen in zwei Schichten ein, jeweils zwei pro Schicht. Samstag war jeder alle vierzehn Tage dran. Die fünfte Arbeitskraft fungierte als Springer für die Spitzenzeiten und als Urlaubs- und Krankheitsvertretung. Das funktionierte ziemlich gut.

Jeden Morgen schloss ich um sieben Uhr die Haustür auf, fuhr mein Auto auf den Hof und begann, die Ware auszuladen, die mir der Frischefahrer mitten in der Nacht vor die Tür gestellt hatte. Offensichtlich war Rücksichtnahme für den Brummikutscher ein Fremdwort gewesen, denn schon bald beschwerten sich die Nachbarn bei mir. Der LKW Fahrer würde nachts um drei mit den Türen knallen und sein Radio auf volle Lautstärke laufen lassen. Sie würden jedesmal aus den Betten fallen. Nach einem klärenden Gespräch war die Sache vom Tisch.

Frischware brauchte und bestellte ich jeden Tag. Im Schnitt waren es drei Rollcontainer, manchmal auch mehr, beladen mit Milch, Joghurt, Quark, Pudding, Butter und so weiter. Die galt es abzuladen und die einzelnen Artikel dabei auszupreisen. Gleichzeitig mussten die einzelnen Posten mit den Angaben auf dem Lieferschein verglichen werden. Meistens stimmte es. Falls nicht, musste ich anrufen und reklamieren. Die Reklamation wurde dann geprüft, und irgendwann kam dafür eine Gutschrift.

Die gelieferten Dinge stapelte ich auf einen kleinen Wagen und fuhr sie ins Kühlhaus, um sie dort in die Regale einzusortieren. Zwischendurch kam die Frühschicht und machte als erstes den Verkaufsraum fertig. Sie sortierten die Waren, füllten die Regale auf, säuberten Kassenboxen und Regale. Der Thekendienst kontrollierte den Käse. Dabei musste jedes einzelne Käsestück angefasst, angeschaut und notfalls ausgewickelt und neu angeschnitten werden.

Schließlich wurde die Ladentür aufgeschlossen, und los ging's.

Das Trockensortiment, alles was nicht gekühlt werden musste, lieferte Spar am Mittwoch. In der Regel waren das fünf bis acht Rollbehälter, voll bis obenhin. Manchmal waren es auch mehr, einmal kamen zwölf Stück. Bis ich die alle abgeladen hatte, war es später Nachmittag. Wenn der Betrieb es erlaubte, machten natürlich Herr Seidel oder eine der Mädels dabei mit.

Käsescheer lieferte ebenfalls mittwochs, eine Europalette voller Käse. Der Fahrer von Mayerhofer brachte freitags die zuvor bestellten Kartons voller Eier. Später wechselte ich zu „Beelitzer Frischei e.G.". Da waren die Eier ein paar Pfennig billiger, und der Fahrer war flexibler. Ich konnte telefonisch bestellen und ein paar Stunden später hatte ich meine Eier.

Die anderen Lieferanten kamen zwischendurch, wie sie eben Zeit hatten und luden ab, was ich gerade brauchte. Redlefsen brachte einmal einen „Wurstbaum", ein Holzgestell vollgehängt mit Dauerwurst. Das Gestell habe ich heute noch. Es steht bei mir im Schuppen, behängt mit Kabeln und Schnüren.

Wie bereits erwähnt, fuhr ich zweimal in der Woche gegen 11:00 Uhr in die Metro und kam ca. 15:00 Uhr mit vollbeladenem Kombi wieder. Dabei musste ich aufpassen, dass mich das Ordnungsamt oder eine Polizeistreife nicht erwischte, denn das Befahren der Einkaufsstraße war nur bis elf Uhr gestattet.

Zwischendurch setzte ich mich an die Kasse oder stellte mich an die Theke, damit meine Verkäuferinnen ihre Frühstücks- bzw. Kaffeepause machen konnten. Dann waren noch Lieferscheine und andere Papiere zu ordnen, Wareneingangsbücher und Kassenbücher zu aktualisieren, Post zu bearbeiten und schließlich, das war der angenehmste Teil des Tages, die Scheine aus der Kasse zu nehmen und die Tageseinnahme zur Bank zu bringen.

Gott sei Dank bin weder ich noch meine Vertretung dabei überfallen und ausgeraubt worden.

Nicht vergessen werden durfte die Bestellung der Frischware, sonst wären wir am nächsten Tag ohne frische Milch gewesen.

Dass ich nach so einem Arbeitstag ziemlich müde war, kann man sich vorstellen. Samstag war zum Glück um zwölf Uhr Feierabend. Während der ersten Jahre fuhr ich am Sonntagvormittag ins Geschäft, um die Bestellung der Trockenware zu erledigen. Als wir dann in Damsdorf wohnten, musste ich dies am Samstag nach Ladenschluss erledigen.

Der Laden brummte.

Für die Mitte des Raumes kaufte ich ein paar Regale und stellte sie zu einem Block mit vier Seiten Verkaufsfläche auf. Hier bot ich Kaffeesahne, Weine, Süßigkeiten, Konserven, Kaffee, Marmeladen und weitere Artikel des Lebensmittelsortimentes an.

Mindestens einmal im Monat meldete ich mich bei der WVP und fragte nach dem Mietvertrag. Die Mitarbeiter dort wurden der Arbeitsbelastung nicht Herr. Einen langfristigen Mietvertrag brauchte ich dringend. Ohne diesen konnte die Modernisierung der „Milchquelle" nicht in Angriff genommen werden. Eine Modernisierung hatte der Laden dringend nötig, denn die Aggregate der Kühlregale waren uralt und störanfällig, der dunkle Fußboden sollte durch helle Fliesen ersetzt werden, eine neue Käsetheke musste her.

Dem Abschluss eines Mietvertrages stand noch ein Hindernis im Wege. Die Alteigentümerin des Hauses Brandenburger Straße 53, in dem die „Milchquelle" sich befand, war vor Ewigkeiten in den Westen „ausgereist" und hatte die Immobilie im Stich gelassen. Jetzt wollte sie diese wieder zurück haben und hatte einen entsprechenden Antrag gestellt. Da sich derartige Anträge bei den zuständigen Stellen stapelten, wie man sich vorstellen kann, würde die Erledigung wohl noch eine Weile auf sich warten lassen. Damit diese Vorgänge aber die Initiativen der Unternehmer nicht behinderten und dringend notwendige Investitionen ausbremsten, wurde das „Investitionsvorranggesetz" auf den Weg gebracht. Der Mieter, Pächter oder sonstige Antragsteller auf Nutzung eines Betriebes, eines Grundstückes oder einer Immobilie, legte dar, was er mit der Sache vorhatte: sanieren, renovieren, bebauen, was weiß ich. Dann wurde der Alteigentümer aufgefordert darzulegen, was er nach einer eventuellen Rückübertragung zu tun gedenke. Danach wurde entschieden, und das bessere Konzept bekam den Zuschlag. In meinem Fall war das eine geplante Investition in Höhe von 200.000,- D-Mark.

Zugleich mit dem Verlangen nach einem Mietvertrag hatte ich einen Kaufantrag für das Grundstück samt Haus gestellt. Einen Millionenkredit für dieses Sahnestückchen hätte ich ganz sicher bekommen. Leider wurde nichts daraus.

Im Frühjahr 1992 bekam ich endlich den ersehnten Mietvertrag verbunden mit einem mächtigen Schock.

Die HO hatte für die Nutzung der Räume ca. 350,- Mark im Monat bezahlt. Dass dies zu wenig war, stand außer Frage. Die tatsächliche Höhe der geforderten Miete ließ mich dann doch ziemlich schlucken, 3.400,- D-Mark wollte die WVP jeden Monat von mir. Darüber hinaus sah der Vertrag eine zehnprozentige Steigerung der Miete jedes Jahr vor. Im fünften Vertragsjahr sollte dann die Miete neu „angepasst" bzw. bei Uneinigkeit durch einen neutralen Gutachter festgelegt werden. Ich unterschrieb, denn einen anderen Vertrag hätte ich nicht bekommen. Die Miete konnte ich bezahlen, wenn auch zähneknirschend.

Ich beglich die seit ersten Februar des Vorjahres aufgelaufenen Mietschulden (40.800,- Mark) und machte mich auf die Suche nach einer Baufirma und einem Lieferanten für Kühlgeräte.

Die Firma „Hummel" aus Potsdam-Bornim konnte ich als Hauptauftragnehmer für mein Projekt gewinnen. Deren Chef akquirierte Fliesenleger, Elektriker, Maurer und Maler.

Ich schloss mit der Firma PAKT (Potsdamer Anlagenbau und Kältetechnik) eine Liefervereinbarung ab über Kühlregale, Käsetheke und die dazu notwendigen Aggregate samt Installation. Wir setzten uns zusammen, besprachen Ausführung, stimmten Termine ab, und los ging's.

Vor Beginn der Umbauten wurde ich wieder bei meinem Bankier vorstellig und verhandelte mit ihm über einen weiteren Kredit. Ich wollte mir von ihm 100.000,- D-Mark borgen. Die anderen hunderttausend hatte ich seit der Geschäftsübernahme angespart. Er kannte meinen Laden, meine täglichen Zahlungseingänge, meinen Kontostand – der Kredit war kein Problem.

Der Zins lag jetzt „nur noch" bei 9,25 %, allerdings war die monatliche Rate mit 2094,- DM nicht gerade niedrig und das ganze sechzig Monate lang.

Darüber hinaus räumte die Bank mir auf meinem Geschäftskonto einen Dispo von 25.000,- Mark ein.

Wir informierten unsere Kunden über die bevorstehende Schließung zwecks Umbaus, machten einen Ausverkauf des Frischesortiments und räumten die restlichen Waren ins Lager. Dann traten meine Angestellten ihren Jahresurlaub an.

Ich verbrachte die meiste Zeit der dreiwöchigen Sanierung in meinem kleinen Büro.

Am vierten Tag nach Baubeginn, die Handwerker hatten gerade Schaufenster und Türen entfernt, kam ein Mann in mein Büro, dem die Arbeiter den Weg gewiesen hatten und stellte sich als Mitarbeiter der Denkmalschutzbehörde vor. Herr Amelung, so hieß der Mensch, klärte mich darüber auf, dass ich ohne Zustimmung seines Amtes keine Arbeiten an einem denkmalgeschütztem Haus durchführen dürfe und wollte das Baugeschehen stoppen. Das konnte ich nicht zulassen und rief den Bauleiter an. Der setzte sich einen Tag später mit mir, dem Denkmalschützer, dem Geschäftsführer von PAKT und dem zuständigen Mitarbeiter der

IHK (Industrie- und Handelskammer) an einen Tisch. Wir diskutierten die Lage, intensiv und kontrovers und ziemlich lang.

Kurz und gut: Die Runde einigte sich, dass die Arbeiten fortgeführt und der Bau in vorgesehener Form abgeschlossen werden konnte mit den Auflagen, dass erstens an der Fassade nichts verändern werden durfte, was wir sowieso nicht vorhatten, und dass zweitens die geplanten Kunststofftüren und Fenster schnellstmöglich durch Holzelemente zu ersetzen waren. Bingo!

Natürlich ließ ich mir Zeit mit dem Austausch von Fenster und Türen und hielt den Denkmalschützer immer wieder mit Ausreden hin, wenn dieser fragen kam, wann endlich die Holzelemente eingebaut werden würden. In Wahrheit hatte ich nie vor, die Auflagen des Herrn Amelung zu erfüllen und hab fünf Jahre später das Geschäft mit Plastetür und –fenster an Herrn Cornelius übergeben.

Am 29. Mai 1992 öffnete „Walthers Milchquelle" nach erfolgtem Umbau wieder ihre Türen, dreimal schöner als zuvor.

Eine große, über Eck reichende Käsetheke mit einem Angebot von über 120 Sorten Käse und verschiedenen Salaten stand im hinteren Teil des Verkaufsraumes. Moderne, helle Kühlregale schmückten beide Seiten. Das freundlich dekorierte Schaufenster lockte die Kunden an.

Meine Kunden waren von der neuen, hellen Raumgestaltung begeistert. Ich bekam Glückwünsche von allen Seiten. Auch meine ehemaligen Kollegen aus dem BNZ kamen hier einkaufen und freuten sich mit mir.

Der Jahresumsatz 1992 belief sich auf über 1,5 Millionen Mark, brutto. Das Jahr zuvor war fast genauso gut gewesen. Ich konnte meinen Verkäufern ein ordentliches Gehalt zahlen, ein Weihnachtsgeld war in den ersten Jahren außerdem drin.

Nun hören sich anderthalb Millionen erstmal nach einer Riesensumme an. Dem gegenüber steht eine leider ziemlich geringe Handelsspanne von ca. 22 Prozent. Das heißt, ich kaufte für 1,1 Millionen Mark Waren ein. Dazu kommen erhebliche Kosten, auch wenn der Laden so klein ist. Allein an Gehältern und Sozialabgaben zahlte ich 110.000,- Mark. Raumkosten schlugen mit 70.000,- Mark zu Buche. Die Umsatzsteuer summierte sich auf 108.000,- Mark. Die Kühlaggregate verbrauchten Energie für ca. 12.000,- Mark. Die gleiche Summe ging für die Buchführung drauf. Versicherungen, Handwerker, die IHK und vor allem das Finanzamt – sie alle wollten Geld von mir.

Wichtig war vor allem, die Abschreibung für die Investition und die dabei angefallenen Installationskosten und Arbeitsleistungen gleichmäßig auf die Jahre zu verteilen, damit die Steuerlast erträglich blieb. Mein Steuerberater konnte das und kassierte dafür 4.500,- Mark – pro Jahr.

Trotz der hohen Kosten blieb noch genug übrig. Ich konnte mir in den Jahren 1992 bis 1994 ein kleines Polster zulegen, hatte allerdings auch den Kredit noch für ein paar Jahre an der Backe.

Anfang des Jahres 1993 tauchte eine Frau samt Begleitung bei mir auf und machte mir ein Angebot, das ich nicht ablehnen konnte. Sie wollte das Haus samt Grundstück von der Stadt kaufen und bot mir 500.000,- D-Mark für den vorzeitigen Ausstieg aus meinem langfristigen Mietvertrag an. Mein Vertrag lief noch bis Februar 2001 mit einer Option auf zweimal fünf Jahre.

Ich zeigte mich grundsätzlich interessiert und handelte die Dame, unter Hinweis auf die zu erwartende hohe Steuerlast bei einer derartigen Summe, auf 750.000,- Mark hoch. Dann engagierte ich meinen Cousin, der als Rechtsanwalt eine eigene Kanzlei in Falkensee betrieb, als meinen Interessenvertreter. Alles lief bestens. Leider spielten die Vertreter der Stadt Potsdam bei diesem Deal nicht mit. Schade.

Welche Firma oder Gesellschaft die Frau vertrat, weiß ich leider nicht mehr.

Eines Tages im zeitigen Frühling 1994 bekam ich einen Anruf von der Inhaberin der Babelsberger Milchquelle in der Rudolf-Breitscheid-Straße, Frau Prüssing. Sie fragte, ob ich an einer Übernahme ihres Geschäftes interessiert wäre.

Ich fuhr hin, sah mir den Laden an und sagte zu.

Der Verkaufsraum war klein und gemütlich. Früher eine Fleischerei, wurden hier schon zu HO-Zeiten Milchprodukte angeboten. Die Wände des Geschäfts waren mit blauen Fliesen der Firma „Villeroy und Boch" ausgekleidet. Da durfte auch nichts verändert werden. Im Nebenraum standen Schrank und Schreibtisch mit Stuhl. Im angrenzenden Lager befand sich in der Mitte des Raumes eine Transportable Kühlzelle, ziemlich groß und ausreichend für den kleinen Laden, dazu Regale, Spüle, Boiler.

Frau Prüssing war in die Insolvenz gerutscht. Die Bank saß ihr im Nacken. Wir besprachen die Modalitäten. Ich zahlte ihr für die Einrichtung zehntausend Mark, schloss mit dem Hausbesitzer einen Mietvertrag ab und stellte meinen Schwager als Filialleiter ein. Von der „Gewerbekühlung Schuhmacher" ließ ich eine neue Käsetheke einbauen, die Regale konnten bleiben. Jalousien-Müller vom Weberplatz fertigte eine Markise an. Auf der stand, ebenso wie auf der Potsdamer Markise, die von der Firma Grauer am Bassinplatz geliefert wurde, „Walther's Milchquelle".
Mein Schwager, der Achim, arbeitete in der Schule für bildende Kunst in der SchopenhauerStraße als Hausmeister und war froh, dass sich hier für ihn eine neue berufliche Perspektive auftat, denn die Schule stand kurz vor der Abwicklung.
Wir vereinbarten ein vernünftiges Gehalt mit einer Umsatzprovision, und ich hatte einen fleißigen und loyalen Filialleiter.

Die Babelsberger Milchquelle ließ sich gut an. Achim und die ihm zur Seite stehende Verkäuferin, die Frau Harms, gaben sich große Mühe, die Kunden kamen. Der Standort war günstig, neben einer Sparkassenfiliale und in Laufrichtung einiger Geschäfte. Alle waren zufrieden.

Leider hielt das Geschäft nicht, was es anfangs versprach. Mit der Zeit schlossen die nachgelagerten kleinen Geschäfte eines nach dem anderen, der Umsatz ging zurück, wie in Potsdam auch. Die Sparkassenfiliale stellte ihren Geschäftsbetrieb ein.

Wir nahmen Tabakwaren ins Sortiment auf. Das brachte zwar den Umsatz wieder nach oben, ließ jedoch proportional dazu den Ertrag sinken, da Zigaretten und Co. eine sehr geringe Handelsspanne haben.

Letztlich trug sich die Babelsberger Milchquelle gerademal selbst und erwirtschaftete keinen Gewinn.

Der Vermieter, Herr Kropf, war sehr speziell. Als Mitarbeiter eines Berliner Wohnungsunternehmens hatte er die Verwaltung des Hauses Rudolf-Breitscheid-Straße 51 in seinen Händen. Er hatte wohl die Besitzerin, eine alte Dame, recht gut gekannt. Als diese starb, vererbte sie ihm die Immobilie.

Ein Schelm, wer Arges dabei denkt.

Im Sommer 1994 traf mich ein Ereignis, das mein ganzes weiteres Leben bestimmen sollte. Zur Erklärung dessen muss ich etwa viereinhalb Jahre zurück gehen.

Wir feierten den Jahreswechsel 1989/90 bei meiner Schwiegermutti in Wittstock.

Bereits einige Tage vor dem 31. Dezember hatte ich ein Kribbeln in meinen Fingerspitzen verspürt. Das war neu, und nach intensivem Nachdenken verleitete mich diese körperliche Erscheinung zu der Diagnose „Durchblutungsstörungen". Als deren wahrscheinliche Ursache machte ich meinen Zigarettenkonsum verantwortlich. Natürlich verordnete ich mir umgehend die dazu passende Therapie: Ende der Raucherei und zwar als guten Vorsatz zum ersten Januar.

Meine Frau und ihre Mama haben erst am Abend mitbekommen, dass ich nicht mehr ins Treppenhaus verschwand, um „Eine zu knöseln". Dann kam auch gleich die Frage: „Rauchst du gar nicht mehr?"

Auf meine Ankündigung hin, ab sofort das Rauchen aufzugeben, wurde mein Durchhaltevermögen bei dieser Sache angezweifelt, aber ich hab ihnen was gehustet. Seit dem ersten Januar 1990 habe ich keine Zigarette mehr angefasst, und es hat mir nichts ausgemacht. Kein einziges Mal hatte ich einen Jieper auf eine Zigarette, obwohl ich gern geraucht habe und meist zwanzig Zigaretten pro Tag. Das Geld, das sich über die Jahre auf diese Art und Weise in Rauch aufgelöst hat, es waren sicher mehr als 23.000,- DDR Mark bei täglich einer Schachtel f6 für 3,20 Mark, tut mir jetzt noch leid. Dafür hätte ich mindestens zwei Trabbis bekommen. Aber – hätte, hätte Fahrradkette.

Unbestritten jedenfalls war das Rauchen neben einer Fettstoffwechselstörung eine Ursache für meine 1994 aufgetretenen Beschwerden im Brustbereich, die ich anfangs für Symptome einer Erkältung hielt.

Wir waren im Sommer 1994 im Urlaub in den Bayrischen Alpen. Sammerberg hieß der Ort. Er lag auf ungefähr halber Höhe eines Berges. Wir hatten zwei schöne Zimmer in einer rustikalen Unterkunft. Von der Pension aus führte ein idyllischer Weg entlang eines rauschenden Gebirgsbaches weiter über eine Holzbrücke den Berg hinan und mündete in einen steilen und steinigen Pfad, der den Wanderer die letzten zweihundert Meter bis zum Gipfel führte. War man bis dorthin gekommen, begleiteten einen die gefleckten Kühe, deren Weide beim weiteren Laufen überquert werden musste, noch ein Stück des Weges. Als Ziel und Belohnung erwartete uns die „Daffnerwandalm", eine bewirtschaftete Gastlichkeit, wo es sagenhafte Bratkartoffeln mit Spiegelei und manchmal aufgebratene grüne Klöße gab.

Den Pfad bergan klettern war recht anstrengend. Ich musste oft stehen bleiben, weil ich keine Luft bekam und mein Brustkorb schmerzte. Da ich an jenem Tag stark erkältet war, hustete und schniefte, schob ich meine Beschwerden darauf, obwohl ich hätte wissen müssen, dass mehr dahinter steckt.

Am Tag nach dem Urlaub übernahm ich wieder den Laden und das Büro und arbeitete mich durch den Berg von Lieferscheinen und Rechnungen, den Frau Skoluda auf meinen Schreibtisch gebaut hatte. Es war Hochsommer und sehr warm. Ich schwitzte in meinem Kabäuschen und hatte wenig getrunken.

Plötzlich verspürte ich einen Schlag in die Magengrube. Es war, als habe jemand auf einen riesigen Gong geschlagen und mir gleichzeitig in den Bauch geboxt. Ich spürte mein Herz, wie es plötzlich aus dem Takt gekommen war und wild in der Brust hämmerte.

Kurz darauf kam Biggi in den Laden. Ich erzählte ihr, was mit mir los war. Wir fuhren nach Hause.

Am nächsten Tag ging ich zu meiner Ärztin, die mich als erstes anmeckerte, weil ich so spät kam, und die zweitens sofortige Einweisung ins Krankenhaus veranlasste. Wir organisierten die Vertretung für Potsdam und Babelsberg, und ich ließ alle möglichen Untersuchungen über mich ergehen. Mein Schwager wollte am nächsten Tag seinen Urlaub antreten. Das war leider erstmal nicht möglich.

Trotz EKG und Ultraschall fand man die Ursache meiner Herzrhythmusstörungen nicht. Man gab mir ein Medikament zur Gerinnungshemmung, Blutdrucksenkung, Frequenzsenkung und vereinbarte einen Termin sechs Wochen später für eine Kardioversion. Die Ärzte hofften, den gleichmäßigen Rhythmus durch einen Elektroschock wiederherstellen zu können. Ein Trugschluss, wie sich herausstellen sollte. Nun, die Ärzte waren schließlich der Meinung, sie könnten weiter nichts machen und entließen mich nach Hause. Ich kam mit dem unregelmäßigen Herzschlag gut zurecht, nur der Gerinnungsfaktor musste monatlich überprüft werden.

An einem Tag im Januar 1995 meldete sich mein Herz erneut mit Brustschmerz. Ich stellte mich in der Kardiologischen Gemeinschaftspraxis in der Hans-Thoma-Straße vor. Dort vereinbarte man mit mir eine Katheteruntersuchung im Bergmann Klinikum, die ein für mich niederschmetterndes Ergebnis brachte:

Von den vier Blutgefäßen, die das Herz kranzförmig umschließen und die Versorgung mit frischem, sauerstoffreichen Blut gewährleisten, war eines verschlossen, ein zweites kurz davor, zuzugehen, und die beiden anderen waren zu je fünfundzwanzig Prozent befallen. Das war der Hammer. Als Therapie blieb nur eine Bypass Operation zur Auswahl. Die wollte man so lange wie möglich hinauszögern. In der Zwischenzeit nahm ich Medikamente zur Gefäßerweiterung.

Im Herbst wurde die nächste Katheteruntersuchung gemacht und gleichzeitig ein Stent gesetzt.

Bei dieser speziellen Therapie schiebt man einen Katheter mit einem kleinen zusammengefalteten Ballon an der Spitze bis zur verengten Stelle vor und bläst ihn dann mit Druck soweit auf, bis die ursprüngliche Weite erreicht ist. Das erzeugt kurzzeitig ein total schmerzhaftes Gefühl im Brustkorb. Dann wird der Katheter rausgezogen und mit einem metallischen Gebilde, ähnlich einer Kugelschreiberfeder, wieder zur entsprechenden Stelle vorgeschoben und dort platziert. Die Feder faltet sich auseinander und soll die ehemals verengte Stelle dauerhaft offen halten. Oft funktioniert das.

Bei mir musste so eine Behandlung in den Folgejahren mehrmals durchgeführt werden, weil sich meine Gefäße immer wieder zusetzten. Als wahrer Künstler dabei erwiesen sich die Doktoren Rennhak und Spielberg.

Im Spätsommer 1998 machte sich mein Herz wieder bemerkbar. Ich bekam einen Termin im Katheterlabor Neuruppin. Nach der Untersuchung teilte mir Doktor Rennhak mit, dass Ballondehnung und Stents nichts mehr helfen würden und die Chirurgen nun an der Reihe wären. Diese Nachricht zog mich ziemlich runter. Aber es half ja nichts.

Ich machte einen Termin im Berliner Virchow Klinikum, und legte mich am 4. November 1998 unter das Messer von Professor Hetzer, den zu dieser Zeit besten Herzchirurgen Deutschlands.

Der sägte mein Brustbein durch, drückte es auseinander und nähte mir vier Bypässe als Umleitung für die verstopften Herzkranzarterien an. Dazu wurde aus meinem rechten Bein ein langes Stück Vene entnommen und in drei Teile zerschnitten. Der vierte Bypass entstand aus der Brustinnenwandarterie.

Wie lange die Operation dauerte, weiß ich nicht. Nach dem Aufwachen hatte ich einen trockenen Hals, konnte nicht schlucken und alle Knochen taten mir weh.

Im Laufe des Tages verspeiste ich fünf Wassereis, das Einzige was mir genehmigt wurde. Am nächsten Tag ging es mir schon wieder besser.

Drei Wochen später konnte ich das Krankenhaus verlassen und ließ mich anschließend von meiner Frau und meiner Schwiegermutter, die zu diesem Anlass aus Wittstock angereist war, gesundpflegen.

Während der Zeit meiner Krankheit übernahm mein Schwager Achim den Babelsberger Laden, gegen Bezahlung natürlich.

Die Bypässe hielten mich beschwerdefrei bis zum Herbst 2005. Dann führte mich mein Weg gezwungenermaßen wieder ins Herzkatheterlabor. Die Untersuchung zeigte den Verschluss der drei Venenbypässe. Der „Lima" (die Brustinnenwandarterie) war frei. Ein noch vorhandenes Hauptgefäß wurde aufgedehnt und mit einem Stent versehen. Die gleiche Prozedur ließ ich 2012 und 2018 über mich ergehen. Seitdem ist Ruhe. Eigenartig.

Als wäre die Herzgeschichte nicht schon Belastung genug, hat mich die Diagnose „Diabetes Typ II" vor etlichen Jahren getroffen. Zum Glück muss ich mich nicht spritzen. Dafür warten täglich 8 Tabletten auf mich. Aber, was soll's.

Während der OP wurden ein paar Blutkonserven benötigt.

Zu DDR-Zeiten habe ich regelmäßig Blut gespendet, insgesamt mehr als fünfzig Mal. Für jede Spende gab es 46,- Mark und ein reichliches Frühstück. Im Westen möchte man das Blut geschenkt bekommen. Das wollte ich nicht.

Bald nach der Wende entschlossen wir uns, eine andere Wohnung zu suchen. Die Leninallee, jetzt Zeppelinstraße, füllte sich zunehmend. Nicht allein tagsüber schob sich die Blechlawine über diese Hauptverkehrsstraße, auch in der Nacht hatte der Verkehr spürbar zugenommen. Noch dazu waren die Mitbewohner des Hauses Nummer 34 nicht unbedingt unsere Wunschnachbarn. Irgendwohin wo es ruhiger und sauberer ist wollten wir umziehen. Jedoch war in den Stadtteilen, die wir uns ausgesucht hatten, wie das Brunnenviertel oder das Gebiet zwischen Zeppelin- und Forststraße, keine Wohnung zu bekommen. Wenn wir mal eine uns zusagende Wohnung fanden, war die Miete zu hoch. Da kam der Zufall ins Spiel.

Eines Tages las ich in der Presse:

„Verkaufe Grundstück mit Einfamilienhaus, Garagen und Werkstatt in Damsdorf."

Den Namen dieses Ortes hatte ich noch nie gehört, aber die Offerte interessierte mich. Vielleicht könnte man aus den Werkstätten einen Käseladen machen. Kurz zuvor hatte ich die Babelsberger Milchquelle übernommen und war auf Expansionskurs.

Wir vereinbarten einen Besichtigungstermin mit der Maklerin Frau Schade und fuhren nach Damsdorf, einem „Obstmuckerdorf", ca. fünfundzwanzig Kilometer von Potsdam entfernt.

Das infrage kommende Objekt präsentierte sich als ein Flachbau aus dem Jahre 1976 und stand zusammen mit einem großen massiven Schuppen, zwei gemauerten Garagen, einem riesigen alten Gewächshaus, einem Hundezwinger und etlichen Vogelvolieren am Stichweg der Damsdorfer Mühlenstraße. Der Verkäufer war Vogelliebhaber und hielt sich in seinen Drahtkäfigen Zebrafinken. Das Ganze stand auf 3.000 Quadratmetern Land und sollte 300.000,- D-Mark kosten. Du meine Güte.

Als wir uns die Immobilie anschauten, war Herbst. Die Laubfärbung hatte bereits eingesetzt. Auf dem Grundstück standen neben sechsundfünfzig Nadelbäumen, wie ich später zählen konnte, auch Hasel- und Walnussbüsche, Essigbäume und jede Menge Sträucher. Das alles gefiel uns sehr. Dazu kam die ideale Lage, direkt am Wald und auf der anderen Seite Felder. Aber dreitausend Quadratmeter waren einfach zu viel, und mit einem Käseladen war auch nichts.

Während der Besichtigung kam uns die Idee, unserem Schwager ein Drittel des Landes anzubieten. Achim trug seit vielen Jahren den Gedanken an ein eigenes Haus in sich. Wenn wir das Areal gemeinsam kauften und er für sich ein Drittel abteilen würde, um ein Haus darauf zu bauen, das wäre doch ideal. Meine Schwester und er könnten das Haus nach ihren Vorstellungen errichten lassen. Die Mutti bekäme auch ein Zimmer, wir wären nahe beieinander und könnten uns gegenseitig unterstützen.

Schwester und Schwager waren nach einer Besichtigung einverstanden. Ihnen gehörte ein Grundstück mit Laube in Teltow Sigridshorst, dass sie verkaufen wollten. Somit wäre der Hausbau finanziell abgesichert. Sie würden für 50.000 DM ein Drittel des Damsdorfer Grundstücks kaufen und wir zwei Drittel. So war der Plan.

Bei der Teilung wurde Achims Grundstück um ca. 200 Quadratmeter kleiner als ursprünglich vorgesehen, denn mitten durch ein Gebäude zu teilen, was wir ursprünglich vorhatten, war unmöglich. Somit gehörte der hintere große Schuppen samt Garage zu unserem Teil, drei Meter davor und drei Meter dahinter ebenfalls, so dass unser Besitz nun insgesamt 2214 qm umfasste. Nicht schlecht, oder?

Wir überließen Schwester und Schwager den größten der drei Räume des Nebengebäudes zur unentgeltlichen Nutzung auf Dauer, bzw. solange, bis einer von uns sein Grundstück verkaufen würde.

Meine Versicherungsmaklerin Liane Berger hatte die zündende Idee, wie wir den erforderlichen Privatkredit mit den noch laufenden Geschäftskrediten unter einen Hut bringen könnten.

Unser Eigenkapital betrug 50.000,- D-Mark. Die Bank der BADENIA-Bausparkasse gab uns für den Rest der Kaufsumme ein sogenanntes „Vorausdarlehen". Darauf zahlten wir 8,3 % Zinsen ohne zu tilgen. Gleichzeitig schlossen wir einen Bausparvertrag ab und zahlten in diesen ein. Als der dann zuteilungsreif wurde, bekamen wir von der BADENIA ein Bauspardarlehen und lösten damit die Schuld bei der Bank ab. Zins jetzt nur noch 4,5 %. Das Ganze war eine ungewöhnliche Konstruktion, aber die Sache funktionierte, auch weil die Milchquelle einen guten Umsatz erwirtschaftete. Wir nahmen an, dass sich dies in naher Zukunft nicht ändern würde. „Gegessen wird immer."

Am 10. Januar 1995 schlossen die Familien Walther und Riedel beim Notar Frank Knoop in Berlin den Kaufvertrag mit der Familie Lehmann über jetzt zwei Grundstücke in Damsdorf, Mühlenstraße 13 und Mühlenstraße 13A ab. Anschließend gab's ein Glas Sekt.

Günther und Edith Lehmann bauten sich mit Hilfe des Kaufpreises dreihundert Meter Luftlinie von uns entfernt ein neues Haus.

Vereinbart war die Räumung und Übergabe an uns für spätestens ersten Juni. Leider wurde Familie Lehmann mit ihrem neuen Haus ewig nicht fertig. Im September endlich konnten wir einziehen. Vorher baute uns die Firma HKS (Heizung, Klima, Sanitär) aus Damsdorf eine Gasheizung ein. Die Firma gibt's nicht mehr, die Heizung läuft immer noch. Unser Sohn bekam bei der HKS eine Lehrstelle als Heizungsmonteur. Er absolvierte die Ausbildung erfolgreich, ging anschließend zur Armee, damals gab's noch die Wehrpflicht und arbeitet seitdem nicht mehr in seinem Beruf.

Die zuvor vorhandene Kohleheizung hinterließ einen völlig verdreckten, verrußten Keller. Dem verhalf unser Sohn Steffen mit Deckenbürste und Wandfarbe zu einem neuen Aussehen. Unser Haus ist zum größten Teil unterkellert, ein unschätzbarer Vorteil.

Nachdem er die neun Monate Grundwehrdienst hinter sich gebracht hatte, meldete sich Steffen erstmal arbeitslos und kassierte ein Jahr lang Arbeitslosengeld. Damit ließ es sich ganz gut leben. Er wohnte ja noch im Hotel Mama.

Dann kamen eine Verena und eine Sabrina und schließlich eine Wenke. Sie kam um zu bleiben. Unser Sohn verliebte sich bis über beide Ohren in das hübsche Mädchen aus Königs Wusterhausen, und die Liebe hält bis heute.

2002 bezog das junge Glück eine Wohnung in der Stresemannstraße in Hildesheim. Wenke arbeite in der niedersächsischen Stadt als Logopädin.

Die Familie Walther Junior wechselte später ihren Wohnsitz und zog nach Diekholzen, einem Hildesheimer Vorort. 2007 kam Timo, unser Enkel, auf die Welt. Der ist jetzt achtzehn Jahre alt, ist größer als sein Vater und sein Großvater und hat Schuhgröße 49. Mittlerweile haben sie sich ein Haus gekauft, ein Reihenendhaus aus den Siebzigern. Das steht in dem noch kleineren Vorort Barienrode. Sie haben es von Grund auf saniert und gemütlich eingerichtet.

Es ist also nicht zu erwarten, dass sie in absehbarer Zeit Niedersachsen verlassen werden. Schade eigentlich, denn die Fahrt dorthin dauert immer ca. zweieinhalb Stunden.

Wer ein Haus besitzt, darf nicht arm sein.

Im Laufe der mittlerweile dreißig Jahre, die wir in Damsdorf wohnen, hat uns das Haus, abgesehen vom Kaufpreis, eine Stange Geld obendrauf und viel Arbeit gekostet.

Maklerprovision, Grunderwerbsteuer, Notarkosten und Grundbucheintrag waren sofort zu leisten. Eine Gasheizung löste die alte Schwerkraftheizung ab. Später kamen eine Dachdeckung mit Schweißbahnen, Neueindeckung von Terrassendach und Wäscheplatz mit Acrylplatten, Einbau einer neuen Haustür und neuer Fenster mit Dreifachverglasung, Verkleidung der Fassade mit Döllken-Paneel und Dämmung mit Kamelitwolle dazu.

Die bislang letzte größere Investition war die Sanierung der langen „hochherrschaftlichen" Auffahrt vom Tor bis zum Haus. Die Männer der Firma „Guido Bauch" aus Bergholz Rehbrücke versahen den sich langsam auflösenden Beton mit einem Asphaltbelag. Das sieht nicht nur gut aus, sondern ist auch glatt und hält ewig.

Um die Gasheizung betreiben zu können, borgten wir uns einen Flüssiggasbehälter, denn ein Erdgasanschluss war frühestens in zwei Jahren zu erwarten. Das gleiche galt für den Anschluss an das zentrale Abwassernetz. Bis wir damit rechnen konnten, benutzten wir die vorhandene Abwassersammelgrube. Die hatte ein Fassungsvermögen von fünfundzwanzig Kubikmeter und musste alle zwei Monate geleert werden. Zum Glück konnte der Jauchewagen aufs Grundstück fahren. Ebenfalls per LKW kam das Flüssiggas in unseren Tank.

Erdgas- und Abwasseranschluss schlugen dann nochmal mit ein paar tausend Mark zu Buche.

Die Abwassergrube ließen wir sauber kärchern und nutzen sie bis heute als Regenwassersammelbecken, aus dem wir bei Bedarf mit Hilfe einer Pumpe den Garten bewässern.

Irgendwann kam die Gemeinde auf die Idee, die alten, noch aus DDR-Zeiten stammenden Straßenlaternen durch moderne Leuchten zu ersetzen. Zur Finanzierung wurden teilweise die Grundstückseigentümer herangezogen, die entsprechend der Grundstücksgröße einen Beitrag leisten mussten. Hoffentlich haben die nicht vor, den unbefestigten Stichweg, an dem wir wohnen, durch eine richtige Straße zu ersetzen. Das würde für uns richtig teuer werden.

Der Garten selbst ließ und lässt keine Langeweile aufkommen. Hecke, Bäume und Sträucher beschneiden, ab und zu einen Baum fällen, im Herbst Laub fegen und immer wieder Rasen mähen, obwohl die Fläche eher als Wiese mit großflächigem Moosanteil bezeichnet werden kann, sind nur einige der immer wiederkehrenden Arbeiten.

So schön das Landleben auch ist, man lebt halt draußen. Das bedeutete für uns einen täglichen Arbeitsweg von ca. vierzig Minuten pro Strecke, also zeitiger aufstehen und dafür später nach Hause kommen. Auch die Kfz-Kosten stiegen nicht unerheblich, Der Arbeitsweg betrug pro Tag für Birgit und mich jeweils 56 Kilometer. Das summierte sich.

Jedoch bereuten wir unseren Entschluss, aufs Land zu ziehen, zu keiner Zeit. Wir bekamen Ruhe und frische Luft, den Wald vor der Tür, Roggen- und Rapsfelder nebenan und fast nur nette Nachbarn.

Im Winter kam es vor, dass der Arbeitsweg auf mehr als vierzig Minuten anwuchs. Wenn über Nacht Schnee gefallen und die

Männer vom Winterdienst noch nicht aufgestanden waren, glitzerte vor dem Auto eine fast unberührte Schneedecke im Scheinwerferlicht. Da hieß es, Nerven behalten, zumindest bis zur B1. Die war immer geräumt. Noch gut erinnern kann ich mich an den Winter 2009/10, als jeden Tag neue Schneemassen vom Himmel fielen. Da geriet das Fahren manchmal zur hohen Kunst. Täglich schippten wir die lange Auffahrt frei, um Platz zu machen für die nächste Ladung.

Im Sommer darauf kaufte ich eine Schneefräse für siebenhundert Euro. Seitdem hat es nicht mehr richtig geschneit. So eine Frechheit. Lediglich im Jahre 2017 wurde die Landschaft mal für vierzehn Tage weiß, das war's.

Auch durch Straßenbaumaßnahmen verlängerte sich manchmal der Arbeitsweg, wie zum Beispiel durch die zweijährige Sanierung der Ortsdurchfahrt von Göhlsdorf.

Mittlerweile haben sich die genannten Vorzüge des Landlebens etwas relativiert.

Aus Niedersachsen kam Bauer Wessels mit Familie und übernahm die Rinderställe und Getreidefelder. Er erweiterte den Viehbestand auf achthundert Stück und baute eine Biogasanlage, am Ortsrand gelegen gleich hinterm Wald. Die Roggen- und Rapsfelder sind verschwunden. Jetzt wächst hier nur noch Mais, der verstromt wird, und wenn der Wind ungünstig steht, weht Gülleduft oder Sauergeruch übers Land, je nachdem.

Der Wald vor unserer Tür wurde zweimal durchforstet, die Baumreihen erkennbar gelichtet. Dadurch trägt der Wind die Geräusche der Biogasanlage bis zu uns. Bei Ostwind macht sich die weiter entfernte A2 geräuschvoll bemerkbar, und wenn der Nachbar den halben Tag auf seinem Hof herumtreckert, ist das auch nicht lustig. Trotz alledem würden wir nicht wieder in die Stadt ziehen.

Kurz nach dem Einzug in unser Haus im Spätsommer 1995 stand für uns fest: Wir brauchen einen Hund.

Erstens gehört auf ein Grundstück von zweitausend Quadratmetern ein Hund, und zweitens wünschte ich mir schon seit vielen Jahren so einen vierbeinigen Freund.

Meine Frau war nicht abgeneigt.

Das Grundstück bot genügend Platz, der Zaun war hoch und ein Zwinger mit Hütte schon vorhanden.

Überstürzen sollten wir allerdings nichts, war ihre Meinung.

Wirklich vergingen noch fast zwei Jahre, ehe im August 1997 die Kaukasenhündin Jana unser neues Familienmitglied wurde.

An einem Samstag, wir saßen gemütlich am Frühstückstisch, fiel mein Blick auf ein Foto in der Zeitung. „Kaukasenhündin Jana sucht neues Zuhause" stand unter dem Bild.

Sofort wusste ich, das ist mein Hund!

Meine Frau brauchte ich nicht lang zu überzeugen.

Ich rief im Tierheim an und bekundete mein Interesse. Noch am selben Tag fuhren wir nach Potsdam, um uns die Jana anzusehen. Wir standen einem struppigen, mageren Hund gegenüber, der wild entschlossen schien, seinen Zwinger gegen alles und jeden zu verteidigen. Er wurde raus gelassen und zeigte weder an uns noch am Pfleger das geringste Interesse, reagierte auf nichts und niemanden und lief nur wie verrückt auf dem Hof umher. Sicher war die Hündin froh, aus dem kleinen Verschlag heraus zu sein.

Nach kurzer Verständigung stand für uns fest: Wir nehmen ihn.

Eigentlich wollten wir vor seinem endgültigen Einzug bei uns ein paar Tage lang mit dem Hund spazieren gehen, um auszuprobieren, ob wir mit ihm klarkommen und er mit uns.

Pustekuchen!

Bei diesem Entschluss hatten wir nicht mit den Tierheimmitarbeitern gerechnet.

„Entweder sie nehmen den Hund gleich mit, oder es bekommt ihn ein anderer. Es haben schon mehrere Interessenten angerufen. Wir brauchen dringend den Platz"

Was nun?

„Ach was, wir nehmen ihn mit. Wird schon schiefgehen."

Kurzentschlossen kauften wir Leine und Futter und hatten von Stund an einen neuen Hausgenossen.

Die Hündin sprang auch willig in unseren Kombi, wir erledigten die Formalitäten, fertig.

Als hätte ich es geahnt, war ich wenige Tage zuvor mit Schaufel, Besen und reichlich Wasser über den vorhandenen, großen Hundezwinger samt Hütte hergefallen und hatte alles gründlich gesäubert. Fress- und Trinknapf waren auch vorhanden.

Na bitte!

Um es vorweg zu nehmen: Wir haben es niemals bereut.

Jana taute zwar sehr langsam auf, schloss sich uns jedoch im Laufe der Jahre mehr und mehr an. Wir hätten sie nicht wieder hergegeben.

Die Hündin war von Unbekannten an einen Laternenpfahl in Potsdam angebunden worden. Nachdem sie fast die ganze Nacht gehoult hatte, waren die von genervten Anwohnern alarmierten Mitarbeiter des Tierheimes gekommen und hatten sie abgeholt. Es wurde nie bekannt, wer dieses herrliche Tier ausgesetzt hatte.

Laut Einschätzung des Tierarztes war sie zum Zeitpunkt des Fundes etwa ein Jahr alt und bereits einmal läufig gewesen. Ihren Namen wusste niemand. Die Mitarbeiter des Tierheimes tauften die „Kleine" auf „Jana".

Selbstverständlich hörte sie nicht auf diesen Namen. Aber mit dem „Hören" war es auch später immer etwas schwierig. Kaukasen haben eben einen richtigen Dickschädel, aber einen liebenswerten.

Für die erste Zeit fiel mir die Aufgabe zu, unseren Hund morgens zu einer kleinen und abends zu einer großen Runde auszuführen. Als sie später frei auf dem Grundstück umherlaufen konnte, habe ich mir den Gang am Morgen gespart. War auch immer arg zeitig. Unsere große Runde am Abend oder Nachmittag haben wir jedoch beibehalten. Meist waren wir eine Stunde oder länger unterwegs und erlebten zuweilen lustige, aber auch spannende Abenteuer.

Leider gab es anfangs ein kleines Problem. Unser Grundstück war zu der einen Seite nicht abgetrennt, es fehlte ein Zaun. Wir wussten nicht, wie viel Maulwurf in Jana steckt. Meine Schwester, die mit ihrer Familie das Nachbarhaus bewohnte, hätte sich nicht besonders über frisch ausgegrabene Blumen und Pflanzen gefreut. Außerdem konnten wir sie nicht den Zudringlichkeiten eines Hundes aussetzen, den wir selbst noch nicht kannten.

Jana hatte trotz ihrer Jugend bereits eine beachtliche Größe. Ihre Zähne waren auch nicht ohne. Wie ernst sie es mit dem Bewachen nahm, bewies sie schon in der zweiten Woche.

Als wir Jana zu uns holten, lag unser erwachsener Sohn wegen einer Knieverletzung im Krankenhaus. Vierzehn Tage später kam er in Begleitung meiner Frau wieder nach Hause, wurde von unserer Hündin eingehend untersucht und für gut befunden. Zu dem Zeitpunkt stand der Zaun schon und sie konnte sich frei auf dem Grundstück bewegen. Als nun unser Junge das Haus verlassen wollte, sah er sich einem zähnefletschenden, knurrenden Ungeheuer gegenüber, das keinen Zweifel an der Ernsthaftigkeit seiner Drohung aufkommen ließ. Zum Glück war ich in der Nähe, und die Sache ging glimpflich ab.

Wo sollten wir nun unseren vierbeinigen Freund fürs Erste lassen? Von heute auf morgen war kein Zaun zu haben. Blieb also nur der Zwinger. Sie sah mich an, als wollte sie sagen:

‚Hast du mich aus dem Tierheim geholt, um mich hier einzusperren?‘

Sie tat mir leid, aber es ging nicht anders.

Unser Hund bezog also für die Nacht und die Zeit unserer Abwesenheit seinen Zwinger und hielt sich ansonsten nahe der Haustür auf, angebunden mit einer langen Leine am Terrassengeländer. Wie sollten wir es anders machen? Jedenfalls dachten wir, vorläufig sei alles in Ordnung.

Am Abend des ersten Tages ging Jana bereitwillig in ihren Käfig.

‚Kommst du auch bestimmt wieder?‘, fragte mich ihr Blick.

Am liebsten hätte ich sie mit ins Schlafzimmer genommen. Wir waren uns jedoch einig: Der Hund kommt nicht ins Haus!

Als ich am nächsten Morgen das Rollo hochzog, saß Jana vor dem Schlafzimmerfenster und sah mich mit großen Augen an.

‚Guten Morgen, da bist du ja endlich! Ich habe die ganze Nacht gewartet.‘

Wie war die Hündin aus dem Zwinger gekommen? Die Tür war zu, davor ein Schloss.

Blieb nur eine Möglichkeit: Sie war über die gut zwei Meter zwanzig hohen Gitterstäbe geklettert. Dies erschien uns zwar als unwahrscheinlich, aber wie anders hätte sie da rauskommen sollen? Es soll ja unter den Hunden wahre Kletterkünstler geben. Hatten wir etwa auch so ein Exemplar erwischt? Dann konnten wir uns auf etwas gefasst machen.

Rasch befestigte ich ein großes Stück Maschendraht als provisorisches Dach auf dem Zwinger. Für einen Tag sollte das halten. Wir mussten ja zur Arbeit.

Zwei Stunden später rief mich mein Schwager, der zu dieser Zeit gerade Urlaub machte, im Geschäft an.

„Du musst sofort kommen. Dein Hund haut ständig ab.“

Was war geschehen?

Unglaublich aber wahr: Jana zwängte sich durch die nicht mal zwölf Zentimeter auseinander stehenden Gitterstäbe in die Freiheit. Sie drehte den Kopf, schob ihn durch, die Schultern hinterher und war ruck zuck draußen. Wer hätte das für möglich gehalten?

Nun war guter Rat teuer.

Immer, wenn mein Schwager den Hund eingefangen und in den Zwinger gesperrt hatte, brauchte er nur ein paar Schritte wegzugehen und schwuppdiwupp, war Jana wieder draußen. Schließlich wusste er sich nicht anders zu helfen, als sie im Zwinger an die Leine zu legen.

So konnte Jana aber nicht den ganzen Tag verbringen. Kurzentschlossen fuhr ich nach Hause, lud sie in mein Auto und nahm sie mit ins Geschäft. Wir hatten einen großen Lagerraum. Dort lag sie, am Heizungsrohr angeleint, den halben Tag und beobachtete mit Interesse das rege Treiben um sie herum. Jeder, der vorbeiging, streichelte sie und sprach ein paar Worte mit ihr.

Wenn das die Hygiene erfahren hätte!

Zu Mittag nahm meine Frau das Auto samt Hund mit nach Hause. Dieses spielten wir drei Tage lang, bis ich den Hundezwinger ausbruchsicher hergerichtet hatte. Nun konnte sie nicht mehr abhauen. Dafür heulte sie jeden Morgen, wenn wir losfuhren, zur Freude unserer Nachbarn ein, zwei Stunden lang wie ein trauriger Wolf.

Das Geheul erscholl auch am zweiten Tag bis spät in die Nacht und ließ uns nicht zur Ruhe kommen. Bis ich es schließlich nicht mehr ertragen konnte, meinen Hund aus dem Zwinger holte und ihn sich neben meinem Bett hinlegen lies. Mit einem Seufzer der Erleichterung plumpste Jana zu Boden und rührte sich bis zum Morgen nicht mehr von der Stelle.

So viel zum Thema: „Der Hund kommt nicht ins Haus!"

Seitdem hatte Jana ihren Schlafplatz in der Diele, gleich neben der Eingangstür. Da lag ihre Decke, standen Futternapf und Wasserschale.

Ins Schlafzimmer kam sie nur noch, wenn wir sie riefen. Dann rannte sie von einem Bett zum anderen, stupste uns mit ihrer feuchten Nase und schnaufte freudig.

‚Aufstehen, ihr Langschläfer! Es ist heller Tag, und ich will raus!' Wir folgten natürlich immer ihrer Aufforderung.

Der Zwinger wurde nur noch als Anschauungsobjekt genutzt und hatte seine Funktion, wenn Leute auf das Grundstück kamen, die Jana nicht unbedingt liebhaben musste. Sie selbst ging manchmal hinein, wenn der Maulwurf in ihr die Oberhand gewann. Dann grub sie mit einer rasenden Geschwindigkeit wahre Fluchttunnel. Der Graf von Monte Christo wäre vor Neid erblasst, hätte er Jana bei ihrer Bergwerksarbeit zusehen können. Wenn es dabei noch regnerisch war, machte das Buddeln doppelt Freude. Dann verwandelte sich der helle, puschlige Hund in ein gewöhnliches Erdferkel. Igittigitt.

Kurze Zeit nach Janas Flucht aus dem Zwinger wurde ein Zaun gesetzt, und wenige Wochen danach war unser Hund schon auf ein ordentliches Körpergewicht angewachsen. Sie hätte sich nun nicht mehr durch die Gitterstäbe quetschen können.

Jana wurde uns ein treuer Begleiter. Täglich ging einer aus der Familie mit ihr eine große Runde spazieren. Wir nahmen sie überallhin mit. Auch im Urlaub war sie immer dabei. Damals verlangten die Hotels und Pensionen noch kein zusätzliches Geld, wenn man mit Hund übernachten wollte.

Die Hündin entwickelte nachdem sie bei uns eingezogen war, ziemlich schnell den kaukasentypischen Beschützerinstinkt. Der zeigte sich, je älter sie wurde, immer stärker und gipfelte darin, dass sie eines Morgens die Zeitungsfrau in Ihrem Auto verfolgte und diese, ohne bei uns anzuhalten, die Flucht ergriff.

Als wir uns Hals über Kopf für oder gegen einen Hund entscheiden mussten, war eine ganz wichtige Sache noch völlig ungewiss: Wie würde sich unser neuer Hund mit den beiden

Katzen vertragen? Was machen wir, wenn sie ein Katzenhasser und Katzenjäger ist?

Zum Glück war sie es nicht! Im Gegenteil.

Von Anfang an mochte sie die beiden Samtpfoten und forderte sie sogar hin und wieder zum Spiel auf, was diese allerdings missverstanden und mit Fauchen und Tatzenhieben beantworteten.

„Mause", die Katze, hatten wir zusammen mit Haus und Hof gekauft. Katzen sind standorttreu. Der Kater „Cato" war uns ein Jahr später zugelaufen. Mause war damals schon recht alt, geschätzte fünfzehn Jahre. Sie lebte jedoch noch über fünf Jahre bei uns, ehe wir sie einschläfern lassen mussten. Ihr Körper hatte einige Tumore, die teilweise nach außen wuchsen. Ich denke, sie hat sich nicht mehr wohlgefühlt und Schmerzen gehabt. Nun wartet sie am Rande der Regenbogenbrücke, um dereinst, wenn wir kommen, mit uns gemeinsam ins Paradies zu gehen, wie man in Tibet sagt.

Mause war eine reine Hofkatze, an das Leben im Freien gewöhnt. Nachdem sie unsere Versuche, ihr das Haus schmackhaft zu machen, mit Häufchen auf dem Teppich belohnt hatte, gaben wir auf.

Sie war auch eine richtige Kratzbürste. Streicheln oder sonstiges Anfassen duldete sie nicht. Ich habe mir oft blutige Hände geholt, weil ich es immer wieder versuchen musste. Tatsächlich brachten wir es im Laufe der Jahre dann soweit, dass sie sich wenigstens kurzzeitig anfassen ließ.

Das ganze Gegenteil unserer Mause war der Kater. Der konnte vom Streicheln und Anfassen nie genug bekommen. Ständig schnurrte er wie ein Brummkreisel und suchte eine Hand, an die er mit seinem dicken Kopf stoßen konnte. Wie bereits erwähnt, war er uns zugelaufen, hatte sich sozusagen seine Menschen selbst ausgesucht.

Eines Abends, als wir etwas später nach Hause kamen, saß er auf der Mülltonne und funkelte uns mit seinen grünen Augen an.

Es dauerte nur ein paar Tage, bis der Kater uns auf die Terrasse folgte und sich schließlich seinen Platz im Haus und unseren Herzen eroberte. Er hatte einen etwas zu kurz geratenen Schwanz und völlig zerfranste Ohren. Oft kam er, aus frischen Wunden blutend, aber strahlend wie ein Sieger spät am Abend nach Hause und musste verarztet werden. Er war ein echter Raufbold, der keine fremden Kater in seiner Nähe duldete. Selbst als er später kastriert war, jagte er alle davon. Unser Hund unterstützte ihn bei dieser verantwortungsvollen Tätigkeit.

Ich war mir bei Jana allerdings nie sicher, ob sie die fremden Katzen jagte, weil diese vor ihr davonrannten, aus Spaß sozusagen, oder weil sie die Fremden vertreiben wollte. Warum wir unser Katerchen „Cato el Grande" tauften, kann ich heute beim besten Willen nicht mehr sagen. Wir riefen ihn immer nur Cato, und er hörte auf seinen Namen wie ein Hund. Besser noch als ein Hund. Jana kam das zehnte Mal nicht, wenn sie gerufen wurde.

Ich bin auch nie dahintergekommen, wie sich die Rangordnung unter den drei Tieren gestaltete. Einerseits durften die Katzen ungestraft aus Janas Futternapf fressen und Streicheleinheiten entgegennehmen, ohne irgendwelche Eifersuchtsbekundungen auszulösen. Andererseits genügte schon die bloße Aussicht auf ein Leckerchen, und der Kater bekam einen Stups mit Janas Tatze, wenn er zufällig am falschen Ort zur falschen Zeit auftauchte. Er schien auch immer gleich den Ernst der Situation zu verstehen, denn nach solch einem Hinweis trollte er sich widerspruchslos von dannen.

Mit der Zeit wurde unser Cato so anhänglich, dass er sogar mit spazieren ging, wenn wir unseren Hund ausführten. Er lief dann im Abstand von drei, vier Metern die ganze Strecke über hinter uns her. Wenn wir zu schnell gingen, miaute Cato, und wir warteten, bis er wieder ran war. Cato war dann aber so eigensinnig, sich nicht tragen zu lassen. Wir hätten ihn ein Stück des Weges auf dem Arm transportiert. Wollte er aber nicht, wand sich wie ein Aal und war nicht zu halten. Nun gut, Cato, wenn du nicht willst, musst du dir halt die Pfoten wundlaufen.

Unser Cato war sicherlich in seiner Jugend ein Hauskater gewesen. Er eroberte sich sofort die besten Plätze in der Wohnung. Versuchte auch schon mal, sich heimlich ins Bett zu schleichen und sich unter der kuscheligen Bettdecke zu verstecken. Er lag immer dort, wo wir selbst gern saßen. Wenn sich Cato in seiner Sofaecke befand und ich aus dem Sessel aufstand, um mal kurz rauszugehen, war er im Handumdrehen auf meinem Platz und tat, als schliefe er tief und fest, wenn ich wiederkam. Jagte ich ihn dann runter, war er beleidigt.

Ich hatte immer den Eindruck, Jana würde dem Kater gegenüber so etwas wie Geschwisterliebe empfinden, wenn dies zwischen Hund und Katze überhaupt möglich ist. Wenn wir zum Beispiel nach Hause kamen, lag Jana vorn am Tor und wartete. Natürlich war die Freude über unser Kommen groß. Es dauerte gar nicht lang und Cato kam auf seinen kurzen Beinen die Auffahrt herunter gewackelt. Im Überschwang ihrer Freude wollte sich nun der Hund dem Kater mitteilen, was jedoch gründlich misslang. Cato verstand Janas fröhliche Gesten völlig falsch, fauchte sie an und verschwand in der Hecke.

Während unser Hund zur Nacht ins Haus gerufen wurde, zog es der Kater meist vor, draußen zu schlafen. Oft roch er nach frischem Heu, wenn er beim Nachbarn in der Scheune gelegen hatte und früh am Morgen vor unserer Tür auftauchte.

Cato wurde von Jana nach der Nachtruhe immer sehnsüchtig erwartet. Ehe sich dieser nämlich in seiner Sofaecke niederlegte, es ist unwahrscheinlich, wie viel Zeit Katzen mit Schlaf verbringen, miaute er solange, bis ihm einer von uns ein paar Streusel Trockenfutter in seinen Napf gab. Gleichzeitig fielen auch für den Hund ein paar Brocken ab.

Jana liebte Katzenfutter über alles und war am Morgen nur sehr schwer aus dem Haus zu bekommen, wenn der Kater noch nicht auf dem Sofa lag. Er durfte ihr auch mit seinem Kopf an die

Schnauze stoßen und wurde dafür kurz abgeleckt. Da Cato immer einige Krümel übrigließ, war es für Jana selbstverständlich, dass sie bis zum Ende seines Fressens drinnen blieb und ihn beobachtete. Wehe, Cato entfernte sich mehr als einen halben Meter von seiner Futterschüssel. Hast du nicht gesehen, war die Hündin ran und nichts mehr übrig. Dann endlich stand sie an der Tür und drehte sich ungeduldig nach mir um oder kam mich holen.

,So, fertig! Nun kannst du die Tür aufmachen und mich raus lassen. Hoffentlich kommt die Zeitungsfrau bald.'

Ob wir im Garten zu tun hatten, auf der Terrasse saßen oder sonst irgendwie draußen beschäftigt waren, Jana und Cato hielten sich immer in unserer Nähe auf. Mause hingegen war stets bei ihrer Unterkunft, einer ehemaligen Voliere, die sie in der letzten Zeit nur verließ, um ihr Geschäft zu verrichten. Es tat uns sehr leid, dass wir die Katze einschläfern lassen mussten.

Leider mussten wir auch Jana schweren Herzens nach von ihr mit großer Geduld ertragenem Leiden einschläfern lassen. Sie starb am ersten Februar 2006 und ruht nun in unserem kleinen Wäldchen neben ihrem Freund, dem Kater Cato, der sich ein halbes Jahr vor ihr auf den Weg zur Regenbogenbrücke gemacht hatte.

Eigentlich wollten wir nicht so schnell wieder einen Hund, aber wie es eben ist, das Schicksal entscheidet oft anderes.

Die Tage ohne Jana waren traurig. Ich ging oft allein unsere sonst gemeinsame Runde. Nachts fehlte uns ihr Schnaufen, ihr Schütteln, ihr Niesen. Keiner begrüßte uns, wenn wir nach Hause kamen, keiner bellte den Briefträger an. Also begannen wir, gezielt nach einem Hund zu suchen, der auf ein Neues zu Hause wartete. Dabei stießen wir auf Pembeli, was sinnbildlich übersetzt „die rosa Gewesene" bedeutet. Ein etwa dreijähriges Kaukasenmädchen, das zusammen mit ihren Brüdern auf einer Pflegestelle des Vereines „Herdenschutzhund-Service" auf uns wartete. Sie sah auf den Bildern aus wie unsere Jana und hatte somit schon halb unser Herz für sich erobert.

Nach einigen Telefonaten war es am 11. März 2006 soweit. Zwei Frauen des Vereines kamen mit zwei Hundegeschwistern zu uns, um sich uns und das vielleicht neue zu Hause eines oder beider Hunde anzuschauen, denn wir waren durchaus nicht abgeneigt, zwei Hunde bei uns aufzunehmen. Es lag hoher Schnee und es war bitterkalt.

Um es kurz zu machen: Die Hündin hat uns vom ersten Augenblick an geliebt und wir sie. Sie war Jana nochmal, nur größer und schwerer und, wie sich herausstellen sollte, dickköpfiger. Ihr Bruder, der Kaplan, knurrte mich an, als ich ihn etwas zu lange streichelte, und somit war die Frage, ob wir beide Hunde nehmen sollten, erledigt. Pemmie lief willig an meiner Leine, erfreute sich zahlreicher Leckerchen und ließ sich von mir sogar die vereisten Zehen saubermachen, was, wie mir die Pflegemama später sagte, gar nicht so selbstverständlich war.

Die beiden Frauen fuhren ab, nahmen Pemmies Bruder wieder mit, und die Hündin blieb bei uns, ohne sich zu wundern. Sie bekam ihren Platz, wo Janas Platz gewesen war, in der Diele neben dem Eingang und verbrachte die erste Nacht in ihrem neuen Heim, ohne erkennbare Aufregung zu zeigen. Die Tür zum Flur blieb angelehnt, ebenso unsere Schlafzimmertür, so dass wir hören konnten, falls irgendetwas nicht in Ordnung sein sollte. Wir hörten nichts.

Mit Pemmie im Raum schlief in ihrem Körbchen die Katze Paula, die wir nach Catos Tod zu uns genommen hatten. Auch sie war eine Waise gewesen. Pemmie kam übrigens sehr gut mit Paula zurecht, nur die leider nicht mit Pemmie. Jeder Annäherungsversuch des Hundes wurde mit einem Buckel und Fauchen quittiert.

Am nächsten Morgen, es war ein Sonntag, kannte Pemmies Freude, als sie feststellte, dass wir noch anwesend waren, keine Grenzen. Sie quietschte wie eine Gummiente, rannte von Einem zum Anderen und pinkelte vor Freude an drei Stellen auf Bettvorleger und Teppichboden. Dieses „vor Freude Pinkeln" hat sie noch lange Zeit beibehalten, ebenso wie das „angerast kommen und sich auf den Boden schmeißen", wenn einer von uns nach Hause kam. Meist wurde das Pinkeln vor dem Hinschmeißen erledigt, so dass meine Frau, sie war fast immer die erste, die am frühen Nachmittag zu Hause erschien, ihre liebe Not hatte, die Hündin, noch bevor sie zu Pinkeln in der Lage war, aus dem Haus zu locken.

Wir ließen Pemmie in ihren ersten Wochenbei uns während unserer Abwesenheit im Haus, weil wir erstens nicht wussten, wie sie sich allein auf dem für sie noch fremden Grundstück benehmen würde, denn es war ja auch oft ihr Lieblingsfeind, der Schwager, in Sichtweite, und weil sie zweitens nur schwer aus dem Haus zu bekommen war. Mit oder nach uns das ging, aber allein? Jemand könnte ihr ja das schöne Haus klauen, während sie draußen war. Das hat sich mit der Zeit ins Gegenteil verkehrt. Später wollte sie nicht mehr rein, wenn wir sie abends riefen.

Überhaupt schien ihre größte Angst zu sein, jemand könne ihr das Zuhause und ihre neuen Eltern wegnehmen. Beim Spazieren war sie freundlich und neugierig gegenüber allen Hunden, die uns begegneten. Von anderen Menschen ließ sie sich nicht anfassen. Auf dem Grundstück und im Haus entwickelte sie Aggressionen gegenüber Fremden, deren Ursache, wie wir später feststellten, in eben zuvor beschriebener Angst zu suchen war. Die Revierverteidigung am Zaun gegenüber Mensch und Tier, die ja gewollt ist, hatte damit nichts zu tun.

Hier möchte ich einfügen, dass Pemmies Verhalten kaukasentypisch und zum großen Teil aus ihrer Angst resultierend zu betrachten ist. Nicht sie hat sich falsch verhalten, sondern in allen Fällen wir. Wir kennen Kaukasen und ihre wesenstypischen Eigenschaften. Leider hatten wir nur allzu oft Janas Bild im Hinterkopf und ihr Verhalten, wie sie es während der letzten Jahre gezeigt hatte. Das bekam mein Schwager zu spüren, den sich Pemmie als ersten zum Feind machte.

Schwester und Schwager wohnen nebenan, unsere beiden Grundstücke sind durch Tore im Zaun miteinander verbunden, und Besuche machen wir ohne große Anmeldung. Beide waren bei Pemmies Ankunft am Samstag dabei, gaben Leckerchen und streichelten die Hündin ausgiebig. Alles schien paletti.

Schwager macht also das Tor auf und kommt auf unser Grundstück. Pemmie sieht ihn und flüchtet auf die Terrasse, Schwager geht hinterher, redet dabei mit dem Hund. Der hört nicht zu, sondern flüchtet die fünf Stufen bis zum Hauseingang hoch. Schwager will hinterher. Der Hund kann nicht weiterflüchten, die Tür ist zu. Er entscheidet sich für den Angriff. Schwager erstarrt auf der untersten Stufe der Treppe zur Salzsäule, bis er, Gott sei Dank schon nach wenigen Augenblicken von meiner Frau erlöst wird, die im Hause den Lärm mitbekommen hat. Pemmie hatte sich aufgeführt wie der Hund von Baskerville. Wer sie schon mal so erlebt hat, sechzig Kilo schwer und fünfundsiebzig cm Schulterhöhe, ahnt, wie sich Schwager gefühlt haben muss.

Eine Woche später kommen Sohn und Schwiegertochter zu Besuch. Schwiegertochter hat Angst vor Hunden, kam aber mit Jana sehr gut zurecht. Die Begrüßung klappt. Pemmie lässt sich nicht anfassen, lässt jedoch die beiden ins Haus aber nicht aus den Augen. Wir sitzen am Abend lange zusammen und reden. Pemmie liegt im Flur und schläft, zumindest tut sie so. Schwiegertochter geht irgendwann raus und will auf Toilette, muss dazu an Pemmie vorbei und spricht sie an. In dem

Augenblick fährt der Hund hoch, knurrt furchterregend, bellt und drängt Schwiegertochter in die Ecke zwischen Bad und Küche. Wir sind natürlich sofort zu Stelle, nichts passiert. Schwiegertochter allerdings ist völlig fertig. Beide fahren noch in der Nacht zu ihren Eltern, die fünfzig Kilometer entfernt wohnen.

Wieder eine Woche später kommt meine Schwiegermutti zu Besuch. Sie wird am Tor begrüßt, gibt der Pemmie Leckerchen, alles in Ordnung. Wir gehen ins Haus, gehen in den Flur, Schwiegermutti bringt ihre Sachen in ihr Zimmer. Pemmie ist immer dabei und lässt sich, wenn auch widerstrebend, von Schwiegermutti anfassen. Dann geschieht alles ganz schnell. Schwiegermutti geht den Flur nach vorn zur Diele, um ihre Schuhe abzustellen. Pemmie geht hinterher und legt sich auf ihre Decke. Die Diele ist nicht sehr breit, so ca. drei Meter. Schwiegermutti stellt ihre Schuhe vor der Heizung am Fenster ab und bückt sich dabei. Sie kommt wieder hoch und will zurück in den Flur. Dazu muss sie an Pemmie vorbei, deren Platz vor der Flurtüre ist. In dem Moment fährt Pemmie hoch und beißt Schwiegermutti ins Bein.

Die Stimmung während der Woche des Schwiegermutterbesuches war entsprechend. Pemmie musste am Tage in den Zwinger oder Schwiegermutti musste im Haus bleiben. Pemmie bekam einen Platz im Arbeitszimmer, den sie dann beibehalten hat.

Die Hündin zeigte sich Schwiegermutti gegenüber während der restlichen Tage ihres Besuches stets angriffslustig, wenn diese an ihrem Zwinger vorbeiging.

Den Schwager hätte Pemmie einmal beinahe erwischt, als dieser so leichtsinnig war, allein aufs Grundstück zu kommen. Pemmie stand in der Hecke auf der anderen Seite und beobachtete das Treiben auf dem anderen Nachbarhof. Unser Grundstück ist über 2.000 Quadratmeter groß, die Seiten entsprechend weit voneinander entfernt. Sie muss das leise

Klicken des Riegels dennoch gehört haben und kam angeschossen wie eine Kanonenkugel, um den Schwager aufzufressen, was sie mit Sicherheit auch getan hätte, wenn der nicht in letzter Sekunde hätte flüchten und die Tür wieder verriegeln können.

Jeder Besuch wurde permanent beobachtet. Sie drängte sich immer zwischen Besuch und einen von uns, wenn wir nebeneinander übers Grundstück gingen, zumindest versuchte sie es. Jede Bewegung auf Schwagers Grundstück wurde mit wütendem Gebell quittiert.

- Kommentar Schwager: „Den Hund fass ich nie an! Ich bin doch nicht lebensmüde, der ist unberechenbar."
- Kommentar Schwiegermutti: „Ein Hund darf keinen Menschen beißen. Der muss doch wissen, wer zur Familie gehört. Euch ist der Hund lieber als ich."
- Kommentar Sohn und Schwiegertochter: „So lange ihr den Hund habt, kommen wir nicht wieder."

Sollten wir Pemmie nun zurück geben? Sollten wir sie von ihrem neuen zu Hause und ihren Menschen, die sie über alles liebte und die sie bereit war zu verteidigen, wieder trennen? Sollten wir kapitulieren?
Nein! Denn sie hat nur so reagiert, wie eben ein Kaukase reagiert. Wir wussten es, hatten es nur vergessen. Hätten wir uns richtig verhalten, wäre nichts passiert.

Nach reichlich einem Jahr bei uns war Pemmie schließlich ein echter Knuddelkeks geworden.
Natürlich hätten wir keinen Besuch mit ihr alleine gelassen und würden auch keinem geraten haben, ohne uns das Grundstück zu betreten. Jedoch hatte sich mit der Zeit in ihrem kaukasischen Dickschädel die Überzeugung breitgemacht, dass sie Menschen, die wir auf Grundstück und ins Haus ließen und die von ihr und

uns draußen begrüßt wurden, nicht unbedingt fressen muss. Das Nachbargrundstück gehörte mit zu ihrem Revier, und Schwester und Schwager als Bewohner durften sich dort frei bewegen, deren Besuch ebenfalls. Schwester und Schwager durften schließlich den Kaukasen auch anfassen und streicheln und waren, wie es aussah, ihre zweitbesten Freunde. Die Hündin fixierte auch Besucher nicht mehr permanent, war allerdings immer aufmerksam. Sie knurrte auch Kellner in der Kneipe nicht mehr an, wenn die zu nahe an den Tisch kamen, wie sie es zuerst getan hatte. Sie ließ sich draußen, wenn ich dabei war, auch von anderen Menschen schon mal anfassen, ungern zwar aber immerhin.

Sie benahm sich zwar am Zaun, wenn Leute mit oder ohne Hund vorbeiliefen oder Fahrzeuge vorbeifuhren, wie eine Wilde, aber das war nicht unbedingt ein Nachteil.

Wie hatten wir es nun geschafft, den Kaukasen zu zähmen?

Ich kann kein Patentrezept geben. Es war die Summe der Erfahrungen, die Pemmie während des ersten halben Jahres bei uns gemacht hatte. Bevor sie zu uns kam, war sie auf der Pflegestelle des Vereines, musste sich die Liebe ihrer Pflegemama mit anderen Hunden teilen und sich im Rudel durchsetzen. Davor hatte sie, wie ich glaube, gar keine Liebe empfangen, denn sie war in einem ca. 500 qm Areal mit ihren zwei Brüdern eingesperrt und zur Bewachung eines Betriebsgeländes gehalten.

Ihre Wesensänderung, wenn man das so bezeichnen will, hatte zum einen mit der im April erfolgten Kastration zu tun, die viele Hunde ruhiger werden lässt. Zum anderen sind wir selbst ruhige und besonnene Menschen, die auch in schwierigen Situationen nicht hektisch reagieren, wild losbrüllen und mit den Armen in der Luft rumfuchteln. Wir waren konsequent in der Erziehung und gaben durch unser Verhalten der Hündin Sicherheit. Vielleicht sagte sie sich öfter:

„Wenn sich die Alten nicht aufregen, warum soll ich es dann tun?"

Aber das ist reine Spekulation.

Ganz gewiss hat unsere ständigen, geduldigen Übungen zum Erfolg beigetragen, unser Loben, wenn sie nicht den Schwager angebellt hat (nicht das Schimpfen, wenn sie es getan hat), unser „Abholen" des „Besuches von nebenan", wenn wir abends beisammen saßen. Ganz wichtig war auch, dass die Verwandten und Bekannten sich an unsere Anweisungen gehalten haben.

„Schaut dem Hund nicht in die Augen, ignoriert ihn, sprecht ihn nicht an und fasst ihn, wenn euch euer Leben lieb ist, um Gottes Willen nicht an."

Wir sind mit Schwager gemeinsam spazieren gegangen, es gab von ihm Leckerlis und freundliche Worte übern Zaun, wenn Pemmie sich freundlich zeigte. Und immer und immer wieder Lob, wenn sie sich friedlich benahm. Und eines Tages überraschte uns Schwager mit seiner Demonstration, die er sicher schon eine Zeit geübt hatte, der Schlingel.

Wir sitzen auf der Bank ein paar Meter vom Zaun entfernt, Tisch und Gläser und Bier stehen bereit. Schwager kommt als Letzter, ich will aufstehen und ihn „abholen", da macht er schon das Tor auf und wird von Pemmie schwanzwedelnd begrüßt. Sie lässt sich von ihm mit sichtbarem Wohlbehagen streicheln und

kraulen. Wir sind ziemlich platt.

Schwiegermutti war auch schon wieder bei uns und wurde von Pemmie liebevoll, ich würde fast sagen, entschuldigend, begrüßt.

Wir nahmen Pemmie überallhin mit, waren mit ihr oft in Gaststätten, waren über Nacht im Hotel, alles prima. Sie machte keine fremden Hunde an und Menschen gleich gar nicht. Wenn sie von Hunden hinterm Zaun angebellt wurde, ging sie genervt beiseite. Ihre Angriffslust war, wie wir im Nachhinein nun wissen, nichts weiter als Angstreaktion auf ihr unbekannte Dinge oder Vorgänge oder begründet darin, dass sie Angst hatte um ihr zu Hause. Sie kannte vieles noch nicht, zum Beispiel Busfahren. In Gewässer ging sie nicht, worüber wir sehr traurig waren.

Der große Wanderer war sie auch nicht, was allerdings mit ihrer Krankheit, wenn man das so bezeichnen will, zu tun hat. Aber das ist eine andere Geschichte. Sie war ein total lieber Hund und eher bei uns Schutz suchend als angriffslustig.

Im Jahr 2013 ging auch unsere Hündin „Pemmie" über die Regenbogenbrücke, und wir waren sehr traurig. Schweren Herzens entschieden wir uns, vorerst keinen neuen Hund zu nehmen.

Nachdem wir beide in den Ruhestand gegangen waren, stand die Frage nach einem vierbeinigen Hausgenossen wieder auf der Tagesordnung. Lange Zeit suchten wir in den Tierheimen der näheren und weiteren Umgebung nach einem geeigneten Kandidaten, denn ein Hund aus dem Tierheim sollte es auf jeden Fall wieder sein. Auch die Sendungen des WDR und des MDR schauten wir aufmerksamer als bisher an.

Irgendwann glaubten wir, den richtigen Hund für uns gefunden zu haben. Sie hieß Gnuska, war eine Hündin und saß im Tierheim Stendal. Während einer Urlaubswoche im Mai 2019 am Arendsee machten wir einen Besuch im Tierheim Stendal, um uns die Hündin anzuschauen.

Nun, Gnuska ist es nicht geworden. Sie war uns zu klein und zu quirlig.

Aus dem Nebenzwinger heraus musterte uns aufmerksam eine große Hündin und schien sehr interessiert an den ihr unbekannten Menschen.

Das war unser Hund. Wie hatten wir die nur übersehen können. Sie hieß Dixie und war eine Mischung aus Kaukasischer Owtscharka (Vater) und Labrador/Schäferhund (Mutter).

Seit zwei Jahren saß die Hündin im Tierheim und wartete auf eine neue Familie. Die schien sich jetzt gefunden zu haben. Wir meldeten uns an als „Gassigänger" und drehten mit ihr eine große Runde. Die Hündin lief bereitwillig mit und sah uns traurig hinterher, als wir sie nach der Rückkehr wieder in ihren Zwinger brachten. Leider konnten wir sie nicht sofort mitnehmen. Zuvor mussten noch einige Dinge erledigt werden. Die Mitarbeiter des Tierheims machte ihrerseits die Adoption von einer Vorkontrolle abhängig. Diese fiel zur Zufriedenheit aus, und Mitte Juni holten wir unser neues Familienmitglied nach Hause.

Dixie lebte sich gut bei uns ein, folgte uns teilweise überallhin. Sie liebte uns abgöttisch, und wir mochten sie auch sehr. Die Hündin war sehr selbstbewusst, bewachte das Grundstück zuverlässig und ließ bei Spaziergängen schon mal den Kaukasen raushängen, weil sie der Meinung war, uns beschützen zu müssen. Daran mussten wir intensiv arbeiten. Auch die Begegnung mit Artgenossen an der Leine erforderte reichlich Anstrengung. Viel Zeit und Geduld war also bei Dixies Erziehung erforderlich.

Anfang November 2021 meldete sich das MDR - Fernsehen bei uns.

Guten Morgen Herr Walther,

als freie Autorin setze ich für das Tiermagazin "tierisch tierisch" Beiträge und Reportagen um. Sie hatten uns im letzten Jahr einen Brief geschrieben und daraufhin mit meiner Kollegin telefoniert.

Wir können uns vorstellen, für einen Beitragsdreh für die Sendung mit einem kleinen Drehteam (Kameramann, Tonmann und mir) zu ihnen nach Kloster Lehnin zu kommen. Sie müssten dafür einen Tag mit uns einplanen, der Beitrag wird dann circa 4

Minuten lang. Corona bedingt bevorzugen wir momentan Außendrehs, wo wir gut die Abstände einhalten können. Mit Maske können wir aber zeitlich begrenzt auch drinnen drehen.

Wie geht es ihnen und Dixie inzwischen? Hat sie weitere Fortschritte gemacht? Wir können gern auch ihren Roman "Kaukasen küsst man nicht" thematisieren. Leider werden ja sicher momentan keine Lesungen oder dergleichen stattfinden, aber wir werden schon eine Lösung finden.

Ich würde mich sehr freuen, wenn sie Interesse haben und wir uns bald persönlich kennenlernen. Alles Weitere können wir gern telefonisch besprechen.

Liebe Grüße nach Kloster Lehnin!
Andrea Gentsch vom "tierisch tierisch"-Team

Wir waren begeistert und vereinbarten umgehend einen Termin für den Drehtag. Der verlief zufriedenstellend in entspannter Atmosphäre, war aber recht anstrengend. Sechs bis sieben Stunden waren wir mit Regisseurin, Kameramann, Tontechniker und Hund auf dem Grundstück, im Ort und Wald und Feld unterwegs. Auch im Haus wurden ein paar Einstellungen gedreht und zu guter Letzt noch ein Interview mit mir aufgenommen. Ich bekam Gelegenheit meinen Kaukasenroman vorzustellen und Gedanken zu Hunden aus dem Tierheim allgemein und zu Kaukasen im Besonderen zu äußern.

Drei Monate später wurde der, wie wir fanden, sehenswerte vierminütige Beitrag bei „tierisch - tierisch" unter dem Motto „gelungene Adoption" gesendet.

Dixie ist jetzt, im Frühling 2025, im zwölften Lebensjahr, und das Alter macht ihr sehr zu schaffen. Die Arthrose im Ellbogen beeinträchtigt sie stark beim Laufen. Ihre Lieblingsbeschäftigung ist das Schlafen, allerdings erst nach dem Fressen.

Auch nach unserem dritten Hund aus dem Tierheim können wir jedem Hundefreund nur empfehlen: „Bevor ihr zum Züchter lauft, schaut euch in den Tierheimen um. Dort wartet garantiert der Hund, der zu euch passt, und er wird euch sein Leben lang dankbar sein."

Im Sommer 1996 gaben wir unseren Einstand im Ort und luden die Nachbarn zur Einweihungsfeier ein. Es kamen alle, bis auf ein älteres Ehepaar zwei Häuser weiter, mit denen es sich unser Sohn mittels einer fehlgeleiteten Silvesterrakete und anschließendem Gelächter, in das seine mitfeiernden Freunde lauthals einstimmten, auf alle Ewigkeit verscherzte. Seitdem schmähten uns die beiden wo sie konnten und waren sich auch nicht zu schade, uns am Abend der Einweihungsfeier die Polizei auf den Hals zu hetzen. Gegen 23:00 Uhr standen plötzlich zwei Freunde und Helfer in unserem Garten. Unsere Einladung, mitzufeiern, lehnten sie ab und meinten stattdessen, wir sollten doch nicht ganz so laut sein.

Dass sich das nachbarschaftliche Verhältnis zu dieser Familie nicht zum Positiven entwickelte, kann sich wohl jeder vorstellen. Wir straften sie mit Nichtachtung. Dies erboste sie wahrscheinlich noch mehr, denn sie verstiegen sich zu einer Anzeige beim Amtstierarzt, wegen angeblich nicht artgerechter Haltung unseres Hundes. Das kostete sie 450,- Euro Schadensersatz wegen Rufschädigung, den mein Cousin anwaltlich durchsetzte. Dann gab es noch die Anzeige wegen Beleidigung, die sie 50,- Euro kostete, denn meinen gezeigten Stinkefinger hatten sie durch beleidigende Äußerungen provoziert.

Abgesehen von diesen Menschen, die auch im restlichen Dorf auf der Beliebtheitsscala im unteren Bereich rangierten, hatten wir zu allen Nachbarn ein gutes Verhältnis. Man grüßte sich, schwatzte miteinander und half sich gegenseitig.

Schwester und Schwager beräumten ihr Grundstück. Eine dänische Hausbaufirma errichtete darauf ein schickes Einfamilienhaus, und 1997 zogen sie ein. Meine Mutti freute sich über ihren schönen Wohnraum und das Badezimmer gleich daneben. Eisern ging sie, auf einen Stock gestützt, ihre tägliche Runde bis zum Tor und wieder zurück, obwohl sie dabei Schmerzen hatte, denn die fortschreitende MS machte ihr immer mehr zu schaffen. Sie freundete sich mit unserem Hund an und war dankbar über jede Abwechslung, jeden Vorschlag den wir ihr machten und jeden Spaziergang, auf dem wir sie begleiteten.

Mutti war sehr freigiebig. Sie hatte eine gute Rente und brauchte selbst wenig zum Leben. So sparte sie und ließ ihren Kindern und Enkeln immer wieder eine größere Summe zukommen.

Am dritten Oktober 2000 starb sie mit 79 Jahren. Wir waren alle sehr traurig.

Als ich am 23. Februar 1996, einem Freitag, früh nach Potsdam fuhr, kam um halb sieben in den Nachrichten bei Antenne Brandenburg die Meldung, dass es in der Lebensmittelabteilung des Horten Kaufhauses gebrannt hatte. In der Brandenburger Straße angekommen, sah ich diese Meldung bestätigt und machte mich umgehend an die Organisation zusätzlicher Warenlieferungen, sowohl für diesen Tag als auch für den folgenden Samstag, denn was für die Kaufhausmitarbeiter eine Katastrophe bedeutete, sollte sich für mich als Glücksfall erweisen.

Es kam, wie ich es erwartet hatte. Die bis dahin Horten-Kunden überrannten uns am Freitag und Samstag und kauften die Regale leer.

Tatsächlich rettete mich das nicht mehr vorhandene Kaufhaus über fast das ganze Jahr 1996. Die Milchquelle erwirtschaftete während der Monate März bis November 1996 Rekordumsätze. Der August war mit über 160.000 DM der stärkste Monat überhaupt. Im gesamten Jahr 1996 machten wir in Potsdam und Babelsberg zusammen einen Bruttoumsatz von über zwei Millionen D-Mark, unglaublich oder?

Diese Zahl gewinnt doppelt an Bedeutung, wenn man sich vergegenwärtigt, dass dieses Ergebnis mit dem Verkauf von Butter, Milch, Joghurt und Käse erzielt wurde.

Leider hatte ich zum 31. Dezember des Vorjahres wegen zurück gehender Umsätze Jürgen Seidel entlassen müssen, und so fehlte mir jetzt, auf Grund der veränderten Situation, ein Mitarbeiter. Umgehend hängte ich ein Schild ins Schaufenster – „Verkäuferin gesucht". Schon nach kurzer Zeit meldete sich Frau Schieche im Geschäft. Ich stellte sie sofort ein. Frau Schieche, eine fleißige Mittfünfzigerin, erwies sich als Glücksgriff. Sie fügte sich gut in das Team ein und war gemeinsam mit den anderen Mitarbeitern immer darauf bedacht, meinen Gewinn zu mehren.

Ja, das Jahr 1996, ich wollt, ich hätte mehr davon gehabt. Manchmal konnte ich gar nicht so viel Ware ranschaffen, wie abgekauft wurde. Biggi kam so oft sie konnte, half im Geschäft und fertigte Käseplatten und Präsentkörbe an, die ich zur vorgegebenen Lieferzeit den Kunden brachte. Damals hatte die Stadt Potsdam die schöne Angewohnheit, einen Vertreter des Oberbürgermeisters zu hochbetagten Jubilaren zu schicken, wenn diese einen runden Geburtstag feierten, um Grüße und Glückwünsche und einen Präsentkorb zu überbringen. Die Körbe lieferten wir, gefüllt mit Waren im Wert von 50,- DM, inklusive Korb.

Dienstag und Donnerstag fuhr ich zur Metro nach Marienfelde und lud den Kombi voll mit Käse und anderen Milcherzeugnissen.

Am 24. Oktober 1996 öffnete das Stern – Center seine Pforten zum ersten Mal, im November war Kaisers mit dem Bau seines Provisoriums auf dem Bassinplatz, einer riesigen Baracke, fertig geworden, und im Dezember öffnete in der Dortustraße, dreihundert Meter von meiner Milchquelle entfernt, eine Spar – Filiale.

Diese Ereignisse kamen nicht plötzlich und unerwartet, doch trafen mich deren Auswirkungen ziemlich heftig. Hinzu kamen immer mehr Leerstände, die Sanierungswelle hatte Potsdams Innenstadt erreicht.

Das Weihnachtsgeschäft machte die Bilanz des Monates Dezember einigermaßen erträglich, aber die Ergebnisse Januar und Februar 1997 waren niederschmetternd.

Der Abwärtstrend setzte sich die nächsten Monate fort. Mein schönes Polster auf dem Geschäftskonto schmolz dahin, und vom Gewinn des Vorjahres blieb kaum etwas übrig. Die GEWOBA ließ mir die nächste Mieterhöhung zukommen - ab Mai '97 waren 6.000,- DM zu bezahlen.

Mein Einspruch wurde mit dem Hinweis auf eine Klausel im Mietvertrag erwidert, nach der ein unabhängiger Sachverständiger, falls die Mietparteien sich nicht einigen können, den aktuell zu geltenden Mietpreis ermitteln würde und dieses Ergebnis beide Seiten anerkennen. Wie hatte ich nur so einen Vertrag unterschreiben können. Garantiert wäre der Gutachter zu einer wesentlich höheren Miete als 6.000,- DM gekommen, hatte meine Milchquelle doch nicht allein 80 qm Verkaufsfläche sondern darüber hinaus noch ca. 200 qm Nebenfläche und das in der besten Lage Potsdams.

Ich bat den damaligen Potsdamer Oberbürgermeister Horst Gramlich um Unterstützung, war doch die GEWOBA Eigentum der Stadt. Das daraufhin erfolgte Gespräch mit der zuständigen Mitarbeiterin der Wohnungsverwaltung, Anita Liermann, im Beisein des OB brachte gar nichts. Obwohl ich meine geschäftliche Situation in den schwärzesten Farben malte und eine drohende Pleite thematisierte, zeigten sich Frau Liermann und ihre Begleitung wenig beeindruckt. Sie beriefen sich auf ihre Pflicht zur treuhänderischen Verwaltung der Grundstücke, da hätten sie keinen Spielraum. Das Haus gehörte einer vor ewigen Zeiten in den Westen geflüchteten Frau, die jetzt natürlich ihre

Goldgrube wiederhaben wollte. Gramlich meinte, er könne nichts machen und bedaure unendlich, bla, bla, bla.

Meine einzige Rettung war die Aufgabe der „Milchquelle". Doch wie sollte ich aus dem Mietvertrag herauskommen, der ein frühestes Ende erst zum 1. Mai 2001 vorsah? Ich war ziemlich ratlos. Die negative Differenz zwischen Einnahmen und Ausgaben wurde immer größer. Mein Versuch, eine Einigung mit der Vermieterin zu erzielen, stieß auf taube Ohren und kalte Herzen. Die Mitarbeiter pochten auf Einhaltung des Mietvertrages und Zahlung der Miete.

Trotzdem war ich fest entschlossen, den Laden zum Jahresende zu schließen und teilte dies der GEWOBA mit. Die weigerte sich, meine Kündigung anzuerkennen. Meine Verkäuferinnen hatten ihr Kündigungsschreiben zum 31. 12. bereits erhalten.

Irgendwann im Oktober 1997 tauchte Wolfgang Cornelius nebst Gemahlin in der Milchquelle auf und entpuppte sich als mein Retter. Er machte mir das Angebot, als Nachmieter in meinen Mietvertrag einzusteigen. Cornelius war ein im Westen reich gewordener ehemaliger DDR-Bürger, der nach der Wende in seine Heimatstadt Potsdam zurückgekehrt war, auf der Brandenburger Straße eine Parfümerie eröffnet hatte und diese erfolgreich betrieb. Irgendwie hatte er von meinem Dilemma erfahren und sah für sich eine Chance, ohne umständliches Ausschreibungs- und Bieterverfahren an ein Ladengeschäft in Potsdams exquisiter Lage zu kommen. Er wollte aus der Milchquelle eine zweite Parfümerie machen, die seine Frau leiten sollte.

Die GEWOBA zeigte sich Gott sei Dank einverstanden. Ich rang Cornelius noch die Übernahme der Einrichtung der Sozial- und Lagerräume ab und übergab am 28. November 1997 mit Tränen in den Augen die Schlüssel meiner Milchquelle.

Mir blutete das Herz. Mein schöner Laden, den ich acht Jahre mit Freude und Leidenschaft geführt hatte, war Geschichte.

Nach Ausverkauf und Umlagerung übrig gebliebener Waren in das Babelsberger Geschäft holten die Mitarbeiter von der „Potsdamer Anlagenbau und Kältetechnik" (PAKT) alle Kühlregale und die Käsetheke ab. Die Firma hatte sich bereit erklärt, die Kältetechnik kostenlos abzubauen und zu entsorgen. Sicherlich verkauften sie die Aggregate weiter, nach einer Aufarbeitung und eventuellen Reparatur.

Mit den sonstigen Verkaufsregalen statte ich den Büroraum der Babelsberger Milchquelle aus und wandelte diesen zu einem zweiten Verkaufsraum um. Die anfallende, wenige Schreibarbeit konnte an einem Tisch im Lagerraum erledigt werden.

Mein Schwager leitete noch die Milchquelle in Babelsberg. So konnte ich mich voll und ganz auf meine neue Aufgabe konzentrieren, die da lautete: „Käsetheke im Marktcenter"

Potsdams alte Markthalle war Ende 1996 abgerissen worden. Im Januar 1997 begann der Bau des neuen „Marktcenters". Im März tagte im Interhotel an der Langen Brücke der Investor samt seinem Organisationsteam und potentiellen Mietern. Durch Zufall hatte ich von dieser Zusammenkunft erfahren und mich einfach selbst eingeladen. Begeistert wurde ich in die Runde aufgenommen, denn sie hatten noch keinen Bewerber für den Käseverkauf. Das Gesamtkonzept wurde vorgestellt und jedem Interessenten ein Angebot unterbreitet.

Zu Hause schaute ich mir die Unterlagen in Ruhe an und musste nicht lang überlegen. Dass die Milchquelle in der Brandenburger Straße keine Zukunft mehr hatte, war mir schon mit dem Geschäftsergebnis 1995 klar geworden. Der zwischenzeitliche Aufschwung mit dem Rekordumsatz 1996 gehörte der Vergangenheit an.

LINKS UND RECHTS DER LANGEN BRÜCKE

Tod der Milchquelle

Geschäftssterben in der Innenstadt geht weiter

Letzter Tag für Walthers Milchquelle. Ausverkauf. Das verkündeten gestern in der Brandenburger Straße 53 Schilder an dem beliebten, seit Jahrzehnten erst als HO-Geschäft, nach der Wende privat geführten Ladens, in dem der Kunde stets eine reiche Auswahl an Molkereiprodukten und eine zuvorkommende Bedienung fand. Bestürzte Kunden fragten nach den Gründen der Schließung. Doch die liegen auf der Hand: Wie bei anderen Geschäftsaufgaben auch, kann der Inhaber die Horrormiete, die ihm – in diesem Falle durch die Gewoba – auferlegt wurde, nicht mehr bezahlen. Rund 8000 DM im Monat – wieviel Milch und wieviel Käse muß man verkaufen, bis sich das rechnet!

Als ich vor einigen Wochen über die Schließung des Lebensmittel- und Diätladens in der Charlottenstraße berichtete und sie bedauerte, warf mir ein Leser vor, mit „weinerlicher Stimme" DDR-Nostalgie zu betreiben. Doch wenn ich es auch nicht akzeptiert, daß sich durch die Reihe von Geschäftsschließungen die Einkaufsbedingungen besonders für die älteren in der Innenstadt wohnenden Potsdamer komplizieren, so kann wohl nicht bestritten werden, daß die Brandenburger Straße und ihre Nebenbereiche durch die leerstehenden Läden langsam zu einer Horrorszene werden.

Nachdem ich gestern in der „Milchquelle" die letzte Flasche Schokotrunk gekauft hatte, schloß ich einen Mittagsspaziergang an und registrierte: In den letzten Tagen haben der „Märkische Landmann" und die danebenliegende Kaffeestube dichtgemacht.

Das nehme ich jedenfalls an, denn hier findet sich nicht einmal ein Schild, das auf die Schließung hinweist. Doch wie gesagt: Die Gründe sind ja (fast) immer die gleichen. Als ich um die Ecke in die Dortustraße einbog, fand ich als nächstes die ebenfalls seit Jahren bestehende Imbißstube verwaist, das Mobiliar ausgeräumt und den Fußboden aufgerissen. Weniger Schritte weiter gähnte leer der Schaukasten, der auf das Café Hotline in der kleinen Innenhofpassage hinwies, in dem man auch am Computer ins Internet einsteigen konnte. Richtig, auch dort waren die Jalousien runtergelassen. Und das alles, wie gesagt, auf wenigen Metern Fußweg!

Die Verödung der Innenstadt schreitet also auch Anfang des neuen Jahres rasant fort. Nicht wenige machen dafür eine verfehlte Baupolitik in Potsdam verantwortlich. Erst, so meinen sie, hätte man die Lebenskraft von Handel und Gewerbe in der Innenstadt sichern müssen, erst dann wären Baugenehmigungen für Einkaufs- und andere „Center" am Stadtrand gerechtfertigt gewesen.

Daran ist allerdings kaum noch etwas zu reparieren. Dennoch erscheint mir das Problem der Innenstadtverödung keineswegs unlösbar. Hier für Gewerbemieten zu sorgen, die den Händlern eine Überlebenschance geben, ist eine kommunalpolitische Aufgabe, um die sich die Stadtverordneten nicht drücken sollten.

Ein positives Beispiel gibt es immerhin schon: Das alteingesessene Eisenwarengeschäft Stahlberg existiert weiter, nachdem überhöhte Mietforderungen zurückgeschraubt wurden.   E. HOHENSTEIN

Jetzt residiert in meiner ehemaligen „Milchquelle" die Parfümerie „Douglas" mit Fenster und Tür aus Holz in hässlichem dunkelgrün.

Ich unterschrieb den Mietvertrag mit der Firma GasGal GmbH, die als Generalmieter des Frischebereiches die einzelnen Marktstände untervermietete. Rund 2.000,- DM pro Monat sollte die Verkaufsfläche samt kleinem Lagerraum kosten. Der Vermieter stellte die Einrichtung, eine über fast die gesamte Front reichende Käsetheke, Kühlschrank, Handwaschbecken mit Spüle und eine Käseschneidemaschine - Registrierkasse und Waage hatte ich noch übrig.

Neben einem umfangreichen Käseangebot, welches auch verschiedene Ziegen- und Schafskäse einschloss, hatte ich etliche gute Rotweine aus Frankreich und Weißweine aus Piesport an der Mosel im Verkauf. Die Piesporter Weine hatte ich aus dem Urlaub 1997 in dem gleichnamigen Moselort mitgebracht. Sie verkauften sich anfangs so gut, dass ich schon bald eine Nachbestellung aufgeben konnte. Als Ergänzung zu den Weinen, die wir selbst auch gern tranken, ließ ich mir aus Bayern Blut- und Bärwurz schicken, zwei hochprozentige Spirituosen in braunen Tonflaschen, die für 30,- Euro der dreiviertel Liter den Besitzer wechselten. Diese Spezialitäten hatten wir 1999 im Urlaub im Bayrischen Wald in dem Örtchen Sankt Oswald/Riedelhütte kennen gelernt. Die Wirtin fragte uns nach dem Abendessen, wenn wir infolge der Riesenportionen für den Nachtisch zu satt waren:

„Meengs aan Bärwurz?"

Da sagten wir nicht nein. Der Schnaps wurde als zugehörig zur Halbpension betrachtet.

Beim Fleischer „Dufft" arbeitete ein Geselle, der mein bester Kunde wurde, als ich den Bayerwaldschnaps als 0,04 Liter, ein Doppelter im Stamperl, für 3,- Euro über die Theke reichte.

Als Ziegenkäselieferant hatten wir den „Karolinenhof" bei Kuhhorst, einem kleinen Ort in der Nähe von Flatow unweit von Nauen, entdeckt. Dort produzierten die Betreiber Roger Lembke und Gela Angermann aus der Milch von über einhundert Ziegen feinsten Frisch-, Weich- und Schnittkäse. In unregelmäßigen Abständen bestellte ich meist zehn der ca. 1,2 Kilo schweren

Laibe vom „Karolinenhöfa", einem würzig kräftigen Schnittkäse, die mir Roger persönlich ins Center lieferte.

Die Käseproduzenten führten in unregelmäßigen Abständen Aktionen durch. Wir Einzelhändler profitierten dabei von den stark reduzierten Einkaufspreisen, mussten dafür allerdings eine bestimmte Mindestmenge abnehmen. So geschehen zur Jahrtausendwende, als ein „Millennium Emmentaler" zum Sonderpreis angeboten wurde. Mindestabnahmemenge = 100 Kg.

Die Firma „Landliebe" lieferte zu jedem zehn-Kilo-Schnittkäse einen Teller mit einem besonderen Motiv. Zehn verschiedene „Käseteller" gab es. Ich konnte davon sieben Stück mein eigen nennen. Die stehen noch im Küchenschrank.

Der Geschäftsführer der GasGal GmbH, der vom Eigentümer des Centers, einem süddeutschen Investor, den Bereich der Marktstände gemietet hatte und die einzelnen Flächen an uns kleine Einzelhändler untervermietete, war ein ausgekochtes Schlitzohr. Der kassierte von uns die Miete, schätzungsweise mindestens 25.000,- DM pro Monat, dachte aber im Traum nicht daran, dem Eigentümer gegenüber seine Pflichten zu erfüllen. Der wiederum war verständlicherweise mit dieser Praxis nicht einverstanden und trat an uns Marktstandbetreiber nach einiger Zeit mit der Forderung heran, die Miete direkt an ihn zu überweisen. Dem trat Galbrecht mit Verweis auf gültige Mietverträge entgegen. Dieses Gezerre ging über viele Monate hin und her. Wir wurden mit Briefen, Rundschreiben, Urkunden und Anrufen zugemüllt, dass es nur so eine Art hatte.

Irgendwann hatten wir Einzelhändler die Nase voll von dem ganzen Zirkus und zahlten gar keine Miete mehr, an niemanden. Stattdessen überwiesen wir bis zur Klärung dieser leidigen Angelegenheit die fälligen Beträge auf ein extra Konto, dass jeder für sich eingerichtet hatte. Mancher hatte ein Anderkonto eröffnet, ich hatte bei der SEB Bank einfach ein Unterkonto eingerichtet, auf das ich noch Zugriff hatte und das ich zum Ende meiner Marktcenterzeit wieder abräumte. Da hatte der Eigentümer schon längst die Verwaltung in seine Hände genommen und Galbrecht sich mit einem Sack voll Geld irgendwohin abgesetzt. Die nicht gezahlte Miete, es waren etliche Monatsbeiträge aufgelaufen, wurde niemals eingefordert.

Zur Eröffnung des Marktcenters am 11. Dezember 1997 stürmten die Kunden die Halle, die sie so lang entbehren mussten und kauften auch Käse, und das in rauen Mengen. Wir präsentierten in unserer Theke über einhundertvierzig verschiedene Sorten dieses wohlschmeckenden Milchproduktes. Meine drei Verkäuferinnen hatten an diesem Tag alle Hände voll zu tun und machten über 2.000,- DM Umsatz.

Marina Jentjakowa und Claudia Kobow waren von der Milchquelle in das Marktcenter mitgekommen, Marianne Reimann, eine junge Frau aus Brandenburg, war nach einem Auswahlverfahren aus über zwanzig Bewerberinnen, die sich auf meine entsprechende Annonce hin gemeldet hatten. übrig geblieben und wurde eingestellt. Marlies Skoluda und Frau Schieche hatte ich leider entlassen müssen. Frau Skoluda wurde auf meine Empfehlung hin von Siegfried Grube für einen seiner REWE Märkte eingestellt. Wo Frau Schieche abgeblieben ist, weiß ich nicht.

Das Marktcenter hatte im Erdgeschoss neben Apotheke, Sparkasse und etlichen kleineren Geschäften als Hauptmieter einen REWE Markt. Die „Marktstände", die namensgebend für das gesamte Gebäude waren und die in der alten Markthalle deren Gesicht geprägt hatten, mussten sich mit Plätzen im oberen Stockwerk begnügen. Ein Fehler, wie wir Händler bereits von Anfang an zu betonen nicht müde wurden, denn der Kunde an sich ist von Haus aus faul, und wenn er im Parterre seine Waren einkaufen kann, fährt er nicht erst mit Rolltreppe oder Fahrstuhl in den ersten Stock. Wir hätten mindesten ein Drittel mehr Umsatz gemacht, wären wir im unteren Bereich gewesen. Aber gut.

Im ersten Stock des Marktcenters befanden sich eine Rossmann Drogerie, eine Filiale vom „Schwarzen Netto" und ein Schuhladen. Als „Marktstände" drängten sich auf engstem Raum zwei Bäcker, ein Obst und Gemüse Stand, ein Blumenstand, zwei Fleischer und die Käsetheke. Dazu noch ein Chinese und ein Italiener als Imbiss. Beim Fleischer konnte man ebenfalls essen. Unter denen zwei Bäckern war eine Filiale von „Dahl-Back". Die hatten sich eine Nische neben der Verkaufstheke gesichert und als Cafe ausgebaut.

Über uns waren die Büroräume des Center Management und der Toilettentrakt. Ein Parkhaus mit drei Etagen war gleich mit angebaut worden. Die erste Stunde konnte kostenlos geparkt werden.

Die ersten Jahre lief es ziemlich gut. Das Marktcenter war gut besucht, die Kunden kauften zufriedenstellend. Mit der Zeit jedoch etablierte sich in der näheren Umgebung ein Supermarkt nach dem anderen und nahm uns Kunden weg. In der Zeppelinstraße, ehemals Leninallee, eröffnete nahe der Kastanienallee ein „Kaufland", gegenüber ein Lidl Markt, etwas weiter baute der Diskonter ALDI, und in der Roseggerstraße kam

Penny dazu. Als wäre das alles nicht schon schlimm genug, nistete sich Kaufland mit einer riesigen Filiale über zwei Etagen im Hauptbahnhof ein. Der Umsatz ging spürbar zurück. Der Fleischer schloss einen Marktstand, der Italiener zog aus.

Januar und Februar 1998 arbeitete ich in Babelsberg, zusammen mit meinem Schwager. Wir teilten uns sozusagen den Tag. Dazu kamen die Einkaufsfahrten zu Selgros in Stahnsdorf, einem Großmarkt, und im Marktcenter musste auch täglich nach dem rechten geschaut werden. Leider konnte ich Achim ab März nicht mehr beschäftigen, denn auch in Babelsberg ging der Umsatz zurück. Es reichte einfach nicht mehr. Ich übernahm die komplette Schicht in der Rudolf-Breitscheid-Straße allein. Das schlauchte ziemlich.

Sorgenvoll schaute ich jeden Tag auf die Abrechnung der Theke im Center und auf den gesamten Kassenbericht und wusste manchmal nicht, wie es weitergehen sollte. Neben Begleichung aller Kosten für beide Geschäfte war noch mein Projektkredit von 1992 abzuzahlen, und mit dem Hauskredit würden wir auch sobald nicht fertig sein. Bloß gut, dass Biggi einen sicheren und gut bezahlten Job hatte.

Als wäre das alles nicht schon Stress genug, suchten uns Einbrecher heim. Sie drangen durch die Hintertür in die Babelsberger Geschäftsräume ein, klauten das Wechselgeld aus der Kasse und sämtliche Zigaretten. Seit geraumer Zeit verkauften wir auch Tabakwaren. Nach dem zweiten Einbruch innerhalb kurzer Zeit legten wir uns im Laden auf die Lauer, meine Frau und ich.

Wir mussten nicht lange warten. Drei Tage nach dem zweiten Einbruch donnerten kräftige Fußtritte gegen die nur provisorisch reparierte Hintertür. Wir machten uns mit lautem Rufen bemerkbar und alarmierten die Polizei. Die war recht schnell vor Ort. Weit hatten sie es nicht, denn die Wache Babelsberg befand sich nur ein paar Straßen weiter. In der Zwischenzeit war ich zur Ladentür raus auf die Straße geeilt und hatte ein junges Paar, das mit einem riesigen Rottweiler eben am Geschäft vorbei ging, gebeten, vor der Hauseingangstür Position zu beziehen. Nachdem ich ihnen die Situation erklärt hatte, taten die beiden mir widerstrebend den Gefallen. Dabei sollten sie gar nichts unternehmen. Ich hoffte einfach, dass der Anblick des großen Hundes die Einbrecher an der Flucht hindern würde. Indess waren die beiden jungen Ganoven so aufgeregt, dass sie in ihrer Nervosität beim Versuch, die Haustür aufzuschließen, den Schlüssel abbrachen und somit im Treppenhaus gefangen waren. Die Polizisten gingen durch den Laden und ließen die Handschellen klicken. Die jungen Männer waren polizeibekannt.

Der ältere der beiden Halunken war der Sohn der Familie, die sich über mir im ersten Stock des Altbaus eingemietet hatten. Das erklärte auch, warum die Kerle über das Treppenhaus zur Hintertür gelangten konnten, obwohl Haus- und Hoftür immer verschlossen waren und wieso sie einen Schlüssel hatten.

Die Sorge erneuter Einbrüche war ich vorerst los, hatte aber den Schaden durch geklaute Waren, vornehmlich Zigaretten, von denen nur ein Teil in der Wohnung des Täters gefunden und mir zurück gegeben wurde. Dazu musste ich die kaputt getretene Tür reparieren lassen, das war nicht billig.

Als die beiden Gangster angeklagt wurden, war ich zur Verhandlung als Zeuge geladen. Zur Aussage kam es nicht, denn die zwei bekannten sich schuldig, gaben alles zu und kamen mit Bewährung davon.

Auch in die Milchquelle Potsdam war schon eingebrochen worden. Eines Morgens kam ich zur Arbeit, und sofort stachen mir die offene Tür zum Lager und das zerstörte Schloss ins Auge. Die Diebe waren in mein Büro eingedrungen und hatten die Leergutkasse geplündert. Mehr als 25,- Mark in Münzen können nicht drin gewesen sein. Dann haben sie ein paarmal mit einem Hammer oder etwas Ähnlichem gegen die Tresortür geschlagen und sind unverrichteter Dinge wieder abgezogen.

Den Tresor hatte ich mir bereits etliche Zeit vorher zugelegt. Der wog dreihundertfünfzig Kilo und besaß einen stahlverkleideten Betonkern. Er kam zwar weit über eintausend Mark, hat sich aber, wie man sieht, bezahlt gemacht. Da ich nicht jeden Tag das Geld zur Bank tragen wollte, konnten auch schonmal 20.000,- Mark oder mehr da drinnen liegen.

Im Januar '99 begannen Bauarbeiten vor meinem Laden in Babelsberg. Die gesamte Fahrbahn zwischen Karl-Liebknecht-Straße und Bendastraße wurde aufgerissen, ein Durchkommen unmöglich. Zu Fuß war es auch schwierig, das Geschäft zu erreichen, weil auf dem Gehweg überall Steine und Baumaterialien lagerten. Die Sparkasse schloss ihre Filiale in der Bendastraße, und an der nächsten Ecke eröffnete ein Supermarkt.

Die Laufkundschaft blieb komplett weg. Von den Stammkunden kamen auch nur noch wenige. Ich beschloss, nicht so lang zu warten wie in der Brandenburger Straße und kündigte das Mietverhältnis. Einen Nachmieter hatte ich gefunden. Das Feinkostgeschäft in der Friedrich-Ebert-Straße in Potsdam wollte expandieren. Die Inhaber wollten mir die Ladeneinrichtung abkaufen.

Zum Termin der Geschäftsübergabe erschien keiner der potentiellen Nachmieter. Sie hatten es sich kurzfristig anders überlegt. Natürlich war ich stinksauer, pochte aber auf die Einhaltung des mündlich abgeschlossenen Kaufvertrages und brachte sie letztendlich dazu, mir den vereinbarten Kaufpreis zu überweisen. Zum Abschluss eines Mietvertrages allerdings konnte sie niemand zwingen.

Mit dem Vermieter kam ich überein, dass er gegen Einbehaltung der Mietkaution meinem sofortigen Auszug zustimmt und auf Renovierungsarbeiten verzichtet. Wegen der Ladeneinrichtung wollte er sich mit den „fast neuen Mietern" in Verbindung setzen. Die meisten Regale nahm ich mit nach Hause. Sie stehen jetzt in Keller und Schuppen.

Damit war auch die Babelsberger Milchquelle Geschichte.

Jetzt hatte ich nur noch die Theke im Marktcenter.

Dann mussten wir eben kleinere Brötchen backen. Hauptsache, es reichte für die Kreditraten. Das ging in manchen Monaten recht knapp zu. Da kam es auch mal vor, dass ich mit zehn-, zwölftausend Mark im Dispo war. Irgendwann teilte mir die Bank mit, dass ihrer Meinung nach meine Ausgaben die Einnahmen übersteigen würden, sie könnten mir keinen Dispo mehr gewähren, und ich solle doch unverzüglich das Konto ausgleichen. Zu der Zeit hatte ich schon die Cafeteria. Wir lösten unsere Sparkonten auf, kratzten alle Reserven zusammen und konnten so der Aufforderung nachkommen. Dann wechselten wir die Bank und gingen zur Sparkasse nach Lehnin.

Am ersten Januar 2002 wurde der Euro als offizielles Zahlungsmittel eingeführt.

Es gab, allen Unkenrufen zum Trotz, kaum Umstellungsprobleme, weder im täglichen Leben noch im Zahlungsverkehr. Seit 1999 war der Euro als „Buchungsgeld" verwendet und auf offiziellen Belegen, wie zum Beispiel dem Einkommenssteuerbescheid, ausgewiesen worden. Jetzt konnte man mit der neuen Währung im Laden und an der Käsetheke bezahlen. Es war auch eine zeitlang noch möglich, mit D-Mark zu bezahlen. Man bekam dann Euro als Wechselgeld zurück.

Der Bürger holte sich am Bankschalter sein „Starterkit" genanntes Kleingeld in Höhe von 10,23 Euro ab. Wir Geschäftsleute konnten unser zuvor bestelltes Wechselgeld in Rollen, das wir schätzungsweise für den ersten Tag benötigen würden, einige Tage vor dem ersten Januar am Schalter abholen.

Der Kurs Euro zu DM war nicht ganz eins zu zwei. Ein Euro war 1, 95583 D-Mark wert. Der Einfachheit halber wurden die meisten Preise zum Vorteil des Kunden einfach halbiert. Viele Kunden achteten peinlich genau auf die Einhaltung dieser Freiwilligkeit. An eine ältere Dame erinnere ich mich dabei besonders, die mich darauf aufmerksam machte, dass doch der Tags zuvor für 99 Pfennig je 100g angebotene Edamer jetzt 49

Cent kosten müsste, statt 50 Cent wie von mir ausgepreist. Tja, so sind sie manchmal, die Kunden.

Mit der Aufgabe der Babelsberger Milchquelle musste ich Frau Reimann entlassen, denn ab da arbeitete ich im Marktcenter mit Marina und Claudia in drei Schichten an der Käsetheke. Das machte sich eine zeitlang recht gut, bis auch Claudia Kobow gehen musste, weil der Ertrag drei Leute nicht mehr ernähren konnte. Marina kündigte Anfang 2001 von selbst und ging zum Fleischer, weil sie dort mehr Geld bekam.

Nun versuchte ich, die Theke allein zu bewirtschaften. Viel los war ohnehin nicht mehr. Wenn ich von Montag bis Donnerstag sechshundert Euro Umsatz machte, war das schon viel. Der Freitag lief einigermaßen, und der Sonnabend war auch ganz gut.

Während dieser Zeit hatte ich viel Muse und schrieb den größten Teil meiner Gedichte. Darüber hinaus durchsuchte ich täglich die Stellenangebote in der Zeitung und bewarb mich auf etliche Angebote. Ein Angestelltenverhältnis erschien mir zukunftssicherer als meine derzeitige Situation. Leider hatte keine meiner Bewerbungen Erfolg.

Auf Dauer jedoch war dieser Zustand mit täglich dreizehn Stunden hinter der Käsetheke stehen nicht durchzuhalten. Also suchte ich eine neue Verkäuferin, für halbtags. Es meldete sich Frau Gomolka, und die war perfekt. Bescheiden, fleißig, anpassungsfähig und langzeitarbeitslos. Das Letztere war insofern bedeutsam, als dass sie Anspruch auf „Eingliederungsbeihilfe" vom Jobcenter hatte. Das heißt, ich bekam vom Jobcenter für zwölf Monate 50 Prozent des Lohnes, den ich der Frau Gomolka zahlte, als Zuschuss. Das war nicht zu verachten.

Im Frühjahr 2002 bekam ich einen Anruf von meiner Bürotante Frau Tamms, die meine Unterlagen monatlich fürs Finanzamt und den Steuerberater aufarbeitete. Ildiko Tamms wusste um meine betriebswirtschaftliche Situation und kannte meine Bereitschaft, woanders einzusteigen bzw. neu anzufangen. Sie bot mir die Übernahme der Cafeteria in der „Lenne-Schule" im Potsdamer Stadtteil „Zentrum Ost" an. Die jetzige Betreiberin, Frau Heusler, war zum Leibnitz-Gymnasium am „Stern" gewechselt und hatte für Zentrum Ost eine Verkäuferin angestellt. Mit der funktionierte der Betrieb mehr schlecht als recht. Hier sollte ich ins Spiel kommen.

Ich fuhr zum „Stern" und schaute mir den Cafeteria – Betrieb an, sprach mit Frau Heusler, schlief eine Nacht drüber und sagte dann zu. Das war kurz vor Beginn der Sommerferien.

Elvira Heusler wollte für die Geräte und Möbel, die sie in der Cafeteria der Lenne-Schule beließ, noch 400,- Euro haben. Das Geld bezahlte ich ohne zu feilschen und hatte somit eine komplette Betriebsausstattung, bestehend aus einem Backofen, einer großen Gefriertruhe und einem Kühlschrank. Dazu kamen der Verkaufstresen und ein Regal. Ich brachte von zu Hause noch eine kleine Eistruhe mit, die Botterbloom vergessen hatte, von der Milchquelle abzuholen, Schneidemaschine, Wasser- und Eierkocher, Kaffeemaschine und mein Radio mit - fertig.

Ich stellte mich im Sekretariat vor und machte mich mit Direktor, Sekretärin und Hausmeister bekannt. Zuvor schloss ich mit dem „Kommunalen Immobilienservice" (KIS) der Stadt Potsdam, der sämtliche städtischen Liegenschaften verwaltete, einen unbefristeten Mietvertrag über den winzigen Raum (10,24 qm) ab, für eine Miete von insgesamt 62,33 Euro. Dieser Betrag blieb bis zum Ende meiner Tätigkeit konstant. Wenn man bedenkt, dass in dem Preis sämtliche Betriebskosten, einschließlich Strom, enthalten waren, war es wohl eher ein symbolischer Betrag.

An die geringe Höhe der Miete war wahrscheinlich auch die Erwartung einer moderaten Preisgestaltung meinerseits geknüpft, damit die Schüler sich die diversen Leckereien, die ich anzubieten gedachte, auch leisten konnten.

Ich übernahm in der Tat das Preisniveau meiner Vorgängerin und blieb auch die nächsten dreizehn Jahre bei fünfzig Cent für ein Käsebrötchen und einem Euro für ein Baguette. Die übrigen Waren bot ich preislich dementsprechend an.

Meiner Verkäuferin bot ich die Übernahme der Käsetheke im Marktcenter als selbstständige Kauffrau an. Nach Abwägung von allem Für und Wider zeigte sich Frau Gomolka einverstanden. Das war auch gut so, denn die Alternative wäre die Arbeitslosigkeit gewesen und 2002/3 war die Lage auf dem Arbeitsmarkt für Arbeitssuchende nicht eben rosig.

Dem Vermieter presste ich eine Mietsenkung von fünfzig Prozent (500,- Euro) ab, indem ich ihm mit Kündigung drohte. Dann verschaffte ich ihr mit einem kleinen Trick einen Zuschuss vom Jobcenter: Ich kündigte der Frau Gomolka das Arbeitsverhältnis. Sie legte das Kündigungsschreiben ihrem Fallmanager vor und beantragte im selben Atemzug den Zuschuss zur Gründung einer Ich – AG in Höhe von 300,- Euro pro Monat sowie die weitere Förderung in Höhe des regulären Arbeitslosengeldes, das ihr zustand, denn sie war bis zum Beginn ihrer Selbstständigkeit immerhin einen Monat arbeitslos. Alles wurde bewilligt und über den längst möglichen Zeitraum von sechs Monaten gezahlt. Anschließend konnte Frau Gomolka eine Nachförderung in Höhe von abermals 300,- Euro für maximal neun Monate beantragen, was sie auch tat und genehmigt bekam. Wie lange insgesamt sie die Käsetheke im Marktcenter betrieben hat, weiß ich nicht.

Bevor ich ab 4. November 2002 als Brötchenmann die Schüler der Lenne-Schule zu beglücken begann, bekam ich Anleitung und praktische Ausbildung, um mich zum Cafeteria Betreiber zu qualifizieren bei Edeltraut Heusler in ihrer Cafeteria am Leibnitz-Gymnasium. Für zwei Wochen arbeitete ich gemeinsam mit ihr und schaute mir dabei alles ab, was ich wissen musste. Das ging immer von acht bis vierzehn Uhr. Anschließend fuhr ich ins Marktcenter, um Frau Gomolka abzulösen, die solange die Stellung dort hielt.

Am 30. Oktober sagte ich allen Marktstandbetreibern auf Wiedersehen, machte gemeinsam mit Frau Gomolka eine Bestandsaufnahme, ich überließ ihr die Waren für fünfzig Prozent vom Verkaufspreis, und ließ dreizehn Jahre Käseverkauf hinter mir. Wieder begann ein neuer Abschnitt meines Arbeitslebens.
Leicht fiel er mir nicht, der Abschied vom Käseverkauf. Gern habe ich den Arbeitsablauf in der Milchquelle organisiert und auch selbst hinter der Käsetheke gestanden.

Die Führung eines Geschäftes mit einem Umsatz von 1,5 Millionen D-Mark Jahresumsatz, die Organisation des Betriebsablaufes, des Wareneinkaufes und der Abrechnung habe ich mir selbst angeeignet. Das war nicht immer einfach und nicht immer leicht und schloss auch manchmal unangenehme Entscheidungen, wie die Entlassung von Mitarbeitern, ein.

Der kleine Laden in Babelsberg hat mir auch Freude gemacht, nicht nur aber doch überwiegend. Dort war es persönlicher, man kannte die Stammkunden und hatte auch Zeit für einen Schwatz. Im Marktcenter wiederum, herrschte teilweise hektische Betriebsamkeit, zumindest in den ersten Jahren. Hier war ein ständiges Kommen und Gehen, ein Liefern und Abholen, die Marktstandbetreiber waren eine zwar lockere, aber doch sich gegenseitig unterstützende Gemeinschaft.

Die Milchquelle auf der Brandenburger Straße besuchten in guten Zeiten an manchen Tagen weit über eintausend Kunden. Streckenweise hatten dann beide Kassierer gut zu tun, und das Auffüllen der Regale geriet zur sportlichen Herausforderung. Trotzdem blieb oft die Zeit, mit dem einen oder anderen Kunden ein persönliches Wort zu wechseln

In Babelsberg kam oft unser damaliger Oberbürgermeister und späterer Ministerpräsident Matthias Platzeck mit seiner Freundin Karla Kniestedt Käse kaufen. Er war ein Kenner und Genießer. Im Marktcenter konnte ich den Regisseur Andreas Dresen, Brandenburgs damalige Kulturministerin Johanne Wanka und die Präsidentin des Potsdamer Stadtparlamentes Birgit Müller als prominente Stammkunden begrüßen.

Das alles war nun vorbei, und mit etwas Wehmut im Herzen und etwas mehr Freude auf das Kommende fuhr ich aus dem Parkhaus des Marktcenters.

2005 wurde unser Bausparvertrag zuteilungsreif und löste das teure Darlehen bei der BADENIA ab. Von da an ging's finanziell wieder bergauf. Die Zinsen hatten sich mehr als halbiert.

2010 wurde meine Rentenversicherung fällig. Das war ein richtig warmer Regen. Wir konnten unseren Hauskredit ablösen, und es blieben etliche Euro übrig, die wir zinsgünstig anlegten. Zwischendurch wurden die zwei Kapitallebensversicherungen fällig, die ich 1991 und 1992 zur Kreditabsicherung hatte abschließen müssen.

Warum ich mich 2010, kurz vor meinem sechzigsten Geburtstag, wieder aufs Motorradfahren verlegt hatte, vermag ich nicht zu sagen. Vielleicht gab es auch gar keinen konkreten Anlass. Vielleicht schlummerte die Sehnsucht nach Freiheit und Abenteuer tief in mir und wartete nur auf eine Gelegenheit, wieder hervor zu kommen. Jedenfalls hatte mich das Bikerfieber gepackt, und ich habe mir eine 800er Kawasaki gekauft, eine Chopper. Seitdem fahre ich nach Feierabend und am Wochenende, wenn das Wetter passt, mit Begeisterung auf der sieben-Zentner-Maschine durch die Gegend. Es gibt nichts Schöneres.

Im Vorfrühling 2010 begann ich, mich für Motorräder zu interessieren, speziell für Chopper.

Diese Bikes haben so gut wie keine Verkleidung, schräg gestellte Vorderradgabeln, vorverlegte Fußrasten und hochgezogene Lenker. Es sind schwere Maschinen mit großem Hubraum, vorzugsweise von der Firma Harley-Davidson.

Der Preis für eine „Harley" lag jedoch außerhalb meines Budgets, Die japanischen Hersteller boten da mehr Möglichkeiten. Nach langem Schauen und Überlegen fiel meine Wahl auf eine „Kawasaki VN 800 Classic". Das spezielle Modell stand bei einem Händler in Schönebeck an der Elbe und gefiel mir auf Anhieb. Es hatte einen weinroten Tank, zwei Seitentaschen aus Leder, eine Sissibar und jede Menge Chrom, ein echt cooles Teil. Der Händler verlangte dafür 4.290,- Euro, ein stolzer Preis. Als Baujahr stand 1999 im Kfz Brief. Auf dem Tacho waren 13.674 Kilometer angezeigt.

Im April fuhren wir nach Schönebeck.

Ich saß Probe, startete den Motor und war vom Sound sofort begeistert. In den 800 Kubik der beiden Zylinder tummelten sich 56 Pferdestärken. Das überzeugte mich. Ich unterschrieb den Kaufvertrag und fuhr mit dem Kfz-Brief nach Hause. Am nächsten Tag holte ich mir von der Zulassungsstelle ein Überführungskennzeichen. Der übernächste Tag sah uns wieder auf dem Weg nach Schönebeck. Dort nahm ich mein neues Motorrad in Besitz, endlich.

Ich war unglaublich aufgeregt. Immerhin hatte ich seit gut fünfunddreißig Jahren auf keinem Motorrad gesessen, der Roller zählte nicht.

Wir schraubten das Kennzeichen an, der Monteur schob das Bike aus der Werkstatt bis zur Ausfahrt, ich zog meine neue Lederjacke an, setzte den Helm auf und nahm auf der VN 800 Platz.

Tief durchatmen, Starter drücken, Kupplung ziehen, erster Gang rein, Kupplung kommen lassen und gleichzeitig Gas geben – soweit so gut. In der Theorie und der Erinnerung war alles ganz einfach. In der Praxis schoss die Kawasaki mit mir davon, dass ich Mühe hatte, mich auf der Maschine zu halten. Nachdem ich das Bike mit Ach und Krach unter Kontrolle gebracht hatte, fuhr ich zur nächsten Tankstelle und füllte Super bleifrei ein.

Als dann meine vor dem Motorradhandel wartende Frau mich heil und unversehrt zurück kommen sah, fiel ihr ein Stein vom Herzen, denn sie hatte meine unsichere Fahrweise mitbekommen.

Wir stimmten uns kurz ab und los ging es in Richtung Heimat. Mit jedem Kilometer sicherer werdend, war mir nach einer Stunde schon so, als hätte ich nie mit dem Fahren pausiert. Unter mir arbeiteten hörbar die sechsundfünfzig Pferde und trieben die sieben Zentner Kilo Chrom und Stahl über die Landstraße. Ich genoss den Fahrtwind, die Frühlingsluft und das Gefühl, frei zu sein.

Das Motorrad war mein Geburtstagsgeschenk. Am 7. November 2010, einem Sonntag, feierten wir meinen Sechzigsten. Wir hatten den Raum in der Damsdorfer Sportlerklause gemietet und Verwandte und Bekannte zum Brunch ab zehn Uhr eingeladen. Es kamen dreißig Leute.

Unsere Dorfkneipe „Zum Landlord" präsentierte ein tolles Buffet, später gab es noch Kaffee und Kuchen, und am frühen

Abend trollten sich alle nach einer schönen Feier satt und zufrieden nach Hause. Als besondere Überraschung hatte meine Frau einen Zauberer engagiert, einen Nachwuchskünstler, der gerade dabei war, sein Hobby zum Beruf zu machen. Felix Wohlfarth hieß der junge Mensch. Er brachte eine tolle Show, bei der er die Zuschauer mit einband und für manch ungläubiges Staunen sorgte. Das Tollste aber bei der ganzen Sache war, dass dieser Zauberer vor gar nicht langer Zeit Schüler in der Potsdamer Lenne-Schule gewesen war und bei mir Käsebrötchen gekauft hatte.

Mein Sechzigster war, soweit ich mich erinnere, der letzte Geburtstag, den wir groß gefeiert haben. Bis dahin haben wir diese Ereignisse immer mit zwölf bis vierzehn Leuten gefeiert. Das ist so nach und nach eingeschlafen. Leute werden alt und sterben, Freundschaften zerbrechen, für manche werden andere Dinge wichtiger, so ist das Leben. Jetzt gehen wir, wenn ein entsprechender Termin ran ist, mit Schwester und Schwager irgendwo Mittagessen, weil Achim wegen seiner Tierhaarallergie uns nicht mehr besuchen kann, und freuen uns, wenn Familie Walther Junior zu Besuch erscheint.

Mit meiner Chopper, der ich den Namen „Christine" gegeben habe, fahre ich bis heute über die Straßen von Zauche, Fläming und Havelland. Es macht mir immer noch Spaß. Manchmal, wenn ich die Zeit beim Fahren vergesse, führt mich meine Maschine

bis tief nach Sachsen Anhalt hinein, und da kommt es schon mal vor, dass ich zweihundert Kilometer an einem Sonntagnachmittag abreiße. Wer selbst schonmal Motorrad gefahren ist, wird mich verstehen.

Alle Aufsätze, die ich während meiner Schulzeit ablieferte, bekamen fast durchweg die gleiche Benotung:

Inhalt und Ausdruck =1
Rechtschreibung und Grammatik = 2
Form = 4

Hier zeigte sich schon frühzeitig ein gewisses literarisches Talent, das meinen Deutschlehrer durchaus mit Vergnügen die jeweilige Abhandlung lesen lies, wenn er sie denn entziffern konnte, denn meine Schrift, so meinte der Pädagoge, lege die Vermutung nahe, dass ich später eine medizinische Laufbahn einschlagen würde. Die unleserliche Signatur eines Arztes hätte ich bereits.

Im August 1975 schickte ich drei „wissenschaftlich-phantastische" Erzählungen an den Verlag „Neues Berlin" und wartete darauf, dass man mich als weltweit gefeierten Nachwuchs-schriftsteller entdeckte. Der Verlagslektor lud mich tatsächlich zu einem Gespräch ein. Zwei Stunden lang hielt er mir einen Vortrag über die Bedeutung der Literatur im Allgemeinen, der utopische Literatur im Besonderen und das Potential meiner Erzählungen unter Berücksichtigung der Gestaltung der entwickelten sozialistischen Gesellschaft im Speziellen.

Ich überarbeitete die Geschichten in diesem Sinne, bekam aber leider eine endgültige Absage. Schade.

Die drei Geschichten schrieb ich fein säuberlich mit der Schreibmaschine auf Papier im A5 Format und ließ die Seiten zu einem kleinen Buch binden. Damals war so etwas noch bezahlbar. Das Buch steht noch heute in meiner Bücherwand.

Mein erstes Gedicht war, abgesehen von einigen unbedeutenden Versuchen, die Liebeserklärung an meine damals von mir Angebetete, wie weiter vorn zu lesen ist.

Anfang der siebziger Jahre entstanden etliche ungelenke Liebesgedichte, die ihre Adressaten nie erreichten. In den achtziger Jahren schrieb ich, vorwiegend während der Parteiversammlungen, denn da hatte ich Muse dazu, eine gewisse Anzahl humoriger Verse und ein paar Weihnachtsgedichte. Einige dieser „Wortkunstwerke" konnte ich über die vergangenen Jahre retten und in meinen Büchern verewigen.

Meine ernsthafte Beschäftigung mit der Lyrik, vorwiegend im klassisch romantischen Stil, begann mit der Jahrtausendwende und hielt ca. acht Jahre an. Während dieser Zeit brachte ich an die fünfhundert Gedichte zu Papier, und einige davon waren richtig gut. Die Experten der „Bibliothek deutschsprachiger Gedichte" bescheinigten mir „hervorstechendes lyrisches Gestaltungs-vermögen", „originelle Ideenfindung" und ich würde mein „poetisches Handwerk zweifellos beherrschen". Auf diese fachliche Expertise bin ich immer noch stolz.

Leider ist es mir bis heute nicht gelungen, eines meiner Manuskripte bei einem Verlag unterzubringen. Die Antworten auf meine diesbezüglichen Anfragen ähnelten sich auffallend:

- Passt nicht in unser Programm
- Ist nicht für unseren Verlag geeignet
- Unser Programm wird lange im Voraus festgelegt
- Lyrik geht zu Zeit ganz schlecht

und so weiter und so fort. Manchmal kam auch gar keine Antwort. Oder es kamen Angebote in der Art: „Sie wissen doch, selbst Goethe hat seine ersten Ausgaben selbst finanziert. Wir würden ja gern, aber das Buchgeschäft ist Zwängen unterworfen, doch wenn Sie einen Druckkostenzuschuss zahlen würden…". Das billigste Angebot aus dieser Richtung war 6.000,- Euro für eine Startauflage von 300 Stück, davon 20 Stück für mich. Ich habe dankend abgelehnt.

Weil ich aber bei Lesungen und nach Veröffentlichungen einzelner Gedichte in Zeitungen und Zeitschriften oft gefragt wurde, ob und wo man denn die entsprechenden Werke nachlesen bzw. kaufen könne, entschloss ich mich 2004, meine Bücher eigenfinanziert und mit Hilfe von BoD-Verlagen zu veröffentlichen und bin bisher gut damit gefahren. Reich geworden bin ich damit allerdings nicht. Mittlerweile habe ich fünf Gedichtbände, zwei Sachbücher, einen Roman und eine Anthologie im Selbstverlag herausgegeben. Als Partner dabei habe ich mich für „Books on Demand" in Norderstedt entschieden. Die Leute dort wissen was sie tun und machen eine gute Arbeit.

Allerdings kostete die Erstellung der Druckdatei, die Umwandlung des Textes und die Gestaltung des Umschlages auch nicht wenig Geld. Dafür nahmen die BoD Mitarbeiter die so erstellten Bücher in alle Online Kataloge auf und stellten sie den relevanten Versandhändlern wie Amazon, Bücher.de, Thalia usw. zur Verfügung. Eine ISBN gab es auch, und alle meine bisher veröffentlichen Bücher können online und in jeder Buchhandlung bestellt und gekauft werden. Alle Suchmaschinen finden mich und meine literarischen Werke und zeigen diese an. Das ist doch toll, oder?

Die Preise bei BoD Norderstedt sind über die Jahre ordentlich gesunken. Wahrscheinlich war der Konkurrenzdruck durch ähnliche Unternehmen, die sich nach und nach etabliert hatten, doch zu groß geworden. Musste ich für meinen ersten Gedichtband noch ein paar hundert Euro hinlegen, so kostet jetzt, vorausgesetzt man ist willig und in der Lage, Text und Umschlag komplett selbst zu gestalten, die Erstellung einer druckfähigen Datei nur noch 39,- Euro. Dazu kommt dann noch ein Preis pro Exemplar, wenn man Bücher für den Eigenbedarf bestellt, in Abhängigkeit von Art und Größe des Buches, sowie Anzahl der bestellten Exemplare. So bezahle ich beispielsweise für 100 Stück eines Buches von ca. 200 Seiten, Paperback, A5 ca. 7,50 Euro pro Exemplar.

Mit der Erstellung meines ersten Kalenders für das Jahr 2019 entdeckte ich eine Druckerei, die wesentlich niedrigere Preise für Druckerzeugnisse verlangt. Allerdings vergeben sie keine ISBN, und somit taucht das so fertig gestellte Buch in keinem Katalog auf. Man muss sich also komplett selbst um die Vermarktung kümmern. Das begrenzt natürlich den potentiellen Abnehmerkreis.

Die Kalender, die ich seitdem für jedes folgende Jahr erstelle und für 8,- Euro innerhalb der Gemeinde anbiete, werden, wie die Bildbände auch, in einer sehr guten Qualität kurzfristig und preiswert gedruckt. Da kann man doch nicht meckern, oder?

Kalender erstelle ich auch regelmäßig für die Ferienanlage „Netzener See" in Trechwitz. Auch Ansichtspostkarten habe ich für diese „Firma" designt.

Meine „Schriftstellerkarriere" startete 2004 mit dem Gedichtband „Mit Blüten träumen". Auf 168 Seiten A5 präsentierte ich Natur- und Liebesgedichte im Wandel der Jahreszeiten. Epische Texte dazwischen rundeten die Sache ab.

Wie viel Exemplare ich davon verkauft habe, weiß ich nicht, aber ein paar hundert waren es schon.

Die erste Lesung führte ich in Stücken, einem Dorf bei Michendorf, vor einem Frauenkränzchen durch. Eingeladen hatte Itha Winkler, die gemeinsam mit Frau Tamms die Buchhaltung für mich machte und dieser literaturinteressierten Runde angehörte. Meine Frau las abwechselnd mit mir Gedichte und

Texte vor. Dazwischen ließ ich passende Melodien von einer eigens dafür zusammen gestellten CD aus dem Recorderlautsprecher erklingen. Die Lesung war ein voller Erfolg. Wir bekamen viel Beifall und verkauften sage und schreibe elf Bücher.

Wie an anderer Stelle zu lesen ist, gaben wir 1997 einem Kaukasischen Owtscharka aus dem Potsdamer Tierheim bei uns ein neues zu Hause. Da wir keinerlei Hundeerfahrung hatten, holte ich mir Ratschläge aus der Literatur und von erfahrenen Herdenschutzhundebesitzern im Internet. Sozusagen als Gegenleistung berichtete ich auf der Mailingliste oft von kleinen Erlebnissen, die wir auf unseren täglichen Spaziergängen hatten. Einer meiner Mailpartner brachte mich auf die Idee, diese Anekdoten zusammen zu fassen und daraus ein Buch zu machen. Dass ich da nicht selbst darauf gekommen war.

Ich setzte mich vor meinen Rechner, überarbeitete die kurzen Erzählungen und brachte sie in eine nachvollziehbare Reihenfolge. Dann druckte ich sie aus und trug die losen Blätter zum Buchbinder. Das so entstandene, zwischen zwei Pappdeckeln gepresste Machwerk nannte ich „Jana vom Laternenpfahl", weil die Hündin an einer Laterne angebunden war, als sie gefunden wurde.

Nachdem das Buch fertig war und ich es nochmal durchgesehen hatte, gefiel es mir nicht mehr. Ich begann nochmal von vorn und schrieb den Roman „Kaukasen küsst man nicht". Eine Geschichte, in der sich Realität und Fiktion miteinander vermischen. Das Buch kam sehr gut an und verkaufte sich im Laufe der Jahre über zweitausendmal.

Daran anknüpfend, schrieb ich 2018 den Erzählband „Kein Hund für Stubenhocker", der auflagenmäßig leider nicht an seinen Vorgänger heran reichte.

Die nächsten Gedichtbände veröffentlichte ich 2006 (Zwischen Zeit und Traum) und 2007, (Sowas kommt von sowas). 2012 folgte aus Anlass zum 112. „Deutschen Wandertag" im Fläming das Buch „Unterwegs" mit Gedichten und Bildern zum Thema und 2015 endlich ein Hardcoverband mit allen bis dahin von mir geschriebenen Gedichten.

Der Dichter von Damsdorf

Wolfgang Walther erzählt, wie ihn sein Hund zum Schreiben inspiriert

Damsdorf (tine). In Damsdorf entstehen Romane. Der Hobby-Dichter Wolfgang Walther wird durch die Natur in hiesigen Gefilden zum Schreiben animiert. Von der Potsdamer Zeppelinstraße, die ihm nach der Wende zu laut und zu schmutzig wurde, zogen er und seine Frau 1995 aufs Land. Eigentlich hat ihn eine Geschäftsidee dazu veranlasst. Er wollte seinen Laden aus der Brandenburger Straße, „Walthers Milchquelle", nach Damsdorf holen. Doch nun schmunzelt er über den Einfall in der Abgeschiedenheit eine Milchbar zu eröffnen. Wolfgang Walther ist 1950 in Zwickau geboren. Mit 20 Jahren verschlug es den gelernten Dreher nach Potsdam. Seit der Schulzeit schreibt er Gedichte. Seine ersten Zeilen entstanden aus den Herzschmerz. Er schenkte das Gedicht seiner Angebeteten, doch diese erwiderte seine Liebe nicht. Dieses erste „Werk" ist seitdem verschollen. Walther hätte es gern zu seiner Sammlung hinzugetan. Ungefähr 500 Gedichte hat er bereits fabriziert. Zahlreiche Kurzgeschichten gehören dazu. Theodor Fontane, Heinrich Heine und Christian Morgenstern gehören zu seinen Vorbildern. Seinen Stil bezeichnet er als „klassisch-romantisch". Er schreibt gern gereimt. „Ich weiß, dass ungereimtes Dichten modern ist, aber Reimen liegt in mir", erklärt er. Seine Werke entstehen auf besondere Art, denn er geht dichtend durch Damsdorfs Flur. In der Tasche hält er ein Diktiergerät bereit. Wenn ihm etwas einfällt, dann schaltet er es an und spricht Verse aufs Band. Durch diese Art des „Schreibens" ist vor drei Jahren sein erster Roman entstanden. Inspiriert hat te ihn wieder die Liebe, doch dieses Mal war es kein menschliches Wesen, das er verehrte. Sein kaukasischer Schäferhund, der ihn bei den täglichen Spaziergängen begleitet, brach te ihn auf die Idee, einen Roman zu schreiben. Die Herdenschutzhunde, die sogar gegen Bären und Wölfe kämpfen könnten, faszinieren ihn. „Kaukasen küsst man nicht" heißt sein Werk. „Es ist eine Mischung aus Tier-, Heimat- und Abenteuerroman mit kriminalistischen Elementen", erzählt der Autor. Seine Kaukasin mit Namen Jana bekam er aus einem Potsdamer Tierheim. Ausgangspunkt der Geschichte ist die Vorstellung, wie das große Wuscheltier aus dem Kaukasus nach Deutschland kam. In der Story verarbeitet Walther auch Dinge, die er in Damsdorf erlebt hat. Die Fortsetzung der Geschichte tüftelt er momentan. Die Hälfte ist schon fertig, doch die Fertigstellung wird's noch rund ein Jahr brauchen, erklärt der Dichter. Er hat die neue Geschichte als Gerüst in seinem Kopf. Beim Schreiben findet er es spannend, wenn die Handlung plötzlich eine ganz andere Wendung nimmt, als vorher gedacht. Auch im neuen Buch spielt der Kaukase Jana eine Rolle, nur dass die echte Jana nicht mehr lebt. Ein neuer Hund dieser Rasse lebt jetzt wieder bei der Familie und „hilft" dem Dichter beim Texten. Obwohl er schon einige Bücher verkauft hat, kann er seine Brötchen von der Dichtkunst nicht verdienen. Der Hobby-Dichter verkauft in einem Potsdamer Schülercafé Brötchen. Seine Arbeitspausen nutzt er auch zum Schreiben. Er hat nicht immer geschrieben. Im Alter zwischen 20 und 30 Jahren ging das nicht. Diese Zeit war ihm zu aufregend um zu schreiben. Lieber ist er zu dieser Zeit mit seiner 350er Jawa durch die Mark gedüst, als den Stift zu rücken.

Er schreibt in der Natur: Wolfgang Walther ist mit Diktiergerät und Hund kreativ. Foto: tine

Mit „Die Bande vom Eiskellerberg" landete ich 2010 in meiner Heimatstadt einen Volltreffer. Ein Buch über Kindheit und Jugend im Zwickau der fünfziger und sechziger Jahre. Nach einem Presseartikel im Lokalteil der „Freien Presse" riss die Nachfrage nach dem Buch nicht ab. Es folgte 2011 aus Anlass der 900-Jahrfeier der Stadt Zwickau eine Lesung im ausverkauften „Lutherkeller", bei der ich mein Buch vorstellte, verkaufte und signierte. Im Ergebnis dieser Veröffentlichung bekam ich viele Zuschriften von begeisterten Lesern, die sich bei mir bedankten für die schönen Erinnerungen und die mir ihre Erlebnisse berichteten. Darauf aufbauend überarbeitete ich die

„Eiskellerbergbande" und veröffentlichte das Ergebnis im Frühjahr 2018. In dieser Fassung brachte ich zahlreiche Fotos und Dokumente aus der beschriebenen Zeit unter. Ein Jahr später knüpfte ich mit „Haushaltstag und Westpakete" an den Erfolg an und beschrieb in dem Band Alltäglichkeiten in der DDR.

In Zwickau gründete sich ein Verein, dessen Ziel es war, die von mir beschriebenen Orte zu finden, zu erforschen und den jetzigen Zustand zu dokumentieren und zu vergleichen. Die Vereinsfreunde luden mich zu einer Lesung ins Lutherheim in der Bahnhofstraße ein. Ich sagte zu und las an einem Tag während unseres Urlaubs im Vogtland im vollbesetzten Kaffeeraum der Einrichtung. Anschließend gab es bei Kaffee und Kuchen Autogramme und Gedankenaustausch mit den Zuhörern.

Liebhaber romantischer Lyrik konnten und können bei Lesungen mich persönlich kennen lernen und sich ihre Bücher signieren lassen. So geschehen zum Beispiel bei entsprechenden Veranstaltungen vor Senioren, in der Lehniner Bibliothek, im großen Sitzungssaal des Lehniner Rathauses und im Kulturhaus der Stadt Falkensee.

Immer wieder wurden meine Gedichte im „Preußen Spiegel", und der „BRAWO", in der „Märkischen Allgemeinen", in der Festbroschüre zur 825 Jahr Feier von Kloster Lehnin, und in der Broschüre „Heimat" zur 850 Jahrfeier des Landes Brandenburg veröffentlicht. Brachte ich ein neues Buch heraus, schrieb Heiko Hesse in der „Märkischen Allgemeinen" eine Rezension dazu.

Ich bekam viele ermutigende Zuschriften, per Mail und mit der Post. Ein Leser schrieb mir nach der Lektüre der „Eiskellerbergbande" einen mehrseitigen Brief, in dem er Ereignisse aus seiner Jugendzeit schilderte, die meinen Abenteuern ähnlich waren und diese ergänzten.

Ein Leser sandte seine Gedanken zu einem zuvor veröffentlichten Gedicht von mir, das mit einem dazu passenden Foto von mir veröffentlicht worden war, und sprach davon, wieviel Hoffnung diese Zeilen in einer doch so unruhigen und egoistischen Zeit steckten.

Eine weitere Leidenschaft von mir war und ist die Fotografie. Der gehe ich schon seit einer gefühlten Ewigkeit nach. Begonnen hatte alles mit einer Pouva Start, eine Rollfilmkamera, geschenkt von meiner Schwester zur Jugendweihe. Nach der Pouva wurde es eine Penti im goldenen Metallgehäuse, dann eine Fuji und eine Olympus (alles Kleinbild), bevor ich mir meine erste Digitalkamera zulegte, eine Fuji Finepix kompakt. Schließlich landete ich bei einer Spiegelreflexkamera „Canon EOS 650d" und war ganz zufrieden damit. Regelmäßig nehme ich an Fotowettbewerben teil und bekomme ebenso regelmäßig Preise für eingereichte Fotos.

Meine bevorzugten Motive sind die Natur und das Erscheinungsbild der Städte und Dörfer. Mittlerweile habe ich technisch aufgerüstet und mir eine Canon EOS 90d zugelegt. Diese Investition hat sich absolut gelohnt.

2020 begann ich mit der Arbeit an einem Bildband über Damsdorf und Umgebung, den ich nach Fertigstellung 2021 an Einwohner meines Wohnortes und andere Interessenten verkaufte. Im selben A4 Format war der Bildband anlässlich des zwanzigsten Jahrestages der Gründung der Gemeinde „Kloster Lehnin" 2022. Jeder der zugehörigen vierzehn Orte bekam seinen Anteil an den 236 Seiten und 380 Farbfotos in diesem Buch und wurde mit Bild und Text vorgestellt.

Die Gemeinde bestellte eine Anzahl Bücher bei mir, und der Bürgermeister überreichte bei bestimmten Anlässen, wie Ehrungen von Jubilaren und Ehrenamtlern, jeweils ein Exemplar.

Im Jahre 2005 kam ich durch Zufall zur „Havelländer Autorengruppe", einer losen Vereinigung schreibender Männer und Frauen aus Brandenburg/Havel, der Zauche und dem Havelland. Ich war Zuhörer bei einer Lesung der Gruppe im Brandenburger Fontaneclub und meldete mich nach Ende der Veranstaltung spontan an. Die Autorengruppe führte zweimal im Jahr im Fontaneclub eine Lesung durch und veröffentlichte jedes Jahr eine Anthologie mit neuen Beiträgen der Mitglieder.

Zwei jüngere Frauen trafen sich mit dem wesentlich älteren Rest, von dem ich der jüngste Teilnehmer war, einmal im Monat, um neueste Werke vorzustellen und begutachten zu lassen.

Nachdem der damalige Leiter Hans Nau seinen achtzigsten Geburtstag erreicht hatte, gab er sein Ehrenamt ab und schlug mich als Nachfolger vor. Die Gruppe war einverstanden, und ich führte sie bis zur Auflösung 2012, weil die jungen Mitglieder nicht mehr wollten und die alten wegstarben.

An einem bemerkenswerten Ereignis konnten wir, meine Frau und ich, 2016 teilnehmen, dem Sommerfest der Brandenburger Landesregierung. Die Märkische Allgemeine Zeitung (MAZ) hatte ein Preisausschreiben ins Leben gerufen, dessen erste drei Preise je eine Einladung zu besagter Festlichkeit waren. Gesucht wurde der schönste Vierzeiler über Brandenburg.

Das war für mich keine Herausforderung.

Wir sprachen mit unserem „Minipräsi" Dietmar Woidke, der mein Brandenburg Gedicht mit Goethes Werk verglich, mit dem Profiboxer Axel Schulz, der sich gern mit mir fotografieren ließ und mit Chris Doerk, die mit Baskenmütze und Zöpfen daherkam, wie vor vierzig Jahren.

Insgesamt war es ein schöner und kurzweiliger Abend mit netten Leuten und interessanten Gesprächen. Speisen und Getränke waren frei, was will man mehr.

Ein neues Volkslied ist geboren

„Mein Brandenburg" erlebt in Radewege seine Uraufführung

YVETTE VON GIERKE

RADEWEGE ■ Das Stück hat das Zeug zur zweiten Landeshymne. Die Melodie ist eingängig wie ein Volkslied und bleibt länger auf den Lippen, ob gesungen, gesummt oder gepfiffen. Die Vorlage lieferte der Damsdorfer Freizeitlyriker Wolfgang Walther mit seinem Gedicht „Mein Brandenburg". Diese Zeilen sind nun vertont. Der Radeweger Hobbymusiker Raymund Menzel hat dem Text eine Melodie auf den Leib komponiert. Zum ersten Mal getroffen haben sich die kreativen Köpfe am Mittwoch.

Dass sie ihre Uraufführung ausgerechnet im Lokal „Zum Beetzseeknick" in Radewege feierten, war kein Zufall. Mit ihrem Ständchen überraschten sie den Mann, der ihre Gemeinschaftsproduktion ins Rollen brachte. Der Gastwirt Siegfried Huss war von dem Gedicht über die Heimat angetan. Es gefiel dem sonst eher wortkargen Senior so sehr, dass er es singen wollte.

Nachdem er dem Dichter seine Idee vorgetragen hatte und Zuspruch fand, brachte der 64-Jährige den Text im Oktober zum Nachbarn. „Er fragte, ob ich eine Melodie dazu komponieren könne", erzählte Raymund Menzel. Zwei Tage lang sei ihm das Gedicht durch den Kopf gegangen. Darin lässt der Autor seinen Blick über Spargelreihen und Erdbeerfelder, über dunkle Kiefernwälder und das Blütenfest im Havelland schweifen. „Es hat mich angerührt und inspiriert", gestand Menzel dem Urheber. Vor der Premiere probten Dichter und Komponist in Menzels Wohnzimmer. „Ich habe eine volksliedähnliche Melodie geschrieben", sagte Menzel. Der Dichter traf die

Premiere im Lokal „Zum Beetzseeknick": Raymund Menzel, Astrid und Siegfried Huss, Wolfgang Walther und Ilse Huss (von links) haben ein Gedicht gesungen: „Mein Brandenburg" FOTO: YVG

Töne auf Anhieb. Zusammen verpassten sie dem Lied den letzten Schliff und wiederholten zwei Takte am Ende jeder Strophe. Bald waren sie für den Auftritt bereit und zogen „Zum Beetzseeknick".

Bis dahin hatte Raymund Menzel die Komposition mit keiner Silbe erwähnen dürfen, wenn Huss mal wieder nachfragte. Der glaubte seine Idee von der Melodie längst vergessen. Seine Tochter Astrid hatte eine Überraschungsparty organisiert und Freunde, Familien-

angehörige und Geschäftspartner eingeladen. Bevor Siegfried Huss in den Ruhestand geht und die Gaststätte übergibt, wollte sie ihm einen Herzenswunsch erfüllen.

Und so schaute Siegfried Huss verdutzt in die Runde. Er fiel aus allen Wolken, als er schließlich merkte, dass die Feier allein ihm gilt. Als Raymund Menzel dem Gastwirt dann noch den Verfasser des Brandenburg-Gedichtes vorstellte und das Lied ankündigte, konnte Huss seine

Freude kaum in Worte fassen. Vom Engagement der Tochter und vom Lied war der Vater schier überwältigt. Menzel verteilte derweil Kopien im Saal: „Wer sich im Text unsicher fühlt, kann einfach mitbrummen." Echte Brandenburger fragten nach dem Patentrecht, brauchten aber keine Lesebrillen, um ihre Heimat zu beschreiben: „du Land der Wälder, Land der Seen". Was der Dichter vor zwei Jahren verfasste, erschallte erstmals in Radewege aus vielen Kehlen.

Ein Werk von mir, „Mein Brandenburg", inspirierte den Musiker Raimund Menzel aus Radewege zur Komposition eines entsprechenden Liedes, nachdem ihm der Gastwirt der Kneipe „Zum Beetzseeknick" seine Begeisterung über dieses Gedicht, welches er in einer Zeitung gelesen hatte, zum Ausdruck brachte. Diese Komposition wurde bei der Verabschiedung des Wirtes aus dem Berufsleben vor versammelter Zuhörerschaft vorgetragen. Er war sichtlich ergriffen. Die Presse war dabei.

Leider hat sich die Komposition als neue Brandenburg-Hymne nicht durchgesetzt. Bei internen Veranstaltungen, wenn ein Insider anwesend ist, kommt es vereinzelt zum Absingen aller Strophen. Dem Ministerpräsidenten des Landes Brandenburg hat es jedenfalls überzeugt.

Die Übernahme der Cafeteria erwies sich als wahrer Glücksfall.

Vom ersten Tag an kam ich gut mit der neuen Herausforderung klar. Das Lehrerkollegium war sehr entgegenkommend, auch mit den Schülermassen, die täglich meine kleine Cafeteria fluteten, hatte ich keine Probleme. Die wollten ja alle was von mir. Natürlich gab es auch mal den einen oder anderen Schüler, der seinen Kumpels beweisen wollte, was für eine coole Socke er war und der mir dämlich kommen wollte. Derartige Entgleisungen wurden meist durch die umstehenden älteren Schüler energisch unterbunden. So funktioniert gegenseitige Erziehung.

Die Lenne-Schule hatte einen sehr guten Ruf in Potsdam und Umgebung. Regelmäßig meldeten sich mehr als doppelt so viele Schüler an, als aufgenommen werden konnten. Das hatte den Vorteil, dass die Schulleitung sich aussuchen konnte, wer aufgenommen wird und wer nicht. Wer also in seiner Gesamteinschätzung einen negativen Trend erkennen ließ, sah die „Lenne" nur von außen.

Wir waren eine Gesamtschule mit gymnasialer Oberstufe. Die Schüler lernten hier von der siebten bis zur dreizehnten Klasse und legten im Idealfall im letzten Schuljahr ihre Abiturprüfung mit einem positiven Ergebnis ab.

Ihr letztes Schuljahr feierten die dreizehnten Klassen traditionell mit einer ausgelassenen Abschiedswoche. Sie verkleideten sich jeden Tag zu einem anderen Motto, trieben mit allen Leuten Schabernack und nahmen nichts mehr ernst. Da war immer ein Tohuwabohu im ganzen Schulhaus.

Meist wurden im neuen Schuljahr fünf neue siebte Klassen aufgemacht, manchmal waren es nur vier. Das bedeutete, hochgerechnet auf alle Klassen, dass 700 bis 800 junge Menschen sich im Schulhaus tummelten und während der Pausen von mir versorgt werden wollten, ein großer Teil jedenfalls. Dazu kamen noch die Fünf- und Sechstklässler aus der benachbarten Grundschule, die zwar ihr Schulgebäude nicht verlassen durften, dies dessen ungeachtet trotzdem machten. Das war der totale Stress, während der Pausen und während der Vorbereitung der Pausen. Manchmal reichte die Schlange hungriger Schüler über den gesamten Flur und die Treppen hinunter bis zum Parterre. Lange warten jedoch musste niemand, denn ich war flink und gut vorbereitet. Zu Beginn der Pausen lagen verkaufsbereit im Regal und auf dem Tresen 72 Käse- oder Käseschinken Brötchen, 20 bis 30 Baguettes, 20 Brezeln und diverse Donuts und Kuchenstücke. Um alles immer rechtzeitig fertig zu haben, musste ich mich ganz schön drehen.

Der kleine Raum erwärmte sich ziemlich schnell, weil der Backofen fast ununterbrochen im Einsatz war. Im Sommer konnten hier schon mal Temperaturen von 35 bis 40 Grad herrschen.

Die Frühstückspause, nach der zweiten Stunde, war dreißig Minuten lang, während der Mittagspause hatten die Jungs und Mädels fünfzig Minuten Zeit zum Futtern.

Während der kleinen, zehnminütigen Pausen und nach der sechsten Stunde läpperte sich der Umsatz so dahin, und um 14:00 Uhr war Feierabend. Dann fuhr ich einkaufen, zu Lidl und Netto und frischte meine Vorräte auf, Käse, Salami, Bouletten, Eier, Getränke, Süßigkeiten und was der Dinge weiter waren. Gegen halb vier trudelte ich zu Hause ein. Dann gab's Kaffee, und anschließend war der Hund dran.

Der Tag begann für mich um fünf Uhr, wenn der Wecker klingelte. Sechs Uhr fuhr ich vom Hof und kam gegen 6:40 Uhr an der Schule an. Mein Kofferraum war immer voll. Vier- bis fünfmal stieg ich vollgepackt die Stufen hoch in den ersten Stock und verstaute alle mitgebrachten Waren. Nach dem Aufschließen schaltete ich den Backofen an, der sich zum Ende der Treppengänge soweit aufgeheizt hatte, dass die ersten Bleche mit Baguettes hinein geschoben werden konnten.

Die vorgebackenen Baguettes, Brötchen und alle anderen Köstlichkeiten lieferte mir Montag und Mittwoch die Firma

Lekkerland, beispielsweise 120 Brötchen bzw. 90 Baguettes pro Karton. Die Sachen kamen tiefgefroren an und mussten umgehend in der Gefriertruhe verstaut werden.

Die ersten Schüler besuchten mich schon vor Unterrichtsbeginn, um ein Käsebrötchen zu kaufen oder eine Brezel oder um einfach nur zu quatschen. Dabei hörte ich mir ihre Geschichten und Sorgen an und war so manches Mal Kummerkasten, Seelenstreichler und Versteher.

Besonders die großen Mädchen schütteten mir oft ihr Herz aus, wenn sie Liebeskummer oder sonstige Sorgen hatten. Die intimsten Dinge bekam ich manchmal zu hören, unglaublich.

Lernstress macht hungrig und durstig. Beide Bedürfnisse konnten durch einen Besuch in meiner Cafeteria gestillt werden. Im Angebot hatte ich belegte Baguettes, Käsebrötchen, Kuchen und Brezeln und jede Menge Süßigkeiten. Natürlich auch alle möglichen Sorten von Getränken. Die Baguettes, mit Salami, Käse, Schinken, Boulette oder Ei belegt, kosteten einen Euro, die Käsebrötchen, einfach eine Scheibe Käse auf ein Brötchen gelegt und zehn Minuten im Ofen gebacken, lagen bei fünfzig Cent, eine Flasche Wasser (0,5L) kam fünfzig Cent, ein halber Liter Eistee einen Euro, nur um ein paar Preisbeispiele zu nennen. Auf diesem Niveau bewegte sich mein gesamtes Sortiment.

Reich wird man bei solchen Preisen nicht. Allein die Menge der Kunden und Käufe brachte einen guten bis sehr guten Umsatz. An manchen Tagen, besonders während der letzten Jahre, kamen dreihundert bis dreihunderfünfzig, ab und zu vierhundert Euro in die Kasse. Das artete richtig in Arbeit aus. Bei einem Gewinn von fünfzig Prozent scheffelt das natürlich. Allerdings gab es auch Tage, an denen ich nur 200 Euro zählen konnte, wenn beispielsweise Projektwochen oder Klassenfahrten angesagt waren.

Zum Schulsportfest packte ich meinen Kombi voll mit Getränken, Kuchen, Süßigkeiten und Käsebrötchen, die ich frühzeitig gebacken hatte und fuhr ins Stadion am Luftschiffhafen, um meine Schüler zu versorgen. Das fanden die klasse.

Gern habe ich in meiner Cafeteria gearbeitet. Die tägliche Begegnung mit jungen Leuten war erfrischend, und die körperliche Arbeit machte mir nichts aus. Dazu kam noch, dass ich nicht mehr, wie im Marktcenter, auf Kunden warten und um Umsatz bangen musste. Natürlich waren nicht alle Tage gleich, und wenn mal eine Klassenstufe nicht im Haus war, merkte ich dies schon.

Schön war es vor allem, während der Ferien gemeinsam mit meiner Biggi Urlaub zu haben. Der Verdienst lag während dieser Zeit allerdings leider bei null Euro. Während der Sommerferien überstrich ich die Wände mit weißer Farbe und machte gründlich sauber. Dabei wurden auch Fenster geputzt, die Kühltruhen abgerückt und alle runter gefallenen Sachen unter den Regalen hervor geangelt. Ansonsten hatte ich frei und musste mir keine Gedanken darüber machen, was im Geschäft während meiner Abwesenheit vielleicht los sein könnte.

Im Gedächtnis geblieben sind mir auch die jährlichen Besuche des Doktor Rauschenbach, seines Zeichens Lebensmittel-kontrolleur. Einmal pro Jahr erschien er in der Milchquelle und später im Marktcenter und inspizierte den Laden und die

Nebenräume auf der Suche nach Verstößen gegen die Hygienevorschriften. Ich bin gut mit ihm ausgekommen, auch wenn er immer etwas zu bemänteln hatte. Es waren lediglich Kleinigkeiten zu beanstanden, aber schließlich musste er seine Existenzberechtigung nachweisen.

Seine Nachfolgerin war leider nicht so umgänglich. Die kam auch in die Cafeteria und war äußerst pingelig. Grobe Verstöße konnte aber auch sie nicht feststellen.

Die drei Großgeräte, die ich von Edeltraut Heusler übernommen hatte, Backofen, Kühltruhe, Kühlschrank, gaben mit der Zeit nacheinander ihren Geist auf und wurden durch Neukäufe bei „Selgros" in Stahnsdorf ersetzt.

So schön meine Arbeit in der Cafeteria der Lenne Schule auch war und so viel Freude ich bei meiner Arbeit und beim Umgang mit meinen Schülern auch hatte – irgendwann kam die Zeit, ans Aufhören zu denken, das war zum Ende des Schuljahres 2015/16 der Fall. Seit fast einem Jahr Altersrentner, wollte ich jetzt einen Schlusspunkt unter mein Erwerbsleben setzen. Biggi hatte noch ein Jahr, bevor sie 2017 in den vorgezogenen Ruhestand gehen durfte. So konnte ich mich ein Jahr lang ans Nichtstun gewöhnen.

Um den Raum nicht ausräumen und die Möbel und Geräte nicht entsorgen zu müssen, suchte ich beizeiten einen Nachfolger. Den bzw. die fand ich in der ehemaligen Partnerin der Frau Heusler. Sie betrieb bereits drei ähnliche Kioske in verschiedenen Potsdamer Schulen und wollte gern die Lenne-Cafeteria übernehmen. Allerdings zeigte sie sich nicht bereit, für die Einrichtung auch nur einen Euro zu bezahlen. Lieber hätte sie alles neu gekauft. Ziemlich gefrustet stimmte ich dem zu, denn für Backofen und Kühlgeräte hatte ich keine Verwendung, und Transport und Entsorgung hätten mich etliche Euro gekostet.

Die Schulleitung informierte ich bereits zum Halbjahr. Das löste keine Freude aus. Bei der Schülerschaft erzeugte die Nachricht, als sie im Laufe des zweiten Halbjahres bekannt wurde, wahre Schockwellen. Für die gehörte ich zur Schule wie Hausmeister und Sekretärin. Die als Trost gemeinte Mitteilung, der Kiosk würde von jemand anderem weiter geführt, konnte niemand zufriedenstellen. Mein Entschluss jedoch stand fest.

Der Wolf verlässt sein Revier

Liebe Schülerinnen, liebe Schüler,

die meisten von Euch wissen es bereits: Mit Ende dieses Schuljahres schließe ich meine Cafeteria und kehre der Lenne'-Schule den Rücken. Schön war es hier. Fast vierzehn Jahre lang habe ich versucht, Eure Wünsche zu erfüllen, Euren Hunger und Euren Durst zu stillen, und ich habe es gern getan. Aber irgendwann ist mit allem Schluss, denn nichts auf Erden dauert ewig, und so ist auch meine Zeit in dieser Schule nicht unendlich, und bekanntlich soll man gehen, wenn es am schönsten ist. Viele Schüler habe ich während meiner Zeit kommen und gehen sehen und habe sie mit meinen Käsebrötchen durch ihre sieben Schuljahre begleitet. War es auch manchmal stressig, alles rechtzeitig zur Pause fertigzuhaben, es hat mir Spaß gemacht. Die 27 Stufen bis zum ersten Stock bin ich im Laufe der 14 Jahre ca. 10000-mal hoch und wieder runter gelaufen. Das macht insgesamt 270.000 Stufen. Dabei habe ich jedes Mal ca. 15 Kilo in meinen Händen nach oben getragen. Das macht zusammen 150.000 Kilogramm, also 150 Tonnen. Für Eure hungrigen Mäuler habe ich ca. 340.000 Käsebrötchen gebacken, dazu 180.000 Baguette, 180.000 Brezeln und 53.000 Pizza - Baguette. Zum Belegen dieser Köstlichkeiten habe ich 480.000 Scheiben Käse (8.000 Kilo), 90.000 Scheiben Salami, 45.000 Scheiben

Kochschinken, 38.000 Bouletten und 17.000 Eier verbraucht. Dazu kamen noch 2.800 Liter Ketschup, 1.300 Liter Mayonnaise und 5.000 Kilogramm Margarine, 5.000 Köpfe Salat und 2.500 Salatgurken. Den Verbrauch an Süßigkeiten kann ich nicht mal schätzen. Ich kann Euch aber versichern, dass Ihr Unmengen an Schokoriegeln und Gummitieren vertilgt habt. Mehr noch waren es Lollis und Mentosstangen. Auch der Getränkeverbrauch ist nicht mehr genau nachvollziehbar. Bestimmt waren es mehr als 300.000 Liter Eistee, Cola, Limonade und Wasser, und das am meisten gesprochene Wort in der Cafeteria war: „Käsebrötchen".

Es ist schon komisch, dieses „Bald bin ich im Ruhestand" Gefühl, aber zu Hause faul rumliegen werde ich sicher nicht. Wir haben ein großes Grundstück, dem ein Teil meiner Zeit gehören wird, mein Motorrad will bewegt werden und für die nächsten drei Bücher habe ich bereits die Ideen im Kopf. Eines davon ist auch schon zu zwei Dritteln fertig. Wer schauen möchte, was ich bisher geschrieben habe, kann mich gern unter www.wolfgangwalther.de besuchen. Vielleicht hole ich mir auch wieder einen Hund aus dem Tierheim nach Hause. Das Schicksal meines ersten Hundes könnt Ihr in meinem Roman „Kaukasen küsst man nicht" nachlesen.

Für Eure Treue bedanke ich mich herzlich. Es ist erstaunlich, mit welcher Regelmäßigkeit und Intensität manche Schüler den Kiosk aufsuchten, und so Mancher hat ein kleines Vermögen hier gelassen. Danke auch für Eure Geduld, wenn es mal nicht ganz so schnell vorwärts ging und für Eure Ausdauer beim Anstellen, wenn die Warteschlange mal etwas länger war. Ich wünsche Euch, dass der nächste Betreiber der Cafeteria es versteht, Euch satt zu bekommen, und dem nächsten Betreiber der Cafeteria wünsche ich, dass Euer Appetit ungebrochen anhält. Ich wünsche Euch alles Gute, bleibt gesund und vergesst mich nicht so schnell. Euer Wolf

(Artikel in der Schülerzeitung „Lenne – Überflieger" im Januar 2016)

Lieber Herr Walther, es ist eine undankbare Aufgabe und doch eine Ehre, jemanden wie Sie in Vertretung aller Schüler zu verabschieden. Sicher werden sich noch viele Schüler von Ihnen persönlich verabschieden, und ich erwarte, dass Sie auch von anderer Seite Dank erfahren, doch das muss hier einfach gesagt werden: Lieber „Wolf", Sie haben uns in unserer Schulzeit mehr als glücklich gemacht. Man könnte Sie auch als „hellen Lichtblick an furchterregenden Tagen" oder „Retter in der Not" bezeichnen, wenn der Blutzuckerspiegel wieder mal gefährlich sank, der Magen sich über das semiexistente Frühstück beschwerte oder eine Tafel Frustschokolade einfach nötig war, mal abgesehen davon, dass Sie sogar beim Sportfest als mobiler Kiosk zu Hilfe eilten. Wie cool ist das denn? Ich könnte von Tausenden tollen Begegnungen, Ratschlägen oder Momenten schreiben, aber dafür reicht der Platz in dieser Zeitung nicht. Apropos Zeitung, Sie waren ein treuer und fleißiger Leser unseres „Überfliegers", weswegen wir uns riesig freuen, dass Sie sich über unsere Zeitung mit Ihrem, nicht ersten, Artikel von uns allen verabschieden. Sie sind uns unglaublich ans Herz gewachsen, und ich glaube, dass das auf Gegenseitigkeit beruht. Wir werden unseren Wolf niemals vergessen und wünschen Ihnen alles erdenklich Gute und eine tolle Zeit.
Merle (für die Redaktion und die Schüler der Lenne-Schule)

(Artikel in der Schülerzeitung „Lenne – Überflieger" im Juni 2016)

Dass etwas im Busch war, ahnte ich bereits. Dass es aber ein so großer Bahnhof werden würde, hatte ich nicht gedacht. Erst als die stellvertretende Schulleiterin mich fragte, wann mein letzter Arbeitstag sei und ob ich dann nach der Frühstückpause zehn Minuten Zeit hätte und ich noch dazu am Vertretungsplan lesen konnte: „9:50 Uhr kurze Schülervollversammlung in der Arena", wurde mir schon ein bisschen mulmig im Bauch, denn was sonst als meine Verabschiedung sollte der Grund für die Vollversammlung sein.

Dann war die Frühstückspause vorbei, die Platten mit Baguettes und Käsebrötchen leergeräumt, und auf dem Regal konnte anhand der großen Lücken der nahe Abschied kaum übersehen werden. Kurz vor Zehn erschien eine Abordnung aus der Zwölften, um mich abzuholen. Zwischen Enno und Lisa marschierte ich die Treppe hinunter und über den Hof, um schließlich unter tosendem Beifall aller anwesenden Schüler durch die Arena zu laufen. Auf der gegenüber liegenden Seite erwartete mich die Schulleitung und weitere Schüler aus der zwölften Klasse.

Im großen Halbkreis hatten sich alle Schüler der Lenne-Schule, von der siebenten bis zur zwölften Klasse, aufgestellt. Die Dreizehn war nicht dabei. Die hatten das Abitur bereits in der Tasche und den Abiball hinter sich. Aber auch ohne die Abiturienten waren über siebenhundert junge Menschen in der Schularena versammelt, um mich zu verabschieden.

Frau Roßland, die Direktorin, hielt eine kurze Ansprache, danach sprach die Oberstufenkoordinatorin ein paar Worte und anschließend redeten Enno und Lisa, die Schulsprecher. Man überreichte mir ein gerahmtes Dankesschreiben, das „goldene Käsebrötchen" und ein paar Kleinigkeiten. Als „Abschiedsbonbon" bekam ich einen Gutschein für zwei Karten für das Event „Stars im Koncert" im Berliner „Estrel".

Nach den offiziellen Dankesworten hielt ich meine Abschiedsrede und dann kamen gefühlt hundert Schülerinnen und Schüler zu mir um sich zu verabschieden und zu bedanken. Insgesamt war es eine sehr bewegende Veranstaltung, die mich trotz der Freude über den Eintritt in das Rentnerleben traurig werden ließ.

Keine meiner Tätigkeiten während meines langen Arbeitslebens hat mir so viel Freude gemacht wie der Käsebrötchenverkauf. Nirgendwo sonst habe ich so viel Anerkennung erfahren, wie von „meinen" Schülerinnen und Schülern.

Heute, am 08. Juli 2016, haben wir einen von uns verabschiedet, den wir am liebsten noch für Ewigkeiten behalten hätten: unseren Wolf (Wolfgang Walther). Er hat Schüler und Lehrer der Lenné-Schule seit 14 Jahren mit seinen berühmten Käsebrötchen, mit Riesenmengen an Getränken, mit Süßigkeiten und vielen anderen Dingen aus seiner kleinen Cafeteria versorgt. Aber er war mehr als unser „Retter in der Not", denn er hörte uns zu, half so manchen von uns, Probleme zu lösen, und bereicherte unser Leben mit Weisheiten aus seinem reichen Erfahrungsschatz. Und mehr noch: Wolfgang Walther schreibt Bücher und scheint eine poetische Begabung zu sein. Wer sich dafür interessiert, kann auf seiner Webseite mehr dazu lesen www.wolfgangwalther.de. Da aber auch die besten Blumen irgendwann gepflückt werden müssen, verabschiedeten wir ihn heute in einer Schülervollversammlung. Lisa (Schulsprecherin), Enno (Sek.-II-Sprecher), Frau Roßland (Schulleiterin) und Frau Scharfenberg (Oberstufenkoordinatorin) verabschiedeten unseren Wolf vor versammelter Schule und übergaben neben Blumen einen eingerahmten Dankesgruß, das „Goldene Käsebrötchen", in dem Grüße von sämtlichen Klassen und Schülern liegen, und einen Gutschein für zwei Tickets für „Stars In Concert". Wolf war — ich zitiere — „anders als der Martini von James Bond – gerührt" (und nicht geschüttelt) von unserer Aktion. Auf dieses Ausmaß einer Verabschiedung war er nicht vorbereitet. „Wolf, wir werden dich sehr vermissen und hoffen, dass du uns oft besuchst. Du bist immer herzlich willkommen bei uns."

Merle für die Lenné-Schüler/innen
(Artikel in der Schülerzeitung „Lenne-Überflieger" im Juli 2016)

Der Wolf und die Stars – ein Dankeschön an alle

Über acht Wochen waren seit meinem Abschied vergangen, und ich hatte den Termin schon vergessen, als ich am 8. September Ennos Brief aus dem Kasten fischte. Der Umschlag enthielt die beiden Karten für Samstag, 10. 9. – Stars in Concert. Natürlich war die Freude doppelt groß, weil erstens die Veranstaltung toll sein sollte (und es auch war) und der quasi unverhoffte Termin nochmal eine Überraschung darstellte. Nachdem ich die Verbindung gecheckt hatte (Bahn über zwei Stunden, Auto eine Stunde) und meine Liebste ihr Wühlen im Kleiderschrank (ich hab überhaupt nichts anzuziehen) nach Stunden beenden konnte, führte uns schließlich das Navi zielsicher zur Sonnenallee 225, zum Hotel „Estrel". Natürlich waren wir eine Stunde zu zeitig da und hatten somit Gelegenheit, den Estrel-Biergarten am Spreeufer zwecks Bratwurst und Bier zu besuchen.

Ab 20.00 Uhr war Einlass. Die Gäste saßen an Vierertischen. Wir hatten den unsrigen für uns allein. Superplätze mit direktem Blick zur Bühne.

Die Show beginnt mit einem Knaller. Licht aus – Spot an. Cher wirbelt über die Bühne von links nach rechts und wieder zurück. Wenn ich's nicht besser wüsste, würde ich schwören, es ist die echte Sängerin. Toll. Rechts, links und mittig der Bühne hängen riesige Bildschirme und zeigen die Originale. Ihre Doubles tragen die gleichen Klamotten und machen mit gekonntem Playback die Illusion perfekt. Nach Cher singt Rod Steward, und nach diesem toben die Blues Brothers über die Bühne und durch den Saal. Rod Steward klingt ebenfalls täuschend echt, geht auch ins Publikum und macht mindestens die Hälfte der anwesenden Frauen an. Die Blues Brothers versuchen Gleiches, nur etwas ungeschickter. Dann ist Pause, und gefühlt fünfhundert Leute drängen zu den zwei Toiletten. Der Rest geht nach draußen um zu rauchen, und schwupp, ist die Pause rum. Harte Beats wummern durch den Saal und lassen die Gläser auf den Tischen vibrieren. Freddie Mercury heizt den Massen ein, und bei seinem letzten Lied „we will rock you" geht die Post so richtig ab. Nach Freddie taumelt Amy Winehouse vor den Tischen hin und her, vor und zurück. Sie hat ein Glas in der Hand und sieht aus, als wäre sie eben aufgestanden. Kein Wunder, wenn man schon ein paar Jahre tot und immer noch Alkoholiker ist. Dennoch singt sie klasse, wie zu Lebzeiten. Schließlich kommt der, auf den alle warten, der Einzige, der Größte, der King – Elvis. Double Grahame Patrick gibt alles, und das ist nicht wenig. Wenn er im weißen Flitteranzug „Las Vegas" singt, glaube ich minutenlang tatsächlich, der King ist zurück. Über die Leinwand flimmert der echte Elvis und macht den Unterschied klar. Es ist das Lächeln, das unnachahmliche, verführerische Lächeln, das hundertausende Teenies bei seinen Konzerten zum Kreischen brachte.

Die Show war super. Vielen, vielen Dank an Enno, Lisa und alle anderen, die mir dieses unvergessliche Erlebnis geschenkt haben. Ein herzliches Dankeschön nochmal für die „Party", die Ihr mir am 8. Juli in der Arena gegeben habt. Die werde ich so schnell nicht vergessen. Ebenso wenig meine Zeit hier an der Schule, schön war's mit Euch.

Nun bin ich bereits über vier Monate im Ruhestand (wie doch die Zeit vergeht), und noch immer fühlt es sich komisch an. Ich hab zwar keine Langeweile, hab auch jeden Tag zu tun und bin froh, wenn meine Frau zur Arbeit geht, noch liegen bleiben zu können, aber die Schule und meine Schüler vermisse ich doch.

Liebe Grüße an alle und lasst Euch nicht unterkriegen.
Euer Wolf

(Artikel in der Schülerzeitung „Lenne – Überflieger" im Januar 2017)

Mit dem Eintritt ins Rentnerdasein hatte ich plötzlich jede Menge Zeit. Während des ersten Jahres, als meine Frau ihr letztes Arbeitsjahr absolvierte, übernahm ich die tägliche Hausarbeit, so dass sich Biggi, wenn sie am frühen Nachmittag nach Hause kam, an den gedeckten Kaffeetisch setzen und die Beine hochlegen konnte.

Darüber hinaus fuhr ich gern mit meiner Kawasaki durch die Gegend, immer die Kamera in einer der beiden Seitentaschen, und lernte dabei auch die letzten Ecken unserer Großgemeinde Kloster Lehnin kennen. Auch mit dem Fahrrad drehte ich manche Runde, war oft am Vogelbeobachtungsturm am Strengsee und machte tolle Fotos.

Dann meldete ich mich beim Damsdorfer Seniorenclub an, Schwester und Schwager besuchten schon lange die dort angebotenen Veranstaltungen, konnte aber dem Beisammensein im Rentnerkreise nichts abgewinnen. Es waren mir immer zu viele alte Leute dabei.

Im Sommer 2017 hatte Biggi ihren letzten Schultag. Sie feierte dieses Ereignis mit ihren Lehrerkolleginnen im Dorfkrug in Bochow.

Im September 2017 wurde unser Renault Scenic geliefert. Zwei Wochen später fuhren wir mit dem neuen Auto nach Lieser an der Mosel. In diesem idyllischen Weinort hatten wir eine Ferienwohnung gebucht. Bereits das dritte Mal machten wir Ferien an der Mosel, mit herrlichen Wanderungen durch die Weinberge, Besichtigungen alter Stadtkerne und abendlichen Besuchen von Straußwirtschaften.

Im folgenden Jahr besuchten wir ein weiteres Mal das Vogtland, und 2019 nahmen wir Quartier im Wolfshotel am Arendsee in der Altmark. Auf der Heimfahrt von dort machten wir halt am Tierheim Stendal. Dort kam es zur schicksalhaften Begegnung mit Dixie, unserem zukünftigen Hund, den wir zwei Wochen später nach Hause holten.

Damsdorf feierte im Sommer 2018 sein 750jähriges Bestehen. Im Zuge der Vorbereitung auf dieses Fest sprach mich der Ortsvorsteher Kevin Bolz an, ob ich willens und in der Lage wäre, einen Kalender für das Jahr 2019 zu erstellen und drucken zu lassen. Der sollte dann während des Festes verkauft werden.

Ich sagte zu. Der Kalender wurde ein Renner. Fast alle der dreihundert bestellten Exemplare konnten zum Sonderpreis von 6,- Euro verkauft werden. Seitdem fertige ich in jedem Jahr einen A3 Monatskalender an, mit in der gesamten Gemeinde Kloster Lehnin fotografierten Motiven. Schwierigkeiten, ihn zu verkaufen, habe ich nicht.

Am 19. Februar 2019 gründete ich zusammen mit sechzehn weiteren Leuten den „Kultur- und Heimatverein Damsdorf" und ließ mich in den Vorstand und dort zum Vorsitzenden wählen. Damit hatte ich mir eine Menge Arbeit aufhalst. Die nächsten Monate führten mich meine Wege zur Sparkasse, zum Finanzamt Brandenburg, zum Amtsgericht nach Potsdam, zum Notar und wieder zu Amtsgericht und Finanzamt. Endlich bekamen wir den Status „eingetragener Verein", galten somit als gemeinnützig und konnten Spendenquittungen ausstellen, die vom Finanzamt anerkannt wurden. Wir gründeten acht Projektgruppen, die Vereinsarbeit ließ sich gut an.

Im Januar 2020 rief ich eine Singegruppe ins Leben. Zwei Monate später waren es bereits achtzehn Leute, die im Damsdorfer Gemeinderaum aus Spaß an der Freude gemeinsam Lieder sangen.

Dann wurde das Land von „Corona" überrollt, und jede gesellschaftliche Arbeit kam zum Erliegen, jede Zusammenkunft, selbst im Freien, wurde verboten.

Ein Jahr später trat ich von meinem Ehrenamt zurück und übergab die Leitung des Vereins in jüngere Hände.

Mit dem Abschied von der Lenne-Schule im Potsdamer Stadtteil Zentrum Ost endete nach neunundvierzig Jahren mein Arbeitsleben, das 1967 in der Zwickauer Maschinenfabrik mit der Lehre zum Spitzendreher begonnen hatte. Fast ein halbes Jahrhundert, was für eine lange Zeit. Arbeitslos war ich nie gewesen und nennenswert krank auch nicht, sieht man von der Herz OP und den sich anschließenden Genesungswochen ab.

Abwechslungsreich war mein Arbeitsleben, nicht immer einfach und nicht immer leicht, besonders während der Selbstständigkeit, aber langweilig war es nie. Ich war Dreher in fünf verschiedenen Betrieben, Zollfahnder, Kraftfahrer, Fundusverwalter, Maler, Busfahrer, Messeverantwortlicher, Ausstellungsorganisator, Computerverantwortlicher, Lebensmittelverkäufer, Verkaufsstellenleiter, Geschäftsinhaber, Cafeteriabetreiber.

Ich musste feststellen, dass die Selbstständigkeit mich verändert hatte. Ich hatte plötzlich Verantwortung für zeitweilig acht Mitarbeiter und kämpfte den täglichen Kampf um Kunden, Umsatz und Gewinn.

Die Aussage von Karl Marx „Das Sein bestimmt das Bewusstsein" fand ich an mir bestätigt, denn jeder Joghurtbecher der kaputt ging, jede Ware, die aus Unachtsamkeit herunterfiel oder schlecht wurde, hatte ich bezahlt, kostete mein Geld. Hatte ich zuvor für einen abstrakten Eigentümer, die HO gearbeitet, schlug sich jetzt Erfolg oder Misserfolg sofort und unmittelbar in meinem Portmonee wieder. Das ließ mich manchmal misslaunig und ungerecht werden.

Dreizehn Jahre lang habe ich Käse verkauft, bevor ich in der Lenne-Schule die Cafeteria übernehmen konnte, die ich fast vierzehn Jahre führte, bevor mich im Juni 2016 über siebenhundert Schüler und der größte Teil der Lehrerschaft in den wohlverdienten Ruhestand verabschiedeten.

Vor dem Käseverkauf war ich dreizehn Jahre lang Mitarbeiter im Bezirksneuererzentrum Potsdam, erst als Kraftfahrer und Fundusverwalter, dann als Betreuer des „Fahrbaren Konsultationsstützpunktes", danach Verantwortlicher für Messen und Ausstellungen und schließlich zuständig für die Hard- und Software der Firma, denn es kam der PC 1715 in Serie, und das BNZ erhielt ebenfalls einen dieser heißbegehrten Computer.

Es ist schon merkwürdig, dass die wichtigsten Abschnitte meines Lebens annähernd den gleichen Zeitraum umfassen.

An Ehrenämtern ist neben Mannschafts-, Staffel- und Sektionsleiter bei Motor Babelsberg die Leitung der „Havelländer Autorengruppe" bis zu deren Auflösung und die Gründung und Leitung des Damsdorfer „Kultur- und Heimatvereins" für dessen ersten zwei Jahre erwähnenswert.

Das alles ist Geschichte.

Jetzt beschäftige ich mich, neben Lesen und Fernsehen, mit Schreiben und Fotografieren und verbinde beides zum Erstellen von Bildbänden.

Motorrad- und Fahrradfahren machen mir Vergnügen, und seit wir wieder einen Hund haben, gehört diesem regelmäßig ein Teil meiner Zeit. Darüber hinaus verlangen Grundstück und Haus viel Zeit zur Pflege.

So gehen die Tage, Wochen, Monate und Jahre dahin, und ehe man sich's versieht hat man die 70 überschritten und denkt daran, seine Memoiren zu schreiben.

Dies habe ich hiermit getan.

Lebenserinnerungen müssen zwangsläufig unvollständig und ungenau bleiben, weil man sich erstens nie an alles und zweitens nicht exakt erinnern kann. Darüber hinaus hat die Zeit die gnädige Eigenschaft, Geschehnisse, bei denen man keine so gute Figur gemacht hat, abzumildern. Und schon war alles halb so schlimm. Beim Schreiben kommen immer wieder neue Erinnerungen zum Vorschein. Ungeachtet dessen muss der Autor irgendwann einen Strich ziehen und es gut sein lassen.

Zur Entwicklung des Handels, der Produktion und der Preise in der DDR

Quellen: Wikipedia, ddr.center.de, ddr-rezepte.net, ziltendorf.com

Einzelhandelsverkaufspreis (EVP) war in der DDR die Bezeichnung für staatlich festgelegte Preise von auszeichnungspflichtigen Einzelhandelswaren in Mark. Diese Preise galten landesweit und waren auf jeder Verpackung aufgedruckt oder auf der Ware selbst angebracht, da die Preise bei vielen Produkten über lange Zeiträume unverändert galten. Nur bei wenigen Artikeln wurde, z. B. aus Gründen des Exports, kein EVP angebracht. So hatten die meisten Filmpackungen von ORWO (VEB Filmfabrik Wolfen) keinen EVP-Aufdruck, da sie genauso in den Export gingen, wie sie im Inland verkauft wurden. Seit Anfang der 1980er Jahre wurden die Preise in Büchern, auf Landkarten und ähnlichen Druckerzeugnissen codiert aufgeführt, in der Regel in Form einer halbfett gedruckten fünfstelligen Zahlenfolge.

Die Preisfestsetzung erfolgte durch das Amt für Preise beim Ministerrat, im Wesentlichen unter Berücksichtigung der Herstellungskosten. Die Preise wurden im Statistischen Jahrbuch der DDR publiziert. Die EVP für Grundnahrungsmittel, Arbeits- und Kinderbekleidung, Spielwaren etc. wurden häufig mit staatlichen Zuschüssen gestützt, d. h. die Herstellungskosten dieser Waren lagen teilweise deutlich über dem jeweiligen EVP. Langlebige Konsumgüter, Güter des gehobenen Bedarfs und Luxusartikel wurden dagegen mit erheblichen, staatlich festgelegten Preisaufschlägen verkauft.

Der EVP setzte sich rechnerisch aus dem Industrieabgabepreis und der Großhandels- und Einzelhandelsspanne zusammen. Eine Mehrwert- oder ähnliche Steuer wurde nicht erhoben.

1948 gründete die „Deutsche Wirtschaftskommission" die „Handelsorganisation" (HO) als staatliches Einzelhandels-unternehmen, um dem privaten Einzelhandel ein staatliches Unternehmen gegenüberzustellen. 1949 wurden die Konsum-

genossenschaften wieder legalisiert und in der Folgezeit neben der HO zum zweiten Standbein des Einzelhandels, während der zunächst dominierende private Handel durch hohe Steuerabgaben und andere Benachteiligungen immer mehr an Bedeutung verlor.

Die HO und der Verband der Konsumgenossenschaften (VdK) betrieben auch eigene Warenhäuser, die HO die CENTRUM-, der VdK die „konsument"-Warenhäuser.

1962 wurden die Exquisit-Läden eingerichtet, die zum Teil im Westen, zum Teil in eigener Herstellung produzierte Modeartikel anboten. Im gleichen Jahr wurde auch eine staatliche Handelsorganisation „Intershop" gegründet, deren Verkaufsstellen an Grenzübergängen, Bahnhöfen und an den Transitstrecken errichtet wurden. Bezahlt werden musste in frei konvertierbarer Währung, vornehmlich also in West-Mark.

Ab 1974 erlaubte man auch DDR-Bürgern den Besitz von West-Mark, womit diese offiziell Zugang zu den Intershops hatten. Damit sollten die Devisenbestände der DDR-Bevölkerung abgeschöpft werden.

Am 16. April 1979 wurden die „Forum-Schecks" eingeführt.

Um die Forumscheck-Regelung durchzusetzen, durften jetzt nur Nicht-DDR-Bürger im Intershop mit Devisen bar zahlen und mussten dazu den Reisepass oder den Ausweis vorzeigen DDR-Bürger durften dies offiziell nicht mehr und mussten die frei konvertierbaren Währungen vorher bei den Bankinstituten der DDR oder den Filialen der Staatsbank der DDR gegen Forumschecks umtauschen. Der Umtausch war gebührenfrei. Die Schecks waren nicht übertragbar und der Rücktausch war nicht möglich. Zumindest ab Mitte der 1980er Jahre wurde aber auch der direkte Kauf mit D-Mark durch DDR-Bürger häufig wieder akzeptiert.

Die Forumschecks galten in den Einrichtungen des DDR Außenhandels wie beispielsweise Intershop, Intertank oder Genex. Dort wurden sie wie Geld behandelt, das heißt bei Zahlung mit Forumschecks wurde das „Wechselgeld" auch in

Forumschecks zurückgegeben (kleinere Beträge als 50 Forumscheck-Pfennig wurden meist in Form von Schokoladentäfelchen oder Lutschern à 10 Pfennig erstattet).

1976 folgte die Einrichtung von Delikat-Läden, in denen überteuerte Nahrungsmittel aus westlicher und DDR-Produktion - in DDR-Mark - verkauft wurden.

Erst 1958 konnte die Rationierung (Lebensmittelkarten) auch der letzten Waren des täglichen Bedarfs aufgehoben werden (Fleisch, Butter, Schuhe u.a.).

Von Beginn an hemmte die Konkurrenz von wirtschaftlicher Vernunft und politisch-ideologischen Maximen die wirtschaftliche Entwicklung. Immer wieder wurden ökonomisch notwendige Maßnahmen zugunsten prinzipieller weltanschaulicher Überzeugungen verhindert oder abgeschwächt.

Der Versuch, soziale Gerechtigkeit, Konsum für jedermann und stabile Preise nicht durch vorsichtige Lenkung des freien Marktes, sondern per Planbeschluss zu erreichen, ging mit einer rigorosen staatlichen Lenkung der Volkswirtschaft einher, die die Verwaltung überforderte und die wirtschaftliche Produktivität hemmte. So führten die verordnet stabilen und niedrigen Preise etwa für Grundnahrungsmittel, Wohnungsmieten, Heizung oder im sozialen Bereich zu immer höheren Subventionssummen, die nur durch Überteuerung anderer Produkte (etwa technischer Geräte und Luxusartikel) oder durch Kredite zu finanzieren waren. Am Ende ihrer Geschichte stand die DDR vor dem Bankrott, unfähig, ihren finanziellen Verpflichtungen nach innen und außen nachzukommen.

Immer neue Initiativen und Losungen wurden kreiert, von der Aktivistenbewegung in der Nachfolge Adolf Henneckes, über Formeln wie „Wie wir heute arbeiten, werden wir morgen leben", bis hin zur Propaganda von Sabotageakten feindlicher Kräfte, um das Volk zu Produktionssteigerungen zu veranlassen, ihm als Lohn für momentane Entbehrungen eine rosige Zukunft zu versprechen oder griffige Erklärungen für Versorgungslücken und Engpässe zu bieten.

Das volkswirtschaftliche Gleichgewicht fand die DDR in den vierzig Jahren ihrer Geschichte trotzdem nicht. Der Lebensstandard der DDR-Bevölkerung lag im Vergleich zu dem der Bruderländer des sozialistischen Rates für gegenseitige Wirtschaftshilfe (RGW) zwar an der Spitze, aber der permanente Vergleich mit der Bundesrepublik ließ die DDR-Konsumwelt entgegen aller anders lautenden Beteuerungen ihrer Führer blass aussehen.

Auch die tief greifenden Umwälzungen der späten 40er und 50er Jahre (Kollektivierung der Landwirtschaft ab 1952, Verstaatlichung der Betriebe, abgeschlossen mit den letzten „Sozialisierungen" 1972) führten nicht zu einer Befriedigung der Konsumbedürfnisse. Immer mehr Menschen kehrten der DDR den Rücken und zogen über die noch offene Grenze in den Westen.

Walter Ulbricht reagierte und verkündete auf dem V. Parteitag der SED 1957 das Ziel für die kommenden Jahre: Das Erreichen des westdeutschen Lebensstandards und Konsums innerhalb der nächsten vier Jahre war der Plan, „Überholen ohne einzuholen" lautete die Devise. Die Überlegenheit des Sozialismus sollte bewiesen werden. Die DDR verließ damit den zu Beginn eingeschlagenen Weg, Investitionen tendenziell den Vorrang vor dem privaten Konsum zu geben.

Der sozialistische Konsum wurde wie folgt propagiert: Produktion langlebiger und praktischer Artikel, verantwortungsbewusste Werbung nur für solche Produkte, die auch vorrätig waren, um nicht durch neu geweckte Wünsche die Mangelsituation zu verschärfen. Doch es fehlten die Mittel, gleichzeitig Konsum und Investitionen zu fördern. 1960/61 kam es - auch gefördert durch die weiter betriebene landwirtschaftliche Kollektivierung - zur Krise. Viele Waren des täglichen Bedarfs und erneut auch Lebensmittel wie Butter, Fleisch und Käse wurden knapp. Der Unmut der Bevölkerung ließ nicht auf sich warten. Eingaben an die Staatsführung und örtliche Arbeitsniederlegungen (die es zu allen Zeiten immer wieder gab) demonstrierten der Führung, wie stark unter den gegebenen Umständen ihr Machterhalt von einer ausreichenden Versorgung des Landes abhing.

Die SED traf die Entscheidung zum Bau der Mauer, nicht nur, um den schmerzlichen Verlust an raren Arbeitskräfte zu stoppen, der der DDR-Wirtschaft tatsächlich großen Schaden zufügte, sondern auch, um in aller Ruhe den 1952 beschlossenen Aufbau des Sozialismus fortsetzen und die dafür nötigen unpopulären wirtschaftspolitischen Entscheidungen treffen zu können.

Tatsächlich wurden die 60er Jahre eine Zeit relativen wirtschaftlichen Aufschwungs und gehobenen Lebensstandards. Im Schutz der Mauer konnte die DDR-Führung die Arbeitsnormen erhöhen (und somit faktisch die Löhne senken oder zumindest ihren Anstieg verlangsamen) und über Preiserhöhungen besonders für Luxusartikel und Textilien die Nachfrage dämpfen. Das schien besonders nach der Missernte von 1961 geboten. Die Versorgung mit den „1000 kleinen Dingen" des täglichen Bedarfs (vom Schnürsenkel bis zum Dosenöffner), die man beim Aufbau der Großindustrie fast vergessen hatte, sollte nun ebenfalls in Angriff genommen werden.

1963 verabschiedete die Führung das „Neue ökonomische System der Planung und Leitung der Volkswirtschaft" das besonders eine größere Eigenverantwortlichkeit der Betriebe, weniger zentrale Planung und gewinnorientiertes Wirtschaften *vorsah. Die Versorgungslage verbesserte sich langsam, die Löhne stiegen an, es konnte mehr konsumiert werden. Trotzdem blieben viele begehrte Gebrauchsgegenstände und besonders wertvolle Konsumgüter wie Autos und Elektrogeräte jeder Art Mangelware. So sinnvoll die Reform auch gewesen war, die Wirtschaftspolitik schreckte noch immer vor der letzten Konsequenz zurück: Preise und Handel freizugeben, die Subventionen abzuschaffen oder doch deutlich zurückzufahren.*

Gerade die Unterschiede zwischen Industriepreisen und Einzelhandelspreisen führten zu einer permanenten Verzerrung des Marktes. So deckten manche Betriebe ihren Bedarf an Rohstoffen, die auch im Einzelhandel angeboten wurden, wegen der subventionierten Preise lieber hier, anstatt die höheren Industriepreise zu zahlen, und verringerten somit das Angebot für die Bevölkerung.

Mit einer groß angelegten Preisänderung versuchte die Wirtschaftsführung im Jahr 1966, die Strukturen einheitlicher zu gestalten. Für bestimmte Güter wurden die Preise erhöht, für andere gesenkt, bestimmte Subventionen wurden abgeschafft (besonders für Luxus- und Liebhaberartikel). Im Verlaufe des Jahres aber zeigte sich, dass die Verwaltung mit einer solch weitreichenden Neuregelung überfordert war, auch kam es erneut zu Protesten aus der Bevölkerung. Es war nicht verborgen geblieben, dass zwar, wie offiziell angekündigt, die Durchschnittspreise für bekannte Artikel konstant blieben, neue Produkte aber durchaus zu weit höheren Preisen angeboten wurden. Wenn dann alte Artikel, die Betrieben und Handel keinen Gewinn versprechen konnten, vom Markt genommen wurden, kam das einer Preiserhöhung gleich.

Nach wie vor wurde an der starken Subventionierung von Mieten, sozialen Einrichtungen und Grundnahrungsmitteln festgehalten.

1970/71 kam es wegen fehlender Zulieferung und neuer Gerüchte über Preissteigerungen in der DDR wieder zu einem verbreiteten Unmut unter den Arbeitern. In Polen gab es aus den gleichen Gründen Streiks und Unruhen. Unter diesen Umständen stellte auch die neue Staatsführung unter Erich Honecker nach dem Machtwechsel 1971 die ökonomischen Erfordernisse hinten an und verkündete auf dem VIII. Parteitag der SED die „Einheit von Wirtschafts- und Sozialpolitik", auch, um die neue Regierung vor der Bevölkerung zu legitimieren.

Das neue wirtschaftspolitische Programm sah für die folgenden Jahre eine Erhöhung des Lebensstandards und eine Verbesserung der sozialen Leistungen unter einem angestrebten hohen Wirtschaftswachstum vor, was sich nachfolgend wieder positiv auf die Leistungskraft von Bevölkerung und Wirtschaft auswirken sollte. Dabei wurde vorausgesetzt, dass ein höherer Lebensstandard automatisch auch mehr Leistung nach sich ziehen müsste.

Die notwendigen Mittel für die sozialpolitischen Maßnahmen (besonders für den Wohnungsbau, die Erhöhung der Renten und Löhne, für Kinder- und Krankenbetreuung und die Bildung) konnten aber trotz gestiegener Arbeitsproduktivität nicht aus eigener Kraft erwirtschaftet werden. Die DDR begann sich massiv zu verschulden, sie wurde zum Sozialstaat auf Pump.

Die globalen Krisen der 70er Jahre (besonders die Ölkrise) und der sich verschärfende Wettbewerb auf dem Weltmarkt trafen auch die DDR. Devisen waren nicht in genügendem Maße vorhanden, die Subventionen und Sozialleistungen fraßen den Staatshaushalt auf. Parallel zu den außenpolitischen Erfolgen der DDR während der Welle internationaler Anerkennung und der Aufnahme in die UNO, vollzog sich ihr wirtschaftlicher Niedergang.

Wie zuvor wurden Preiserhöhungen offiziell bestritten, durch die Verlagerung ehemals im subventionierten Handel erhältlicher Produkte in die 1977 zu diesem Zweck stark ausgebauten Exquisit- und Delikatläden aber dennoch durchgeführt. Hamsterkäufe waren die Folge, besonders Textilien wurden „eingelagert", von der Tischdecke bis zu Bettlaken und

Untertrikotagen. Was es dann nur noch in Exquisit- und Delikatläden zu kaufen gab, war entweder aus westlicher oder heimischer Produktion, in jedem Fall aber deutlich überteuert. Das machte wirtschaftlich Sinn, gab doch die hohe Nachfrage den Preisen recht, stand aber im Widerspruch zur sonstigen Konsumdoktrin und der Propaganda gegen die westliche Konsumkultur.

Die DDR lebte über ihre Verhältnisse und konnte die versprochenen Leistungen nur noch unter rücksichtsloser Verschwendung ihrer Ressourcen aufbringen. 1977 führten innere und äußere Faktoren zur sogenannten Kaffeekrise.

Die stark gestiegenen Weltmarktpreise für Rohkaffee ließen die nötige Menge an Devisen, die zur Deckung des Inlandsbedarfs von ca. 50.000 Tonnen jährlich benötigt wurden, von ca. 150 Millionen Valutamark auf über 650 Millionen Valutamark steigen. Das war nicht mehr zu finanzieren.

Die Experten schlugen vor: Einstellung der Kaffeeproduktion bis auf einen Mischkaffee aus 50% Röstkaffee und 50% Ersatzstoffen und Verdopplung des Kaffeepreises. Dabei wurde einkalkuliert, dass die grenzüberschreitenden privaten Warenlieferungen aus der Bundesrepublik Deutschland zur Versorgung mit Kaffee beitrugen (wie dies auch für die Versorgung mit Textilien in ganz erheblichem Umfang zu allen Zeiten der Fall war). Es hagelte erneut Eingaben, es kam zu Protesten. Die Bürger lehnten „Erichs Krönung", wie das Gemisch bald darauf genannt wurde, entschieden ab. Nur der schnelle Einkauf von Rohkaffee in Staaten der sogenannten Dritten Welt konnte die Lage wieder stabilisieren, aber auch hierfür mussten erhebliche Beträge in Devisen bezahlt werden.

Dass zur Erwirtschaftung der nötigen Devisen darüber hinaus massiv in DDR-Betrieben produzierte Waren ins Ausland verkauft wurden und somit der eigenen Bevölkerung fehlten (das betraf unter anderem sowohl den begehrten Weihnachtsschmuck aus dem Erzgebirge als auch Möbel, die in bundesdeutschen

Versandhauskatalogen wieder auftauchten) zeigt deutlich, dass sich die DDR-Wirtschaft in einem Teufelskreis bewegte, aus dem es unter dieser politischen Führung keinen Ausweg zu geben schien.

Bis zum Ende der DDR blieben Versorgungsschwierigkeiten ständiger Begleiter im Alltag. Es war tatsächlich eine eigene sozialistische Konsumkultur entstanden, anders aber, als sich das die wirtschaftliche Führung ausgemalt hatte: Das Schlangestehen vor den Geschäften gehörte ebenso dazu wie der Tauschhandel, die Eigenversorgung mit allem, was der Garten hergab, und die Verschwendung hochsubventionierter Lebensmittel wie zum Beispiel von Brot, das als Tierfutter billiger war als die Erzeugnisse der volkseigenen Futtermittelproduktion.

Zur Einschätzung der Kaufpreise sollte man folgendes Nettoeinkommen berücksichtigen: Der staatlich festgesetzte monatliche Mindestlohn (Vollzeittätigkeit) betrug 1976 in der DDR 400 Mark. Die Mindestrente betrug 315 Mark und ein Student bekam 200 Mark Stipendium monatlich (bei einer Miete im Studentenwohnheim von 10 Mark). Das tatsächliche Haushaltsnettoeinkommen betrug 1980 bei einem Einpersonenhaushalt 778 Mark, bei einem Vierpersonenhaushalt 1720 Mark (Statistisches Jahrbuch der DDR 1981).

Der Durchschnittsverdienst eines Industriearbeiters betrug im Jahr 1970 748 Mark pro Monat brutto. Der Bruttoverdienst eines Ingenieurs nach dem Fachschulstudium betrug 1979 640,- M Anfangsgehalt und erhöhte sich im Laufe der weiteren Arbeitsjahre bis etwa 900,- M. Die steuerliche Belastung war vergleichsweise gering, für die Kranken- und Rentenversicherung mussten insgesamt 10 Prozent (maximal 60 Mark bzw. 120 Mark bei freiwilliger Zusatzrentenversicherung und Kappungsgrenze bei 1200 Mark, auf Wunsch auch über das gesamte Bruttogehalt) abgeführt werden. Eine Arbeitslosenversicherung existierte nicht und war auch nicht notwendig. Pro Kind erhielten die Eltern 20 Mark Kindergeld. Familien mit drei oder mehr Kindern galten *als kinderreich und erhielten zusätzliche finanzielle und materielle Unterstützung. Ein Fabrikarbeiter im Schichtdienst konnte mit Zulagen in Ost-Berlin aber auch Spitzenverdienste von etwa 1400 Mark erzielen.*

Auch ein vergleichsweise hoher Preis für einzelne Güter (Farbfernseher bis zu 8300 Mark) bedeutete allerdings nicht, dass die Artikel in ausreichender Anzahl zur Verfügung standen. Häufig war ein Kauf nur möglich, wenn der Käufer entsprechende Beziehungen hatte. Für viele knappe Waren und Dienstleistungen bildete sich daher ein Schwarzmarkt. Auf diesem wurde, so etwa für gebrauchte Autos, oft deutlich mehr als der offizielle Neupreis verlangt.

Teilweise wurden dort Waren oder Dienstleistungen nur gegen Westmark bzw. Forumschecks angeboten, Schlüsselwörter in Kleinanzeigen waren z. B. als Tauschobjekte „blaue Fliesen" oder „blaue Kacheln", womit der blaue 100-DM-Schein gemeint war.

(Quelle: Wikipedia)

Preisbeispiele in der DDR

- 0,10 M Porto für eine Postkarte
- 0,20 M Porto für einen Brief bis 20 g
- 4,85 M eine Packung mit zwölf Eiern
- 5,00 M Führerschein (inkl. Ausbildung) für Moped
- 60,00 M Führerschein (inkl. Ausbildung) für LKW (Klasse 5) im Rahmen der GST-Ausbildung
- 10/20 Pf eine Fahrkarte für Straßenbahn oder Bus im Stadtverkehr
- 0,05 M ein kleines Brötchen (bzw. Schrippe)
- 0,10 M große Semmel (Doppelbrötchen)
- 0,18 M ein normales Hörnchen
- 0,20 M ein Stück gefüllter Streuselkuchen

- 0,37 M ein Stück Mohnkuchen vom Bäcker
- 0,50 M ein halbes Bäckerbrot, 0,53 M
- 0,52 M Roggenmischbrot (1 kg)
- 0,62 M Weizenmischbrot (1 kg)
- 0,78 M Roggenmischbrot (1,5 kg)
- 0,93 M Weizenmischbrot (1,5 kg)
- 1,00 M Toastbrot „Spezial Toast" (500 g)
- 1,40 M Buttermilchbrot 1,5 kg
- 0,37 M ein Becher Bautzner Senf
- 0,50 M 500 g Malzkaffee
- 0,50 M Filinchen
- 0,55 M eine Packung (275 g) Burger Knäckebrot
- 0,62 M Landleberwurst (100 g)
- 0,85 M ein 5-kg-Beutel Kartoffeln
- 0,85 M 500 g Würfelzucker
- 0,88 M 1 kg Sanisal (jodiertes Speisesalz)
- 1,15 M eine Flasche Tomaten-Ketchup (215 Gramm)
- 1,40 M Weizenmehl 1000 g (vorher 1040 g)
- 1,75 M 250 g Rahmbutter
- 2,40 M 250 g Tafelbutter
- 3,00 M ein Becher Nudossi
- 3,00 M 1 Flasche Zückli-Sol (flüssiger Süßstoff)
- 4,00 M eine Tafel Pfefferminzschokolade
- 8,00 M Dose Trumpf-Kakaopulver „Trink-Fix"
- 7,50 M Packung Kaffee „Kosta" (125g)
- 8,75 M Packung Kaffee „Rondo" (125g)
- 8,75 M Packung „Mocca-Fix" (125g)
- 0,12 M Flasche Mineralwasser 0,33 l (Pfand 0,30 M)
- 0,21 M Brause 0,33 l z. B. von Spreequell
- 0,34 M eine Flasche/Tüte Trinkvollmilch
  (500 ml, 2,2 % Fett)
- 0,35 M Kakaomilch im Tetrapak 0,25 l
- 0,36 M eine Flasche Vollmilch, 500 ml 2,5 % Fett
- 0,42 M eine Flasche Club-Cola (0,33 l)
- 0,48 M eine Flasche Bier Hell (0,33 l)

- 0,50 M eine Flasche Capri-Limonade oder Vita Cola 0,5 l
- 0,61 M eine Flasche Bier 0,33l Pils (0,30 M Pfand)
- 0,65 M eine Flasche Club-Cola oder Quick Cola (0,5 l)
- 0,70 M ein Beutel Vollmilch 1 l (2,2 Prozent Fettgehalt)
- 0,72 M eine Flasche Vollbier Hell 0,5 l
- 0,80 M 0,5 l steuerfreier Trinkbrandwein („Kumpeltod")
- 0,80 M eine Flasche 0,33 l Bitter-Tonic
- 0,92 M eine Flasche Bier 0,5 l Pilsner
- 1,08 M eine Flasche Bier 0,5 l Starkbier
- 1,28 M eine Flasche Bier 0,5 l Export- oder Spezial-Bier
- 14,50 M eine Flasche „Goldbrand" (32 Vol.-%)
- 17,60 M eine Flasche Nordhäuser Doppelkorn (38 Vol.-%
- 0,10 M ein Päckchen Brausepulver (20 g)
- 0,10 M ein Päckchen Pfefferminzbonbons Pfeffi
- 0,70 M Tafel Schokolade (mit Figuren des DDR-Kinderfernsehens, 25 g)
- 0,80 M Schlager-Süßtafel
- 2,00 M Schokoladentafel bambina von Zetti
- 2,80 M Tafel Rotstern Schokolade, Vollmilch, 100 g
- 0,10 M eine Kugel Eis (Vanille oder Kokos)
- 0,15 M eine Kugel Eis (Erdbeer oder Himbeer)
- 0,20 M eine Kugel Eis (Schoko)
- 0,13 M ATA fein, 250 g
- 0,95 M Nautik-Seife
- 1,20 M Spee (Vollwaschmittel) 230 g
- 1,75 M Fit (Spülmittel)
- 3,30 M Spee gekörnt 640 g
- 4,65 M Vollwaschmittel „Spee" (gekörnt), 900 g
- 0,06 M ein Vokabelheft Format A6
- 0,08 M eine Kilowattstunde Elektroenergie
- 0,10 M eine Schachtel Streichhölzer
- 0,10 M ein Schulheft Format A5
- 0,10 M ein Block Löschpapier Format A5
- 0,15 M ein Telefon-Ortsgespräch vom Privatanschluss,
- 0,25 M eine Packung „Kriepa"-Papiertaschentücher

- 0,30 M eine Rolle einfaches Toilettenpapier
- 0,50 M eine Rolle farbiges Toilettenpapier
- 0,72 M eine Tube Duosan Rapid
- 0,83 M Fahrradflickzeug
- 0,85 M 4,5-V-Flachbatterie 3R12
- 1,00 M Puppenstubenkerzen 40 Stück, bunt
- 1,10 M Pulmotin (Erkältungssalbe) 20 g
- 1,50 M Baumkerzen, weiß, 12 Stück
- 1,95 M ein Stück „Deo-2" Seife
- 19,45 M ein Paar schwarze Herren-Halbschuhe, Größe 25
- 70,00 M Monatsmiete für 58-m²-Neubauwohnung
- 93,10 M Monatsmiete für 69-m²-Neubauwohnung
- 42,15 M Monatsmiete für 56-m²-Alt-Neubauwohnung, Baujahr 1966
- 435,00 M Kleinschreibmaschine „Erika"
- 1100,00 M Haushaltkühlschrank „H 130"
- 4674,00 M Schrankwand „Warnemünde"
- 0,10 M bis 0,15 M Tageszeitungen
- 0,10 M Pioniermagazin Trommel
- 0,20 M Atze
- 0,25 M Kinderzeitschrift Bummi
- 0,30 M ABC-Zeitung
- 0,40 M Zeitschrift Eulenspiegel
- 0,50 M Fernsehzeitschrift FF dabei
- 0,60 M Zeitschrift Für Dich
- 0,70 M Zeitschrift FRÖSI
- 1,00 M Zeitschrift Das Magazin
- 1,00 M Zeitschrift practic
- 1,00 M Zeitschrift Kraftfahrzeugtechnik
- 1,00 bis 2,50 M Bücher des Reclam-Verlages
- 1,60 M Schachtel (20 Zigaretten) filterlose Zigaretten (Karo, Real, Salem)
- 2,00 M Schachtel (20 Zigaretten) filterlose Zigaretten „Casino", „Turf" oder „Jubilar"
- 2,40 M eine Schachtel Zigarillos „Sprachlos" (20 Stück)

- 2,40 M eine Schachtel (10 Zigaretten) filterlose Zigaretten „Orient" (bis Mitte der 80er Jahre
- 2,50 M eine Schachtel Filterzigaretten („alte Juwel")
- 3,20 M eine Schachtel Filterzigaretten (20 Zigaretten) der Marken F6, Semper oder Cabinet
- 4,00 M eine Schachtel „Club"-Filterzigaretten, 20 Stück)
- 6,00 M eine Schachtel Filterzigaretten „Duett" 100 mm (20 Stück)
- 1,40 M ein Liter Diesel („Dieselkraftstoff") DK
- 1,40 M ein Liter Benzin („Vergaserkraftstoff") 88 Oktan (VK 88, „Normal")
- 1,50 M ein Liter Benzin 94 Oktan (VK 94, „Extra")
- 8,50 M Jahresbeitrag Haftpflicht für Kleinkrafträder mit max. 50 cm^3 und max. 60 km/h
- 184,50 M Steuer (108 M) + Haftpflicht (76,50 M) Jahresbeitrag für den Trabant 601
- 242 bis 280 M ein »Touren-Sport«-Fahrrad
- 301,00 M ein Mifa-Klapprad
- 1150 M ein Kleinkraftrad (Typ S 50N)
- 2395 M Simson S 51 Enduro
- 3990 M ETZ 250
- ca. 8000 M ein Trabant 601 (Standardausführung)
- über 14.000 M ein Trabant 1.1 (Standardausführung)
- ca. 17.500 M ein Škoda 105S (Standardausführung)
- ca. 25.000 M ein Wartburg 353W (Standardausführung)
- ca. 30.200 M ein Wartburg 1.3 Limo, Standardausführung
- 4,60 M eine Single mit Popmusik
- 8,10 M eine Amiga-Quartett-Single mit Popmusik
- 12,10 M eine LP mit klassischer Musik (Eterna).
- 16,10 M eine LP mit Popmusik (Amiga)
- 72 M Trockenrasierer bebo Sher
- 123 M Schülertaschenrechner SR1 (1984)
- 880 M B 54 Vierspur-Tonbandgerät, kein Stereo! (1974)
- 1200 M Radiorecorder R 4000 (1977)
- 1540 M Stereo-Radio-Kassettenrekorder SKR 700, 1984

- 1250,00 M Junost 402B, tragbarer sowjetischer S/W-Kofferfernseher (Preis von 1989)
- 3050,00 M Raduga-Farbfernseher UdSSR (1977)
- 3500,00 M Erster Farbfernseher der DDR
- 6200 bis 6900 M Farbfernseher 4000er-Serie,
- 6900 M Farbfernseher mit Fernbedienung Color
- 720,00 M Lerncomputer LC80 (1984)
- 960,00 M Kleincomputer KC 87 S/W (1988/89)
- 1580,00 M Schachcomputer Chess Master, ab 1984
- 2150,00 M Kleincomputer KC 85/4
- 25.000 M Bürocomputer PC 1715 (1985)
- 1,00 M Plaste-Springfrosch
- 23,40 M Scheffler's Metallbaukasten „Grundkasten Nr. 2"
- 44,40 M Modellbahn-Dampflokomotive Baureihe 65 Spur N von VEB Piko
- 0,35 M Verpflegungsgeld für ein Kind im Kindergarten pro Tag
- 1,40 M Verpflegungsgeld für ein Kind in der Kinderkrippe pro Tag
- 2,25 M ein Farbfotoabzug 9×13 cm
- 8,00 M eine Übernachtung mit Frühstück in einem normalen Hotel
- 19,50 M einfachster Fotoapparat „Beirette SL 100"
- 40,00 M einfache „Camping"-Gitarre
- 50,00 M einmaliger Beitrag, um Genossenschaftsmitglied zu werden
- 200,00 M einfache Trompete
- 221,20 M Zeiss-Fernglas 8×30 Deltrintem
- 245,00 M Herrenstraßenanzug (55 % Synthetik, 45 % Wolle)
- 400,00 M digitale Armbanduhr Anfang der 1980er Jahre
- 2300,00 M beste Kleinbildspiegelreflexkamera Praktica B 200 mit Standardobjektiv (um 1985)

Erklärungen für später Geborene

Pitti Platsch und Professor Flimmerich

Pitti Platsch war eine Figur des Kinderfernsehens. Mit der Ente Schnatterinchen und dem Hund Mobby gestaltete er beim Sandmann den Abendgruß, meist samstags. Sonntags waren Fuchs und Elster dran. Bis zu seinem Tod 1976 moderierte Eckart Friedrichson als „Meister Nadelöhr" am Sonntagnachmittag die Kindersendung mit Pitti, Schnatti und Mobby.

Professor Flimmerich, dargestellt durch Walter E. Fuß, war ebenfalls eine Kunstfigur des Kinderfernsehens der DDR, zeigte am Samstagnachmittag einen Spielfilm und berichtete über neue Kinderfilme.

Konsum

Konsum war die Marke der Konsumgenossenschaften in der DDR. Die einzelnen Genossenschaften betrieben Lebensmittelgeschäfte, Produktionsbetriebe und Gaststätten. Man konnte als Mitglied eintreten und nach Zahlung einer Aufnahmegebühr Rabattmarken sammeln, die in ein Heftchen einkleben, und zum Ende eines jeden Geschäftsjahres gab es dann 1,5 bis 2 Prozent Rückvergütung.

Konsum- oder HO-Fleischerei

Konsum und HO (Handelsorganisation) teilten sich mit wenigen privaten Händlern den Handelsmarkt in der DDR. Die Privaten mussten die Waren der HO auf Kommission nehmen, also im Auftrag und auf deren Rechnung verkaufen. Dafür gab es Prozente. Tatsächlich tummelten sich im Fleischerei- und Backwarensektor noch etliche Privatleute, vor deren Läden sich am Wochenende noch vor Öffnungsbeginn lange Schlangen bildeten.

Deputatbriketts

Wer auf dem Schacht arbeitete, bekam pro Jahr 100 Zentner Braunkohlebriketts geschenkt und hatte nur den Fuhrlohn zu zahlen, der pro Zentner ein paar Pfennige betrug.

POS

Polytechnische Oberschule – Die zehnklassige Schulform, zu der es zu meiner Zeit in der DDR keine Alternative gab. War man gut genug und willig und hatte die richtigen Fürsprecher, konnte man ab der 9. Klasse die EOS (erweiterte Oberschule) besuchen.

Knollen lesen

Für Schüler und Studenten ging es während der Herbst- bzw. Semesterferien immer ein paar Tage auf die Kartoffelfelder, um Kartoffeln zu sammeln, wenn der Kartoffelroder seine Arbeit beendet hatte. Jeder bekam einen Korb in die Hand und eine Furche zugeteilt, die war so lang, dass man das Ende nicht sehen konnte, und los ging es. Den vollen Korb kippte der unermüdliche Sammler auf einen nahe stehenden Hänger aus und bekam dafür vom Aufsicht führenden Bauern eine Wertmarke in die Hand gedrückt. Zum Feierabend wurde abgerechnet und pro Wertmarke, ich weiß gar nicht mehr wie viel, ausgezahlt.

Sperrwert

In der DDR wurden zu verschiedensten Anlässen Briefmarken herausgegeben. Einzelmarken und Sätze. Ein Satz war eine bestimmte Menge zusammen gehörender Marken zu einem bestimmten Thema, z.B. 1960 - 250 Jahre Porzellan Meißen, fünf Marken zu 5, 10, 15, 20, 25 Pfennig. Die 15 Pf Marke war der Sperrwert und im Gegensatz zu den anderen Marken am Schalter nicht frei erhältlich. Dies hatte seine Ursache in der Auflagenhöhe und spiegelt sich natürlich auch im Katalogwert wieder. Briefporto war übrigens 20 Pfennig, Karte 10 Pfennig.

Leergutlager

Einwegverpackungen gab es zu DDR-Zeiten nicht, und die westliche Wegwerfmentalität haben wir ehemaligen DDR-Bürger bis heute noch nicht voll verinnerlicht. Jede Art von Verpackung, jedes Transportbehältnis wurde wiederverwendet und gegebenenfalls repariert, bis es daran nichts mehr zu reparieren gab.

LPG

Als Landwirtschaftliche Produktionsgenossenschaft (LPG) wird der Zusammenschluss von Bauern und Bäuerinnen und deren Produktionsmitteln sowie anderer Beschäftigten zur gemeinschaftlichen agrarischen Produktion in der DDR bezeichnet. Die Gründung der LPG war zum Teil eine indirekte Notwendigkeit aus der Bodenreform in der sowjetischen Besatzungszone. Die im Zuge der Bodenreform gebildeten Neubauernstellen waren mit einer Regelgröße von fünf Hektar oft zu klein, um rationell bewirtschaftet werden zu können. Den Neubauern fehlte es auch häufig an landwirtschaftlicher Erfahrung und der technischen Ausstattung. Die SED beschloss auf der 2. Parteikonferenz in Ost-Berlin vom 9.-12. Juli 1952 die Maßnahmen zur Bildung von Genossenschaften. Damit wurden landwirtschaftliche Produktionsgenossenschaften zugelassen. Die LPG wurden in einer Gründungsversammlung errichtet, mussten sich ein Statut nach gesetzlich vorgeschriebenem Musterstatut geben und wurden durch staatliche Organe bestätigt. Mitglied einer LPG konnten nicht nur die Bauern mit eigener Wirtschaft werden, sondern auch Landarbeiter und andere Bürger. Es wurden zunächst drei verschiedene Typen von LPG gebildet. Je nach Typ wurden von den Bauern dabei ihr Boden (I), dazu ihre Maschinen (II) und dazu der gesamte landwirtschaftliche Betrieb mit Vieh, Maschinen und Gebäuden (III) in die Genossenschaft eingebracht.

Kurland

Kurland ist ein Teil Lettlands. Es liegt südwestlich des Flusses Daugava (*Düna*) und bezeichnet den von Ostsee und Rigaischem Meerbusen umfassten Westteil des Landes um die Städte Liepāja (*Libau*) und Ventspils (*Windau*).

In der Tat war es so, dass die Heeresgruppe Kurland eine ungeschlagene Armee war. Sie war der einzige Großverband der Wehrmacht, der außerhalb des Reichsgebietes nicht in offener Feldschlacht besiegt werden konnte. Nachdem sich die Soldaten der Heeresgruppe Nord Ende Oktober 1944 endgültig auf den kurländischen Raum zurückgezogen hatten, stand ihnen ein siebenmonatiger Kampf um den Brückenkopf Kurland bevor. Diese letzte Bastion wurde mit aller Zähigkeit und Verbissenheit der dort kämpfenden Einheiten in sechs Schlachten erfolgreich verteidigt.

(Quelle: Wikipedia und www.kurland-kessel.de)

der RIAS

Der RIAS (Abkürzung für Rundfunk im amerikanischen Sektor) war eine Rundfunkanstalt mit Sitz im West-Berliner Bezirk Schöneberg (Kufsteiner Straße), die nach dem Zweiten Weltkrieg von der US-amerikanischen Militärverwaltung gegründet wurde und von 1946 bis 1993 zwei Hörfunkprogramme und von 1988 bis 1992 ein Fernsehprogramm ausstrahlte. (Quelle: Wikipedia)

VPKA

Das gab es in jeder Kreisstadt, ein Volkspolizeikreisamt. Verwaltung, Parteien, Massenorganisationen und Sonstige waren in ihrer Organisationsform Bezirks- und Kreisabhängig aufgebaut. Es gab 15 Bezirke (einschließlich Berlin) 191 Land-, 28 Stadtkreise und 7570 Gemeinden.

(Quelle: Wikipedia)

ABV

Abschnittsbevollmächtigter der Deutschen Volkspolizei – jedes Dorf hatte seinen ABV. In der Stadt betreuten mehrere ABVs einen Stadtbezirk. In meinem Fall waren es vier Unterleutnants (oder sagt man Unterleutnante?), die ihr Büro Ecke Robert-Müller-Straße / Brunnenstraße hatten.

Sachsenringrennen

Der „Sachsenring" ist noch heute eine Rennstrecke in Hohnstein-Ernstthal. Damals wurden vorwiegend Motorradrennen durchgeführt. Die große Schau waren die 500 cm^3 Maschinen.

BSG

Jeder größere Betrieb, der etwas auf sich hielt, besaß eine Betriebssportgemeinschaft mit verschiedenen Sektionen. Das war Bestandteil des „Sozialistischen Wettbewerbs". Die BSG „Motor Süd" gehörte zur „Zwickauer Maschinenfabrik".

Pfingsttreffen

1950 wurde in Berlin von der FDJ der DDR und der damals noch nicht verbotenen FDJ der BRD ein Deutschlandtreffen der Jugend für Frieden und Völkerfreundschaft zu Pfingsten organisiert, weitere fanden 1954 und 1964 statt. Diese Treffen sollten unter anderem für die deutsche Einheit werben und waren das deutsche Pendant zu den internationalen Weltfestspielen der Jugend und Studenten. Am ersten Treffen nahmen 700.000 Jugendliche teil, beim letzten Treffen 1964 500.000, bei welchem erstmals von DDR-Bands und vom DDR-Radio öffentlich englische Musik gespielt wurde. Auf den Treffen gab es ein umfangreiches kulturelles Programm, sowie Vorträge und Diskussionsveranstaltungen. Nachdem die DDR das Ziel Wiedervereinigung aufgegeben hatte, gab es stattdessen Pfingsttreffen der FDJ, nur für DDR-Teilnehmer. Bei den alle fünf Jahre stattfindenden Pfingsttreffen kamen zehntausende delegierte Mitglieder in einer bestimmten Stadt zusammen, zuletzt zu Pfingsten 1989 in Berlin. Daneben gab es Nationale Jugendfestivals 1979 und 1984, Fackelzüge, Freundschaftstreffen, Sportfeste u. a.

(Quelle: Wikipedia)

BDM

Der Bund Deutscher Mädel (BDM) war in nationalsozialistischer Zeit der weibliche Zweig der Hitlerjugend (HJ). Darin waren im Sinne der totalitären Ziele des NS-Regimes die Mädchen im Alter von 10 bis 18 Jahren organisiert, den Jungmädelbund (JM) der 10- bis 13-jährigen Mädchen eingeschlossen. Aufgrund der ab 1936 gesetzlich geregelten Pflichtmitgliedschaft aller weiblichen Jugendlichen, sofern sie nicht aus „rassischen Gründen" ausgeschlossen waren, bildete der BDM die damals zahlenmäßig größte weibliche Jugendorganisation der Welt mit 4,5 Millionen Mitgliedern im Jahr 1944. (Quelle: Wikipedia)

Landjahr

Die „Landhilfe" war ursprünglich als Maßnahme gegen Jugendarbeitslosigkeit gedacht und wurde von der „Reichsanstalt für Arbeitsvermittlung und Arbeitslosenversicherung" propagiert. Sie sollte die schulentlassene Jugend vor den angeblichen Gefährdungen der Großstädte schützen und den Jugendlichen mögliche Berufsperspektiven in der Landwirtschaft aufzeigen. Zugleich sollte damit der Arbeitsmarkt entlastet werden. Das vom Arbeitsamt geförderte Landjahr war ein unverbindliches Angebot und richtete sich an die schulentlassenen vierzehn- bis fünfzehnjährigen Volksschüler in Großstädten. Diese Schüler wurden für die Dauer von mindestens sechs Monaten an einzelne Landwirte vermittelt. In der Zeit des Nationalsozialismus wurde diese arbeitsmarktpolitische Maßnahme zunächst durch Erlass vom 3. März 1933 unter Beibehaltung der Bezeichnung „Landhilfe" fortgeführt. Bis zum März 1934 waren 159.000 Jugendliche vorübergehend als „Landhelfer" beschäftigt. Ihre Teilnahme wurde ihnen durch einen Landhelfer-Brief bescheinigt, dessen Vorlage bei Bewerbungen für landwirtschaftliche Berufe vorteilhaft war.   (Quelle: Wikipedia)

in Stellung

So wurden die Haushalthilfen, Putzfrauen und sonstigen Angestellten bezeichnet, die in Haushalten „vornehmer Leute" für Sauberkeit und Ordnung sorgten.

PGH

Eine Produktionsgenossenschaft des Handwerks (PGH) war in der DDR eine sozialistische Genossenschaft, deren Mitglieder Handwerker oder Gewerbetreibende mit Eintrag in der Handwerks- oder Gewerberolle waren. Zudem konnten auch deren Beschäftigte und mithelfenden Ehepartner Mitglieder in einer PGH sein. Der Zusammenschluss beruhte auf einer freiwilligen, gemeinschaftlichen/kollektiven Arbeit innerhalb einer Produktionsgenossenschaft mit dem Ziel, durch den Zusammenschluss ein Gemeineigentum an den Produktionsmitteln zu bilden. (Quelle: Wikipedia)

Prinzenhehl

Gemeint ist mit diesem typischen Ausspruch für etwas längst Bekanntes die Prinzenhöhle bei Hartenstein, die als Höhle wirklich schon uralt ist, und natürlich muss es heißen „älter **als** …"

Nationales Aufbauwerk (NAW)

Das im November 1951 gegründete Nationale Aufbauwerk (NAW) der DDR sollte ursprünglich Bauvorhaben in der Hauptstadt umsetzen und wurde dann auf die ganze DDR ausgeweitet. Träger dieser „Masseninitiative" zur freiwilligen, gemeinnützigen und unentgeltlichen Arbeit war die Nationale Front. In den 60er Jahren wurde das NAW durch die „Mach-mit-Bewegung" (Losung: *Schöner unsere Städte und Gemeinden - Mach mit!*) und die Volkswirtschaftliche Masseninitiative (VMI) ersetzt.   (Quelle: Wikipedia)

Veröffentlichungen:

Mit Blüten träumen - Natur- und Liebesgedichte,
2. Auflage, 132 Seiten, A 5, broschiert, 8 Farbfotos
Books on Demand 2019, ISBN 3-8334-1154-6, 12,50 €

Zwischen Zeit und Traum - Geschichten und Gedichte,
128 Seiten, A 5, broschiert, 10 Farbfotos
Books on Demand 2021, ISBN 3753440272, 12,50 €
desgleichen vom Engelsdorfer Verlag 2005,
Restexemplare zum Sonderpreis von 10,- € beim Autor

So was kommt von so was - Heiteres und Weiteres,
120 Seiten, A 6, broschiert, illustriert,
Engelsdorfer Verlag 2007, Sonderpreis 8,- €
(vergriffen, nur noch Restexemplare beim Autor)

Kaukasen küsst man nicht - Ein tierisches Abenteuer , (Roman),
2. Auflage, 212 Seiten, A 5, broschiert, 14 Fotos
Books on Demand 2018, ISBN 9783833430053, 13,90 €

Unterwegs - Ein poetischer Streifzug durch Zauche und Fläming
(Gedichte), 2. Auflage, 132 Seiten, A 5, broschiert
47 Fotos, teils in Farbe, Books on Demand 2018,
ISBN 9783848202980, 13,90 €

Die Bande vom Eiskellerberg - Ein Draußen - Kind erinnert sich,
Im Zwickau der 50er und 60er Jahre,
4. Auflage, 180 Seiten, A 5, broschiert, 47 Fotos
Books on Demand 2018, ISBN 9783732237876, 16,00 €

Haushaltstag und Westpakete
Erinnerungen an den Alltag in der DDR
216 Seiten, A5 broschiert, 22 Fotos
Books on Demand 2019 ISBN 9783738645392, 14,90 €

Gedichte - sämtliche, bis 2016 entstandenen lyrischen Werke
2. Auflage, 416 Seiten, A 5, Hardcover
Books on Demand 2016, ISBN 9783734762932, 24,50 €

Kein Hund für Stubenhocker - Geschichten über und mit dem
Herdenschutzhund, 216 Seiten, A 5, broschiert, 38 Fotos teils in Farbe
Books on Demand 2018, ISBN, 9783746098388, 14,90 €

Kranichherz – eine Anthologie
43 Kurzgeschichten von 25 Autoren, 272 Seiten, A5, broschiert,
Engelsdorfer Verlag 2006, Sonderpreis: 10,- €
(vergriffen, nur noch Restexemplare beim Herausgeber)

Das Damsdorfer Krötenweib
15 Sagen und Kurzgeschichten, 124 Seiten. A5, Hardcover,
17 Fotos, 12,- Euro, erhältlich nur beim Autor

Heimat – ein Bildband
196 Seiten Format A4, mehr als 200 Fotos, 37 Gedichte
28,- Euro, erhältlich nur beim Autor

Kloster Lehnin – ein Bildband
236 Seiten, Format A4, 380 Fotos
32,- Euro, erhältlich nur beim Autor

Mehr zu allen Titel erfahren Sie unter www.wolfgangwalther.de

Bestellungen unter wolwalther@aol.com oder 015227482400